O HOMEM QUE BRINCAVA COM FOGO

JAN STOCKLASSA

O HOMEM QUE BRINCAVA COM FOGO

Tradução de
Fernanda Sarmatz Åkesson

1ª edição
Rio de Janeiro-RJ / Campinas-SP, 2021

VERUS
EDITORA

Editora
Raïssa Castro

Coordenadora editorial
Ana Paula Gomes

Copidesque
Maria Lúcia A. Maier

Revisão
Raquel Tersi

Diagramação
Beatriz Carvalho
Júlia Moreira

Título original
Stieg Larssons Arkiv

ISBN: 978-85-7686-814-9

Copyright © Jan Stocklassa, 2018
Publicado originalmente por Bokfabriken, Suécia.
Edição publicada mediante acordo com Nordin Agency AB, Suécia e Vikings of Brazil Agência Literária e de Tradução Ltda., São Paulo, Brasil.

Tradução © Verus Editora, 2021
Direitos reservados em língua portuguesa, no Brasil, por Verus Editora. Nenhuma parte desta obra pode ser reproduzida ou transmitida por qualquer forma e/ou quaisquer meios (eletrônico ou mecânico, incluindo fotocópia e gravação) ou arquivada em qualquer sistema ou banco de dados sem permissão escrita da editora.

Verus Editora Ltda.
Rua Benedicto Aristides Ribeiro, 41, Jd. Santa Genebra II, Campinas/SP, 13084-753
Fone/Fax: (19) 3249-0001 | www.veruseditora.com.br

CIP-BRASIL. CATALOGAÇÃO NA FONTE
SINDICATO NACIONAL DOS EDITORES DE LIVROS, RJ

S88h

Stocklassa, Jan, 1965-
 O homem que brincava com fogo / Jan Stocklassa ; [tradução Fernanda Åkesson]. - 1. ed. - Campinas [SP] : Verus, 2021.
 420 p. : il. ; 23 cm.

 Tradução de: Stieg Larssons Arkiv
 ISBN 978-85-7686-814-9

 1. Homicídio - Investigação. 2. Primeiros ministros - Suécia - Morte. 3. Larsson, Stieg, 1954-2004 - Correspondência. 4. Palme, Olof, 1927-1986 - Assassinato. I. Åkesson, Fernanda. II. Título.

20-65273
CDD: 839.7
CDU: 82-311.6(485)

Camila Donis Hartmann - Bibliotecária - CRB-7/6472
Revisado conforme o novo acordo ortográfico.

Seja um leitor preferencial Record.
Cadastre-se no site www.record.com.br e receba informações sobre nossos lançamentos e nossas promoções.

Atendimento e venda direta ao leitor:
sac@record.com.br

Para Berra e Marianne, onde vocês estiverem!

Fico com medo na Suécia. Você sabe... é deserto, todos estão bêbados. Tudo funciona. Se você parar no sinal vermelho e não desligar o motor, virá alguém lhe dizer para fazê-lo. No armário de primeiros socorros há um aviso: "Em caso de suicídio, telefone para..." Você liga a televisão e estão mostrando uma cirurgia de ouvido. Coisas assim me assustam.

Lou Reed, no filme *Sem fôlego*

Introdução

As coisas costumavam ser tão simples. Plutão era um planeta. O leite era saudável. O diesel, mais limpo que a gasolina. Se uma pessoa fosse nadar logo após a refeição, poderia ter cãibras e se afogar. O assassinato do primeiro-ministro da Suécia, Olof Palme, nunca seria solucionado... Mas velhas verdades sempre serão questionadas, e agora está na hora mais uma vez. A nova verdade diz: "O assassinato de Olof Palme será solucionado".

Para mim tudo começou em 2008 com algo considerado tipicamente sueco, se levarmos em consideração todos os romances policiais do país. O corpo massacrado de uma mulher junto a um lago em Småland foi o que me deu a ideia de escrever um livro sobre locais de assassinatos. Um ano mais tarde descobriu-se que a causa da morte também fora tipicamente sueca. A polícia encontrara novos indícios técnicos de que o culpado havia sido um alce, mas àquela altura eu já havia abandonado a minha ideia original e estava mergulhado na aventura que geraria este livro.

Passados cinco anos, eu encontrara o arquivo esquecido de Stieg Larsson e penetrara em um mundo cheio de personagens e acontecimentos que pareciam saídos dos próprios romances de Stieg. Os personagens eram tão extremos como Lisbeth Salander e Alexander Zalachenko, com a diferença de que eram reais. Havia assassinos e vítimas, espiões que trabalhavam para outros espiões, mulheres e crianças assassinadas, computadores hackeados, gravações secretas, operações confidenciais e mortes. Uma grande quantidade de mortes cruéis e repentinas.

Os três livros de Stieg Larsson venderam mais de oitenta milhões de exemplares no mundo, mas a ocupação principal do autor não era escrever romances policiais; ele dedicou toda sua vida adulta ao combate à extrema-direita. Desde o início dos anos 90, Stieg vinha advertindo sobre o recém-fundado Partido dos Democratas Suecos, o mesmo que redesenhou o mapa político na Suécia e que, vinte e cinco anos mais tarde, se tornou o terceiro maior partido político do país.

O segundo grande projeto de Stieg era pesquisar sobre o assassinato de Palme. A maior parte de seu arquivo trata da extrema-direita e, a certa altura, se desvia para a pesquisa sobre a morte de Palme, incluindo teorias concretas sobre o caso e pistas dirigidas para a polícia.

Desenvolvi um trabalho sobre as ideias e as teorias de Stieg, investigando mais profundamente e adicionando peças ao quebra-cabeça. O resultado disso explica não somente a série de acontecimentos bizarros que envolvem o crime, mas esclarece o motivo por trás dele. Creio que tenho uma boa ideia do que aconteceu antes do crime, durante a noite do assassinato, em 28 de fevereiro de 1986, e quem eram as pessoas que estavam no local. Uma possível solução é apresentada, e você poderá formar sua opinião com base nos fatos e conclusões.

O que você tem em mãos é um romance documental, escrito como um relato emocionante, mas meu objetivo é que tudo seja verídico. Mais ou menos trinta páginas originam-se dos textos de Stieg, baseadas em cartas e relatórios escritos por ele. Muitos dos diálogos foram transcritos literalmente, ao passo que outros foram adaptados partindo dos documentos no arquivo de Stieg e nas mais de cem entrevistas realizadas. No posfácio escrevo mais sobre o material originário e como eu trabalhei com ele. Se você quiser se aprofundar nos detalhes sobre o assassinato de Palme, recomendo o relatório de mais de mil páginas feito pela Comissão de Investigação e os livros de Gunnar Wall ou Lars Borgnäs, dois dos principais especialistas suecos sobre o assassinato de Palme, mas há uma quantidade infinita de material a ser estudado. Um aviso apenas: Cuidado! O assassinato de Palme é um vírus maligno que já contagiou muitas pessoas. É uma certa ironia que justamente a Suécia tenha sido afetada pelo assassinato sem solução de um chefe de Estado, pois um lugar onde tudo pode ser planejado e explicado acabou ficando com uma ferida aberta, e nenhuma verdade sobre o caso parece permanente, mas isso está prestes a mudar.

O assassinato de Palme será solucionado. Segundo Krister Petersson, o novo promotor de justiça na investigação do caso, o tiro que matou Olof Palme não foi disparado pelo dependente químico Christer Pettersson

Acho que ele tem razão; também estou convencido de que a pesquisa de Stieg Larsson contribuirá para solucionar o assassinato, assim como as informações que constam neste livro.

Enquanto você faz sua leitura, a polícia terá acesso ao meu material e à possibilidade de encontrar provas convincentes que levarão no mínimo uma pessoa à justiça. Dentro de um ou dois anos, espero que tenhamos chegado à verdade e que o assassinato de Palme esteja enfim solucionado.

Jan Stocklassa, *setembro de 2018*

Prefácio

ESTOCOLMO,
20 DE MARÇO DE 2013

Os limpadores de para-brisa lutavam contra a neve pesada. Ainda não tinham se passado nem quinze minutos desde que eu estacionara o carro, mas a tempestade de neve já havia feito o meu Volvo vinho desaparecer sob suas espessas camadas. O som do lado de fora do carro ficara abafado e a visão da neve rodopiando no ar me desorientava, apesar de eu saber que estava no estacionamento em frente ao prédio metálico de depósitos para alugar.

Um leve ruído de motor me fez passar a mão no vidro da janela, desembaçando-a e fazendo com que um fio de água escorresse pelo meu pulso e para dentro da manga do casaco. Uma caminhonete prateada havia estacionado do meu lado esquerdo. Antes que eu desligasse o motor, a porta do outro carro foi aberta. O rosto do homem estava enrolado em um longo cachecol e ele estava de capuz. Ele gesticulou, indicando que deveríamos ir para a porta do prédio. Quando cheguei lá, o homem já digitava um código, que pelo jeito não funcionava, porque em seguida ele apanhou seu celular e fez uma ligação. Os minutos que permanecemos ali demoraram tanto quanto uma eleição sueca. O arquivo estava encaixotado havia dez anos e não parecia querer cooperar conosco. Finalmente uma porta de correr se abriu com um sopro de ar, deixando-nos entrar em um corredor seco, quente, com luz forte e uma infinidade de portas de aço. Comparado com o frio lá de fora, até que ali dentro estava aconchegante.

Tirando o gorro, o cachecol e o capuz, reconheci quem havia me deixado entrar: era Daniel Poohl, da revista *Expo*. Cumprimentamo-nos com um aperto de mãos e fomos andando pelo longo corredor. Subimos a escada até o primeiro andar, e, num corredor idêntico ao anterior, Daniel parou diante de uma das portas de aço. Nada mais que uma placa pequena de metal numerada indicava onde estávamos. Nada revelava que ali, justamente naquele espaço, um tesouro podia estar escondido. Um tesouro que eu esperava que me mostrasse o caminho para algo inestimável.

A porta de aço foi aberta com um estrondo e vi que aquele pequeno espaço estava cheio. Caixas de papelão se acomodavam em estantes que iam do chão ao teto, e em duas passagens estreitas havia caixas empilhadas que chegavam até a porta. Olhei para uma caixa e a etiqueta apenas confirmava que eu encontrara o que vinha procurando havia muito. Escrito à caneta, lia-se: "Arquivo Stieg".

Juntos, colocamos a caixa no chão. Daniel afastou a tampa de papelão para o lado e eu peguei um maço de pastas antigas de papel pardo. Cada uma delas estava marcada no canto superior com uma caligrafia miúda e bastante legível. Naquelas que eu segurava, lia-se "WACL", "O de 33 anos", "Resistência Internacional", "Pistas da África do Sul" e "Christer Pettersson". Meus dedos começaram a formigar, como se as pastas estivessem eletrizadas. Os títulos comprovavam que os documentos que eu tinha em mãos tratavam do assassinato do primeiro-ministro da Suécia, Olof Palme. Eu não imaginava que o material que possivelmente encontraríamos fosse tão numeroso e fiquei pensando como iria fazer para conseguir ler tudo aquilo.

Daniel me fez voltar à realidade. Apesar de ter apenas trinta e um anos, ele já era editor-chefe e diretor da *Expo*, tendo dedicado a vida ao combate ao racismo e à intolerância. O arquivo era de sua responsabilidade, e ele tinha deixado bem claras duas coisas: os documentos não deveriam sair do edifício sem sua autorização, e eu não poderia revelar a ninguém a localização do depósito.

Tive de fazer a leitura ali mesmo, mas eu não queria estar em outro lugar no mundo que não fosse no corredor daquele prédio metálico e sem janelas, sentado em uma caixa de papelão, com a tempestade de neve lá fora. O tempo era limitado e eu só conseguiria olhar uma parte do material, sem concluir nada sobre as considerações de Stieg.

Meu caminho havia sido longo e tortuoso até então. Eu tinha escapado dos meus próprios fracassos quando dedicara todo o tempo livre que possuía ao assassinato não solucionado de Olof Palme, que agora me levava até o arquivo esquecido de um dos escritores mais famosos do mundo. O arquivo me dava mais indícios a seguir. Stieg parecia acreditar na teoria de que um serviço de inteligência sul-africano havia recebido a ajuda da extrema-direita sueca. Eu achava que um amador houvesse cometido o crime. Nada fazia sentido.

Ao mesmo tempo, percebi que não conseguiria deixar a oportunidade escapar. O material do arquivo era interessante demais para ser ignorado e, na época, eu não sabia para onde ele ia me levar, que minhas investigações colocariam a mim e a outras pessoas em perigo quando encontrássemos extremistas, agentes de segurança, bodes expiatórios e assassinos.

Stieg enviara uma carta de sete páginas para Gerry Gable, editor-chefe da *Searchlight*, a maior publicação da Grã-Bretanha contra o racismo e uma fonte de inspiração para a *Expo*. A carta fora escrita menos de três semanas após o assassinato de Olof Palme. (Ver figura 1.)

```
                              Estocolmo, 20 de março de 1986

Caro Gerry e amigos,

   A morte do primeiro-ministro sueco Olof Palme é, para
ser sincero, um dos mais inacreditáveis e assombrosos
casos de assassinato que já tive a desagradável missão
de acompanhar.
```

Assombroso pela maneira como a história repentinamente dá voltas e reviravoltas, originando descobertas espantosas, que mudam a cada vez que nos aproximamos de um fim. Inacreditável dada a magnitude de sua influência política. Pela primeira vez na história, acredito, um chefe de Estado foi assassinado sem que ninguém tenha a menor ideia de quem cometeu o crime. E desagradável — aliás, assassinatos são sempre desagradáveis — porque a vítima é o primeiro-ministro, uma pessoa genuinamente amada e respeitada na Suécia, independentemente de se ser social-democrata ou (como eu) não.

Desde que recebi a ligação nas primeiras horas da manhã daquele sábado, 1º de março, e o meu editor me comunicou sobre o assassinato, ordenando que eu fosse de imediato para minha mesa de trabalho, minha vida tem sido um verdadeiro caos. Você pode imaginar como seria se fosse acompanhar o assassinato da sra. Thatcher, e o assassino tivesse desaparecido sem deixar nenhum vestígio. Além do choque causado pelo acontecimento, é claro. Naquelas horas matutinas do fatídico sábado, enquanto a notícia se espalhava numa Suécia ainda adormecida, encontrei pessoas que saíram espontaneamente para as ruas, exibindo o rosto pálido e abalado. Na agência de notícias vi jornalistas calejados da cobertura policial, homens e mulheres que já haviam visto muito, pararem de escrever no meio de uma frase, debruçarem-se na mesa e caírem no choro. Eu mesmo me surpreendi chorando naquela manhã, quando a sensação desesperada de déjà-vu me alcançou e me fez perceber que era a segunda vez em menos de três anos que eu perdia um primeiro-ministro. Primeiramente havia sido Maurice Bishop, em Granada, um homem que eu amava, respeitava e em quem confiava acima das outras pessoas. Não podia estar acontecendo outra vez. Mais tarde, quando a dor diminuiu e o sr. Palme já havia sido enterrado, chegou aquele momento em que os jornalistas percebem a importância do caso, que é realmente um assassinato intrigante e uma grande história.

Às vezes a história se desenvolve no mesmo ritmo que um romance de Robert Ludlum, outras vezes se parece mais com um mistério de Agatha Christie, para depois se tornar um romance policial no estilo de Ed McBain com toques de comédia de Donald Westlake. A posição da vítima, a perspectiva política, o rosto desaparecido do assassino, as especulações, as pistas que não levam a lugar algum, as chegadas e partidas de presidentes e reis, o rastreamento de automóveis, os rumores, os loucos, aqueles que diziam "eu sabia de tudo o tempo todo", os telefonemas, as pistas anônimas, as prisões e a sensação de que tudo está finalmente se encaixando, para não dar em nada a não ser confusão.

Certamente haverá livros sobre o assunto.

Quase sempre o assassino de um chefe de Estado é preso ou morto nos primeiros segundos ou minutos após o atentado, assim como investigações de assassinatos se resumem, geralmente, a casos abertos e encerrados, mas não este. Aqui temos um primeiro-ministro que saiu para uma caminhada noturna, acompanhado da esposa e sem nenhum segurança nas proximidades. Temos também um assassino que desaparece sem deixar vestígios.

Na realidade, quero saber por onde se começa uma investigação com literalmente milhares de suspeitos e nem uma única pista?

Peço desculpas por este meu devaneio inicial; não era minha intenção escrever sobre tudo isso.

Voltando ao assunto, eu havia pensado em lhe escrever sobre o assassinato de Palme desde que ele aconteceu.

Comecei uns oito ou nove textos e não finalizei nenhum. Por quê? Porque, antes que eu conseguisse terminar qualquer um deles, surgia algo novo e surpreendente, fazendo com que a história tomasse novos rumos. Assim, fui obrigado a rasgar cada texto que escrevi para começar outro novamente.

Portanto, esta carta não é um artigo, e sim uma tentativa de lhe informar sobre o que é real e o que é ficção quanto ao assassinato. Depois de conviver com o crime vinte e quatro horas por dia nas últimas três semanas, é difícil para mim me distanciar do assunto, e, como parece que agora a investigação chegou a um beco sem saída, este esclarecimento é uma maneira de ordenar meus pensamentos e resumir o caso. Provavelmente, se você for escrever sobre o crime no próximo número, este resumo possa ajudar. Vou tentar trazer à luz apenas o que for relevante.

Para começar, o que houve e o que sabemos sobre o assassinato?

Passados alguns minutos das vinte e três horas do dia 28 de fevereiro, Palme saiu do Grand Cinema acompanhado da esposa e do filho mais velho. A ida ao cinema havia sido definida na sexta-feira — Palme a mencionara a um jornalista lá pelas duas da tarde daquele dia, mas os planos da família não eram conhecidos por todos. O primeiro-ministro, como de costume, havia dito aos seus seguranças que não precisaria deles naquela noite. Todos sabiam que Palme fazia caminhadas sozinho e a qualquer hora da noite, ainda mais quando estava de folga ou quando não precisava de medidas extras de segurança. Não ficou claro se a polícia tinha ou não conhecimento de seus planos para aquela noite. Do lado de fora do cinema, Palme e sua esposa deram boa-noite ao filho e decidiram voltar para casa caminhando, naquela noite clara e de frio tipicamente sueco. Passados alguns minutos, o filho olhou para trás e percebeu que um homem seguia seus pais. Mais tarde, ele descreveria as vestimentas do homem de maneira correspondente à descrição das roupas usadas pelo assassino, cujo rosto ele não conseguira ver.

Outra testemunha avistou o primeiro-ministro dois minutos mais tarde e parou para vê-lo passar. Observou que um homem seguia o casal e também mencionou que parecia haver mais dois homens caminhando à frente do primeiro-ministro. Ele teve a impressão de que todos faziam parte de um mesmo grupo de pessoas e concluiu que os três homens eram da equipe de segurança de Palme.

O primeiro-ministro e sua esposa desceram a Avenida Sveavägen, atravessaram a rua para olhar as vitrines e continuaram andando. Na esquina da Sveavägen com a Rua Tunnelgatan, o assassino se aproximou e disparou uma bala de calibre .357 Magnum nas costas do primeiro-ministro.

Segundo a polícia, todos os indícios levam a crer que o assassinato foi executado por um profissional. Os jornalistas parecem concordar com essa teoria, ainda que com certa desconfiança.

O assassino fez apenas um disparo, mas a arma é uma das mais potentes do mundo e todos que entendem do assunto sabem o efeito devastador que apenas uma bala pode provocar. Foi comprovado que o projétil perfurou as costas do primeiro-ministro, rompendo sua espinha dorsal, danificando os pulmões, arrebentando o esôfago e abrindo um buraco do tamanho de um chapéu. A morte foi instantânea ou ocorreu em questão de segundos. A bala, embora não tivesse sido pensada para se desintegrar, girou sobre si mesma; havia sido blindada para poder atravessar inclusive um colete à prova de balas.

O assassino disparou um segundo tiro contra Lisbeth, a esposa de Olof Palme, mas sem a intenção de matá-la. O tiro a teria atingido em cheio no ombro, se ela não tivesse se virado para o lado rapidamente, e então penetrou um dos ombros do seu casaco, saindo pelo outro, resultando em queimaduras leves. Com base nesses fatos, podemos especular sobre o profissionalismo do assassino; alguns dizem que a intenção dele era matar sim, mas, por se tratar de um amador, havia ficado nervoso e errado feio. Outros acham que o tiro disparado foi uma amostra de que o assassino era profissional e que a segunda bala seria apenas para assustar e impedir que Lisbeth fosse atrás dele.

Depois do crime, o suspeito deixou o local pelo que parece ser uma "rota de fuga bem planejada", subindo as escadarias no final da Tunnelgatan, impossibilitando que ele fosse perseguido por automóveis. [Ver figura 2.] O que relatei até aqui são fatos que estão em completa conexão com a versão oficial da polícia, mas agora vamos falar dos problemas que foram surgindo ao longo das investigações.

Várias testemunhas descreveram o assassino de forma bastante vaga e contraditória, e a descrição mais comum, portanto aceita como a mais correta, é de um homem branco, de 30 a 40 anos, altura mediana e ombros largos. Usava um gorro cinza, parecido com o do personagem Andy Capp, com protetores sobre as orelhas, vestia um casaco escuro até a altura dos quadris e calças escuras. Várias testemunhas afirmaram que ele carregava uma espécie de carteira presa ao pulso, daquelas feitas para guardar dinheiro e passaporte.

Estas observações podem ser confirmadas pelos diversos testemunhos:

1 Lars, um homem na casa dos 25 anos, viu o assassino no final da Tunnelgatan, mas não foi visto, pois

cada um passou por um lado do tapume de obras. Lars hesitou por alguns segundos, menos de um minuto, e em seguida decidiu perseguir o assassino a pé. Até aquele momento ele desconhecia que a vítima era o primeiro-ministro. Lars correu pelo mesmo caminho que o assassino, subindo os oitenta e seis degraus das escadarias, mas, assim que chegou ao topo, notou que o assassino havia desaparecido sem deixar vestígios. Instintivamente Lars seguiu para a Rua David Bagares, onde, depois de um quarteirão, encontrou...

2. Um casal que vinha andando em sua direção. Ele perguntou se eles tinham visto um homem passar correndo, e o casal confirmou ter visto um homem meio minuto antes e que ele continuara a descer a rua. Lars ficou perplexo, como contou mais tarde, pois não entendia por que não conseguira mais avistar o assassino, já que este não estava tão à sua frente.

3. Uma quarta testemunha, que não fora mencionada pelo nome, mas ficou conhecida como "Sara", apareceu na manhã seguinte com novas informações. Sara, 22 anos, artista plástica especializada em retratos, vinha andando ao longo do beco Smala Gränd, vizinho à Rua David Bagares, na hora do crime. Depois de percorrer metade da ruela, passou por um homem que, de acordo com as descrições feitas pelas outras testemunhas, devia ser o assassino. O homem parecia ter pressa, mas hesitou por alguns segundos quando passou por ela. Sara só ficou sabendo do crime mais tarde, quando chegou em casa e ligou o rádio. Imediatamente estabeleceu a conexão com o homem que vira e decidiu fazer um retrato dele. Esse desenho mais adiante serviu de base para o retrato falado que a polícia fez do assassino.

Essas quatro testemunhas, escolhidas entre mais de dez mil pistas e declarações colhidas, foram consideradas as mais fiéis e incontestáveis no caso.

4. Uma quinta testemunha, que não foi considerada muito confiável, era um motorista de táxi que aguardava em seu carro junto à Rua Snickarbacken quando viu um homem passar correndo e entrar em um Passat verde ou azul-escuro, que o esperava. O carro saiu dali rapidamente. A Snickarbacken fica junto ao beco Smala Gränd, e é possível que as declarações do motorista de táxi tenham alguma relação com a fuga do assassino, mas há muitas dúvidas sobre o caso. O motorista disse que presenciara o fato dez ou quinze minutos depois do crime, mas para percorrer o caminho correndo, como o assassino fizera, não levava mais do que três ou quatro minutos. O motorista de táxi também mencionou erroneamente o nome da rua vizinha à Snickarbacken, chamando o beco Smala Gränd por outro nome. Apesar de tudo, as evidências sugerem que o assassino de fato passou pelo motorista de táxi, e a polícia acha que este pode ter cochilado e por essa razão fornecido o horário errado. (De qualquer forma, seu testemunho resultou numa grande busca pelo país por um Passat verde ou azul-escuro, tendo em vista que ele também conseguira citar parte da numeração da placa do veículo em questão.)

Esse conjunto de evidências levou a polícia a desenvolver a teoria de que o crime havia sido uma execução muito bem planejada e premeditada, realizada por um grupo de pessoas. No entanto, ela não declarou oficialmente de que tipo de grupo ou de pessoas se tratava.

Uma primeira pergunta crítica: O que teria acontecido se o primeiro-ministro não tivesse ido a pé para casa, mas, em vez disso, tivesse resolvido acompanhar seu filho ao metrô e nunca passasse pelo local escolhido para sua execução?

Se este foi realmente um crime bem planejado, o assassino teria sido obrigado a cancelar seus planos, ou, pelo menos, a ter mais carros de fuga e/ou mais cúmplices à sua disposição.

Como já foi dito, há testemunhas cujas declarações cabem perfeitamente na última hipótese. (Note que tanto a polícia quanto os jornalistas questionaram bastante essas testemunhas, fazendo com que elas parecessem confiáveis.)

1. Um homem que passava pela Tunnelgatan na hora do assassinato, porém na direção contrária da Sveavägen, viu dois homens correndo do local do crime.

2. Mais duas testemunhas confirmam essa declaração, pois viram dois homens se dirigirem para a Rua Drottninggatan e depois se separarem.

3. Uma quarta testemunha contou que viu um homem vir correndo ao longo da Drottninggatan, um ou dois minutos mais tarde. O homem parou de repente e acenou para um carro que chegou para apanhá-lo, antes de "saírem dali apressadamente".

Mais ou menos nesse ponto as investigações pararam. É claro que havia inúmeras insinuações e relatórios, mas nada que tivesse relação direta com o crime. Chegou-se a um beco sem saída, um ponto-final. Grande parte dos fatos acima foi comprovada durante os primeiros dias após o assassinato, além de ter sido cuidadosamente cronometrada. Mais tarde veio uma fase de confissões feitas por pessoas excêntricas e outros tantos que assumiam a culpa dizendo "fui eu que fiz isso", além de todos os telefonemas anônimos.

Quando há atos terroristas cometidos pela "esquerda", as organizações responsáveis costumam, de maneira convincente, assumir a culpa após algumas horas, mas nesse caso não houve nada do gênero. Entre os grupos que tentaram reconhecer a culpa, há de tudo, desde o Comando Christian Klar,* Holger Meins,** a organização fascista croata Ustase e diversos grupos de extrema-direita, além de gangues nazistas. Nenhum deles pode ser levado a sério.

Após o crime, durante muitos dias a Suécia passou a ser um país sitiado, com aeroportos fechados, fronteiras controladas com rigidez, barcos e portos revistados nos mínimos detalhes. (Mas nenhum desses recursos teve resultado satisfatório, pois um crime bem planejado é concluído com uma fuga igualmente bem planejada.)

Passados três dias do assassinato, um homem foi levado para ser interrogado pela polícia, suspeito de envolvimento no crime. Era um sujeito da extrema-direita conhecido por andar armado e com um álibi duvidoso, mas depois de dois dias foi solto e a polícia anunciou que ele não tinha nada a ver com o crime.

Dez dias após o assassinato, outro homem foi preso acusado de ter participado do atentado. Ele foi identificado como Victor Gunnarsson, de 32 anos, membro do Partido Trabalhista Europeu (EAP). As suspeitas sobre ele se sustentaram por quase vinte e quatro horas, particularmente quando a polícia tornou pública a declaração de que havia encontrado o assassino. (Inclusive era dessa maneira que a polícia se referia a ele agora, não mais como suspeito.) Victor tinha muitos argumentos contra si.

---

* Grupo de extrema-esquerda alemão, fração do Exército Vermelho (RAF). (N. da T.)
** A RAF também é conhecida como Grupo Baader-Meinhof. (N. da T.)

- Obviamente ele é um extremista de direita desequilibrado, e sua obsessão pelo primeiro-ministro já havia sido documentada. Diversas vezes ele dissera que "o primeiro-ministro merecia levar um tiro", além de ter perseguido Palme durante comícios públicos e manifestações.
- Ele estava nos arredores antes do crime. Fontes afirmaram que ele estivera no mesmo cinema que o primeiro-ministro.
- Ele não conseguiu explicar onde estivera e parece ter mentido para a polícia em diversos pontos durante o interrogatório.
- Ele possui um gorro cinza e um casaco parecido com o do assassino.
- Como havia trabalhado em várias empresas de segurança particulares, recebeu treinamento em tiro e aprendeu a lidar com um revólver.
- Uma testemunha o identificou como o homem que tentara fazer um carro parar para apanhá-lo imediatamente após o crime, em uma rua que dá acesso à Tunnelgatan.
- Ele foi visto entrando em um cinema dez ou doze minutos após o tiro, mas depois de meia hora que o filme havia começado.
- Ele é conhecido por ter ligação com um grupo religioso e antissemita de extrema-direita ainda não identificado, com sede na Califórnia, onde havia morado por algum tempo.

Durante vinte e quatro horas todo o interesse da nação se voltou para o EAP; eu mesmo escrevi vários artigos sobre o assunto e parecia que o caso estava prestes a ser esclarecido. Mais tarde, poucas horas depois da audiência de custódia, Gunnarsson foi libertado. Qual seria o motivo? Bom, de repente, a testemunha que dissera que ele havia tentado pegar carona em um carro depois do crime não conseguia mais identificá-lo com certeza. A polícia foi obrigada a cancelar sua coletiva de imprensa, pois não havia mais nenhuma novidade a ser divulgada. Chegou-se a um beco sem saída.

Uma reflexão: é muito provável que Gunnarsson seja preso novamente. O promotor diz não ter provas contra ele, mas ele continua sendo uma pessoa suspeita de envolvimento no caso. É isso o que podemos dizer até aqui. É claro que eu poderia seguir escrevendo sobre as diversas especulações por mais umas duzentas páginas (como já comentei anteriormente, muitos livros serão escritos sobre o assunto; talvez eu mesmo também devesse fazê-lo), mas não há muito mais que seja substancial. Temos um primeiro-ministro morto e um assassino que desapareceu sem deixar vestígios.

Entre as especulações, há a possibilidade de que interesses sul-africanos estejam envolvidos no assassinato. A Comissão Palme, na qual o próprio Palme exercia um papel importante, havia iniciado uma campanha direcionada contra negociantes de armas que faziam transações com o regime do apartheid.

Entre as suposições, aparece também o Partido dos Trabalhadores do Curdistão, que levou a cabo pelo menos três assassinatos políticos na Suécia durante os últimos dois anos. Até o momento todas as mortes foram de "traidores" dentro da própria organização, mas uma opinião popular (e bastante racista) diz que eles são os culpados. Por quê? Porque o escritório deles em Estocolmo fica exatamente nas proximidades da Rua David Bagares, onde o assassino sumiu sem deixar rastros. (Entretanto essa teoria levanta a questão de o assassino ser tão imbecil a ponto de correr e se esconder na própria sede da organização, a dois minutos do local do crime.)

De qualquer forma, temos aqui o pano de fundo. Se algo novo acontecer, posso te ligar, caso você queira um relatório. Além disso, sinta-se à vontade para utilizar toda a informação aqui contida como material.

Incluo também uma fotografia de Gunnarsson, mas lembre-se: o advogado dele pretende processar os jornais estrangeiros que a publicarem (sou um dos poucos jornalistas que conseguiram obter uma foto dele, o que causou um furo na mídia europeia, antes de ele ser solto).

Um abraço, cuide-se,
Stieg

PARTE 1

Stieg

O dia do assassinato

ESTOCOLMO,
28 DE FEVEREIRO DE 1986

Aquele era o dia em que o primeiro-ministro da Suécia iria morrer e Stieg chegava atrasado ao trabalho, como de costume, com um cigarro entre os dedos. Decidiu subir as escadas, pois chegaria meio minuto antes do novo elevador, que era de uma lentidão inexplicável. Escadas não o incomodavam, mesmo que tivesse que subir até o topo do prédio. O cigarro aceso entre os dedos o impedia de respirar plenamente, mas ele tinha apenas trinta e um anos e era cheio de energia. Na mão esquerda trazia sua pasta surrada, quase vazia, contendo só uma folha de papel. Ele corria um pouco, impulsionado por uma mistura de cafeína e nicotina.

A TT era a agência de notícias mais influente da Suécia e, havia cerca de um ano, se mudara para os locais recém-restaurados da antiga Cervejaria St. Erik, com sede na Praça Kungsholms Torg. O nível dos funcionários e a tecnologia da agência estavam à altura da Rádio Suécia ou do jornal *Dagens Nyheter*. A redação ocupava todo o sexto andar do prédio e, assim como qualquer visitante, Stieg era obrigado a atravessar o grande escritório aberto. Junto à entrada havia uma longa fileira de fax Toshiba. Todos sabiam que aquela quantidade de máquinas era desnecessária, mas durante a fase yuppie da década de 80 era muito importante até para uma agência de notícias mostrar que fazia um trabalho além do banal. Do lado esquerdo ficava a redação, onde os funcionários mais importantes e alguns chefes traba lhavam. Stieg tentara passar despercebido, mas seu chefe, Kenneth Ahlborn, lhe dera um bom-dia tão alto que ficara impossível não lhe responder.

— Eu entrego hoje. Prometo!

Stieg já tinha perdido o prazo de entrega três vezes; qualquer outro chefe teria empregado um tom mais ríspido. No entanto, até a boa vontade de Kenneth tinha limite, e Stieg agora era obrigado a terminar a matéria.

Passando a escada que levava até a sala de redação, havia o maior arquivo de notícias da Suécia, com fileiras intermináveis, que, com o auxílio de enormes rodas nas laterais, podiam ser movidas sobre trilhos no chão. Esse também era um equipamento imponente, mais útil que os aparelhos de fax. Stieg passou pelas prateleiras, contornou a última e atravessou a porta que levava ao escritório. O pequeno espaço, com paredes de vidro que davam para os arquivos, não tinha janelas e poderia ser descrito (na melhor das hipóteses) como funcional. Ele dividia o escritório com Ulla, a responsável pelos arquivos, e um ou outro funcionário temporário que estivesse precisando de um lugar para trabalhar. Apesar da localização pouco vantajosa, Stieg não era um funcionário esquecido. Muito pelo contrário. Todos que queriam entrar em contato com ele sabiam onde encontrá-lo e, de alguma forma, as poltronas desgastadas que ele trouxera de casa haviam se tornado mais disputadas que os sofás esnobes da sala de redação no andar de baixo.

Aquele era um dia especial. Era a última sexta-feira do mês, e todos tinham sido requisitados a comparecer à reunião (ideia do novo diretor-geral, para "ter mais feedback" da organização, como ele dizia). Na realidade, o fluxo de informações ia de cima para baixo, o que satisfazia Stieg. A posição de seu chefe mais próximo era bastante forte e havia sido ele quem colocara Stieg longe do centro dos acontecimentos, para que ele pudesse se dedicar em paz àquilo que realmente o atraía: a luta contra a extrema-direita.

Além de seu trabalho fixo como ilustrador, muitas vezes Stieg escrevia longas reportagens que normalmente tratavam de alguma questão que lhe interessava, e, se ainda lhe sobrasse tempo, ele aproveitava para trabalhar um assunto muito importante: a pesquisa sobre a extrema-direita sueca e suas ligações com grupos estrangeiros. Ele mal se lembrava de quando tudo começara, mas a luta contra a intolerância e as injustiças fazia parte da vida de Stieg desde a adolescência. Seu avô materno, que odiava tudo que fosse relacionado ao nazismo e à extrema-direita, exercera um papel decisivo em sua formação, mas o engajamento de Stieg era ainda maior — ele dedicara sua vida ao assunto.

Agora ele já estava atrasado para a reunião, e seu único objetivo era mostrar quanto estava comprometido com a visão da empresa, para em seguida voltar a trabalhar em paz com o que era do seu interesse. Apesar de ser dez horas, ainda era cedo para ele; então, quando entrou na sala de reuniões, seus colegas mais próximos o olharam completamente surpresos. A porta se fechou e ele se sentou na cadeira, com falta de ar, no mesmo momento em que o diretor deu um largo sorriso, desejando boas-vindas a todos.

A reunião não trazia nenhuma novidade. A chefia acreditava na premissa de que a repetição era a chave mestra do conhecimento, e Stieg tinha certeza de que as imagens sobre o plano de trabalho para 1986 já haviam sido mostradas pelo menos umas três vezes, provavelmente apenas em outra ordem. Além disso, o ruído do projetor o deixava sonolento. A única novidade era que um dos editores se levantara no final da reunião lembrando a todos que naquela noite os jornalistas da redação estavam convidados para jantar no Restaurante Tennstopet. Ficava subentendido que apenas os repórteres, jornalistas ou editores deveriam se dar o trabalho de aparecer.

Para Stieg, aquela sexta-feira seria um pouco diferente, pois ele e Eva haviam decidido jantar e passar a noite juntos. Não que fossem jantar fora, iam apenas cozinhar em casa ou comprar uma pizza, mas isso significava que ele deveria estar atento ao horário e não ficar no trabalho depois das sete ou oito da noite. A estação de metrô de Rådhuset ficava a um quarteirão de distância do prédio da redação, e ele estaria em casa, em Rinkeby, em menos de meia hora. Além disso, não havia mais nada que o atrapalhasse durante o dia. Ele só tinha que terminar a ilustração que mostrava como a economia sueca era dominada pela família Wallenberg, uma das mais poderosas constelações de empresários no mercado financeiro mundial. As crises econômicas do último decênio haviam feito estremecer a base do império, mas ainda era a mesma família que comandava a sociedade sueca, por meio de fundações anônimas, companhias e associações que, no papel, não pareciam ter nenhuma relação com a família, mas eram administradas por pessoas de sua confiança.

Depois de muito pensar, Stieg colocou o mapa da área central de Estocolmo como fundo. Três endereços a menos de um quilômetro um do outro foram circulados: a sede da Confederação das Empresas Suecas em Östermalm, o Palácio Burmanska, que incluía a Associação dos Empregadores em Blasieholmen, e um prédio anônimo na Rua Birger Jarlsgatan, 6, onde diversas organizações, empresas e associações estavam sediadas. Sobre o mapa, acrescentou uma tabela relacionando todos os envolvidos, de maneira que os teóricos da conspiração ficariam tontos se Stieg não deixasse tudo legível, com diversas marcações e em escalas de cinza. Imprimir em cores não era uma boa ideia, apesar de ser tecnicamente possível fazer isso já havia alguns anos, mas poucos jornais utilizavam essa técnica, e eles não eram o maior grupo de clientes da TT.

Stieg acendeu mais um cigarro e retirou a xícara de café e os outros objetos que serviam de peso para manter o papel no lugar. Quando a cinza do cigarro ficava pesada demais e caía sobre a folha, ele a assoprava, juntava com a mão e jogava em uma das xícaras vazias. A maioria dos seus colegas almoçava cedo, mas Stieg ficava trabalhando até sentir que seu cérebro não funcionava mais como deveria, então era obrigado a tomar alguma providência para fazer subir sua glicose. Naquele dia a solução acabou sendo meio sanduíche de pão branco com queijo e pepino, enrolado em plástico e comprado na cantina.

Quando Stieg olhou para o relógio novamente, viu que já eram cinco e meia. Agora ele precisava se apressar para terminar a ilustração, já que não era uma boa ideia pedir um prolongamento do prazo de entrega, pois o próximo artigo também atrasaria, e nesse último ele teria chance de tratar de questões importantes de uma maneira que iria atingir um público maior.

Stieg fez um teste. Colocou um texto sobre o mapa com a frase usada pelo patriarca Marcus Wallenberg: "Esse, non videri", ou seja, "Ser, não ser visto". A frase definitivamente combinava com a mensagem da ilustração, mas, sem a tradução, ninguém entenderia o sentido, e, se colocasse mais texto ali, causaria um alvoroço ainda maior. Então decidiu trabalhar até tudo ficar pronto, o que deveria levar mais umas duas ou três horas. Assim chegaria em casa antes de Eva achar que o jantar deles tinha sido cancelado.

Havia algo de mágico naquelas linhas e símbolos, pois, ao observá-los, o tempo parecia voar. De repente ele percebeu que já eram mais de oito horas. Precisava tomar providências o quanto antes. Pegou o telefone Ericsson, modelo Dialog, todo arranhado e enquanto discava, ouvindo aquele som tão característico, pensava na desculpa que daria a Eva por estar atrasado novamente e não chegar em casa antes da meia-noite, conforme o combinado.

A ligação não foi tão difícil como ele imaginara. Eva sempre aceitava as explicações, mas ele tinha a consciência pesada. Demorou uns dez minutos até que voltasse a se concentrar no trabalho depois do telefonema, mas agora a ilustração finalmente ia ficar pronta.

Ele estava com o rádio ligado e ouvia que uma organização chamada Societas Avantus Gardiae transmitia uma peça de teatro. Se Stieg tivesse escutado com atenção, teria ouvido como o apresentador desafiava os ouvintes a adivinhar qual político seria assassinado, salientando que não se tratava do rei Gustavo III, apesar de a peça abordar justamente o planejamento desse crime. Stieg precisava ouvir algo leve e que não o distraísse, por isso trocou para uma estação que tocava música popular.

Quando enfim foi desligar a luz do pesado abajur de ferro que tinha sobre a mesa, já eram onze e vinte da noite. Foi mais ou menos nesse horário que o tiro disparado na Sveavägen matou o primeiro-ministro da Suécia. Stieg estava contente, sem saber do fato, e só pensava se ainda teria tempo de pegar o metrô para Rinkeby.

O ódio

O ódio vinha sendo cultivado havia mais de vinte anos. Poucos duvidavam de que ele fosse um dos políticos mais influentes da história da Suécia, mas o caminho até ali havia sido repleto de conflitos, resultando em um acúmulo de inimigos.

Em 1969, Olof Palme assumira o cargo de primeiro-ministro e líder do partido após Tage Erlander, que havia ficado vinte e três anos no cargo de chefe de Estado, um verdadeiro recorde mundial. Na última eleição de Erlander, o Partido Social-Democrata ganhara mais de cinquenta por cento dos votos. Era impossível para Palme concorrer com a imensa popularidade de seu antecessor. Palme vinha de uma família abastada, pertencente à classe alta, o que gerava desconfiança entre a classe trabalhadora e funcionários de cargos mais baixos dentro do seu próprio partido. Além disso, havia sido Palme quem, em 1976, perdera a primeira eleição para os sociais-democratas em quatro décadas.

A derrota nas eleições tinha lhe dado tempo para se dedicar à causa que mais lhe interessava: a política internacional. Olof Palme era simpatizante do Terceiro Mundo e lutava pelos direitos dos menos privilegiados. Ele gostava de contar sobre sua primeira atividade política, quando ele e um grupo de amigos doaram sangue para angariar fundos para a luta contra o apartheid na África do Sul.

O engajamento de Palme na política internacional normalmente afetava suas relações com os países mais poderosos. Ele incomodou a União

Soviética quando, em abril de 1975, chamou a Checoslováquia de "criatura do ditador" e quando criticou a invasão do Afeganistão, em dezembro de 1979, pelas forças soviéticas.

Por outro lado, durante a Guerra Fria, ele provocou os Estados Unidos, que cortaram relações diplomáticas com a Suécia duas vezes por causa das atitudes de Palme. A primeira vez foi quando ele, em fevereiro de 1968, em Estocolmo, desfilou ao lado do embaixador do Vietnã do Norte em Moscou, em uma passeata contra a Guerra do Vietnã. E a segunda, quando criticou os bombardeios de Hanói no Natal de 1972, comparando os atos dos EUA aos piores massacres ocorridos no século XX.

Muitos viam Palme e a política sueca como um terceiro caminho, tendo ele o seu próprio plano para acabar com a Guerra Fria. Por meio do grupo conhecido como "Comissão Palme", do qual ele era o presidente, tentou, com líderes políticos do mundo inteiro, criar condições para o desarmamento e fazer o mundo se tornar um lugar mais seguro. Os Estados Unidos estavam pouco interessados nessa alternativa e, por isso, o projeto não foi adiante; no entanto, uma vez que a União Soviética mostrou interesse no assunto, a desconfiança contra Palme e contra a Suécia aumentou entre os outros países no mundo, pois ele era visto como mensageiro dos russos.

No período entre 1980 e 1982, Palme foi nomeado mediador de paz pela ONU, com a missão de aprimorar as relações entre o Irã e o Iraque, fracassando nessa missão impossível. Mais tarde, quando ficou comprovado que ele havia se engajado ativamente para ajudar empresas suecas de armamentos, principalmente a Bofors, a exportarem armas para a Índia, foi acusado de hipocrisia, pois primeiro ele havia se posicionado pelo desarmamento e pela paz e em seguida apoiado a exportação de armas suecas com a finalidade de salvar vagas de emprego.

Na Suécia, a opinião dos críticos era de que o país não tinha nem tempo nem recursos para brincar de consciência de mundo, e que o primeiro-ministro devia passar a se interessar pela política interna, já que sua posição estava enfraquecida. Com sua retórica e sua habilidade em jogos de poder, Palme havia arranjado inimigos políticos tanto na esquerda quanto na direita.

Contrariamente à sua vontade, fora obrigado a implementar a antiga sugestão social-democrata sobre o fundo de garantia salarial, que significava que uma parte do lucro da empresa iria para um fundo destinado aos funcionários. Os críticos chamaram essa sugestão de "socialismo à moda do Leste" e, com isso, muitas empresas abandonaram o país.

Não era apenas a política o maior motivo de irritação entre os adversários do primeiro-ministro. A origem abastada de Olof Palme havia despertado a suspeita entre muitos de seus colegas de partido, ao passo que os burgueses achavam que ele traíra a própria classe, além de haver algo em sua personalidade que provocava as pessoas. Nos debates, Palme se mostrava impaciente e era visto como arrogante quando derrotava seus adversários menos engajados. Com um QI de aproximadamente cento e cinquenta e seis, ele pertencia à pequena parcela da população que podia ser considerada genial. Seu QI era mais baixo que o de Dolph Lundgren, que afirmava ter cento e sessenta, mas ainda assim mais alto que o de todos os outros políticos da Suécia, e Palme deixava muito claro que estava consciente de que sua inteligência era maior que a de seus adversários.

Nos meios culturais fazia tempo que era o favorito, e frequentemente era o convidado de honra nos mais diversos tipos de eventos. No entanto, em 1976, após o famoso diretor de cinema Ingmar Bergman ter sido acusado de sonegação fiscal e preso de maneira humilhante pela polícia no Teatro Dramático Real, a popularidade de Palme caiu, assim como os convites que recebia.

Na imprensa ele também possuía inimigos poderosos. Além de a maioria dos jornais suecos serem de direita, ele havia conseguido criar inimizade com um dos jornalistas mais influentes do país. Quando o jornalista Jan Guillou revelou que o Partido Social-Democrata, com Palme na liderança, havia utilizado o serviço de inteligência militar do país em proveito próprio e registrado suspeitos simpatizantes comunistas, o caso se assemelhou ao escândalo Watergate nos Estados Unidos, mas Olof Palme fazia jogadas melhor que o presidente Nixon. O resultado da revelação fez Palme continuar no cargo, e Guillou e seu colega Peter Bratt foram condenados a um ano de prisão, por espionagem.

Jan Guillou não era um inimigo fácil e alguns anos mais tarde tentou envolver e incriminar Olof Palme no então conhecido Caso Geijer, no qual políticos suecos, juntamente com o ministro da Justiça, Lennart Geijer, haviam comprado serviços sexuais de prostitutas. Palme conseguiu se livrar das acusações por um fio, quando seus colaboradores mais próximos, o chefe de polícia Hans Holmér e o secretário de imprensa Ebbe Carlsson, o ajudaram a escrever um falso testemunho.

A última tentativa de Guillou de atacar Palme foi chamada de Caso Harvard, que acabou sem um desfecho, mas abalou a popularidade do primeiro-ministro. Em uma entrevista de rádio transmitida ao vivo, Guillou questionou se Palme não deveria ter pagado impostos pela bolsa de estudos que seu filho Joakim havia recebido da Universidade de Harvard, como agradecimento pela palestra dada pelo primeiro-ministro na mesma universidade. Olof, que quase nunca ficava sem dar uma resposta, hesitou por um momento longo demais para que sua negativa fosse vista como verdadeira. Pouco a pouco, foi se criando um escândalo midiático.

Quando o ódio contra Palme se consolidou nas diversas camadas da sociedade, nada mais podia ser feito para revertê-lo. As campanhas começaram, os jornais publicavam caricaturas de Palme com nariz adunco, dentes estragados e olheiras profundas. Uma das pessoas que afirmavam ter tido um relacionamento amoroso com Palme era a atriz americana Shirley MacLaine. Os rumores sobre as relações extraconjugais do primeiro-ministro se espalhavam e eram exagerados.

Em muitos jornais da Suécia grandes anúncios eram publicados se referindo diretamente a Olof Palme e sua política. Neles, a palavra palmeísmo fora usada pela primeira vez em uma frase pejorativa, sem que se chegasse a uma conclusão do que caracterizava essa nova ideologia. Por trás dos anúncios havia forças financeiras poderosas que tinham condições de pagar as quantias milionárias que a publicação de anúncios de tal natureza exigia, tendo como remetentes a atriz Gio Petré e o médico até então desconhecido Alf Enerström. Paralelamente, a revista *Contra*, de tendência direitista, vendia quadros de atirar dardos com a fotografia de Palme como alvo.

Em setembro de 1985, houve eleições parlamentares, o que levou o Partido Social-Democrata a ganhar mais uma vez. Em uma das reuniões do Partido Moderado, um boneco representando Olof Palme foi jogado entre o público para que fosse xingado e se cuspisse nele.

Em 3 de novembro de 1985, o jornal *Svenska Dagbladet* publicou um artigo escrito pelo comandante Hans von Hofsten, no qual ele manifestava sua insatisfação, assim como a de seus colegas, com o primeiro-ministro e sua política com a União Soviética.

Olof Palme estava sendo pressionado. Corria o rumor de que ele queria renunciar e assumir um cargo nas Nações Unidas. Ele se sentia cansado e tinha o direito de estar assim, afinal era o político mais brilhante e influente que a Suécia já tivera, mas naquele momento era hostilizado por todos os lados. O caminho a ser seguido não estava livre em nenhuma direção. Até 28 de fevereiro de 1986.

O mapa do assassinato

ESTOCOLMO,
1º DE MARÇO DE 1986

—— Palme foi assassinado.
Essas palavras fizeram Stieg estremecer como se tivesse presenciado um terremoto. Eva havia se levantado mais cedo que ele, ligado o rádio e se perguntado por que as três estações tocavam músicas fúnebres. De repente a transmissão foi interrompida pelas últimas notícias.

Eles só tomaram uma xícara de café em sua modesta cozinha. Stieg telefonara para Kenneth na TT para saber se mais alguma coisa havia sido dita no noticiário, porque recebera a ordem do chefe de ir para o trabalho no mesmo instante. Eva decidiu acompanhá-lo até o centro da cidade. Ela estava nervosa e não queria ficar em casa sozinha.

A estação de metrô de Rinkeby estava tão vazia como em qualquer sábado. Eles caminharam de um lado para o outro na plataforma por um tempo que parecia uma eternidade enquanto esperavam o trem, mas em menos de meia hora chegaram à estação central. Stieg não desceu em Rådhuset como de costume. Queria ficar com Eva mais um pouco, pois sabia que seria um inferno assim que chegasse ao trabalho. Eles se dirigiram para a saída que levava à Rua Vasagatan e viraram à direita pela Tunnelgatan. Passados cinco minutos de caminhada por aquela rua impessoal, avistaram um carro de polícia próximo a um grupo de pessoas na esquina do edifício Skandia. Foi então que entenderam o que havia acontecido. O primeiro-ministro da Suécia havia sido assassinado no meio da rua, no centro de Estocolmo.

Quando chegaram ao local do crime, foram atingidos por um profundo silêncio. Uma centena de pessoas havia se juntado ao redor do local cercado pela polícia, o que era uma maneira típica sueca de manifestar as condolências. Muitas pessoas traziam uma rosa, outras apenas passavam em silêncio.

Eva e Stieg cruzaram a fita que demarcava o local do crime e perceberam como estavam próximos do lugar onde Palme fora assassinado. O sangue tinha se espalhado pelo chão de cimento, congelando e formando uma placa escura. A poça ali era maior do que se poderia imaginar que o sangue de uma pessoa pudesse deixar. Pela extensão de toda a fita havia muitas flores, a maior parte rosas, algumas jogadas dentro da área delimitada. Estava frio para ficarem ali parados, mas eles permaneceram no local por um bom tempo. O silêncio só era interrompido esporadicamente pelas chamadas no rádio da polícia.

De onde estavam, podiam observar os dois lados da Sveavägen. Uns cinquenta metros pela Tunnelgatan, havia dois pavilhões de construção que ocultavam parcialmente a vista naquela direção. Atrás deles se erguia o morro Brunkeberg.

Eram apenas nove horas da manhã e tudo indicava que seria um dia longo e difícil na Suécia. Muitas pessoas visitariam o local do crime e deixariam rosas. Talvez o assassino voltasse lá — se é que há alguma verdade naquele antigo ditado que diz que o criminoso sempre volta ao local do crime.

No elevador, a caminho da TT, Stieg tentava transformar seus sentimentos de pesar em energia para trabalhar. Ele sabia que não fazia diferença não ter ido direto para o trabalho, porque ainda levaria um bom tempo para que a redação tivesse uma opinião formada sobre o assassinato e para que pudessem pedir que ele fizesse mais ilustrações. Tinham um longo dia pela frente e, provavelmente, ele teria que ficar lá até o meio da noite para conseguir terminar alguma coisa.

A atmosfera no local do crime estava tranquila e respeitosa. A intensidade que o atingiu assim que entrou na sala de redação foi um verdadeiro contraste com o que tinha presenciado havia alguns instantes. Parecia que todos os funcionários tinham sido convocados para estar ali e que o foco principal era fazer a TT comandar as reportagens sobre o assassinato. Todos estavam ocupados em juntar a pequena quantidade de informações que havia. Em poucas horas, grande parte dos funcionários começaria a escrever, mas a coleta de informações continuaria por um bom tempo, ainda mais se a polícia não prendesse nenhum suspeito. Para cada hora que passava, a chance de o assassinato ser solucionado rapidamente diminuía. Todos os policiais e jornalistas sabiam disso.

Em questão de uma hora, Stieg já havia recebido a tarefa que levaria o dia todo e talvez parte da noite para ser executada, dependendo do que surgisse nesse meio-tempo. Ele teria que fazer um mapa da área em volta do Grand Cinema e do local do crime, que mais tarde seria preenchido com possíveis novas informações. O fato de ele e Eva terem estado no local facilitava um pouco as coisas, mas não estava claro que informação deveria constar no mapa. Havia o risco de que seria necessário muito espaço para redação ao redor do lugar do crime e do cinema, mas nada nos cantos. Além disso, seria necessária uma versão em inglês, e por isso os textos ficariam maiores que em sueco. A pressão das mídias estrangeiras já era imensa e a TT era uma das maiores fontes do país.

Em um mapa da cidade de Estocolmo, Stieg marcara os lugares por onde Palme havia passado. Antes de começar a desenhar, esvaziou a mesa, tirando as xícaras usadas, pilhas de papéis desnecessárias e buscou uma xícara de café fresco no lugar daquela que já havia esfriado. Colocou uma cópia do modelo do mapa sobre a área no tamanho certo e um papel transparente tamanho A3 por cima. Com os pesos da mesa de desenho, firmou o papel a uns dez centímetros de distância do canto da mesa. Com a mão esquerda, colocou uma régua T, tomando cuidado para o canto de baixo se manter paralelo à mesa. Do lado direito estava a caixa de decalques, com linhas, símbolos e letras. Stieg começou desenhando os contornos dos quarteirões e das ruas. Assim que o desenho básico ficou pronto, aplicou o filme autocolante que facilitava a diferenciação das superfícies. Então cortou com um estilete no formato exato, usando o cabo do instrumento para tirar as pequenas bolhas que se formavam sob o plástico. Stieg não gostava muito da aparência mecânica do filme, mas era a última moda, o que o deixava sem opção.

Durante o dia muitas informações foram chegando e, com seus colegas, ele selecionou minuciosamente tudo o que vinha da polícia, da mídia e das pessoas de modo geral. Quando terminou uma versão do mapa, tanto em sueco como em inglês, já era 2 de março.

Sherlock Holmér

ESTOCOLMO,
1º DE MARÇO DE 1986

A investigação policial sobre o assassinato de Olof Palme não poderia ter começado pior. O suspeito desaparecera sem nenhuma dificuldade, apesar de diversas patrulhas policiais estarem na área e de o primeiro carro de polícia ter chegado ao local poucos minutos após o crime.

As barreiras feitas eram pequenas demais, não protegendo toda a área, o que fez com que as balas fossem encontradas por transeuntes do lado de fora do cerco e dias depois do crime. Outras evidências também foram extraviadas.

Os responsáveis pela operação ficaram sem ação, somente dando o alerta geral para todo o país às 2h05 da manhã, ou seja, duas horas e meia depois do ocorrido. O alerta dizia que se tratava de dois suspeitos. A noite começou caótica, mostrando a importância de se colocar um homem forte como chefe das investigações. Havia três alternativas.

Atentados terroristas ou outros crimes relacionados a forças estrangeiras seriam investigados pelo Serviço de Segurança Sueco, a Säpo. Após um período turbulento, Sven-Åke Hjälmroth fora o chefe nomeado para fazer as coisas funcionarem. Por ter iniciado sua carreira no correio, ficara conhecido pelo apelido de "Carteiro".

A segunda alternativa era a Polícia Federal Sueca, que tinha como uma de suas funções investigar acontecimentos extraordinários, o que incluía o assassinato do primeiro-ministro. Além disso, a Comissão de Investigação de Homicídios ficava sob a jurisdição da polícia federal, que tinha competência para tanto. O chefe da polícia federal era o durão Tommy Lindström, que em pouco tempo de serviço havia se tornado o queridinho da mídia, ganhando o codinome de Tommy Turbo, após ter sido parado pela polícia quando dirigia seu Saab a cento e setenta e quatro quilômetros por hora. Era também conhecido como Super Cop, possivelmente por seu envolvimento em investigações, apesar de não ter frequentado a Academia de Polícia.

A terceira possibilidade era a polícia local de Estocolmo, responsável por crimes comuns, como homicídios nas ruas. Hans Holmér era o chefe da polícia local, mas tampouco possuía formação policial ou experiência em liderar investigações de crimes violentos.

A Säpo e o investigador responsável, Alf Karlsson, haviam fracassado magistralmente em sua missão de proteger o primeiro-ministro. Se ficassem responsáveis pela investigação do caso, teriam que apurar a própria responsabilidade, o que seria um prato cheio para a mídia. Portanto, só restavam as polícias federal e local de Estocolmo como alternativas possíveis.

Tommy Lindström não tinha medo de sujar as mãos e adorava ser o centro das atenções, mas, no que dizia respeito ao homicídio do primeiro-ministro, ele havia escolhido outra tática. Após ter sido informado sobre o crime, de manhã, resolveu voltar para a cama, ficando em casa naquele dia para comemorar seu aniversário. Comeu bolo, procurou o taco de floorball que havia ganhado de presente dos filhos e passou algumas horas tranquilas. Lá pelas onze da manhã, chegou ao seu escritório no centro da cidade, mas outra pessoa já havia sido escolhida para ser a responsável pelas investigações do caso.

Quando Hans Holmér tomou conhecimento da notícia, às 7h35, estava, segundo seu próprio testemunho, no Hotel Scandic, na cidade de Borlänge, com sua namorada, Åsa. No dia seguinte ele pretendia correr os noventa quilômetros da décima oitava Vasaloppet, a prova de esqui de fundo mais importante do país. No entanto, teve de pegar o carro e retornar para Estocolmo. Assim que chegou, descobriu que seria o responsável pela investigação do crime. Ninguém sabia ao certo como essa decisão havia sido tomada, mas isso só fora possível com o apoio dos maiores líderes políticos do país, sem sombra de dúvida.

Hans Holmér atendia aos requisitos exigidos para aquele que seria o responsável pela investigação mais importante na história da Suécia. Ele era corajoso, decidido, tinha experiência dentro da polícia, tanto como chefe da Säpo quanto da polícia do distrito de Estocolmo. Seus contatos políticos eram muito amplos, principalmente dentro do partido no poder, o Social-Democrata. Ele e seu grande amigo Ebbe Carlsson com frequência ajudavam Olof Palme a se livrar de diversos problemas. Os casos IB e Geijer eram exemplos de histórias que poderiam ter exigido a saída do primeiro-ministro do cargo, mas a lealdade e a inflexibilidade de Hans Holmér foram postas à prova. Com Ebbe Carlsson, ele provou estar à altura, demonstrando a Palme que ele podia superar crises difíceis. Agora seu chefe de tantos anos havia sido assassinado, e era sua responsabilidade encontrar o culpado e colocá-lo à disposição da justiça.

Quando o relógio marcava 10h50 do dia 1º de março, Hans Holmér entrou na delegacia de polícia para assumir a investigação do homicídio de Palme. Ele havia aceitado a oferta do Departamento de Justiça de lhe enviar um detetive, e o secretário de Estado, Harald Fälth, já lhe mandara um conselheiro para participar das investigações. Era contra a Constituição sueca que um representante do governo participasse das investigações policiais, mas, em razão das circunstâncias extraordinárias do caso, essa medida era necessária.

A mídia e a população aguardavam ansiosamente por informações, e Holmér anunciou a primeira de uma série de coletivas de imprensa. Só teve tempo de receber uma breve atualização por parte de seus colaboradores. Em seguida decidiu que seria preciso passar a falar de um suspeito em vez de dois. Como Holmér chegou a essa conclusão foi algo que guardou só para si.

Já era meio-dia quando Hans Holmér foi à sala de imprensa da polícia, dando início à primeira coletiva. Sua atitude confiante lhe daria o título de "sueco do ano" antes que 1986 terminasse.

A pressão era imensa. Holmér havia assumido a liderança de uma investigação de assassinato acompanhada de perto pelo mundo todo, e muitos esperavam que ele fosse nomear algum de seus melhores investigadores como chefe da equipe, mas Holmér surpreendeu a todos quando ele mesmo assumiu o cargo. Ele não possuía experiência em investigações criminais, mas sua equipe era bem preparada e, em questão de poucos dias, já contava com mais de duzentos colaboradores.

Nos primeiros dias a insegurança era enorme. Havia a suspeita de que o assassinato de Olof Palme poderia ser apenas o início de algo maior, talvez até um golpe de Estado. A primeira providência de Holmér foi garantir sua própria segurança. Em vez de utilizar a proteção da Säpo, contratou quatro seguranças de sua total confiança. Alguns deles vinham da chamada Liga de Beisebol, grupo de má reputação formado por agentes da polícia, cujos membros eram conhecidos por seus bonés de beisebol e costumavam se encarregar dos baderneiros no centro de Estocolmo durante os anos 80.

Além disso, Holmér precisava se certificar de que o governo confiava nele como responsável pelo caso. Por isso era muito importante que ele se encontrasse com o novo primeiro-ministro em exercício, Ingvar Carlsson, encontro esse que foi marcado para dois dias depois do assassinato.

Os dois se encontraram em um gabinete atrás da sala de conferências do Centro Comunitário de Estocolmo, às dezoito horas do dia 2 de março. Ebbe Carlsson também participou dessa reunião, o que era pouco convencional em virtude de seu cargo oficial como editor. Porém tanto Ingvar Carlsson quanto Holmér sabiam que Ebbe, na qualidade de amigo de Olof Palme, estivera muito ligado ao primeiro-ministro; além disso, ele havia conseguido pôr as coisas em ordem como ninguém o fizera. Talvez fossem precisar dos favores de Ebbe desta vez também.

Nessa época Holmér estava se divorciando e morando temporariamente na casa de Ebbe em Tantolunden; assim, perguntar a Ebbe se ele gostaria de acompanhá-lo lhe parecera lógico. Holmér informou o novo primeiro-ministro sobre o caso e, com essa reunião, obteve uma forte confirmação de sua posição como responsável pelas investigações.

No entanto, sua posição não estava plenamente assegurada. Alguém que tivesse conhecimentos técnicos poderia dizer que o assassinato deveria ser tratado como um atentado terrorista, que deveria ser investigado pela Säpo, ou que era um fato extraordinário e deveria ser encaminhado à polícia federal, mas os acontecimentos foram a favor de Holmér. A polícia vinha recebendo uma quantidade imensa de pistas nos primeiros dias após o crime, sendo apontada desde uma conspiração internacional até o ato solitário de um desequilibrado mental. A primeira pista que a mídia recebeu foi de que se tratava de um austríaco maluco, o que definitivamente entrava no marco de competências de Holmér. A imprensa deu a entender que a polícia contemplava o Caso Palme como um homicídio de rua corriqueiro.

No dia 2 de março, Hans Holmér deu sua segunda coletiva de imprensa e apareceu ao vivo no noticiário *Aktuellt* do canal público de televisão sueca, sem que ninguém protestasse sobre o fato de ele ter se autonomeado chefe das investigações. Depois disso, passaria muito tempo até que seu cargo de chefe da equipe fosse questionado.

Por acaso, Ebbe Carlsson havia recebido um telefonema de uma pessoa da Säpo apenas um dia antes do crime. Pelo que parece, haviam interceptado uma ligação telefônica por meio da qual interpretaram que o movimento de libertação curdo PKK (Partido dos Trabalhadores do Curdistão) planejava um assassinato na Suécia. A Säpo não tinha informação de quem seria a vítima, mas, quando Palme foi assassinado, Ebbe tirou as próprias conclusões. Como dissemos, Hans Holmér estava morando na casa de Ebbe e tinha bons contatos na Säpo desde que fora chefe lá. Assim, a informação se espalhou para o chefe das investigações, o que levou o Partido dos Trabalhadores do Curdistão a ser investigado logo após o crime.

As investigações prosseguiram intensivamente durante o fim de semana e, quando terminaram, mais de cem interrogatórios haviam sido feitos. O investigador Inge Reneborg e o inspetor de polícia Christer Sjöblom foram até a casa de Lisbeth Palme na manhã daquele sábado, 1º de março. Ela não conseguira descrever nada sobre os traços faciais do suspeito, parecendo até confundir o assassino com uma das testemunhas, já que as vestimentas e a aparência física que ela descrevera não batiam com o que as outras testemunhas disseram. Como se não bastasse, uma das testemunhas, chamada de "Homem do Skandia" (porque ele trabalhava no edifício Skandia, em frente ao local do crime), havia aparecido imediatamente após o assassinato, como um elefante numa loja de cristais, e quase com certeza estava sendo confundido com o suspeito pelas outras testemunhas.

Na segunda-feira o grupo de investigações entrou em contato com seus colegas alemães no laboratório criminalista BKA, em Wiesbaden, que era o melhor da Europa em criar retratos falados em investigações em que o suspeito era desconhecido. Marcaram a ida de especialistas alemães para Estocolmo no dia 5 de março para fazer retratos falados com base em algumas das descrições mais relevantes feitas pelas testemunhas. Até lá o grupo de investigações iria escolher e dar prioridade aos testemunhos mais importantes.

Pouco depois do crime, Sara, uma jovem de vinte e dois anos, saiu pela porta de serviço da discoteca Alexandra´s, a mais badalada de Estocolmo, para fumar. Assim que abriu a porta que dava para o beco Smala Gränd, quase esbarrou em um homem que parecia muito nervoso. Seus olhares se cruzaram e ele levantou rapidamente a gola do casaco para esconder o rosto. O local era bem iluminado e ela teve tempo de olhá-lo com atenção, guardando os traços físicos dele na memória. Quando, na manhã seguinte, ela ficou sabendo que o primeiro-ministro havia sido assassinado, entrou em contato com a polícia e prestou o primeiro de seus muitos depoimentos.

Os colegas alemães do BKA, o comissário de polícia Joachim Heun e o secretário de departamento Stefan Wagner, levaram à delegacia de polícia o mais avançado equipamento tecnológico de que precisavam para criar um retrato falado. O elemento mais importante era um Minolta Montage Synthesizer, o dispositivo de imagem mais moderno do mundo, resultado de uma combinação de vídeo e tecnologia ótica.

O equipamento era tão grande quanto uma televisão de vinte e seis polegadas e pesava vinte e cinco quilos. A tecnologia era relativamente simples. Uma série de lâmpadas iluminava fotografias de partes de rostos que eram substituíveis; havia muitas em quatro fichários grandes, separadas por tipos. Para fazer um rosto era preciso quatro partes: queixo e boca, faces e nariz, olhos e testa, além dos cabelos. As partes eram introduzidas através de orifícios localizados na lateral do aparelho. Para formar uma imagem completa, era necessário que um operador competente soubesse qual parte do rosto deveria ser iluminada e qual deveria ser projetada com o auxílio dos comandos que manejavam as lâmpadas e as lentes óticas. Além disso, havia filtros diferentes para criar sobrancelhas, óculos e outras características.

Partindo de uma descrição básica feita pela testemunha, como um rosto redondo com boca grande, queixo proeminente e testa alta, a imagem de um rosto era criada como em uma fotografia de boa qualidade; mais tarde, com a ajuda de uma câmera de vídeo, era transferida para uma televisão de catorze polegadas. A testemunha podia, então, comentar as diferenças entre a imagem projetada e a imagem em sua memória. O operador podia mudar a distância entre as diversas partes do rosto ou trocar alguma parte e, em poucos minutos, criar outra fotografia para a testemunha comentar. Esse procedimento podia ser repetido quantas vezes fosse necessário, mas normalmente levava cerca de uma hora para ser concluído, a partir do momento em que a testemunha começasse a descrever o suspeito. Assim que a testemunha e o operador estivessem satisfeitos, a imagem projetada era fotografada com uma câmera comum. (Ver figura 3.)

O fotossintetizador que os policiais alemães traziam consigo era de última geração; havia sido aperfeiçoado, o que significava que trazia cinco fichários, mais um orifício e mais dois comandos na lateral do aparelho. Com a ajuda das imagens nos fichários, podia-se acrescentar todo e qualquer tipo de marcas no rosto no lugar adequado, como uma cicatriz ou sinal de nascença.

A investigação do assassinato de Palme não era uma investigação policial comum, tampouco a testemunha, já que ela possuía uma grande capacidade de observação. Portanto, o procedimento no caso não levou uma hora, e sim quatro, até que fosse executado por completo. O resultado foi uma fotografia de qualidade em preto e branco. A palavra *fantombild* (imagem fantasma) era usada pela primeira vez na Suécia, tirada diretamente do vocabulário dos colegas alemães.

Quando a fotografia ficou pronta, Hans Holmér levou a cópia pessoalmente até seu chefe. Em 6 de março, o chefe da polícia federal, Holger Romander, recebeu o primeiro retrato falado e um porta-cigarros como presente de aniversário. Uma grande quantidade de cópias foi feita e distribuída para a polícia, alfândega e redações de jornal em todo o país. Em seguida os técnicos alemães tiveram tempo de produzir mais alguns retratos falados, com testemunhas menos capacitadas, mas a primeira fotografia publicada foi aquela que teve mais credibilidade, ficando conhecida como "o retrato falado".

Nunca se pediu que Lisbeth Palme ajudasse a criar um retrato falado do suspeito, pois desde o primeiro interrogatório ela não conseguira descrever nada do rosto do assassino e pareceu tê-lo confundido com outra pessoa que passava no local do crime.

A publicação do retrato falado fez com que os telefones destinados a receber pistas sobre o crime não parassem de tocar. A polícia acabou recebendo mais de oito mil denúncias. Os críticos acreditavam que esse grande número de pistas fazia a polícia desperdiçar recursos em investigações irrelevantes ou ir atrás de pessoas que não se pareciam com o suspeito do retrato falado.

Mais adiante, durante o desenrolar das investigações, se gastaria muito tempo desmentindo o retrato falado vindo do testemunho de Sara, já que ele não batia mais com a teoria dos investigadores.

Victor

ESTOCOLMO,
9 DE MARÇO DE 1986

Stieg estava febril em razão de tanto trabalho. Os últimos dez dias haviam sido um verdadeiro inferno. Durante os trajetos de ida e volta à TT, sua mente não parava. Conversas rápidas com Eva e algumas horas de sono agitado não o ajudavam a relaxar, pois todo e qualquer assunto acabava no assassinato do primeiro-ministro.

O dia, como todos os demais, começaria com a reunião das nove da manhã. Stieg chegou quinze minutos atrasado; ficou de pé no fundo da sala, como de costume, mas naquele dia sentiu que havia algo diferente. Todos falavam de outros assuntos, estavam cheios de energia, agitados de uma maneira que ele não via desde a época que o submarino soviético U-137 afundara na costa de Karlstad, cinco anos antes. Com uma xícara de café na mão, Stieg tentou falar com alguém que estivera na reunião desde o início, mas todos apenas passavam rapidamente por ele, sinalizando com um gesto de cabeça que ele perguntasse a outra pessoa. Assim que a maioria dos colegas mais apressados deixou a sala, ele conseguiu parar uma das redatoras e lhe perguntou o que estava acontecendo.

— É sério que você não está sabendo? A polícia prendeu um suspeito do crime ontem.

A redatora se desvencilhou de Stieg, deixando-o surpreso. Em seguida ele foi para sua mesa de trabalho e ligou para seus melhores contatos que dispunham de informação policial. Os dois repórteres policiais que ele conhecia bem não faziam a menor ideia do que ele estava falando. Sua terceira tentativa era um contato na Säpo, com o qual teve mais sorte.

— O que você sabe sobre o suspeito que pegaram? — Stieg perguntou.

— Nem nós sabemos o nome dele. O que eu sei não pode ser divulgado. Sabemos que o rapaz é de extrema-direita, um anticomunista. Não é nazista, mas um extremista. É ativo em diversas organizações, suecas e estrangeiras. Muito religioso. É tudo o que tenho no momento.

Mesmo assim, Stieg ficou satisfeito com as informações. Tratava-se de um extremista de direita ou de um anticomunista, como eles próprios se chamavam, ele já estava um passo adiante, pois tinha as pesquisas sobre o assunto exatamente a sua frente, em duas pilhas de papéis de meio metro de altura cada. Stieg estivera a ponto de providenciar uma mesa de rodinhas para arquivar tudo, mas tinha chegado à conclusão de que não haveria espaço para seus papéis, e o melhor seria aguardar e comprar um armário inteiro.

A luta contra a extrema-direita fazia parte da vida de Stieg desde que ele se lembrava, mas fora apenas nos últimos anos que ele encontrara a forma certa para combatê-la. As histórias sobre a Segunda Guerra Mundial contadas ano após ano por seu avô materno, Severin, haviam dado início ao processo. Ele sabia como Severin havia sido punido por ser suspeito de comunismo, enquanto os simpatizantes do nazismo puderam continuar agindo na Suécia, conhecida como neutra. Stieg era apenas uma criança quando começou a entender o que era injustiça. Tinha nove anos quando seu avô morrera de um ataque cardíaco. Talvez fosse a vontade de se vingar pelo tratamento dado a Severin ou por sua morte prematura aos cinquenta e seis anos que levou Stieg a se envolver no assunto. De qualquer forma, ele dedicaria toda a vida a lutar contra as injustiças e a intolerância, especialmente quando eram manifestadas através do fascismo, do racismo ou do sexismo.

Nos últimos anos, ele havia começado a catalogar as organizações, redes de contato e pessoas influenciadas pelas ideias e opiniões de extrema-direita, o que fizera aumentar ainda mais seu fascínio pelo assunto. Ele tentava compreender como as pessoas na década de 80, que aparentavam ser normais, podiam participar de conjunturas onde a base fascista ou racista estivesse presente. Tempos depois, essas mesmas pessoas apareciam em outros partidos políticos, porém sem a estampa fascista, como os Moderados ou o Partido Liberal. As fronteiras entre os partidos burgueses, de extrema-direita e nazistas se tornavam confusas. Por esse motivo, o coração de Stieg bateu mais forte ao saber que a polícia havia detido um extremista de direita.

Em seu material de pesquisa havia uma quantidade considerável de pessoas com o perfil do suspeito, e ele se pôs a ler os documentos que julgava mais relevantes.

Stieg ficou digerindo as informações por um momento, fazendo anotações em seu bloco antes de ir até os colegas de redação para ouvir se eles tinham descoberto algo que correspondesse às suas próprias observações. Levou um bom tempo até conseguirem trocar as devidas informações, mas ficou bastante claro que ele havia ido mais adiante nas pesquisas que todos os outros. A polícia conseguira, dessa vez, algo mais interessante que no dia do assassinato. Stieg contou o que havia descoberto, dando instruções rigorosas para que ninguém escrevesse sobre o assunto ainda, pois caso contrário seu contato com a fonte seria cortado.

Um passo importante no trabalho de Stieg contra o extremismo de direita foi ter entrado em contato com Gerry Gable, da revista *Searchlight*. Eles haviam se conhecido e ficado amigos no primeiro encontro que tiveram e, desde então, Stieg passou a publicar seus artigos na revista, sendo chamado de "Our Swedish Correspondent" (Nosso Correspondente Sueco), o que lhe convinha, pois continuava anônimo e com a satisfação de ser publicado.

O crescimento da direita dentro da política sueca, para quem observava de fora, parecia ter ocorrido do nada ou por uma mudança das ideologias de centro. Na realidade, já havia um grupo de pessoas, pequeno mas muito unido, que costumava fazer parte de diversas organizações. Isso se deu ininterruptamente até os crescentes movimentos nazistas de entreguerras. Nas décadas posteriores à Segunda Guerra Mundial, eles não foram particularmente notados (no entanto é certo que não haviam desaparecido). Os oficiais alemães da Gestapo haviam fugido, e a América do Sul se tornou um destino muito popular, além da Alemanha Oriental, já que o país continuava se declarando inimigo dos verdadeiros adversários da Alemanha de Hitler: os Estados Unidos e a Grã-Bretanha. Além disso, o antissemitismo continuava vivo, do outro lado da Cortina de Ferro. Chegou na Suécia um punhado de nazistas obstinados, seguidos por vários grupos de simpatizantes e ativistas disfarçados. As pesquisas de Stieg no último ano comprovavam aquilo para que outros já o haviam alertado: existiam ligações diretas e indiretas entre a extrema-direita sueca e membros do governo, assim como com pessoas da cúpula econômica do país.

Stieg decidiu que tinha chegado o momento de tirar a primeira tarde livre desde a noite do assassinato. Escreveu uma breve carta a Gerry e seus colegas, lhes contando que haviam prendido um suspeito; ia escrever algo detalhado quando tivesse mais tempo e mais informações. Era pouco provável que a polícia liberasse alguma novidade ainda aquela tarde; isso quase com certeza ocorreria no dia seguinte. Seus colegas de profissão ficariam ansiosos até que o nome do suspeito se confirmasse. A polícia, no entanto, não se pronunciaria diretamente, fornecendo as novidades pouco a pouco. O dia seguinte provavelmente mudaria a história da Suécia.

Tal como Stieg suspeitara, a polícia continuou filtrando as informações. O problema era separar a verdade e descartar as especulações individuais de cada policial. Corriam rumores de que o jornal *Dagens Nyheter* havia criado uma espécie de monopólio sobre Holmér e seu grupo de investigadores, enquanto o restante da mídia, inclusive a TT e Stieg, era obrigado a confiar em fontes menores.

Stieg havia conseguido confirmar a identidade do suspeito detido pela polícia. Na mídia ele ainda era chamado de "o homem de trinta e três anos", mas seu nome era Victor Gunnarsson, e ele preenchia todos os requisitos do estereótipo de rapaz marginalizado que se deixara influenciar por organizações obscuras. No caso de Gunnarsson, uma dessas organizações parecia ser o Partido Trabalhista Europeu (EAP, de acordo com a sigla sueca). Sua admiração pelos Estados Unidos não tinha limites. Ele fora visto inúmeras vezes no centro de Estocolmo, falando inglês americano ou sueco com sotaque americano, talvez para compensar sua origem

— ele vinha do minúsculo vilarejo de Jämjö, localizado na remota província de Blekinge, no sudeste do país.

Quando a ligação de Gunnarsson com o EAP veio à tona, Stieg se lembrou de que havia pesquisado alguns anos antes sobre essa organização tão peculiar, cujo nome parecia ser de esquerda, mas cuja ideologia era de direita. Ele se recordava de ter visto uma pessoa que lhe lembrava o próprio Gunnarsson na mesa da organização e que se passava por espectador, mas na realidade mais parecia um tipo de aliciador de quem se aproximasse. Stieg observara o mesmo comportamento em duas ocasiões e tinha quase certeza de que Gunnarsson estava ligado à organização. Mas, assim que a polícia liberou o suspeito, Stieg decidiu esperar para informar às autoridades sobre a relação de Gunnarsson com o EAP.

Desse modo, Stieg achou que era o momento certo de escrever uma longa carta a Gerry, que aguardava por mais detalhes desde a última carta que ele lhe mandara. Já tinham se passado quase três semanas do crime e havia mais o que contar agora do que Stieg pensava. Ele estava satisfeito com sua primeira frase, que poderia servir de introdução a um romance: "O assassinato do primeiro-ministro sueco Olof Palme é, para ser sincero, um dos casos mais incríveis e surpreendentes de homicídio que já tive o desprazer de presenciar".

A carta se alongou mais que o planejado, chegando a um total de sete páginas. Na melhor das hipóteses, Gerry lhe pediria para escrever um artigo sobre o caso, ou pelo menos a equipe da *Searchlight* guardaria as informações, que poderiam ser muito úteis mais adiante, especialmente se o crime continuasse sem solução no próximo ano.

O protesto do promotor

ESTOCOLMO,
ABRIL DE 1986

Passado cerca de um mês do crime, Holmér havia fortalecido sua posição como aquele que iria solucionar o caso. Além de seu cargo de chefe das investigações, ele era o principal responsável dentro da polícia. O papel de liderança das investigações preliminares pertencia normalmente ao promotor de justiça, segundo a legislação sueca, mas Holmér já deixara claro que o promotor deveria aguardar até que a polícia julgasse ter uma quantidade de material suficiente em mãos para ser apresentada. O promotor de justiça K. G. Svensson começara a demonstrar frustração com a espera, e as divergências haviam aumentado desde que a polícia optara por manter Victor Gunnarsson sob custódia, enquanto o promotor decidira soltá-lo. Holmér se enfurecera, cortando toda e qualquer comunicação com Svensson.

Pouco tempo depois, o procurador-geral, Magnus Sjöberg, recebeu um telefonema do Departamento de Justiça. Era o secretário de Estado Harald Fälth, convocando os promotores para uma reunião no departamento. Na noite de 28 de abril, Svensson e Sjöberg se dirigiram então para o Palácio de Rosenbad.

Quando entraram no local, logo perceberam a presença de Hans Holmér, que os aguardava. Ele, o secretário de Estado Harald Fälth e o ministro da Justiça Sten Wickbom já haviam tido uma reunião prévia. O resultado inesperado da reunião foi um acordo no qual o procurador-geral modificava a decisão do promotor responsável para atender ao pedido do departamento. Svensson pôde manter apenas a responsabilidade sobre a investigação de Victor Gunnarsson; seus dias como promotor responsável estavam contados. Holmér provara com isso que tinha o apoio do governo, chegando até o primeiro-ministro Ingvar Carlsson, se assim fosse necessário.

O espetáculo que cercava a prisão de Victor Gunnarsson parecia mais uma rinha de galos, não fazendo a menor diferença para Holmér, cujo verdadeiro interesse estava direcionado ao PKK.

Para a polícia sueca, esse grupo era bastante difícil de ser investigado, ainda que a Säpo já estivesse de olho na organização havia muitos anos. O grupo era extremamente fechado e difícil de ser infiltrado, pois era quase impossível achar alguém que correspondesse aos pré-requisitos para tal. Não era nada fácil encontrar um curdo que conseguisse convencer o PKK e, ao mesmo tempo, estivesse preparado para trair seus compatriotas, entregando-os para a polícia sueca, entre outras coisas porque vários membros antigos haviam sido assassinados na Europa depois de acusados de traição. As escutas telefônicas do PKK continuavam sendo realizadas e a polícia aguardava encontrar algum desertor do grupo pronto para compartilhar informações relevantes. Nesse interim, Holmér conseguira manter em segredo as investigações sobre o PKK, mas ele sabia que era apenas uma questão de tempo até que a informação vazasse, pois com trezentas pessoas participando do caso não era possível fazer com que todas ficassem em silêncio.

Um pequeno grupo de observadores era responsável por averiguar outros indícios, mas logo ficou claro que o resultado deles não era tão interessante para o chefe das investigações. Seus relatórios permaneceram sem ser lidos e a sugestão de medidas a serem tomadas quanto às outras pistas foram dispensadas sem explicações. A frustração era imensa. Ainda assim, mais uma vez, o descontentamento foi abafado dentro da própria organização, não passando nem através da porta antibombas recém-instalada na sala do Caso Palme, nem alcançando o domínio público.

Para o líder das investigações, foi uma surpresa que as poucas pessoas envolvidas nas investigações de Victor Gunnarsson houvessem conseguido ir tão longe com alguém que não tinha relação alguma com o suspeito principal, o PKK, porém esse problema foi solucionado pessoalmente pelo chefe da polícia federal, Tommy Lindström. Uma chave encontrada durante a revista de busca e apreensão na residência de Victor Gunnarsson foi mantida por Lindström, que mostrou que ela funcionava em um prédio onde outra organização curda possuía um apartamento. Esse apartamento ficava na provável rota de fuga do assassino. Lindström achou que encontrara a ligação perfeita entre Victor Gunnarsson e o principal suspeito que a polícia ainda mantinha sob sigilo, o PKK curdo.

Na primavera de 1986, o caminho estava livre para que Holmér provasse a culpa do PKK na morte de Olof Palme.

Severin

NORSJÖ,
DEZEMBRO DE 1962

O avô Severin era tão vermelho que até sua cadeira de balanço em casa era pintada de vermelho. Quando os pais de Stieg o deixaram morando com os avós maternos, Severin e Tekla, a vida do menino ficou mais fácil, apesar das instalações bastante humildes da pequena casa em que viviam. Sua liberdade era sem limites em Måggliden, um lugar não muito distante do pequeno vilarejo de Norsjö, ao norte, no interior de Norrland, a oitenta quilômetros da cidade de Skellefteå. No vilarejo moravam umas vinte pessoas, e uma estradinha de cascalho servia de caminho entre as casas. Aos três anos, Stieg já andava sozinho pelo vilarejo.

Logo depois que Stieg se mudou para a casa dos avós, passou a chamar Tekla de mãe e Severin de pai, pois vivia com eles desde suas primeiras lembranças. Quando seus pais, Vivianne e Erland, vinham visitá-lo, ele os chamava pelos nomes, mesmo conhecendo a verdade.

Stieg passava muito tempo com Severin em sua oficina, sentado em um banquinho junto à mesa onde o avô consertava o cortador de grama de alguém ou limpava um carburador. Era comum Severin se sentar em outro banquinho e conversar sobre política com alguma visita que aparecia enquanto bebiam uma cerveja. Stieg ficava ouvindo seu grande ídolo falar e absorvia todas as informações.

Severin odiava o nazismo e mais ainda os nazistas que, depois da Segunda Guerra, trocaram de lado, mas no fundo ainda eram fiéis àquela ideologia nefasta. Eles eram muitos e ocupavam posições altas na sociedade, sem que ninguém desconfiasse de nada. Stieg ouvia tudo com atenção e aprendia para a vida. No interior de Norrland, não havia muitas crianças interessadas em política, e muitos achavam que Stieg era maduro demais para sua idade. Ele passara os principais anos da infância ao lado de Severin, e era óbvio por quais ideais lutaria pelo resto da vida. Infelizmente, o convívio com o avô foi interrompido cedo demais.

Quando Stieg completou dez anos, sua vida sofreu uma mudança bastante radical. Severin tivera seu primeiro infarto no início do outono do ano anterior. Ele já vinha se sentindo mal, e a dor se espalhava, dando uma sensação de dormência no braço, tal como descrevera para Tekla e Stieg. O médico em Norsjö lhe recomendara mudanças drásticas nos hábitos, mas ele não lhe dera ouvidos.

Um ano inteiro havia se passado, e o medo de sofrer mais um infarto já não o preocupava. Era o Dia de Santa Lúcia e Severin se esforçava trabalhando para ganhar um dinheiro extra antes do Natal para poder comprar um trenó para o neto, que já estava grande o suficiente para andar sozinho e descobrir novos mundos nos arredores de Bjursele, talvez até Norsjö.

À hora do almoço, Severin começou a passar mal e foi obrigado a se deitar sobre a mesa de trabalho da oficina. Depois de meia hora ainda sentia o braço adormecido e não podia mais pôr a culpa no vento que entrava ali, só então decidiu ir para casa. Conseguiu vestir o casaco, mas não o abotoou. Apesar de estar a menos de cem metros de casa, seu esforço para percorrer o caminho até lá foi sobre-humano. O trenó deslizava bem na neve alta, quase não ventava e a temperatura estava alguns graus abaixo de zero. O sol brilhava no horizonte por trás de nuvens esparsas, mas o clima excepcionalmente bonito passou despercebido por Severin, que estava concentrado em conseguir avançar com a ajuda do pé direito que usava para empurrar o trenó. Não foi capaz de perceber a própria queda e sentir o rosto bater fortemente contra a neve. Foi a última coisa que viu antes de ficar inconsciente.

De qualquer forma foi melhor ter desmaiado antes de chegar em casa, pois ele e Tekla não tinham telefone e ela não saberia escolher entre correr até o vizinho para pedir ajuda ou deixar o marido sozinho naquela situação. Os filhos do vizinho estavam brincando de atirar bolas de neve um no outro quando viram Severin cair. Chamaram alguns adultos, que logo entenderam o que estava acontecendo. O vizinho mais próximo correu até sua garagem para ligar o motor de seu Volvo PV. Nesse meio-tempo, Tekla e Stieg foram informados do ocorrido e saíram de casa às pressas.

Severin recuperou a consciência, mas estava extremamente pálido. Os moradores do vilarejo conseguiram, com muito esforço, colocar o homenzarrão dentro do carro e deitaram o banco do passageiro o máximo possível. Stieg viu como Tekla tremia de apreensão, mas, mesmo naquele estado, ela conseguiu entrar pelo lado do motorista e passar para o banco traseiro do carro, alcançando o rosto de Severin com as mãos e tentando fazer com que o coração do marido se acalmasse um pouco. Stieg se sentou ao lado da avó no carro, na esperança de que ninguém lhe dissesse que ele não poderia acompanhá-los. O vizinho dirigia com cuidado, mas o mais rápido que podia. Mal se ouvia o barulho do motor do carro conforme passavam sobre a camada compacta de neve e o sol baixo de inverno refletia sobre esta. Eles tinham quase certeza de que Severin já estava morto, por causa de sua imobilidade e da cor cinzenta do rosto.

Quando chegaram ao hospital de Norsjö, Severin estava inconsciente e foi levado em uma cadeira de rodas até a sala de espera, onde foi atendido por uma enfermeira. Ninguém em Måggliden ficou sabendo o que o médico fizera, mas, passadas duas horas, este veio falar com Tekla e Stieg.

— Dessa vez foi por um fio, sra. Boström — disse o médico. — Se demorasse mais um único segundo, creio que o coração dele não teria aguentado. O Severin vai ficar internado aqui por alguns dias, em observação.

Tekla chorou de medo e alívio. Um pouco depois, ela e Stieg puderam entrar no quarto de Severin, que estava deitado. Sua respiração estava pesada, e era difícil entender que aquela era a mesma pessoa que no dia anterior brincava de correr pela cozinha atrás de Stieg. E agora estava ali, deitado, tão indefeso. Seu olhar se mantinha firme, mas ele mal parecia reconhecer as pessoas ao redor. Tekla segurou a mão do marido, que parecia sem forças, e disse baixinho para o consolar, apesar de estar muito assustada:

— Vai dar tudo certo.

Quatro dias depois, Severin recebeu alta e foi para casa. As recomendações foram bastante rígidas: repouso, caminhadas curtas, não deixar de tomar os remédios e não fazer esforço. Logo viria o Natal e Severin teria três semanas para descansar até começar a trabalhar novamente — duas horas por dia no início, segundo a orientação médica.

O terceiro infarto veio pela manhã, quatro dias antes do Natal. Severin estava deitado no sofá da cozinha, enquanto Tekla limpava os outros cômodos da casa. Eles haviam colocado o sofá um pouco afastado da janela, para que Severin não sentisse frio. Quando Tekla entrou na cozinha para perguntar se ele queria um sanduíche, ele já estava morto. Ela ficou imóvel por um momento, segurando a vassoura, calada. Ainda que a casa estivesse em silêncio, Stieg percebeu que havia algo errado e veio correndo do andar de cima. Quando viu Severin deitado imóvel no meio da cozinha e Tekla varrendo compulsivamente, compreendeu que tinha acontecido algo. Foi correndo até a porta da casa e gritou, pedindo socorro. O vizinho estava do lado de fora, tirando a neve do terreno, e, quando percebeu a gravidade da situação, foi no mesmo instante para a casa de Tekla e Severin.

Severin estava deitado com as mãos cruzadas sobre o peito e de olhos fechados. Tekla continuava a varrer freneticamente, ao redor do corpo do marido. Stieg estava zangado e andava em círculos, mais rápido que a avó. A cada volta que fazia, dava um leve chute no pé de Severin, enquanto praguejava em voz alta que o avô o havia deixado sem nenhum aviso.

Severin estava morto e deixava um grande vazio entre seus entes queridos.

Algumas horas mais tarde, os pais de Stieg chegavam para tomar conta do filho. O tempo ao lado do avô terminara, mas os anos que passaram juntos afetariam a vida de Stieg para sempre.

Mergulhando no arquivo

ESTOCOLMO,
20 DE MARÇO DE 2013

A caixa de papelão havia afundado em um dos lados e eu estava mais bem acomodado ali, porém depois de cinco horas sem luz natural, rodeado de papéis empoeirados e com um ar frio entrando, comecei a ficar sem energia. No entanto, apesar das dificuldades, eu não conseguia parar de ler o material. Cada caixa que eu abria continha novos documentos que me levavam a novas descobertas. Em uma das caixas encontrei todos os jornais da época do assassinato, muito bem dobrados. Pareciam recém-saídos da gráfica, mas as notícias eram de trinta anos atrás.

Fui levado de volta para a primavera de 1986, me questionando sobre o caos que se estabelecera na época e como todos tentavam encontrar alguma nova pista ou outros pontos de vista. Os jornalistas haviam conseguido conversar com muitas testemunhas. O casal Palme fora cercado por três homens durante sua caminhada na saída do Grand Cinema. Dois deles foram na frente e o outro seguira atrás. Lisbeth Palme havia dito que reconhecera duas pessoas no local do crime e as vira do lado de fora de sua residência na semana anterior ao assassinato. Diversas testemunhas afirmaram ter visto homens com aparelhos de walkie-talkie em frente à casa dos Palme, homens entrando na estação de metrô de Gamla Stan e tomando o trem, nos arredores do Grand Cinema durante a sessão e andando perto do local do crime.

Diante daquela imensa quantidade de material, compreendi o tempo que Stieg havia investido para juntar, ler e ordenar tudo aquilo. Meu próprio material de pesquisa era quase todo digitalizado, mas eu desconfiava de que continha apenas um décimo das informações reunidas no material de Stieg, apesar de eu estar envolvido com o assunto havia quatro anos. Muitas pessoas confirmavam que se aprofundar no Caso Palme era viciante. No caso de Stieg, o interesse vinha com a pesquisa sobre os grupos de extrema-direita. Era mais difícil entender por que eu havia dedicado meus últimos anos a um caso de trinta anos atrás e a um homicídio sem solução, pois eu não tinha nenhuma missão vital como Stieg, nenhum chamado.

Tudo havia começado quando decidi escrever um livro sobre como lugares podem influenciar as pessoas a cometer crimes. O acaso fez com que eu encontrasse um dos suspeitos do Caso Palme, que havia me fornecido novos indícios, até eu abandonar o projeto do livro e passar a me concentrar na pesquisa sobre o assassinato de Palme. O fascínio por um crime sem solução era grande, mas não explicava o motivo de eu dedicar tanto do meu tempo a isso. A explicação que eu podia dar no caso seria uma fuga do meu cotidiano tão banal, monótono e solitário, e o desejo de realizar algo mais produtivo. As horas que eu passava no depósito empoeirado e escuro poderiam ser vistas como entediantes, mas para mim eram como adotar uma outra vida.

A motivação do crime dada pelos jornais no mês seguinte ao assassinato era unânime: resultado de uma conspiração. Stieg havia feito um mapa para a TT em 2 de março que fora publicado em diversos jornais, dando uma ideia dos acontecimentos. De alguma forma, parecia mais fácil ler o que constava nos arquivos do que aquilo que escreviam sobre o crime. A impressão que se tinha era de que se sabia mais na época do que trinta anos depois, quando a polícia e a mídia tiveram a oportunidade de distorcer os fatos, criando novas verdades, dependendo das teorias em que se baseavam naquele momento. Continuei a ler, na esperança de que Daniel, da *Expo*, tivesse muito o que fazer no trabalho, para que eu pudesse ficar ali por mais algumas horas.

Status quo

Caro amigo,

Parece que a busca pelo assassino do primeiro-ministro da Suécia continua sem solução. Talvez como uma forma de expressão do desânimo que passou a se espalhar dentro da polícia, os deuses que comandam a aeronáutica sueca passaram a procurar pelo assassino. Não, meus amigos, não é piada. Dois aviões de guerra estiveram a ponto de estourar cada janela na área central de Estocolmo quando voaram baixo pela cidade diversas vezes. A missão deles era fotografar todos os telhados dos prédios nos arredores do local do crime, na esperança de encontrar o revólver da marca Smith & Wesson usado no assassinato e que, segundo informação da polícia, havia sido descartado pelo culpado no telhado de um dos prédios.

Ninguém se deu o trabalho de questionar os relatórios, deixando os cidadãos surpresos e sem explicar por que o assassino se incomodaria em escalar um prédio para deixar a arma lá, quando tinha pressa de fugir do local do crime. Assim como vocês se sentem confusos, eu também me sinto.

Anexo aqui uma cópia de outro retrato falado distribuído pela polícia, feito em uma de suas máquinas de computação gráfica. O retrato mostra o que as testemunhas descrevem como um homem que apareceu diversas vezes (cinco ou seis) nos calcanhares de Palme durante os meses de janeiro e fevereiro. A polícia acredita que o homem está envolvido no complô do assassinato, utilizando seu tempo para seguir o primeiro-ministro. Acham também que ele é o líder e talvez o mentor do crime.

A descrição das testemunhas:

Idade: 30-35 anos
Altura: 1,95-2 m
Ombros largos, físico de atleta, como um boxeador ou lutador.
Cabelo loiro ou loiro-avermelhado; alguns desconfiam de que não seja essa a cor natural.
Fala alemão e inglês.
Olhos azuis ou azul-esverdeados.

Só para acrescentar: a recompensa para fornecer alguma pista à polícia que ajude a prender o assassino aumentou em meio milhão de coroas suecas, chegando agora a um milhão, ou seja, cem mil libras esterlinas aproximadamente.

Com meus melhores cumprimentos,
SL

Depois de Chernobyl

ESTOCOLMO,
MAIO DE 1986

Após alguns dias mais quentes em abril, voltou a fazer frio, e todos se perguntavam quando a primavera daria o ar da graça. Stieg não se incomodava com isso, mas Eva e grande parte de seus colegas pareciam realmente sofrer com o clima fechado. O tempo que ele passava na rua se limitava às curtas caminhadas entre sua casa e o metrô, e a caminhada um pouco mais longa entre o metrô e o trabalho, além do caminho de volta, é claro. Ele sempre tinha um cigarro aceso entre os dedos, e isso, aliado à poluição, fazia com que a ingestão de ar puro diminuísse.

A mente de Stieg e as horas em que ficava acordado eram ocupadas pelo trabalho e, se continuasse dessa maneira, ele nem perceberia a passagem rápida do verão sueco. A investigação do crime seguia na mesma, mas a nuvem radioativa descoberta na Suécia e que se espalhava pela Europa era mais palpável.

As autoridades soviéticas haviam fracassado em manter o acidente em segredo. Paradoxalmente, as medições realizadas na Suécia na altura de Forsmark, a mais de mil e duzentos quilômetros de distância, revelavam a grande quantidade de radioatividade que provinha da área onde ficava a usina nuclear de Chernobyl, na Ucrânia, parte da União Soviética. Pouco depois, a União Soviética não tinha mais como negar e acabou reconhecendo que o reator número quatro havia explodido, entrando em colapso na noite de 25 de abril. A nuvem radioativa se espalhara sobre grande parte da Europa e fora descoberta dois dias depois pelos suecos.

Stieg não podia evitar ver a semelhança com o Caso Palme. As brigas entre a polícia e a promotoria, as falhas nas investigações e as entrevistas dadas à imprensa por Hans Holmér, com suas declarações ridículas sobre luzes acesas ou apagadas, além das citações de Churchill. A metáfora satisfazia: o Caso Palme também estava entrando em colapso.

Stieg lia e guardava todos os principais jornais que tratavam do assassinato, e essas notícias eram publicadas frequentemente. Seu trabalho na TT o ajudava a conseguir mais material, propiciando que ele levasse para casa os jornais do dia anterior, o que o fazia economizar tempo e dinheiro, mas estava começando a ter dificuldades em encontrar lugar para guardar tantas publicações.

Depois de dois meses, a possibilidade de que a polícia não conseguisse solucionar o caso era um fato, que passou a ser discutido abertamente, mas as maiores e mais sérias mídias do país, tais como o jornal *Dagens Nyheter* e o canal de televisão Sveriges Television, ainda demonstravam seu total apoio a Holmér. De alguma forma, parecia que o *Dagens Nyheter* tinha alguma relação com alguém das investigações, pois sempre conseguia notícias sobre o Caso Palme antes de todos os outros, mas Stieg não se importava se houvesse uma troca de informações; ele só queria ver o crime solucionado e, se havia essa possibilidade, não via problema nenhum se tivesse um ou vários envolvidos que fossem de direita.

Holmér liderava as investigações com pulso firme, mas uma solução ainda parecia estar distante e sua posição passou a ser criticada. Se Stieg estava interpretando bem a situação, não demoraria muito até que a pressão se tornasse insuportável. Se o assassinato não fosse solucionado em breve, haveria mudanças na liderança do caso.

Alfa-Hans

ESTOCOLMO,
VERÃO DE 1986

Hans Holmér não tinha tido muito tempo de férias. Tampouco seus colegas. Se ele estava no trabalho, esperava que os outros também estivessem.

Ele havia colocado um grupo para investigar Victor Gunnarsson, o EAP e alguns outros indícios menores, o que lhe dava oportunidade de investigar aquele que ele próprio acreditava que fosse o culpado, o Partido dos Trabalhadores do Curdistão (PKK). Essa linha de investigação era chamada de "pista principal" no Caso Palme, o que já tinha começado a se espalhar para o restante do grupo, além de ser mencionado na mídia, sem que ninguém soubesse ao certo o que isso significava.

Durante o verão, Holmér tinha se dedicado a elaborar as acusações contra os suspeitos curdos. A polícia agora possuía os nomes de diversas pessoas, as quais tinha certeza de que estavam envolvidas no planejamento e na execução do crime, mas ainda não sabia ao certo o nome de quem tinha disparado a arma do crime. A teoria mais provável era de que o culpado havia vindo de avião da Turquia, ficara escondido até o momento oportuno, fora levado de carro até a esquina da loja Dekorima, cumprira sua missão e retornara para a Turquia o mais rápido possível. Uma das alternativas era a de que o PKK acabara por eliminar o atirador depois do assassinato de Palme, para que não houvesse pontas soltas.

O motivo era muito simples de se reconstruir: Palme havia negado asilo na Suécia ao líder do PKK, Abdullah Öcalan, e uma grande parte dos membros do partido havia sido colocada sob custódia da justiça. Além disso, uma informação sobre a provável arma do crime havia chegado à polícia e era considerada verossímil.

De acordo com seus procedimentos de costume, os promotores de justiça queriam seguir em frente e interrogar um grande número de pessoas que pareciam relevantes ao caso, pois precisavam saber se havia algo de substancial nos novos suspeitos. Segundo Holmér, isso só aumentaria o risco de que as provas, as testemunhas e o verdadeiro assassino desaparecessem.

Na verdade, Holmér tinha uma carta na manga. Ele havia começado a planejar a maior jogada da história da polícia sueca, dando-lhe o nome de Operação Alfa.

As pistas de Stieg #1

ESTOCOLMO,
FIM DE JULHO DE 1986

O verão já havia terminado e Stieg quase não se dera conta. Em uma tarde no começo de julho, depois que chovera e o tempo voltara a clarear, ele percebeu o cheiro no ar, que ficava tão especial em Estocolmo nessas ocasiões, enquanto passava pela estação de metrô de Rådhuset em direção à Estação Central depois do trabalho. Sentia o ar puro e límpido, com o odor das plantas renovado pela chuva, mas talvez algum cientista explicasse o processo de maneira mais prosaica do que ele. De qualquer forma, aquelas caminhadas eram sua memória dos meses de verão.

Stieg vinha guardando o que sabia já há algum tempo sobre Victor Gunnarsson e o EAP. Frequentemente aparecia algo a que ele precisava dar prioridade, mas agora a polícia havia entrado em contato com ele por iniciativa própria. A pessoa que lhe telefonou não queria ou não sabia responder como haviam conseguido chegar até ele, mas a razão de o procurarem era que queriam que ele lhes informasse sobre o extremismo de direita, assunto que era de seu pleno conhecimento. Ele se sentiu lisonjeado e achou uma boa oportunidade para dar algumas informações para a polícia. Assim ele também teria algo para contar a Gerry.

A caminho da TT, ele passou por três prédios monumentais do poder judiciário. À sua própria maneira, todos eles queriam mostrar aos cidadãos que o crime não compensava. Primeiro ele passou pelo Tribunal de

Justiça, onde funcionava o tribunal de primeira instância. O prédio fora construído em estilo romântico nacionalista, com a intenção de se parecer com uma fortaleza medieval, com torres exageradamente largas no centro. Do outro lado do parque, conhecido obviamente como Parque da Polícia, havia a antiga delegacia, construída alguns anos antes que o prédio do Tribunal de Justiça, em estilo neoclássico, também possuía uma torre no centro, porém bem mais estreita, como se fosse uma antena fazendo a ligação do poder judiciário com os poderes divinos.

As duas construções eram interligadas por uma passagem subterrânea, conhecida pelo apelido bem adequado de "passagem das lamentações", já que era por ali que a polícia levava os presos para o tribunal, de onde muitos regressavam condenados.

A nova sede da delegacia tinha sido construída ao lado da antiga, e superava tanto sua vizinha mais próxima quanto o prédio do Tribunal de Justiça, em sua capacidade de intimidar os espectadores. O prédio havia sido construído no estilo que vigorava na década de 70, com pequenas janelas desproporcionais à fachada rosa-escura, o que dava a impressão de que um imenso e saboroso filé havia aterrissado em pleno bairro de Kungsholmen, em Estocolmo. Se essa construção não amedrontasse os bandidos, eles eram realmente incorrigíveis.

Stieg atravessou as portas giratórias e se identificou na recepção. Depois de aguardar um bom tempo, foi chamado por um policial. O comissário de polícia Rasmussen fazia anotações minuciosas, mas deu a impressão de estar meio desinteressado. Era mais Stieg quem contava sobre o que havia descoberto e se questionava por que não lhe perguntavam mais sobre os extremistas de direita, pois fora esse assunto que o levara até lá. Após uma hora aproximadamente, Stieg havia contado tudo o que sabia sobre Victor Gunnarsson e sua ligação com o EAP, e, quando ele confirmou que não tinha mais nada a dizer, Rasmussen lhe pediu que aguardasse um instante. Em seguida, outro policial entrou na sala e se apresentou.

— Meu nome é Alf Andersson. Você poderia me falar sobre os grupos de extrema-direita e o ódio deles a Palme?

Stieg tinha achado que a reunião já estava encerrada e ficou surpreso, mas mesmo assim retirou sua papelada da pasta, relatando tudo para Andersson, que parecia ser um policial interessado de verdade na extrema-direita sueca. Stieg saiu da delegacia quase três horas depois, consciente de que havia alguém que queria saber sobre o assunto dentro da polícia. A única coisa ruim, porém, era que Alf Andersson dera a entender que o chefe das investigações não estava interessado nas informações sobre a extrema-direita, mas provavelmente isso fazia parte da jogada de não dar tanta importância ao que Stieg havia pesquisado, para que aquilo não se transformasse em notícia.

Stieg não fazia ideia se a polícia utilizaria suas informações na investigação, mas ele havia feito algo e pedira uma cópia do protocolo para provar que sua visita ficara documentada. Algum dia ele poderia vir a ser repórter policial e, para chegar lá, precisava ir com frequência à delegacia e começar a criar sua rede de contatos, dando um passo de cada vez.

Como o verão havia sido tranquilo, Stieg sentia que o outono seria cheio de acontecimentos.

À espera de algo bom

ESTOCOLMO,
1º DE AGOSTO DE 1986

Olá, Gerry.

Não há notícias oficiais sobre o Caso Palme, mas, segundo informações da polícia, eles afirmam que conseguiram encontrar o suspeito e têm quase certeza de quem praticou o crime. A polícia não possui provas suficientes (dizem eles) e não quer se apressar em deter alguém antes de ter tudo o que precisa. Eles prometeram que vamos assistir a um grande desenrolar nas próximas semanas ou meses, mas se recusam a ser mais precisos. Quanto a essas informações, talvez seja apenas uma declaração para mostrar que eles ainda estão trabalhando no caso. Por outro lado, pode significar que eles estão seguindo as pistas certas. Algo que diferencia esse caso dos demais é que vem tudo do topo, pois anteriormente sempre eram utilizadas fontes anônimas dentro da polícia.

É impossível saber como a investigação vai terminar, mas eu consegui as seguintes informações vindas de fontes confiáveis:

—A ligação com LaRouche ainda é vista como algo muito interessante e está sendo investigada pela polícia. É algo não oficial, mas sei que é verdade, pois sou uma das pessoas para quem eles perguntaram recentemente sobre o assunto.

—Uma fonte dentro da liderança da polícia diz que estão em busca de "um grupo de pessoas que se encontram no limite da extrema-direita, que não se trata de nazistas, mas seguem as orientações extremistas, porém não costumam ser associados à extrema-direita". Uma outra fonte diz que é "um grupo comum com ligações extremistas".

Você soluciona outros tipos de enigma?

Meus cumprimentos,
Stieg

O protocolo

REGISTRO DE INVESTIGAÇÃO DE DELITO VIOLENTO
Número: 13082-5
Data: 5/8/86
Distrito Policial: Estocolmo
Unidade responsável: RK
Destinatário: Comissário K. Rasmussen 7327
Assunto: Homicídio de Olof Palme
Nome da fonte de informações: Stieg Larsson
Profissão: Jornalista
Local de Trabalho: Agência TT
Ocorrência: Informações sobre o EAP/Gunnarsson

Larsson afirma ter entrado em contato com o EAP em 1973, quando eles "pipocaram" por toda a Suécia, da noite para o dia. Eles dispunham de ótimas condições financeiras e de todo um mecanismo em funcionamento. Tinham reuniões em diversos pontos do país e ficavam poucas semanas em cada lugar.

Em 1974, Larsson participou de um encontro em Umeå. A intenção era marcar uma breve presença, mas ele acabou ficando lá grande parte da noite, escutando os palestrantes, que eram muito experientes, entre eles John Hardwick. Larsson ficou interessado no que tinham para falar, mas não se engajou.

Os conferencistas permaneceram em Umeå por duas semanas, promovendo várias reuniões. A doutrina era a mesma de hoje, ou seja, uma nova ordem mundial para prevenir uma catástrofe total. Larsson percebeu que muitas das teorias deles estavam alinhadas com a interpretação científica do fascismo. Ele havia lido as publicações e os demais estudos usados por eles e tudo era baseado na mesma forma de ver as pessoas e a sociedade.

A organização era comandada da Alemanha Oriental, tanto antigamente quanto agora. A pessoa responsável pela organização na Suécia se chama Clifford Gaddy.

Em 1978, a organização contava com a ajuda de Mikel Wale, agora ativo em Wiesbaden, onde se localiza o escritório principal do EAP na Europa. Ele tinha um passado de infiltrado e sabotador dentro do Comitê Americano de Desertores, na Suécia. Quando foi afastado dessa entidade, começou a organizar o NCLC (EAP) com Tore Fredin.

Desde 1974, Larsson vem seguindo os encontros do EAP e ouvindo suas argumentações. Em seu trabalho no Departamento de Imagem de Imprensa na TT, viu a fotografia do homem de trinta e três anos nacionalmente conhecido. Larsson crê que já o tenha visto anteriormente.

Ele afirma ter memória fotográfica, mas não conseguiu identificar onde teria visto o suspeito. Mais tarde no mesmo dia, ele se lembrou e diz ter sido em três ocasiões.

A primeira vez foi na Praça Hötorget, em Estocolmo, em 1977 ou 78, quando parou junto a uma banca de livros pertencente ao EAP. O homem, que fazia parte do EAP, começou a perguntar a Larsson sua opinião sobre a doutrina do partido, sobre seu trabalho, moradia etc. O homem havia iniciado a conversa com um "Olá, como vai?", como se os dois já se conhecessem. A princípio Larsson ficou confuso, sem saber se o conhecia, mas, passado um momento, começou a desconfiar de que o homem fazia parte do EAP e trabalhava para angariar membros. Então Larsson se afastou depois de dez ou quinze minutos.

Após duas ou três semanas, encontrou-o novamente, em uma banca montada junto à loja de departamentos NK, na Rua Hamngatan. Evitou se aproximar, mas viu que o homem conversava com quem passasse pela banca.

Ele pensou muito no assunto, especialmente depois de ser convocado pela polícia. Também tem certeza absoluta de que o homem de trinta e três anos e o sujeito em questão são muito parecidos — ele se lembra de que o homem tinha os cabelos mais compridos oito anos atrás. Larsson é jornalista freelancer da *Searchlight*, uma revista radical de Londres; escreve reportagens investigativas sobre grupos de extrema-direita na Europa e nos Estados Unidos.

Servering*

ESTOCOLMO,
VERÃO DE 2014

Atrás do vidro do balcão do Café Nybergs, estavam dispostos todos os doces tradicionais da Suécia. Ao lado dos cupcakes Princesa, cobertos de marzipã verde, os rocamboles recheados de creme, além de tortinhas de morango. Na prateleira de cima, bolas de chocolate, doces cobertos com coco e rolinhos de marzipã com licor. O café já tinha passado muito tempo na cafeteira sobre a chapa quente junto à janela, mas era forte e os clientes podiam se servir quantas vezes desejassem. A clientela era bem variada, mas, assim que o movimento das primeiras horas da manhã diminuía, eram homens de mais idade que permaneciam no local. As conversas iam desde política mundial até os ruídos dos vidros quebrados durante a noite na área de reciclagem de lixo.

Stieg já havia frequentado outros cafés em Estocolmo e escutado as conversas das outras mesas. As pessoas que o conheciam me contaram que ele permanecia por horas nesses cafés, utilizando o lugar como sala de reuniões, pois acreditava que um gole de café quente fazia aquecer as conversas.

Uma anedota que se espalhou entre os amigos de Stieg foi quando ele contou que descobrira uma nova cafeteria, que passara a ser sua favorita.

---

* *Servering* é a palavra que indica um lugar que serve algo para comer e beber. Pode ser uma cafeteria ou um restaurante. (N. da .T.)

O nome do lugar era "Severin", como o de seu avô. Até que um dia alguém revelou que o que realmente estava escrito na placa de neon sobre a porta era "Servering".

Todos os engajamentos paralelos de Stieg exigiam muito do seu tempo, pois ele queria mapear membros da extrema-direita, lançar uma revista, escrever livros, além de pesquisar sobre o Caso Palme, o que confluía com várias de suas outras atividades. Quase não sobrava tempo para o relacionamento com Eva, em virtude da importância de seu trabalho. Uma xícara de café e um cigarro lhe davam ânimo para continuar trabalhando; não havia tempo para relaxar ou fazer exercícios físicos. Seu peso aumentava e sua saúde se prejudicava, o que o fazia pensar que seu tempo de vida poderia estar contado, já que o avô Severin falecera de ataque cardíaco aos cinquenta e seis anos.

Para mim uma cafeteria tinha uma função diferente daquela que tinha para Stieg. Eu ficava observando os clientes assíduos, mas nunca entrei em contato com eles, apenas os cumprimentava com educação para, em seguida, mergulhar nos documentos de Stieg digitalizados em meu computador. A essa altura, eu já tinha visto e revisto várias vezes tudo o que havia digitalizado, inclusive os pequenos detalhes que Stieg adorava guardar. Pouco a pouco, voltei aos anos 80, quando ainda não havia telefone celular, apenas dois canais estatais de televisão, que não mostravam comerciais, e cinco partidos políticos no parlamento sueco. A Guerra Fria chegava ao fim, e obviamente a decoração do Café Nybergs ajudava, pois quase nada mudara por lá desde a década de 60.

Comecei a ver as conexões que Stieg também tinha visto, que nos anos 80 já existia a formação de grupos de extrema-direita exatamente como vemos nos dias de hoje, ou seja, uma mistura de racismo, nacionalismo e fascismo, e já naquele tempo a xenofobia era o que os unia.

Um pequeno grupo de extrema-direita da década de 80 dizia ser guiado por outras doutrinas e não pela xenofobia. Eles se posicionavam contra o comunismo e tinham escolhido combatê-lo, pois eles ou suas famílias haviam sido vítimas desse sistema, ou ainda por tomarem partido do Ocidente na Guerra Fria. Algumas vezes, suas opiniões iam para o lado racista, antissemita ou fascista. O que caracterizava esse grupo como de extrema-direita era a maneira como ele estava preparado para agir contra a democracia, acima das leis e com violência.

O primeiro grupo, que se caracterizava por ser xenófobo, era mais agressivo e por essa razão se tornava mais visível. Ficava claro no arquivo que tanto nos anos anteriores como nos posteriores a 1986, Stieg já se mostrava fascinado pelo segundo grupo, menor e menos violento. Talvez porque a rede de contatos se estendia às estruturas centrais de poder da Suécia, onde havia recursos para causar grandes danos.

Nas pesquisas sobre Olof Palme, ficava claro que Stieg havia se esforçado ao máximo, mas que também tinha deixado partes relevantes de sua investigação para a polícia, quando os métodos jornalísticos já não podiam ser utilizados. Ele tinha a possibilidade de fazer coisas que a polícia não podia fazer, mas também sabia das limitações. Stieg sabia como descobrir informações ou se infiltrar em alguma organização, mas no fim era obrigação da polícia investigar os crimes, e o promotor deveria levar os casos à justiça, que finalmente os julgaria. Se a polícia não levasse adiante as informações que recebera, pelo menos ele confiava que ela faria o melhor possível, assim como ele fizera.

Antes que eu encontrasse os arquivos de Stieg, minha pesquisa tinha me levado a uma pessoa suspeita, mas que fora descartada pela polícia e nunca recebera atenção das mídias. Eu faria como Stieg: elaboraria um relatório sobre Jakob Thedelin para a polícia, para revelar novos fatos que eu havia descoberto sobre ele. Era importante estruturar, restringir as especulações e ignorar informações desnecessárias. Isso tudo levaria tempo, mas, antes de começar, eu precisava de uma xícara de café. E de um cigarro.

Holmér ataca novamente

ESTOCOLMO,
DEZEMBRO DE 1986

Fora um outono bastante complicado para a polícia. Os jornalistas haviam começado a seguir a chamada "pista principal" e entendido que se tratava do PKK. Os artigos que iam sendo escritos sobre o caso fizeram com que a polícia tivesse pressa em agir. O jornalista Jan Guillou tinha deixado o Caso Harvard e os erros de Olof Palme de lado, dedicando-se intensivamente em convencer a opinião pública de que a polícia estava conspirando contra os imigrantes e a esquerda. No Partido dos Trabalhadores do Curdistão tentavam matar dois coelhos com uma cajadada só. Com argumentos bem formulados, Guillou aniquilou os indícios que a polícia tinha sobre o PKK, virando o jogo contra o próprio Holmér, fazendo com que o policial parecesse um egocêntrico, um conspirador sem consideração. Holmér achava que o epíteto combinava melhor com o jornalista.

Além dessa situação, a briga com os promotores continuava. Svensson não ocupava mais o cargo e a promotoria havia designado Claes Zeime, um macaco velho que logo iria se aposentar e nada tinha a perder se expressasse seus pensamentos. Holmér continuava investigando sistematicamente os curdos, mas sofria com os seguidos ataques da mídia, dos promotores e até de sua própria organização. Ele ainda tinha uma carta na manga, iria deter todos os curdos que pudessem ter alguma relação com o crime, ou seja, nada menos que cinquenta e oito pessoas seriam interrogadas paralelamente. Na pior das hipóteses, se ele não conseguisse apanhar o atirador, conseguiria provar que o PKK estava por trás do assassinato.

O que atrapalhava Holmér de verdade era a exigência de uma decisão da promotoria para que a operação pudesse ser executada. Nem com o apoio do governo ele conseguiu convencer Zeime. Os promotores se mantinham firmes, comparando a ação planejada com a oposição dos militares no Chile em 1973, quando reuniram a oposição no estádio de futebol em Santiago. Segundo Holmér, essa não passava de uma infeliz comparação.

Depois de meses de negociações, houve um acordo, e Holmér foi autorizado a executar a Operação Alfa, mas somente vinte pessoas seriam interrogadas. O Natal se aproximava e Holmér não podia exigir que seus subalternos trabalhassem durante os feriados, ainda mais quando a organização ia de mal a pior.

Uma boa notícia chegou no fim de dezembro: Hans Holmér ganhou o título de "Sueco do Ano", dado pelo programa de notícias *Rapport*. Holmér estava se sentindo vitorioso, pois a mais importante rede de TV do país, a Sveriges Television, havia dado seu prêmio de maior prestígio justamente para ele.

A Operação Alfa foi realizada no dia 20 de janeiro de 1987. Vinte pessoas, na maioria curdos, foram levadas para ser interrogadas paralelamente. Já no mesmo dia o promotor decidiu que quase todas as pessoas seriam soltas, e o restante foi liberado em seguida.

A operação não havia sido um sucesso, como Hans Holmér planejara; muito pelo contrário, pois os promotores aproveitaram a oportunidade para restabelecer a ordem. Duas semanas mais tarde, em 5 de fevereiro, Hans Holmér foi afastado do cargo de chefe das investigações e, um mês depois, pediu demissão da chefia da polícia federal.

Apesar de tudo, Holmer não se dava por vencido, pois ainda tinha seus contatos entre os ministros do Partido Social-Democrata, incluindo Ebbe Carlsson. O jogo ainda não havia terminado. Ele continuaria no rastro do PKK, mas agora em segredo.

Não, não, sim

ESTOCOLMO,
JANEIRO DE 1987

Já eram oito e meia da noite quando a campainha do apartamento de Stieg e Eva tocou. Stieg abriu a porta, deixando a visita entrar. Håkan Hermansson usava barba, era alto, tinha cabelo escuro e um jeito de vencedor, o que certamente lhe conferia respeito no jornal *Arbetet*, fazendo uma ou outra mulher se interessar por ele. Stieg esperava que sua visita tivesse sotaque do sul, pois a sede do jornal ficava lá, de modo que o sotaque da costa oeste o surpreendeu.

— É um caminho longo de Estocolmo até aqui, não tenho como negar. Você não vai me oferecer um café? Estou sentindo o cheiro.

Stieg ficou meio atônito, mas o convidou para ir até a cozinha, depois de Hermansson ter tirado as botas.

— Café feito no estilo do norte da Suécia — anunciou Stieg, servindo o que restava no bule, sem que o pó do café viesse junto.

Ele tinha colocado sua xícara sobre o armário com as pastas e se esquecido de bebê-lo, enquanto acendia um cigarro para si e outro para a visita. Eva veio até a cozinha, tirou a xícara do armário e entregou a Stieg. Não era a primeira vez que ela fazia isso.

— Essa é Eva, minha esposa. Ou companheira, como se diz atualmente — disse Stieg. — Estamos juntos há mais de dez anos e não há segredos entre nós.

Eva deu a desculpa de que precisava ir se deitar. Ela era a responsável por abrir a porta da obra onde trabalhava como arquiteta, mas se demorou um pouco na cozinha, preparando uma marmita para levar ao trabalho no dia seguinte. Stieg convidou Håkan a passar para a sala, e eles se acomodaram junto à mesa de jantar combinada com escrivaninha, ao lado da parede.

— O pouco que ouvi me pareceu interessante, mas me conte a história toda — disse Stieg.

Hermansson deu um longo trago, se recostou na cadeira com as pernas cruzadas, a mão que segurava o cigarro encostada à ponta da mesa como apoio, enquanto a nicotina fazia efeito.

— Eu e Lasse Wenander temos uma missão para o *Arbetet* — disse ele, fazendo uma pequena pausa. — Há requisitos para que tenha efeitos secundários na Suécia durante um longo tempo.

Stieg aguardava, sentado de braços cruzados.

— Vamos fazer um mapeamento do ódio e das campanhas contra Olof Palme antes de sua morte — continuou Hermansson. — Eu ouvi falar do seu mapeamento da extrema-direita e tenho praticamente certeza de que seu trabalho tem pontos em comum com o nosso. Também dizem que você é expert em desencavar coisas, foi o que Lasse me falou, e eu quero muito ter você com a gente, se é que você é tão bom quanto dizem.

Era difícil resistir ao charme do sotaque da costa oeste de Hermansson, e a impressão que se tinha era de que eles já haviam trabalhado juntos. Se ele tivesse o mesmo estilo quando fazia entrevistas, não havia nem sombra de dúvida de que conseguiria fazer o entrevistado falar, muito mais que outros jornalistas. Håkan colocou duas folhas de papel escritas à mão na frente de Stieg.

— Aqui tem uma lista de nomes que queremos que você dê uma olhada. Não é muita coisa, mas sabemos que você tem mais conhecimento do assunto.

Stieg deu uma olhada rápida na lista e precisou apenas erguer uma sobrancelha para obter mais informações.

— Eu sou social-democrata e muito engajado no partido — explicou Hermansson. — Eu e Lasse nos reunimos com... vamos chamar de Departamento de Coleta de Informações. Resolvemos escrever uma série de artigos no *Arbetet* e talvez até um livro, se tudo der certo. Outro dia conseguimos autorização e um financiamento para isso. O mais importante de tudo é que vamos ter livre acesso a toda a rede de contatos dos social-democratas. Todos que conheceram Olof vão vir falar com a gente.

Hermansson olhava cheio de esperança para Stieg.

— Parece que é um projeto bacana e eu conheço todos os nomes da lista, é claro, portanto estamos do mesmo lado, mas ainda assim tem alguma coisa fora do lugar — disse Stieg, acendendo outro cigarro para ambos. — Você sabe que eu não sou social-democrata, não é? Sou trotskista e escrevo para o *Internacional*. Como você deve saber, não estamos satisfeitos com a forma como vocês governam o país, então, ainda que tenhamos o mesmo objetivo nesse caso, não é certo que eu queira ter o meu nome envolvido com o partido do governo dessa maneira.

— Sim, eu sei que vocês acham que somos revisionistas e tudo o mais. Mas você também condena o ódio contra Palme, que, indiretamente, vai contra a democracia. Ou estou enganado?

Stieg fez um gesto com a mão para mostrar que concordava com as palavras de Håkan, mas tinha mais a dizer.

— Bom — disse Stieg —, a minha luta contra o fascismo e a extrema-direita vai longe, provavelmente vai durar toda a minha vida. Por mais tentador que seja, não quero que o outro lado fique sabendo quem eu sou, quem eu investigo ou quais os métodos que eu utilizo.

— Mas, se você fizer parte desse projeto, vai ficar tão conhecido que vai poder escrever o artigo ou o livro que quiser. A sua carreira de jornalista vai ter um impulso sem igual.

— Sim, mas será que eu vou conseguir continuar trabalhando? O meu objetivo é lutar contra a extrema-direita e não virar um jornalista famoso. A minha pergunta é: com isso, perco mais oportunidades do que ganho?

Os dois ficaram calados por um momento. Era claro que simpatizavam um com o outro, mas tinham se desentendido desde o começo, e Hermansson havia pedido algo que Stieg não sabia se seria capaz de cumprir.

— Temo que a minha resposta seja não — disse Stieg. — Vocês podem ficar à vontade para consultar o meu material, mas não quero correr o risco de não poder continuar com o mapeamento da extrema-direita depois que vocês publicarem os artigos.

Hermansson parecia decepcionado, porque não queria ter desperdiçado seu tempo indo de metrô até Rinkeby, num trajeto que durou quarenta minutos, sem necessidade. Stieg abriu uma garrafa de vinho tinto e, sem perguntar, serviu um copo para cada um. Ficaram conversando por um bom tempo sobre outros assuntos, sem se aproximarem de uma possível cooperação. Talvez fosse disso que estivessem precisando. Depois do segundo copo de vinho, Stieg fez uma pausa e disse:

— Espere aqui um minuto, vou fazer algo que nunca fiz antes.

Então foi até o quarto onde Eva já tinha ido se deitar havia duas horas. Hermansson ficou sozinho na sala por bastante tempo. Quando Stieg voltou, estava com um ar muito sério e decidido. Ele se sentou diante de Hermansson novamente.

— Vamos fazer assim: eu ajudo vocês com a pesquisa para os artigos. Não quero nenhum crédito nem pagamento pelo meu trabalho, só a garantia de que meu nome não seja mencionado no projeto. Vocês acham que conseguem cumprir?

Só foram precisos alguns segundos para Hermansson aceitar a proposta de Stieg. Não era um preço muito alto garantir o anonimato de alguém para ter acesso ao melhor jornalista investigativo da Suécia. Håkan estendeu a mão para fecharem o acordo e Stieg abriu mais uma garrafa de vinho.

Missão Olof Palme

ESTOCOLMO,
FEVEREIRO DE 1987

A premissa estava formulada: "O ponto de partida do trabalho nesta série de artigos é que o assassinato de Olof Palme pode ser visto como a conclusão lógica de uma transformação no clima político no mundo ocidental e na Suécia".

A missão de Stieg era bastante delicada, pois o trabalho de jornalismo investigativo para uma série de artigos e a possibilidade de lançar um livro sobre o assunto seriam algo a ser examinado minuciosamente por todos os lados políticos, sem contar que envolvia a investigação do assassinato de Olof Palme, o que aumentava exponencialmente o risco de críticas.

Havia a chance de que o crime fosse solucionado antes que o livro chegasse ao público e que se provasse que não existia nenhuma conexão entre o assassinato e as campanhas de ódio contra Palme. Por outro lado, se o crime fosse solucionado, seria a melhor coisa que poderia acontecer, mas nesse caso o livro despertaria menos atenção, o que era um preço que todos estavam dispostos a pagar. O risco de crítica era muito grande, mas a vantagem do acordo era que Håkan Hermansson e Lars Wenander seriam os responsáveis. A única coisa que Stieg deveria fazer era uma pesquisa impecável.

Um outro problema, este mais concreto, era que havia muitas organizações e pessoas engajadas nas campanhas contra Olof Palme. No material que Stieg pensava em entregar para Hermansson, ele havia conscientemente atenuado partes interessantes que nada tinham a ver com o ódio contra Palme. Dois exemplos disso eram as relações com a Stay Behind (uma rede secreta de contatos formada por diversas organizações que seria ativada se a Suécia viesse a ser ocupada por forças estrangeiras), além da divisão sueca da chamada Operação Caos. Esta era infiltrada pela CIA, havendo desertores do Vietnã na Suécia, e era conduzida pelo chefe dessa organização, William Casey, que, aos olhos de Stieg, era uma pessoa de moral baixa em razão de seu papel relevante na desnecessária invasão de Granada em 1983.

Outra dificuldade era que muitas organizações que Stieg investigara se sobrepunham umas às outras. Acontecia com frequência de elas se unificarem, se separarem ou até mesmo deixarem de existir, e, quando isso acontecia, o quadro todo ficava bastante indefinido para a maioria, com exceção de Stieg, que se lembrava de quase tudo e, se não o fizesse, sabia exatamente onde encontrar a informação em seus papéis. Agora ele era obrigado a deixar o material bastante claro, em primeiro lugar para os jornalistas, e em segundo lugar para os leitores que não tinham nenhum conhecimento prévio do assunto. (Ver figura 4.)

Para começar, ele fez três listas com descrições resumidas: a primeira com as organizações, a segunda com os nomes das pessoas e a terceira com alguns endereços relevantes em Estocolmo. Havia um ponto de partida em Anders Larsson, o fundador da organização Aliança Democrática nos anos 70 e que ainda era muito ativo. Ele inclusive afirmava saber do assassinato de Olof Palme antes mesmo de acontecer.

Anders Larsson

Figura central que aparece em todas as consultas entre os extremistas de direita suecos. Parece usar outras identidades, inventadas ou reais, quando escreve cartas. Larsson mandou um aviso antes da morte de Palme. As informações dizem também que Anders Larsson foi denunciado à Säpo por querer matar um político social-democrata (não era Olof Palme).

Carl G. Holm
Um dos líderes da *Contra* e funcionário da Associação das Indústrias. Inimigo oficial de Anders Larsson desde que faziam parte de facções diferentes e foram dispersados pela Aliança Democrática. Desde então, há um conflito direto entre Anders Larsson e Holm/*Contra*.

Filip Lundberg
Ligado à *Contra* e líder da "Campanha do povo pela OTAN". Também é associado à organização Liberdade na Suécia.

Andres Küng
Aparentemente um membro inofensivo do Partido do Povo, frequentador da elite da organização Liberdade na Suécia, mas também faz parte da liderança da Resistência Internacional e tem se aproximado da *Contra* desde que ganhou o Prêmio da Paz oferecido por ela, o que deixou seu maior inimigo, Anders Larsson, bastante irritado.

Bertil Wedin
Ex-tenente, ficou conhecido por apoiar a Guerra do Vietnã. Trabalhou na "aquisição de informações" no Caso Wallenberg. Ligado à Aliança Democrática. Mudou-se para Londres em 1975, onde trabalhou para a Associação dos Empresários Suecos. Conhece tanto Anders Larsson como os integrantes da *Contra*, dos quais é muito próximo. Está na lista em razão de seu ódio genuíno por Palme e porque há informações de que ele estaria envolvido no assassinato de alguma maneira.

Hans von Hofsten
Comandante, integrante da liderança da organização Liberdade na Suécia desde outubro de 1985. Um mês mais tarde liderou um protesto de oficiais, no qual, em um artigo no jornal *Svenska Dagbladet*, declarava abertamente que não tinha a menor confiança em Olof Palme em sua viagem a Moscou.

Victor Gunnarsson

Despertou interesse por ser suspeito pelo assassinato de Palme, mas era ligado ao EAP. Além disso, se relacionava, segundo um informante, com duas pessoas ligadas à Aliança Democrática que haviam avisado sobre o crime: Anders Larsson e o ex-soldado mercenário Ivan von Birchan.

Alf Enerström e Gio Petré

Enerström ficou conhecido como o maior oponente de Palme na Suécia. Contava com o apoio dos maiores empresários do país, como Lars-Erik Thunholm, do Caso Wallenberg, que fazia doações ao EAP e colocava anúncios milionários nos jornais. Sua companheira, Gio Petré, é atriz e viajam juntos fazendo antipropaganda para Palme. O último livro escrito por eles foi lançado no ano passado e se chama *Derrubamos o governo, parte 2*, no qual comparam Palme a Hitler e escrevem que há somente um castigo para um traidor da pátria. Pena que o título não ficou bom, já que Palme acabou por se eleger.

Apesar de Stieg ter trabalhado muito para fazer com que a lista não ficasse longa, a quantidade de pessoas citadas foi além do que ele pretendia. Ele tinha, propositalmente, excluído todas as pessoas de outras nacionalidades, entre eles os terroristas italianos Stefano Delle Chiaie e Roberto Fiore, além do assassino profissional Michael Townley, que haviam aparecido em suas investigações por provavelmente estarem envolvidos no assassinato de Palme. Entretanto, eles não haviam ganhado espaço na lista.

Além do ódio comum e aberto a Palme, expresso em maior ou menor medida, havia outro padrão que se repetia: pessoas com certa reputação estavam à frente de alguma organização. Por trás delas, encontravam-se aquelas com missões mais difíceis, que de fato tomavam as decisões, muitas vezes com ligações nazistas. Outro fenômeno interessante era que o mesmo nome aparecia frequentemente, como está explícito na lista a seguir:

Aliança Democrática
Apesar de ter se desfeito em 1975, interrompendo todas as atividades no ano seguinte, esta organização deu origem à maioria das organizações de extrema-direita não nazistas. Seu fundador, Anders Larsson, tem algum tipo de relação (positiva ou negativa) com todas as outras organizações listadas a seguir e liderou a maior facção da Aliança Democrática depois que esta se desfez.

Contra
Após o fim da Aliança Democrática, foi criada uma facção minoritária com as pessoas mais inflexíveis da organização e da revista *Contra* (não confundir com o grupo apoiado pelos EUA na guerrilha da Nicarágua). Um de seus maiores inimigos é Anders Larsson, da facção maioritária da Aliança Democrática. O conteúdo da revista é motivado por sua admiração pelos Estados Unidos e por um forte ódio a Palme, até a época do crime. Com ela, por exemplo, se podia comprar uma tabuleta de tiro ao alvo com a caricatura de Palme no centro.

Comitê Báltico
Uma das dezenas de organizações notáveis com conexão báltica, a maioria está registrada na Casa Estônia, localizada à Rua Wallingatan, 32. O Comitê Báltico é interessante em razão de sua associação com a WACL (ver a seguir) e porque Anders Larsson foi expulso de lá cerca de um mês após a morte de Olof Palme.

WACL (World Anti-Communist League — Liga Mundial Anticomunista)
Organização guarda-chuva com origem na Ásia na década de 50, tem o objetivo de combater o comunismo mundial. Aqui há uma fusão bem-sucedida de esquadrões da morte latino-americanos, guerrilhas anticomunistas africanas, americanos de extrema-direita, como a Ku Klux Klan, e nazistas europeus. A CIA, obviamente, infiltra e financia a organização. As populares conferências da WACL se realizam em diversos lugares do mundo, atraindo um parlamentar do Partido Moderado na Suécia, além do nosso já conhecido Anders Larsson.

EAP (Partido Trabalhista Europeu) ou ELC (European Labour Committee)
Partido muito pequeno criado pelo milionário americano Lyndon LaRouche e extremamente ativo na Suécia desde a década de 70. Mergulhou fundo no ódio a Palme e o descreveu como assassino louco, traficante de drogas e agente soviético. É provável que a CIA tenha infiltrado no EAP desertores falsos da Guerra do Vietnã que residem na Suécia. Victor Gunnarsson colaborou com o EAP, e seu material correu pelo escritório de Anders Larsson no Comitê Báltico.

Resistência Internacional
Organização anticomunista criada em Paris em 1983, e em 1985 na Suécia. Teve início como uma organização tradicional para anticomunistas conservadores, mas passou a atrair extremistas de direita, emigrantes do bloco oriental e da WACL, além de alguns membros de movimentos nazistas, provavelmente com financiamento da CIA. Na liderança sueca aparece o nosso Anders Larsson, o exilado báltico Andres Küng, o representante da União Nacional para a Independência Total de Angola (UNITA), Luís Antunes, e o colaborador da *Contra* Filip Lundberg.

Fundação de Estudos Sociológicos
Associação quase anônima que tinha vínculos com a Resistência Internacional através de Anders Larsson e da Aliança Democrática, tanto que utilizam a mesma caixa postal (registrada por Anders Larsson). Autoproclama-se antinazista, mas sua posição política é de direita. A ligação com a antiga Aliança Democrática pode ser a chave das atividades da fundação. Se esta parece ser pequena, a próxima conta com mil e quinhentos membros.

Liberdade na Suécia
Organização nova que teve início em setembro de 1985, por iniciativa de Andres Küng, do Partido do Povo. No papel parece tudo muito bem, tendo uma Suécia livre como objetivo principal, mas por trás dessa bela

fachada encontram-se os atores Jarl Kulle e Ulf Brunnberg, além de forças obscuras, como o líder da *Contra*, Filip Lundberg, e o comandante Hans von Hofsten.

Novo Clube das Terças

Criado tendo como modelo o ultraconservador Monday Club britânico, cujo diretor era Lord Moyne, homem de personalidade marcante, é frequentado por Anders Larsson e Bertil Wedin. Convidam palestrantes de boa fama para inocentes reuniões noturnas, mas por trás se encontram nomes de membros dos Moderados. O responsável pela administração é o nosso Anders Larsson.

UNITA

Apoio dos EUA à guerrilha de Angola, com sede em Estocolmo e ligações com a CIA. Seu representante, Luís Antunes, aparece nas diversas organizações anteriormente citadas. Anders Larsson procurou trabalho junto a eles, depois de ser expulso do Comitê Báltico.

Stieg achava que até aquele momento bastava de nomes e organizações. Toda essa informação daria um nó na cabeça dos sulistas, mas ainda faltava uma peça no quebra-cabeça para que eles pudessem entender o contexto. As organizações de extrema-direita eram conectadas a determinados lugares e, partindo desse princípio, podia-se constatar que eram unidas.

Caixas postais 5817, 490 e 21

Algo em comum para a maioria das organizações de direita é que elas utilizam caixas postais. Dessa maneira, pode-se ter uma grande quantidade de organizações, além de dificultar seu mapeamento. A caixa postal 5817 era a antiga caixa da Aliança Democrática, que também era usada pela Fundação de Estudos Sociológicos. A caixa postal 490 está conectada às organizações dos bálticos exilados na Rua Wallingatan, 32-34, tendo sido igualmente usada pela Fundação e pela Resistência Internacional. A última caixa postal citada é a 21, mas preciso investigar melhor para ter mais informações.

Rua Wallingatan, 32-34
Na Casa Estônia existem inúmeras organizações. A maioria delas é livre de extremismos de direita, mas a WACL e o Comitê Báltico, seguidos de outras más companhias, também ocupam seu espaço aqui. Além disso, o local exibe nítidas ligações com Anders Larsson e Andres Küng, assim como com as caixas postais já mencionadas.

Rua Birger Jarlsgatan, 6B
Neste endereço se encontram algumas organizações de lobbies empresariais, como a Liberdade na Suécia e diversas empresas e organizações suspeitas. O prédio era de propriedade da antiga associação nazista Fundação Carlbergska. Aqui há um complicado esquema de conexões, segundo as informações que recebi de uma fonte, baseadas nesse endereço.

Havia mais dois nomes que Stieg considerava importante mencionar para Hermansson e Wenander. Eles frequentavam as rodas de direita, mas Stieg estava convencido de que trabalhavam para o Serviço de Inteligência da Suécia. Joakim von Braun era um dos líderes da Resistência Internacional, mas também trabalhava para a Säpo. Joel Haukka vinha do Comitê Báltico e conhecia toda a comitiva da Wallingatan, 32-34, mas coletava informação para o Serviço de Inteligência Militar (SSI — Seção Especial de Coleta de Informações). Era muito provável que Joakim von Braun e Haukka aparecessem na pesquisa que Stieg fazia para Hermansson e Wenander, e, por essa razão, era bom que eles já ficassem sabendo logo, para que não os confundissem com os membros mais durões da direita.

Essas informações lhes dariam uma visão geral de como o ódio direcionado a Palme era algo muito bem organizado e de como agia a extrema-

-direita. Como de costume, Stieg tirou três cópias das listas e enviou os originais para Hermansson e Wenander. Uma cópia ele manteve consigo e as outras duas daria para pessoas de sua confiança, fazendo com que o documento ficasse a salvo em caso de furto ou incêndio.

Para Hermansson e Wenander, Stieg juntou uma cópia da carta que havia escrito para Björn Rönnblad, do Partido Socialista, um ano antes. Na época ele não fazia ideia de que o primeiro-ministro seria assassinado no meio da rua, mas hoje isso era um fato. A carta tratava de um material que Rönnblad havia recebido e que tinha a intenção de prejudicar Andres Küng, mas ninguém sabia quem era o remetente. Stieg havia passado muito tempo investigando Anders Larsson e a caixa postal 21 para saber quem buscava a correspondência ali entregue. Provavelmente a carta mostraria aos sulistas como a sua investigação tinha sido feita e todo o trabalho que lhe dera. Além de tudo isso, seu conteúdo poderia lhes dar um impulso no projeto, que acabou recebendo o nome de "Missão Olof Palme".

1987

ESTOCOLMO,
PRIMAVERA DE 1987

A polícia foi pega de surpresa durante as investigações do Caso Palme com o afastamento de Holmér. Um dia tinham um chefe que decidia tudo e agia como líder das investigações, chefe de polícia e líder dos detetives e, no seguinte, não tinham mais nada. Além disso, a colaboração entre a polícia de Estocolmo, a polícia federal e a Säpo fora interrompida. No papel, o chefe de Departamento Ulf Karlsson, da polícia, lideraria as investigações do Caso Palme, mas, na realidade, repentinamente havia no mínimo três investigações independentes.

Era mais fácil para aquele policial que trabalhava no cargo mais baixo da hierarquia, pois existiam muitos investigadores experientes e, quando ninguém comandava do alto, eles faziam o que costumavam fazer. Em cada um dos três departamentos, faziam-se listas com todas as teorias relevantes para a organização. Partia-se do local do crime e olhava-se quais indícios se tinha antes de priorizar quais pistas seriam seguidas. A lista acabara ficando imensa, fazendo com que a polícia corresse contra o tempo, pois já tinha perdido um ano nas investigações. Se a chance de solucionar um crime diminuía radicalmente passadas vinte e quatro horas, as chances eram ainda menores agora, depois de um ano.

As teorias eram muitas, desde um louco solitário, grupos da extrema-direita sueca ou policiais até conspirações internacionais ligadas à negociação de armamentos com o Irã ou ao antagonismo de Palme ao apartheid.

O ano de 1987 foi aquele no qual diversas unidades da polícia trabalharam sistematicamente de acordo com seus métodos usuais, tomando decisões conjuntas com os colegas de outros departamentos quando necessário.

Durante a primavera, o trabalho ia sendo feito com reuniões esporádicas entre as diferentes unidades, e foi assim que os esboços de uma conspiração começaram a se delinear. A conclusão a que chegaram não era nada simples, mas pela primeira vez os policiais de escalão mais baixo puderam participar e ganharam voz mais ativa. Muitos começaram a sentir que conseguiriam solucionar o caso. O investigador Alf Andersson, que se interessava especialmente pela extrema-direita, era um deles.

As estrelas mostram o caminho

ESTOCOLMO,
ABRIL DE 1987

Stieg sabia que o gargalo tinha sido eliminado. Agora que Holmér fora afastado, parecia que todos tinham coragem de pensar em soluções consideradas impossíveis anteriormente. Isso valia tanto para a polícia quanto para a mídia e o público em geral. Até a Säpo havia despertado da apatia. Algumas semanas depois da demissão de Holmér e da nova organização descentralizada da polícia, a Säpo visitara Stieg na TT de maneira bastante perceptível. Talvez tivessem ouvido sobre suas investigações no Caso Palme ou sobre seu conhecimento especial a respeito da extrema-direita. As perguntas que fizeram eram de nível muito baixo, perguntando até que relação os nacional-socialistas tinham com os outros partidos socialistas. Eles de fato acreditavam que os nazistas eram socialistas. Eva nunca vira Stieg tão zangado como naquela noite.

Para Hermansson, Wenander e Stieg, o trabalho ficou mais fácil, já que todos com quem eles haviam entrado em contato liam os jornais e sabiam que as suspeitas acerca do PKK já eram inválidas. A partir de então, o caminho para falar do ódio contra Palme estava aberto.

O livro e os artigos que estavam para ser publicados vinham na hora certa, pois vários indícios comentados pelas mídias se referiam ao material deles. Agora era apenas uma questão de lançar o livro a tempo, antes que o interesse geral arrefecesse, as investigações policiais tomassem um novo rumo ou alguém publicasse algo antes deles.

Stieg decidiu aprofundar a pesquisa do ano anterior sobre a Resistência Internacional. Ele ficara de guarda no local onde a caixa postal 490 estava, sabia que era conectada à antiga Aliança Democrática e a uma quantidade de outras organizações. Apesar de ter dedicado muitas horas de seu tempo livre a observar a agência de correio, não conseguiu descobrir quem esvaziava a caixa postal. Agora era a caixa postal 21 que estava em jogo, a qual fora mais fácil de conectar tanto às pessoas quanto às organizações.

Estocolmo, 10 de abril de 1987

Caro Håkan,

Assim como você, tenho tido dificuldade em me concentrar e escrever. No meu caso, não é a lombalgia que atrapalha (ainda bem), mas tenho coisas demais para fazer e não consigo arranjar tempo para tudo. Infelizmente (e estou com um pouco de inveja de você) não posso tratar dessas questões durante meu horário de trabalho como eu gostaria, tendo que me contentar em fazer isso no meu tempo livre, o que muitas vezes é bastante complicado. Nesta carta quero apenas destacar algumas anotações resumidas com relação à sua carta da semana passada e, nesse contexto, tenho que começar lhe contando que seu material anexo não poderia ter chegado em melhor hora.

O que venho fazendo agora é tentar mapear todas as organizações nesse pântano. Preciso confirmar endereços, caixas postais, números de telefone, conexões e tudo o mais. À primeira vista as coisas parecem sem lógica e fora de contexto. No domingo passado, comecei a organizar as minhas antigas anotações desde que ajudei Björn Rönnblad com informações sobre a Resistência Internacional e descobri que tinha uma grande quantidade de anotações sobre o assunto que deveriam "ser olhadas", mas que acabaram deixadas de lado.

Por que coloquei um ponto de interrogação em frente à caixa postal 21 em Estocolmo:

Oficialmente (o que acho que você já deve ter constatado) porque esse é o endereço postal usado pelo Centro de Ação e Informação Báltico. A princípio achei que fosse a mesma coisa que o Arquivo Báltico, conectado a Arvo Horm na Rua Wallingatan, 34. O problema é que o telefone de número 205445 não se encaixava nem na Wallingatan nem em quaisquer dos endereços bálticos oficiais. Além disso, o Arquivo Báltico da Wallingatan tem um número de telefone próprio e diferente do citado acima.

Em outras palavras, a caixa postal 21 parece se distinguir das outras caixas postais que encontrei e que estão ligadas a alguma organização báltica, e achei bom dar mais uma olhada nela.

Na quarta passada fui até a Estocolmo, 1 olhar o número de registro da caixa e, surpresa, o proprietário da caixa postal não era nem o Centro de Ação nem o Arquivo de Informação, mas uma organização com o curioso nome de Fundo para a Empresa Livre (FFF). Achei curioso porque nem eu nem ninguém do setor econômico e político da TT ouviu falar nisso. Bom, no cartão de registro, encontrei também uma anotação sobre o endereço do FFF fornecido quando alugaram a caixa postal, que era na Rua Målargatan, 1, um beco que cruza a Kungsgatan, muito próximo da Praça Hötorget. Então fui verificar o endereço e tive uma surpresa. O nº 1 da Målargatan é na realidade um prédio que fez parte da grande reforma do quarteirão Klara. É possível que a caixa postal 21 tenha pertencido a esse endereço anteriormente, mas hoje em dia não há o menor rastro dele. Então já era tarde para eu examinar se o proprietário do prédio tinha deixado anotações sobre os seus antigos inquilinos, e fiquei parado um instante, quebrando a cabeça.

Em seguida fui para casa e encontrei a caixa postal 21 na minha própria caixa de correspondência, na forma do material que você me enviou. O mundo é mesmo pequeno.

Então, levado pelas suposições que as cartas da Associação Suécia-Vaticano me ofereciam, a única opção era seguir adiante. O endereço que comecei a examinar era da MFS, na Praça Kungsholms Kyrkoplan, 6, oitavo andar, o que desconfiei ser no último andar do prédio em um dos endereços mais atrativos de Estocolmo. Tarde da noite de quinta-feira, consegui abrir a fechadura com senha da porta do prédio (e digo a você: fechadura com senha é uma ameaça ao livre jornalismo investigativo) e tive a oportunidade de dar uma olhada na placa que havia na porta da MFS.

Håkan, se é por trás daquela porta que alguém escreve cartas confusas em estilo gótico, então acho que, provavelmente, encontramos algo que valha a pena, algo novo a desvendar e, com todo esse suspense, eu lhe peço que tenha um pouco de paciência enquanto dou uma boa olhada, para ter certeza de que estou no caminho certo. Te envio uma carta com todos os detalhes no fim desta semana.

Algumas anotações sobre a Associação Suécia-Vaticano: na sexta fui me confessar a um padre muito compreensivo e indulgente na Igreja de Santa Eugênia, localizada na Rua Kungsträdgårdsgatan. Ele trabalha na congregação católica da cidade há seis anos, mas nunca tinha ouvido falar de uma organização chamada "Societas de Amicitia Suecia-Vaticana". No entanto, ele me mandou para um outro padre (menos indulgente) da Ordem Jesuítica, que disse conhecer tudo o que se refere à congregação católica na Suécia.

O padre jesuíta me confessou que não conhecia essa associação, mas que ela não tinha nada a ver com a igreja católica. O mais estranho foi que percebi sua reação, mesmo ele afirmando não conhecer a associação. Creio que ele conheça o nome muito bem, melhor do que demonstrou, mas talvez tenha lembranças ruins. Será que a associação teria ficado impopular na Kungsträdgårdsgatan?

Na livraria da igreja católica, trabalha uma moça muito simpática e atenciosa que até me ofereceu um café. Ela nunca tinha ouvido falar da associação e tampouco visto algo na literatura ou em qualquer publicação que tratasse do assunto. Ela inclusive me deu permissão para verificar o catálogo telefônico interno da igreja, que é bastante abrangente e cobre todo o país, mas não encontrei nada que se referisse à associação.

Na secretaria geral da igreja luterana, eles também não tinham ouvido falar da associação, mas um dos conselheiros sugeriu que talvez se tratasse de algum grupo dentro da igreja que teria surgido em oposição à escolha do papa João Paulo I, que esteve no cargo durante apenas trinta e três dias e veio a falecer. A minha fonte me contou que os debates internos foram muitos. Uma possibilidade, sugeriu ele, era que poderia ser um grupo de lobby, o que era muito comum alguns anos atrás e tinha como objetivo estimular a Suécia a manter relações diplomáticas com o Vaticano.

Por fim, e antes que eu conclua, quero contar que confirmei em quase cem por cento que o telefone de Anders Larsson está realmente grampeado. A informação chegou até mim de duas maneiras. Não sei nada sobre o inquilino proveniente do Báltico, mas há mais um nome na porta de seu apartamento, e este é Stenbeck. Vou verificar se tem mais alguém registrado morando lá, mas de fora me deu a impressão de que é um apartamento pequeno, talvez um quarto e sala.

Tenho vários comentários a fazer a respeito de suas ideias sobre Taiwan, a *unconventional warfare*, o Baltic Arab African etc., mas vamos ter que deixar mais para o fim da semana. Farei o máximo possível para juntar mais material nos próximos dias. Você receberá cópias de tudo, assim que eu tiver tempo de imprimir. Infelizmente sou obrigado a deixar o artigo sobre Hagård de lado, enquanto trabalho com essa parte da pesquisa. Deve demorar uma semana até que eu consiga arrumar tudo.

Obrigado pela sua carta e pelas cópias do material sobre a WACL. Vou ler tudo assim que encontrar meu dicionário de alemão.

Com meus sinceros cumprimentos,

Avisos e alertas

ESTOCOLMO,
MAIO DE 1987

Havia chegado a hora de Håkan Hermansson visitar Estocolmo novamente. Uma das coisas que Stieg mais achava interessante eram os alertas antes de o crime ser cometido. Uma dezena de pessoas afirmara que já sabia o que estava para acontecer, avisando a imprensa ou a polícia, que acabara passando a informação para as mídias. Dois desses alertas se destacavam por ter sido passados para as autoridades antes do crime e, por essa razão, deveriam ter feito a Säpo aumentar a segurança de Palme, impedindo o atentado. A Säpo tinha a obrigação de investigar os alertas, e foi por esse motivo que tentou manter tudo em segredo pelo máximo de tempo. O mais interessante é que havia, no mínimo, um denominador comum entre os dois avisos.

O inspetor da Säpo, Alf Karlsson, negou ter recebido qualquer aviso, mas a prefeitura de Estocolmo confirmou o contrário. Em janeiro de 1986, Ivan von Birchan telefonara para a Säpo e para um conhecido da prefeitura da cidade e contara que haviam lhe oferecido uma considerável soma em dinheiro para que ele matasse Olof Palme. Birchan era um antigo mercenário que trabalhara na Rodésia. A pessoa que lhe oferecera a missão era Charles Morgan, que ele havia conhecido naquele país. Morgan também era conhecido como Peter Brown, mas Ivan von Birchan achava que esses dois nomes eram falsos. Segundo ele, Morgan/Brown teria sido piloto de helicóptero na Rodésia, e, como não havia muitas pessoas com esse perfil por aquelas bandas na época, não deveria ser difícil rastreá-lo.

Em 20 de fevereiro, oito dias antes do assassinato, outra pessoa havia deixado dois envelopes com o mesmo conteúdo no gabinete do governo e no Departamento de Relações Exteriores. Nos envelopes foi encontrado um artigo de 1918 com os dizeres "Doutor Olof Palme, morto", e a palavra "Doutor" aparecia riscada.

Os envelopes foram entregues anonimamente, mas a pessoa que os entregou estava sendo observada pelo informante do SSI Joel Haukka, e, por esse motivo, constatou-se que essa pessoa era Anders Larsson, o mesmo que aparecia sempre nas pesquisas de Stieg.

Tanto Ivan von Birchan quanto Anders Larsson foram membros ativos da Aliança Democrática. Apesar de a organização já ter deixado de existir havia mais de dez anos, continuava ativa por meio de sua antiga caixa postal 490, que ainda era utilizada pela Resistência Internacional, pela Fundação de Estudos Sociológicos e pela sede sueca da UNITA.

Segundo Joel Haukka, tanto Ivan von Birchan quanto Anders Larsson conheciam o primeiro suspeito, Victor Gunnarsson. Para quem acreditava em teorias conspiratórias, era um prato cheio para fazer especulações. Haukka havia entregado documentos que comprovavam o que ele dizia, e foi por causa deles que Håkan Hermansson foi a Estocolmo conversar com Stieg.

Stieg e Håkan se acomodaram à mesa da cozinha, cuja parede era adornada pelo clássico azulejo Perstorp, que não incomodava ninguém, mas tampouco alegrava o ambiente. Lá eles podiam espalhar os documentos, falar alto e fumar, sem perturbar Eva quando ela fosse se deitar.

— A colheita do dia — disse Hermansson, colocando um maço de papéis sobre a mesa.

Eles dividiram em dois a pilha de papéis, cada um com uma metade, antes de trocarem. Stieg tinha uma longa lista de anotações e perguntas quando terminou de examinar os papéis.

— Haukka trabalha para o SSI, o serviço secreto militar, não é?

— Isso — respondeu Hermansson enquanto lia as últimas páginas.

— Mas o que eu não entendo é por que o serviço secreto militar vigiaria um extremista de direita meio doido... — pontuou Stieg. — Eles não deveriam se concentrar na ameaça russa ou algo do gênero?

— É difícil dizer, mas Haukka conhecia Anders Larsson do Comitê Báltico, que também é a WACL na Suécia. Acho que ele notou o comportamento estranho de Larsson e decidiu ficar de olho nele.

— Seria bom se o SSI ou o IB fossem usados para algo mais do que registrar simpatizantes do comunismo para os social-democratas, mas...

Stieg se calou imediatamente ao lembrar que Hermansson era um social-democrata declarado. Seria melhor evitar assuntos sobre os quais tinham opiniões tão divergentes.

— Não tem problema — disse Hermansson. — Mas tem algo que deixa tudo mais complicado. O amigo de Anders Larsson que Haukka citou, o estenógrafo do governo...

— Bengt Henningsson?

— Sim. Ele disse que ficou de olho em Larsson durante anos para a Säpo... e que ele não tinha nada a ver com o monitoramento do SSI.

— Não dá para entender — disse Stieg. — Isso quer dizer que quem deu o alerta antes do crime estava sendo vigiado tanto pelo serviço secreto militar quanto pela Säpo...

— E ninguém agiu para impedir o assassinato — completou Hermansson.

A fumaça pesava no ar na cozinha do apartamento em Rinkeby. Os dois olharam sérios um para o outro antes de cair na gargalhada. A história era boa demais para ser verdade. Grande Prêmio de Jornalismo, *aí vamos nós!*

Ambos continuaram examinando o material até as três da manhã, quando Hermansson bocejou de cansaço. Antes de se deitar no sofá da sala, fez um desafio a Stieg:

— Nós não tivemos tempo de falar sobre Bertil Wedin, da sua lista. Se tiver algo sobre ele, pode me mandar? Eu vou embora amanhã cedo.

O hater de Palme

ESTOCOLMO,
MAIO DE 1987

—— Caramba! Como você conseguiu fazer isso?
A perplexidade e a agitação de Hermansson eram evidentes. Stieg havia dedicado algumas horas de seu tempo, depois do expediente na TT, para compilar o material que possuía sobre Bertil Wedin. Em uma rápida caminhada até a Kungsholmstorg e atravessando a pequena ponte, teve tempo de colocar o envelope grosso na caixa do correio que seria esvaziada às dez da noite. Um dia depois que Hermansson fora embora, Stieg já tinha em mãos um dossiê completo sobre Wedin. Claro que Håkan ficara surpreso, mas Stieg planejara tudo de antemão e achava muito divertido alguém pensar que ele possuía poderes sobrenaturais como jornalista investigativo.

Hermansson não sabia que Gerry Gable, da *Searchlight*, telefonara uns meses antes e tocara no mesmo assunto. A *Searchlight* tinha recebido a informação de que Wedin estaria envolvido no assassinato de Olof Palme e queria saber o que Stieg tinha a contar sobre ele. Stieg havia se comprometido a juntar toda informação possível sobre o assunto que encontrasse na Suécia, enquanto Gerry e sua turma continuariam em contato com a fonte para descobrir algo em Londres, onde Wedin residia desde 1975.

A pergunta de Gerry fizera com que Stieg ficasse ainda mais obcecado pelo Caso Palme e, desde a saída de Holmér, ele também vira uma possibilidade real de contribuir com algo e falava sobre o assunto frequentemente com alguns poucos escolhidos. Além disso, toda semana alguém novo entrava em contato com ele para fazer alguma pergunta ou lhe dar novas informações. Depois que as suspeitas sobre os curdos do PKK se desfizeram, todos estavam otimistas e mais engajados.

Para além do fato de Stieg e Hermansson terem longas conversas por telefone (ou pessoalmente), a ideia de Stieg era produzir um relatório sobre cada pessoa e sua respectiva organização, a fim de que Hermansson e Wenander tivessem um resumo com o qual pudessem colher as informações, facilitando o trabalho. Para mostrar como isso funcionava, esboçou o relatório sobre o casal que fazia campanhas contra Palme, Alf Enerström e Gio Petré. A pasta continha apenas duas páginas: a história deles, descrições de suas ligações com o empresariado, financiamentos da campanha contra Palme e uma resenha do inusitado livro escrito pelo casal, *Derrubamos o governo*. Para finalizar, ele adicionou alguns resumos de textos que o casal havia publicado, como anúncios em jornais diários. Como de costume, Stieg tirou cópias extras e enviou duas para Hermansson e Wenander, em Malmö, para que eles analisassem.

Alf Enerström era uma figura peculiar, mas, com os contatos que tinha nos mais altos escalões da sociedade — inclusive com os suecos mais ricos que moravam no exterior —, era muito pouco provável que estivesse envolvido em algo sujo como o assassinato de Olof Palme. Além disso, seu álibi tinha sido confirmado por sua companheira, Gio Petré.

Stieg elaborou um resumo seguindo uma lista que havia sido decidida com os colegas sulistas, enviando-lhes o material assim que ia ficando pronto. Um deles demorou batante e foi mais trabalhoso: justamente o relatório sobre Bertil Wedin. As razões disso eram que Gerry havia descoberto mais informações em Londres, e Stieg estava convencido de que a polícia deveria dar uma verificada em Wedin. Gerry garantia a veracidade de sua fonte e lhe contara que tinha contatos dentro do serviço de inteligência britânico MI-6. A fonte recebera a informação de que Wedin teria agido como intermediário no assassinato de Olof Palme. Estava confirmado que Wedin trabalhara para diversos serviços secretos, e o mais interessante ao contexto era o sul-africano, que fora citado por diversas fontes apenas alguns dias após a morte de Palme.

O intermediário

Relatório sobre Bertil Wedin

Pistas para a *Searchlight* de uma pessoa com ligações com a extrema-direita: rumores de que W. tenha agido como "intermediário" no assassinato de Palme.

Chipre, primavera de 1986: pessoa com passado na extrema-direita, atualmente liberal e agente do MI-6 durante muitos anos, encontra W. por acaso. São apenas conhecidos, e W. acha que encontrou alguém que pensa como ele. Eles começam a se relacionar e, quando o motivo de W. se encontrar em Chipre é questionado, este responde que está "working for the Swedish Employers Association".

Um tempo mais tarde, o agente do MI-6 encontra G., da *Searchlight*, e lhe conta sobre ter conhecido W. Como o agente irá retornar para Chipre, G. lhe pede para descobrir tudo sobre Wedin. O agente e G. já se conhecem bem há muito tempo (há cartões de Natal, por exemplo, que comprovam tudo). O agente vazou informações sobre o extremista de direita para G., provável e possivelmente a pedido do MI-6 ou com o seu conhecimento.

No outono de 86, G. recebe uma série de documentos de sua fonte em Chipre: passaporte, documentos de imigração, boletins em primeira mão da polícia de Chipre etc. O material é em seguida enviado para a Suécia, onde:

a) é entregue à investigação do Caso Palme;

b) é entregue ao Departamento de Relações Exteriores, via Håkan Hermansson.

Primavera de 1987: o agente do MI-6 procura G. novamente. Desta vez está irritado e exige saber o que foi feito do material sobre Wedin. "Você o entregou para algum estranho?" A fonte fica nervosa e preocupada, mas não quer falar sobre o que está acontecendo. Durante o verão e o outono, a fonte reside na Inglaterra, mas fornece um endereço falso para G., que tenta entrar em contato com ela em diversas ocasiões.

Interpretações: a fonte agiu sem o conhecimento do MI-6, como demonstração de amizade a G. Isso acabou vazando (via investigações do Caso Palme ou do Departamento de Relações Exteriores) para o MI-6, o que fez a fonte ficar numa posição bastante delicada, ou chegou até Wedin, que ameaçou a fonte de morte.

Primavera de 1987: Wedin contata a embaixada da Suécia, avisando sobre o desaparecimento de seu passaporte. Em seguida, ele contata (ou é contatado por) o jornal *Svenska Dagbladet,* no qual lança a teoria de que a África do Sul está por trás do crime.

Fontes pertencentes às investigações do Caso Palme afirmam que não tiveram contato com W., mas gostariam de ter.

Wedin, segundo suas próprias palavras, havia sido "chief of staff" do batalhão sueco das Nações Unidas em Chipre, entre 1964-65.

O porta-voz de Holmér, Leif Hallberg, serviu como major em Chipre desde 1965.

Antecedentes

Informações da imprensa dizem que Wedin havia trabalhado como soldado das Nações Unidas no antigo Congo e em Chipre. Diversas fontes informaram que ele iniciou a carreira como soldado mercenário ou recrutador de soldados mercenários. Suas áreas de atuação abrangiam a África do Sul, Biafra e o sul do Vietnã. Outra fonte afirmou que sua atuação no setor de soldados mercenários havia sido patética e fracassada, mas que Wedin sempre tentava parecer um "macho perigoso".

Desde a metade até o fim da década de 70, Wedin tinha a fama de ser "a gun for hire". Uma fonte o descreveu como um intermediário em um contrato de assassinato, outra o chamou de "Europe's top Pro Killers". Outro informante disse que havia "um sueco com um passado de soldado nas Nações Unidas", que trabalhara para a polícia secreta da junta militar grega (entre 1973 e/ou 1974), com a missão de localizar opositores políticos no exílio.

Diversas fontes afirmam que Wedin trabalhava, principalmente, para a polícia secreta sul-africana, o Boss, desde a década de 70, e acreditam que ele seria o principal organizador do assassinato da opositora ao apartheid, a escritora Ruth First, morta por uma carta-bomba em Maputo, capital de Moçambique, em agosto de 1982. A ligação com o Boss foi confirmada parcialmente por meio dos fatos levantados no julgamento em Londres em 1983, quando Wedin foi processado por porte ilegal de documentos, os mesmos que haviam sido roubados em um assalto sofrido na sede do CNA (Congresso Nacional Africano) em Londres.

Chipre

Faz alguns anos que Wedin vive em Chipre com sua esposa inglesa, Felicity Ann. Nos formulários de imigração consta que o motivo dado foi "to live".

Nas alternativas em que se deve assinalar o motivo da visita, constam os itens: "tourism", "business", "education", "other". Ele assinalara "other".

Wedin informa que sua profissão é jornalista e ele está registrado como freelancer, tendo credenciais turcas de 1985. Seu trabalho jornalístico se restringe a três spots publicitários por semana para uma rádio turca, além de ter escrito (parte de) um panfleto turístico sobre Chipre.

Quando chegou a Chipre, requereu licença para porte de arma. O motivo fornecido foi que "necessitava de uma arma", porque "tinha medo de seus antigos contatos de negócios sul-africanos" (*associates*).

Sua licença para porte de arma foi negada pela polícia local que tratava do assunto, mas Wedin acabou por adquirir uma espingarda. Um informante de dentro da polícia local afirma que "somebody very senior is looking after him".

Segundo uma informação, ele foi considerado suspeito de "trying out poison" um animal doméstico de sua propriedade.

O contato da minha fonte em Chipre, que conhece os antecedentes de Wedin, afirma que ele ficou sabendo que o informante estava revirando seu passado. Certa vez, Wedin apareceu embriagado na residência do contato e o ameaçou de morte. Por sorte, um policial e grande amigo do contato estava por perto e conseguiu desarmar Wedin.

Segundo informações, depois desse episódio, Wedin teria entrado em contato com bandidos locais e oferecido alguns milhares de coroas suecas para que matassem o contato da minha fonte. Naquela ocasião, Wedin afirmou trabalhar para o Mossad, um "intelligence officer" britânico.

Um tempo depois, Wedin foi preso por dirigir embriagado. Um informante de dentro da polícia local diz que "o deixaram continuar bebendo dentro da cela" e que Wedin, muito bêbado, contou que havia matado "at least six people", inclusive "a woman in Africa" (Ruth First?).

Ele afirmou também que pretendia ir para a Síria se os cipriotas resolvessem deportá-lo.

Finanças

Fontes de Chipre descrevem a renda do jornalista como mínima em comparação ao "up-market lifestyle" de Wedin, que conta com uma casa luxuosa, frequenta clubes noturnos exclusivos etc.

Segundo algumas informações, Wedin dispõe de recursos que chegam a seiscentas mil coroas suecas, distribuídas em contas em diversos bancos cipriotas. Há mais cem mil coroas suecas em uma conta "recém-aberta" em um banco de Londres. A origem do dinheiro é desconhecida, mas, no caso da última quantia, é de proveniência americana. (Nota: A fonte não diz se o dinheiro de Londres será ou não transferido para Chipre.)

Passaporte

O passaporte de Wedin, renovado em 1981 pela embaixada da Suécia em Londres, mostra que ele viaja frequentemente pelo mundo, tendo estado na Tanzânia em 81, no Canadá em 82, fora as inúmeras entradas e saídas da Inglaterra etc.

Em fevereiro de 1985, ele se encontrava na África do Sul.

As viagens de Wedin

1982
7 de janeiro: Heathrow
12 de janeiro: Heathrow (provavelmente vindo do Quênia/da Tanzânia)
8 de fevereiro: Gatwick
14 de fevereiro: Gatwick
14 de março: Heathrow
21 de março: Heathrow (provavelmente vindo da Grécia)
6 de abril: Inverness (?)
22 de abril: Heathrow
6 de maio: Heathrow
10 de maio: Heathrow (provavelmente vindo de Montreal)
13 de julho: Heathrow
15 de julho: Heathrow

1983

19 de abril: Gatwick

23 de abril: Gatwick

1984

12 de janeiro: Heathrow

19 de janeiro: Heathrow

5 de abril: Heathrow

29 de maio: Dover

29 de maio: Heathrow

4 de julho: Heathrow

1985

18 de fevereiro: Heathrow

19 de fevereiro: África do Sul

7 de março: África do Sul

8 de março: Heathrow

4 de abril: Heathrow

11 de julho: Heathrow

14 de julho: Heathrow

20 de novembro: Heathrow (emigração para Chipre)

Entre isso e aquilo?

ESTOCOLMO,
VERÃO DE 1987

O documento acabou ficando com trinta páginas, que ele organizou em quatro exemplares. Um deles guardou para si, outro deu para Håkan Hermansson e outro foi para um amigo, como cópia de segurança. Stieg sabia que Hermansson tinha contato com o secretário do gabinete do Departamento de Relações Exteriores, Pierre Schori, e acreditava que este receberia uma cópia. A quarta cópia foi entregue pessoalmente na recepção da delegacia de polícia, em um envelope em que se lia: "Grupo Palme".

Na noite seguinte, Stieg não conseguiu dormir. Ficou pensando na palavra usada pela fonte do MI-6, que Wedin seria "o intermediário" na morte de Olof Palme. Um intermediário tem que contar, por um lado, com alguém que deseja que a missão seja cumprida, e, por outro, com alguém que ajude ou execute toda a missão ou partes dela.

No caso de Wedin, um dos lados poderia ser um serviço secreto, mais provavelmente o sul-africano, pois ele trabalhara ativamente para eles. Os sul-africanos tinham motivos contra Palme, pelo engajamento deste contra o apartheid e por suas intenções de frear o comércio de armas deles. O outro lado de Wedin oferecia mais alternativas, mas o mais provável era que uma ou mais pessoas na Suécia pudessem ter ajudado a executar o crime. Os sul-africanos tinham definitivamente a capacidade de atirar em alguém, mas executar um assassinato do outro lado do mundo em uma cidade desconhecida requeria muita logística e aqui a rede de contatos entre Wedin e a extrema-direita preenchia uma função bastante prática. A vigilância, o transporte e a logística eram coisas simples de executar se tivessem ajuda local de suecos. Uma boa parte dos extremistas de direita que Stieg havia observado poderia muito bem querer ajudar, pois eles também queriam se ver livres de Palme. Além disso, vários deles apareciam nas investigações.

Dessa forma, o motivo dos sul-africanos, independentemente de ser o comércio de armas ou a luta contra o apartheid, poderia coincidir com o motivo dos extremistas de direita, que era evitar que Palme vendesse a Suécia para a União Soviética.

Essa conclusão bastante lógica ajudou Stieg a pegar no sono: "Tudo faz sentido. Câmbio, desligo".

Mistério Wedin

Para que a teoria de Stieg se tornasse concreta, ele teria que investigar mais a fundo todos os detalhes. Era natural que começasse do meio, ou seja, partindo do papel de intermediário que Wedin desempenhava, para depois verificar o que acontecia em ambos os lados: o sul-africano e o sueco.

O currículo de Wedin era, por assim dizer, muito rico. Ele havia sido oficial da ONU no Congo em 1963, onde fora capturado como refém, e depois trabalhara em Chipre em 1964-1965. Durante a década de 60, também teria trabalhado como soldado mercenário, tendo mais tarde recrutado soldados para a Rodésia, o que podia ser confirmado em pelo menos um caso.

Depois de retornar à Suécia, havia servido como oficial e, em uma ocasião no início dos anos 70, fora até a embaixada dos EUA e se oferecera para servir na Guerra do Vietnã, sem sucesso. Quando foi obrigado a se retirar do exército, se encaminhou para o mais poderoso grupo de finanças do país, o Grupo Wallenberg, onde conseguiu emprego como jornalista na recém-inaugurada agência de notícias Pressextrakt. Em 1975, chegara a hora de uma nova mudança, e Wedin se transferiu com a família para Londres.

Em sua nova cidade, Wedin continuou trabalhando para o empresariado sueco e passou a frequentar o ultraconservador Monday Club, cujo presidente era Lord Moyne. Foi lá que Gerry e seu informante conheceram tanto Wedin como Anders Larsson, que também frequentava o clube, o mesmo Anders Larsson que alguns anos mais tarde avisaria sobre o assassinato de Olof Palme. Wedin e Larsson pareciam ter ficado amigos em Londres, por volta de 1975, mas Wedin estava do mesmo lado que os antagonistas de Larsson na *Contra*. A ligação de Wedin com C. G. Holm era mais forte que com Larsson, desde que o recrutara para a Associação das Indústrias.

Em 1980, Wedin fez uma viagem para a África do Sul, onde entrou em contato com Craig Williamson, a pessoa mais conhecida dentro do serviço secreto sul-africano. O policial Williamson, que havia avançado na carreira dentro do serviço de inteligência, era considerado "the master spy" na mídia sul-africana. Ele ficou infiltrado durante três anos no IUEF (International University Exchange Fund), uma organização internacional com sede em Genebra, Suíça, que distribuía bolsas para estudantes talentosos do terceiro mundo. Parte do dinheiro era enviado para pessoas que lutavam contra o regime ditatorial em diversos países. O regime do apartheid sul-africano se sentira provocado pela organização, mandando Williamson se infiltrar como ativista contra o apartheid.

O chefe supremo do IUEF era o sueco Lars-Gunnar Eriksson, que mantinha boas relações com vários políticos do Partido Social-Democrata. Ele estava sempre em contato com "os três mosqueteiros": Bernt Carlsson, Pierre Schori e Mats Hellström, todos com posições de destaque dentro do partido e, se necessário, Eriksson podia contar também com o apoio de Olof Palme.

Craig Williamson havia conseguido convencer Lars-Gunnar Eriksson de que, apesar de ser um policial branco sul-africano, era adversário do regime do apartheid e, no início de 1977, Eriksson recrutou o espião para o IUEF.

Logo Williamson ocupava um cargo importante dentro da organização, sendo o responsável pela administração, inclusive pelos pagamentos, fazendo com que grande parte da verba que iria para a luta contra o apartheid fosse parar nas mãos de quem apoiava o apartheid. Com uma parte do dinheiro, Williamson comprou uma fazenda na África do Sul, a alguns quilômetros de distância da capital, Pretória, onde os suecos que viviam lá podiam admirar como os negros combatentes eram instruídos. Assim que a visita se encerrava, voltavam a sua verdadeira atividade: torturar os opositores do apartheid.

Além disso, Williamson, por meio de sua posição, conseguia informações sobre as atividades que a oposição ao apartheid preparava. Quando o opositor negro Steve Biko planejou uma viagem a Botsuana em setembro de 1977 para se encontrar com Oliver Tambo, do CNA, e Olof Palme, Williamson ficou sabendo e passou a informação para seus colegas dentro da polícia sul-africana. Em 18 de agosto de 1977, Steve Biko foi preso em uma emboscada e espancado duramente durante o interrogatório. Em 12 de setembro, veio a falecer em razão da gravidade dos ferimentos. Biko foi apenas um dos ativistas contra o apartheid que acabaram morrendo por causa de Craig Williamson.

Na primavera de 1980, Bertil Wedin e Craig Williamson se encontraram no bar de um hotel em Johannesburgo, o que fez com que a empresa de Williamson, a Aviation Consultants, viesse a ter trabalho por muitos anos. A alta remuneração mensal permitia a Wedin manter seu luxuoso estilo de vida, incluindo a casa de doze cômodos localizada no elegante bairro de Kent, em Londres.

Os anos seguintes foram intensos, com diversos atentados a bombas e arrombamentos, cujo responsável era Williamson. Em março de 1982, uma bomba explodiu nos escritórios do CNA em Londres, sem deixar feridos. Em agosto do mesmo ano, Ruth First, amiga de Palme, foi morta por uma carta-bomba em sua residência em Maputo, Moçambique. Em junho de 1984, a opositora do apartheid Jeannette Schoon e sua filha Kathryn, de seis anos, foram mortas por uma carta-bomba em Lubango, Angola.

Em Londres, além de Wedin, trabalhava também o agente Peter Casselton, um ex-piloto de helicóptero da Rodésia. Em 1983, Casselton fora condenado à prisão por seu envolvimento em diversos arrombamentos a sedes de movimentos de libertação negros, enquanto Bertil Wedin fora inocentado pelos mesmos crimes, apesar de a polícia britânica ter encontrado com ele documentos pertencentes às sedes arrombadas e desaparecidos nos arrombamentos.

Mais tarde, Bertil Wedin convocou uma coletiva de imprensa, em que ele deveria explicar o seu envolvimento com o serviço secreto sul-africano. No entanto, em vez de falarem sobre isso, a coletiva acabou se desenrolando em um ataque ao governo da Suécia, no qual Wedin afirmava: "Eu trabalho contra Palme e contra o governo sueco. Faço isso juntamente com os serviços de inteligência dos países escandinavos".

A próxima ação ocorreu em novembro de 1985. Três meses antes do assassinato de Olof Palme, Wedin e sua família repentinamente se mudaram para a República Turca de Chipre do Norte, um país com trezentos mil habitantes conhecido como um refúgio para criminosos, em razão da falta de acordo de extradição com outros países, além da Turquia. Bertil Wedin também era amigo pessoal do presidente Rauf Denktas, o que tornava sua permanência ainda mais segura naquele país inexistente.

Não estava fora de cogitação que a África do Sul pudesse planejar um assassinato do outro lado do mundo. Se assim o fizessem, também era provável que usassem o seu melhor agente para a missão, ou seja, Craig Williamson, que conhecia bem a cidade de Estocolmo, assim como o temperamento dos suecos, desde os seus tempos de infiltrado. Já que Wedin pertencia ao grupo de agentes de Williamson, o sueco podia muito bem fazer o papel de intermediário, mas quem estaria do outro lado?

A razão lógica de contratar Wedin para a missão era que ele era sueco, falava o idioma e conhecia Estocolmo muito bem, mas já vivia em Londres havia mais de dez anos e seus conhecimentos estavam ficando um tanto obsoletos. Talvez conhecesse os tipos certos de pessoas? Será que os extremistas de direita também queriam se ver livres de Palme? A rede de contatos de Wedin era antiga, mas Stieg tinha constatado que muitas pessoas na extrema-direita na década de 80 provinham da Aliança Democrática dos anos 70, assim como o próprio Wedin.

Depois de examinar o material que tinha sobre o serviço secreto sul-africano e o chefe de Wedin, Craig Williamson, Stieg se sentia mais à vontade para começar a analisar a rede de contatos sueca de Wedin.

Gerry

LONDRES,
MAIO DE 2015

Workaholic, isso era algo que tínhamos em comum — disse Gerry Gable. — Senso de humor, mas muito engajado. Se ele cravasse os dentes em uma boa história, não largava mais, e é isso que um bom jornalista faz.

Eu tinha ido a Londres para me encontrar com Gerry. Seu nome estava sempre aparecendo no material de Stieg, e estava claro que ele era um dos seus grandes ídolos. Eles ofereciam pistas e testavam ideias novas entre si.

Gerry me mostrou como Stieg trabalhava, e eu tive a oportunidade de contar como estava seguindo no rastro de Stieg. Durante nossa conversa ficou muito claro como era a relação pessoal entre eles. Gerry me contou que não poderiam ter trabalhado tão bem juntos se não houvesse o profundo respeito que nutriam um pelo outro, além do senso de humor em comum.

Gerry havia sugerido irmos a um *greasy spoon*, como ele chamava um pub inglês mais simples, e eu desfrutei daquela típica atmosfera inglesa, mas não posso dizer o mesmo da comida.

— Como vocês chegaram a Wedin? — perguntei.

— Eu tinha um informante que foi guarda-costas de um dos fascistas mais conhecidos. Esse rapaz me ajudou a entrar no conservador Monday Club e me apresentou a Anders Larsson — disse Gerry. — Do nada, um dia na década de 80, ele me perguntou se eu gostaria de acompanhá-lo em um almoço muito caro com uma pessoa importante da Aliança Democrática da Suécia. Não se tratava de Anders Larsson, como eu achava, mas de Bertil Wedin.

— Qual foi a sua impressão dele?

— Ele me pareceu um homem de negócios muito bem-sucedido — respondeu Gerry. — Usava um terno elegante, sapatos feitos à mão, gravata, e era muito educado. Parecia pertencer à classe mais alta do empresariado sueco, mas tinha um olhar penetrante, como se enxergasse dentro de você.

— E esse informante, ele era a sua fonte?

— Sim, agora já posso falar sobre isso — disse Gerry. — Ele se chama Lesley Wooler e temia por sua vida quando coletava informações sobre Wedin em Chipre.

— Então ele fazia um tipo de trabalho de infiltrado. Era algo que vocês faziam com frequência? — perguntei.

— O meu trabalho, quando fizemos as infiltrações na Inglaterra, era encontrar candidatos, ensiná-los como se infiltrar e colocá-los em grupos de extrema-direita. Algumas vezes fui obrigado a falar com o nosso serviço secreto, assim como quando ouvimos que os nazistas tinham armas, explosivos ou estavam planejando alguma ação criminosa.

Eu comi o que queria, *fish'n'chips*, e já estávamos conversando havia duas horas sem parar. Trocamos cartões de visita e eu sabia que teria mais perguntas a fazer a Gerry. Eu já havia aprendido uma das mais importantes lições: como jornalista, se você quiser fazer alguém falar, deve usar métodos mais eficazes que uma simples entrevista. No caso de Stieg, isso implicava muitos *hackings* e infiltrações. Se eu fosse seguir adiante, precisava sair da minha zona de conforto e experimentar novos métodos. Fiquei pensando se Stieg usaria as redes sociais se elas existissem naquela época.

A extrema-direita

ESTOCOLMO,
SETEMBRO DE 1987

Stieg pegou as listas que havia enviado a Hermansson no início do projeto deles, a "Missão Olof Palme", para ver quem fazia parte da rede de contatos de Bertil Wedin antes de ele ter mudado para Londres em 1975. Era óbvio que Wedin procuraria assistência logística para os agentes sul-africanos na Suécia junto a pessoas que ele já conhecia e nas quais confiava.

Wedin tinha ligações com a Aliança Democrática, com a WACL e mais um par de organizações próximas ao empresariado sueco, incluindo a Associação das Indústrias e a agência de notícias Pressextrakt, onde ele trabalhava. Além disso, ele havia trabalhado externamente para a Säpo, onde tinha grande experiência com vigilância, mas não estava claro quem era seu contato lá dentro. Um nome que aparecia era o de Tore Forsberg, responsável pela contraespionagem, mas essa informação não fora confirmada por Stieg.

Entre as pessoas da lista de Stieg, havia duas delas que ele tinha certeza de que eram importantes e que conheciam Wedin. Carl G. Holm era próximo de Wedin e fora ele que havia conseguido que Holm fosse recrutado para a Associação das Indústrias. Anders Larsson e Wedin se conheciam da Aliança Democrática, do Monday Club em Londres e de mais uma organização chamada Conselho Sueco pela Liberdade. Tanto Holm como Larsson haviam sido mencionados durante o Caso Palme, mas uma coisa era certa: Wedin não poderia ter pedido auxílio aos dois para ajudar os sul-africanos, pois ambos eram inimigos desde que a Aliança Democrática havia se desmembrado. Stieg desconfiava de que Anders Larsson seria a fonte anônima no livro Till höger om neutraliteten (À direita da neutralidade), escrito pelo amigo de Stieg, Sven Ove Hansson. Lá ele descrevia em detalhes como as ideias extremistas haviam penetrado no empresariado sueco, assim como no caso de Carl G. Holm. Parecia que o próprio Holm tinha conhecimento do papel de Anders Larsson, já que a revista *Contra* havia publicado artigos insinuando que Larsson trabalhava para a KGB.

Agora só faltava Wedin falar com um deles, ou com os dois, mas sem que um soubesse do envolvimento do outro.

Era muito fácil de achar informações sobre Carl G. Holm, pois seu nome estava atrelado à *Contra*, onde o alvo com o rosto de Palme havia se tornado um símbolo do ódio desmedido propagado antes do assassinato do primeiro-ministro. Holm parecia ser um tipo desagradável, assim como muitos integrantes da extrema-direita. Tudo começava com a opinião deles, contaminando sua personalidade ou o contrário. Isso não queria dizer que todos os extremistas de direita estivessem envolvidos na morte de Palme. Para falar a verdade, havia pouca informação de que Holm estivesse envolvido.

Com o outro conhecido de Wedin era diferente. O nome de Anders Larsson estava ligado a todas as organizações que constavam na lista feita por Stieg para Hermansson e Welander. Desde que Stieg havia escrito a lista, conseguira descobrir novos documentos, principalmente com a ajuda de Hermansson e Wenander, o que tornava as circunstâncias mais estranhas ainda.

Em uma carta datada de 20 de janeiro de 1986, aproximadamente um mês antes do assassinato de Palme, o Comitê Estoniano encerrou sua colaboração com Anders Larsson e, na mesma ocasião, um dos representantes da organização chamara Larsson de fracassado. Larsson ficara furioso e teria respondido: "Eu, fracassado? Não vai demorar para você ver sangue nos chegando até os joelhos".

No mesmo dia, o agente do SSI, Joel Haukka, recebeu uma carta de Anders Larsson dizendo que estava sentado com Jean Duvalier em frente a uma lareira no bar do Hotel Sheraton, em Estocolmo, e que o fogo "faz pensar no futuro de algumas pessoas que deveriam estar no seu devido lugar, tais como os traidores, os bandidos... entre outros". No dia seguinte, Haukka recebeu um cartão enviado pelo correio em que Larsson pedia a ele para "não se importar com a referida carta".

Em 16 de fevereiro, doze dias antes do assassinato, Anders Larsson e um conhecido dele seguiram Palme na homenagem prestada a Alva Myrdal na Catedral de Estocolmo, constatando que a segurança de Palme era bastante precária.

Em 20 de fevereiro, apenas oito dias antes do crime, Anders Larsson alertou o Ministério das Relações Exteriores e o gabinete do governo de que Palme seria assassinado. Na mesma época, Larsson também mencionara que "o maior acontecimento de sua vida estava por vir".

Após o assassinato, dois conhecidos de Larsson, o estenógrafo do governo Bengt Henningsson e o livreiro Bo Ragnar Ståhl, estavam convencidos de que ele estava envolvido no crime de alguma maneira.

Stieg também havia lido que Bertil Wedin, não havia muito tempo, afirmara que fora envolvido em um complô do qual Anders Larsson fazia parte. Wedin dizia que o plano era matá-lo juntamente com Palme e fazer dele um bode expiatório. Uma das provas de que Wedin dispunha sobre as coisas que dizia eram as listas das ligações efetuadas da telefônica nacional em Chipre do Norte, às quais ele tinha acesso. Lá constava, ainda segundo Wedin, que Anders Larsson estivera em contato por telefone com um inglês que estava em Chipre e trabalhava para a KGB.

As circunstâncias eram muitas e bastante estranhas, o que gerava mais questionamentos. Se Larsson estivesse realmente envolvido no assassinato, por que ele alertaria sobre isso? Por que Wedin teria contatado Anders Larsson e o envolvido, se ele pertencia à parte inimiga da desmembrada Aliança Democrática? Uma organização profissional contaria com uma pessoa difícil de controlar e desequilibrada como ele para realizar alguma coisa?

Era impossível controlar Anders Larsson. Se os pensamentos noturnos de Stieg havia algumas semanas terminavam com "tudo faz sentido", agora a análise mais profunda se encerrava com "nada faz sentido".

Os sul-africanos precisariam de alguém que pudesse ajudá-los com a vigilância, alguém com experiência. Na realidade, outros grupos eram mais apropriados que os faladores extremistas de direita, como policiais, agentes da Säpo ou militares. Também havia muita informação no primeiro ano após o assassinato que indicava a mesma coisa. O problema era que não havia nenhuma prova do contato entre Wedin e esses grupos, apenas prováveis conexões e circunstâncias tão surpreendentes quanto aquelas que haviam ao redor de Anders Larsson.

Operação Apendicite

ESTOCOLMO,
SETEMBRO DE 1987

Stieg leu a própria carta endereçada a Gerry, que havia escrito em 20 de março de 1986, três semanas após o crime. O único assunto que ele tratara na carta e que ainda não tinha olhado era o que veio a ficar conhecido, alguns meses depois do assassinato, como "os indícios da polícia".

Sob esse nome generalizante, havia um grande espaço para uma enorme quantidade de informações sobre uma dezena de policiais, que, por diversos motivos, apareciam nas investigações. Alguns haviam participado de reuniões onde o ódio a Palme era uma constante, outros haviam tido acesso a prováveis armas do crime, alguns tinham visitado a África do Sul ou se encontrado nos arredores do local do crime. Muitos eram membros da chamada Liga de Beisebol, um grupo especial da polícia de Norrmalm, fundado por Hans Holmér no início da década de 80, para combater a violência nas ruas. Eles ganharam esse apelido porque seus membros preferiam andar à paisana com bonés de beisebol a usar uniformes da polícia. A reputação deles fora manchada depois que muitos detidos reclamaram de espancamentos violentos e uma pessoa chegou a morrer.

Muitos dos policiais que apareciam nas investigações do Caso Palme eram também membros do Clube de Tiro de Estocolmo, onde aprendiam a atirar com revólveres Magnum e interagiam com extremistas de direita. (Ver figura 5.)

Carl-Gustav Östling pertencia ao piquete da polícia de Norrmalm, era membro do Clube de Tiro e o policial que mais tinha circunstâncias especiais contra si.

Uma semana antes do assassinato, Östling fora operado no Hospital Söder por causa de uma apendicite supurada, razão pela qual ficou afastado do trabalho. Contrariando as ordens médicas, no dia do crime ele saíra do hospital e fora para casa. Era lá que ele se encontrava, sozinho, quando Palme foi morto. Vários amigos dele confirmaram que ele sentia muita dor e tinha dificuldade para se locomover, o que indicava que ele não poderia ter cometido o crime, mas ninguém o vira depois das vinte e uma horas daquela fatídica noite. Os indícios contra Östling continuavam a chegar aos ouvidos das pessoas envolvidas nas investigações do Caso Palme. Ele era especialista em armas e as comercializava. Seu ódio a Palme estava documentado e havia várias fotos em que ele aparecia fazendo saudações nazistas.

Apesar das suspeitas de seu envolvimento no assassinato, além de seu interesse pelo nazismo, Östling ganhou a confiança de Hans Holmér para que, apenas alguns meses após o crime, passasse a distribuir armas, coletes à prova de balas, walkie-talkies não interceptáveis e vidros blindados para a investigação do Caso Palme. Uma entrega que chamou muito a atenção foi uma metralhadora embutida em uma maleta de trabalho. Östling havia fundado uma empresa com um amigo, a Strateg Protector, e ganhara a confiança da polícia. Ele nunca mais voltou a seu cargo de policial após a cirurgia de apêndice.

Tempos mais tarde, a alfândega fez uma diligência de busca e apreensão na residência de Östling. Lá foram encontrados armas, munição e outros objetos interessantes. Para ser mais exato, foram encontrados duzentos e dezoito caixas de munição, vinte pistolas, quatro revólveres (carregados), uma espingarda, um fuzil Mauser, uma granada de gás, cinco cintos de metralhadora, três granadas de fumaça, cinco granadas, três granadas incendiárias, oito tubos de gás lacrimogêneo, diversos capacetes e baionetas de fabricação alemã, um projétil antitanque, um lança-granadas, munição antiaérea e quatro diamantes avaliados em duzentas mil coroas suecas. As armas puderam ser justificadas, já que Östling trabalhava como negociante de armamentos, mas alguns dos objetos encontrados eram mais difíceis de explicar. Em treze fotografias apareciam Östling e seu sócio, o major Grundborg, fazendo saudações nazistas em um cemitério judaico, diante do Portão de Brandemburgo, em Berlim, e no Ninho da Águia de Hitler, em Berchtesgaden, nos alpes da Baviera.

Havia duas coisas que Stieg considerava mais relevantes no Caso Palme. Uma delas era um cartão-postal, cujo remetente se dizia colega de escola de Östling, Claes Almgren, que pertencia à liderança da Fundação Contra. O texto mencionava o seguinte: "O idiota do outro lado ainda se deixa afetar pelo retrato falado, mas as pistas estão esquentando. Entre em contato imediatamente com o homem de Enskede". Era difícil interpretar o que aquilo tudo significava, mas que Östling e alguns de seus amigos de direita se preocupavam com as investigações policiais era um fato.

Outra coisa relevante para o Caso Palme que foi encontrada com Östling era o cartucho de metal da marca Winchester .357 Magnum 158 grain, do mesmo tipo raro empregado para matar Palme.

Quase toda a dezena de policiais que eram importantes nos indícios da polícia tinha alguma ligação com Östling. Se os sul-africanos tivessem se utilizado da polícia sueca ou de pessoas do exército para vigiar ou receber ajuda, isso poderia ser explicado pelas circunstâncias agravantes em torno de Östling. Ou ainda de outra maneira, pois Stieg havia testado a teoria de colocar Wedin como intermediário. Se a África do Sul tivesse planejado o crime e Östling não estivesse envolvido, apesar das circunstâncias agravantes, Stieg seria obrigado a engolir as próprias palavras.

O Grande Prêmio de Jornalismo

ESTOCOLMO,
DEZEMBRO DE 1987

"Por sua série de artigos 'Missão Olof Palme', por seu grande conhecimento, por seu trabalho de mapear e esclarecer as relações desconhecidas pela sociedade na ocasião do assassinato do primeiro-ministro Olof Palme. Seus métodos de trabalho são um modelo para o jornalismo investigativo, seus artigos se aprofundam no assunto e não se esquivam, apesar do contexto complicado."

Håkan Hermansson e Lars Wenander receberam o Grande Prêmio de Jornalismo de 1987, na categoria "imprensa diária". Além da série de artigos, lançaram um livro no qual esses textos foram transformados em capítulos. No prefácio, mencionavam brevemente o nome de Stieg Larsson. Larsson sabia que essa era a única maneira de poder continuar com o projeto e escolhera não ter a participação revelada. Também esperava que os extremistas de direita não percebessem nada.

Ele estava satisfeito, pois via que grande parte do livro era baseada em suas pesquisas. Todas as organizações que ele já havia mapeado constavam ali, e não havia como não se impressionar com a situação em que Olof Palme se encontrava na ocasião de seu assassinato. Ele realmente estava sob a mira de muitas pessoas.

No capítulo sobre Bertil Wedin, os autores evitaram mencionar o nome desse último, mas quem quisesse saber mais detalhes sobre ele, bastava dar dois telefonemas e fazer as perguntas certas.

Em alguns trechos do livro, Stieg reconheceu as próprias formulações, o que o deixou bastante orgulhoso por fazer parte de uma obra jornalística tão comentada e elogiada.

Um a um os nós vinham sendo desatados. O que de início mais parecia um amontoado de teorias desconexas e indícios incertos continuava ainda bastante intrincado, mas agora se podia enxergar mais claramente que a África do Sul poderia ter usado Wedin como intermediário para encontrar suecos que, de várias maneiras, poderiam colaborar no assassinato de Olof Palme.

Dois dias antes do Natal de 1987, muitos colegas de Stieg da TT tiraram um horário de almoço prolongado para comprar os últimos presentes. Ele ficou no escritório, trabalhando em uma ilustração cujo layout estava bastante complicado. Após umas duas horas de trabalho, já quase terminando, o telefone tocou. Era Alf Andersson, da polícia, e parecia nervoso. Os dois haviam trocado informações no primeiro encontro, havia mais ou menos um ano. A mensagem de Alf era curta:

— Colocamos escutas na linha telefônica de Victor Gunnarsson nos últimos meses. Hoje o declaramos suspeito de envolvimento na morte de Olof Palme.

Era uma ótima notícia. Exatamente como Stieg havia esperado e acompanhado durante o outono, a polícia tinha utilizado a informação que recebera dele, de Håkan Hermansson, de outros jornalistas e de detetives particulares. Os investigadores do caso estavam aproveitando a saída de Hans Holmér e agora estava dando resultado. Para Stieg, isso significava um grande alívio, e ele poderia ficar de folga durante o Natal. Podia-se esperar algo grandioso depois do Ano-Novo: o crime seria solucionado e talvez Stieg pudesse ajudar.

Hans II

ESTOCOLMO,
DEZEMBRO DE 1987

Em dezembro de 1987, Victor Gunnarsson foi apontado como suspeito do assassinato de Olof Palme pela segunda vez. Na primeira vez ele fora suspeito de ter cometido o crime, mas agora era acusado de estar envolvido e as circunstâncias eram muitas. Antes do assassinato, ele havia tido contato com outras pessoas que estavam sendo investigadas, como Anders Larsson e Ivan Von Birchan, que tinham alertado sobre o atentado. Gunnarsson estava perto do local do crime durante a noite e teria dito que "na Suécia alguém pode levar um tiro nas costas por sua opinião pessoal".

A temperatura nas investigações havia se elevado durante o outono. As expectativas eram grandes por ocasião das festas de fim de ano. Estava claro que a organização mudaria novamente e eles teriam um novo chefe, escolhido pela equipe de Tommy Lindström, da polícia federal.

Hans Ölvebro era um policial experiente que passava uma melhor impressão que o chefe anterior e seu homônimo, Hans Holmér. Ölvebro não procurava ficar sob os holofotes, mas tampouco temia procurar a imprensa sempre que precisava.

O chefe de Ölvebro, Tommy Lindström, e os promotores o aprovavam, e, assim como eles tinham requisitado, Ölvebro queria começar as investigações pela Avenida Sveavägen. Havia uma série de suspeitos que a polícia queria investigar, mas, antes que eles tomassem alguma medida, teriam que os vincular à hora e ao local do crime.

Hans Ölvebro concordava com esse método, pois era uma lógica simples: quem atirara em Olof Palme certamente estava na Avenida Sveavägen e por isso eles deveriam começar por lá. Se conseguissem conectar o suspeito ao local do crime, tudo ficaria resolvido. O princípio genial era que eles se agarrariam a um dos três pilares para provar a culpa em um crime, ou seja, o motivo, a arma e as circunstâncias, ao mesmo tempo em que isso limitava o risco de mais escândalos midiáticos na investigação do assassinato.

Os promotores ajudaram a organizar tudo antes que Ölvebro assumisse o novo cargo. O pedido da polícia de colocar escutas telefônicas na linha de Alf Enerström, de sua companheira Gio Petré e de uma terceira pessoa foi negado pela promotoria justamente por eles não estarem na Sveavägen naquele momento. Em janeiro, o promotor, mais uma vez, retirou as suspeitas sobre Victor Gunnarsson. Os policiais que faziam parte das investigações ficaram surpresos, mas essa medida foi explicada assim que Ölvebro assumiu o cargo, assegurando: "Isso não passa de uma grande conspiração. Temos um louco solitário e mais difícil de achar que uma agulha em um palheiro".

Em 5 de fevereiro de 1988, Hans Ölvebro assumiu oficialmente o cargo de chefe das investigações do Caso Palme e logo deu início à sua missão de encontrar o louco solitário. Agora chegara a hora de pôr em prática a própria interpretação do princípio da Navalha de Occam: "A explicação mais simples é a correta".

A maneira narcisista de Holmér de aparecer em todos os artigos dos jornais havia chegado ao fim. Segundo a nova liderança da polícia, os métodos profissionais de Ölvebro evitavam que informações vazassem para a imprensa. Se a mídia ficasse sabendo de algo, era porque o objetivo fora justamente esse.

As investigações do Caso Palme haviam tomado um novo rumo, no qual as conspirações com a África do Sul, com extremistas de direita ou policiais não tinham mais vez.

Ebbe mostra a cara

ESTOCOLMO,
PRIMAVERA DE 1988

Quando Olof Palme foi assassinado, Hans Holmér morava na casa de seu amigo, o editor Ebbe Carlsson. Essa solução provisória fora arranjada na ocasião do divórcio de Holmér e terminaria assim que este conseguisse encontrar um apartamento, mas Ebbe continuava engajado nas investigações como uma espécie de defensor permanente e sempre pronto a dar conselhos se Holmér lhe pedisse (até se não lhe pedisse). Por isso, Ebbe esteve presente na primeira reunião com o novo primeiro-ministro Ingvar Carlsson e durante os primeiros dias com Holmér na polícia.

A maioria das pessoas achava que a perseguição ao movimento de libertação curdo, o PKK, cessaria quando Holmér fracassou em obter provas durante a Operação Alfa, mas o interesse de Holmér e Ebbe pelo PKK continuava latente, pois ambos tinham certeza de que ali estava a solução do crime. Só não ficava muito claro se isso dependia de acharem que alguém dentro da organização era realmente o culpado ou se seria uma solução política confortável para eles. Hans Holmér e Ebbe Carlsson tinham ajudado a limpar o nome de Olof Palme e da social-democracia durante muito tempo e, se conseguissem fazer isso mais uma vez, se sentiriam satisfeitos. Além disso, Holmér havia ganhado o prêmio de "Sueco do Ano", e Ebbe talvez pudesse ganhá-lo também se ajudasse a solucionar o Caso Palme.

Em 1º de junho, a mídia soltou uma bomba. O jornal sensacionalista *Expressen* publicou que Ebbe Carlsson, paralelamente, levara adiante uma investigação secreta sobre o PKK, com a autorização de líderes políticos e funcionários do governo. No dia seguinte, descobrira-se que Ebbe Carlsson havia recebido uma carta de recomendação pessoal da ministra da Justiça, Anna-Greta Leijon, para que pudesse entrar em contato com autoridades estrangeiras. A carta tinha sido registrada e carimbada como secreta assim que a imprensa começou a escrever sobre ela. No mesmo dia, o antigo guarda-costas de Holmér, Per-Ola Karlsson, foi parado na alfândega quando tentava contrabandear material de escuta ilegal. Mais tarde, também descobriu-se que o comprador, segundo o recibo, era a delegação sul-africana, e o negociante de armas Carl-Gustav Östling era quem estava por trás da entrega. Quando lhe foi questionado por que ele havia escrito "delegação sul-africana" como destinatário, Östling respondera: "Eu tinha que escrever alguma coisa". Na realidade, o equipamento contrabandeado seria usado por Ebbe Carlsson para espionar o PKK. O escândalo ficava maior a cada dia. Todos os partidos políticos, com exceção do Social-Democrata, tinham perdido a confiança em Anna-Greta Leijon como ministra da Justiça. Em 7 de junho de 1988, ela se demitiu do cargo.

Em uma nova reviravolta do caso, em 9 de junho, a jornalista Cecilia Hagen, do jornal *Expressen*, perguntava: "Quais seriam os segredos que Ebbe Carlsson esconde a respeito dos poderosos?", insinuando uma conspiração homossexual entre os social-democratas.

Mais uma vez, a confusão era total nas investigações do assassinato de Olof Palme.

Dúvidas

ESTOCOLMO,
1988

A notícia de que a polícia tinha declarado Victor Gunnarsson suspeito de participar do crime deixara Stieg aliviado. Ele e Eva tinham ficado de folga nos dias entre o Natal e o Ano-Novo, aproveitando para passear e conversar bastante na cozinha enquanto bebericavam uma ou outra taça de vinho.

A chegada do novo ano trouxe a notícia de que as suspeitas sobre Victor Gunnarsson estavam descartadas, sinal de que as investigações tomariam um novo rumo.

Depois que o choque inicial passou, Stieg começou a remoer alguns pensamentos: e se ele tivesse caído na velha armadilha jornalística de combinar diversas informações com suposições e criado um artigo fantasioso e distante da realidade? Talvez ele tivesse se deixado levar por tudo aquilo que já sabia sobre a extrema-direita. Como acontecia com outras pessoas, ele tinha começado a ver padrões nas informações vindas da polícia. Informações que eles mesmos logo completavam e enviavam às autoridades, que pensavam que aquelas eram informações novas. Isso podia acontecer quando jornalistas, polícia e cidadãos transformavam boatos em provas legítimas.

Stieg era um jornalista investigativo, cujo foco principal eram os extremistas de direita, e ele tinha visto uma possibilidade de Olof Palme ter sido morto por algum membro desses grupos. Ele se questionava até que ponto estaria certo se fosse comparado a um investigador da polícia com vasta experiência em investigar crimes.

Se Hans Ölvebro, com toda a sua experiência, examinara as possibilidades e chegara à conclusão de que se tratava de um único suspeito, então sua minuciosa análise do crime e dos testemunhos é que estava valendo. Era hora de Stieg, partindo das informações que tinham vazado das investigações, pôr à prova a teoria que a polícia achava mais plausível agora.

Quando o verão se aproximava, Eva convenceu Stieg a alugarem uma cabana no campo. Em uma noite de junho, com o céu claro e eles sentados na varanda conversando e tomando uma taça de vinho, Stieg criou coragem e contou a Eva sua teoria de como um único indivíduo poderia ter agido no caso, e ela o ajudou a concretizar as ideias.

Quando retornaram a Estocolmo, chegara o momento de testar a teoria com outra pessoa, alguém confiável que fosse imparcial e cético e de quem Stieg pudesse receber uma opinião qualificada.

Não fazia muito tempo que ele conhecera Anna-Lena Lodenius, mas ficara claro que os dois se completavam. Ela era recém-formada em jornalismo, mas já se especializara em estudar grupos xenófobos e racistas, sendo tão engajada quanto ele na luta contra a extrema-direita, mas aí paravam as semelhanças entre os dois. Stieg era o eterno jornalista investigativo, que continuava a pesquisar mesmo depois do deadline. Anna-Lena era quem organizava as coisas para que ficassem claras e era rápida em finalizar projetos. Stieg sabia como ligar redes de contatos entre pessoas e organizações, muitas vezes se baseando apenas em indícios ou na própria intuição. Anna-Lena questionava e exigia fatos. Juntos, a competência de ambos era insuperável. Ela era a perfeita advogada do diabo quando ele queria testar uma nova teoria.

O perfil do suspeito

Estocolmo, 3 de agosto de 1988

Olá, Anna-Lena,

Aqui vai uma daquelas cartas estranhas de uma pessoa recém-chegada das férias. Você pode encarar os meus pensamentos nesta carta como soltos ou especulações sem nexo, mas seria divertido se dedicasse um tempo para refletir e entrasse em contato comigo se tiver alguma ideia.

É sobre o Caso Palme, e eu andei pensando assim: como a maioria, também parti da ideia de que o assassinato havia sido organizado e planejado por algum grupo com grande apoio financeiro (você pode fazer sugestões, todas são plausíveis) da extrema-direita. Acredito mais nisso do que na ideia de um louco solitário andando pela noite e portando uma pistola, mas o tempo está passando e acho que as chances de que algum grupo maior esteja envolvido começaram a diminuir, pois a informação já teria vazado se fosse assim.

A teoria de um louco solitário esteve presente desde o início, mas que eu saiba a polícia deu pouca importância a essa possibilidade. Holmér estava muito ocupado em perseguir conspiradores curdos e, até certo ponto, membros do EAP. Nós, que nos ocupamos da extrema-direita, examinamos as organizações mais conhecidas, tais como a WACL, a turma do Della Chiaie etc.

Então, o que fiz nas férias foi pensar muito, deixando a criatividade correr solta.

Concluí que estamos errados e que realmente se trata de um louco solitário ou um grupo pequeno, de duas ou três pessoas. Como vamos fazer para identificá-los?

Fiquei conversando com a Eva uma noite, pensando juntos e trocando ideias. Fizemos um pequeno experimento com nossas ideias, tentando elaborar uma espécie de retrato do assassino.

O ponto de partida para o raciocínio seria, em vez de nos perguntarmos para onde ele foi depois de ter subido as escadas da Tunnelgatan correndo, nos perguntarmos de onde veio e o que sabemos sobre ele.

Chegamos a estas conclusões:

1. Ele é sueco, e é muito provável que resida em Estocolmo. O mês de fevereiro não é uma época propícia para se fazer turismo. Ele parece conhecer bem a cidade e ter um bom senso de localização. A Sveavägen não é o lugar preferido que um turista queira visitar.
2. Ele tem entre 30 e 45 anos, conclusão baseada nas informações dadas pelas testemunhas para a polícia.
3. Está mais para magro que musculoso, tem altura mediana ou pouco acima da média, segundo os testemunhos. Se fosse um homem mais gordo, as informações seriam diferentes.

Um colega da TT disse alguns dias atrás, enquanto conversávamos, que estava convencido de que a solução para o Caso Palme era muito simples. É difícil se livrar da ideia de que, enquanto a polícia corre de um lado para o outro atrás de curdos e outros terroristas, o assassino está parado em algum canto observando tudo.

Concluindo: procuramos um homem de meia-idade, alguém que viva sozinho, tenha acesso a armas e more nos arredores do local do crime ou tenha um motivo específico para visitar a Sveavägen, usando sapatos leves naquela noite gelada e escorregadia de fevereiro.

Anna-Lena, acabei de me dar conta de que na Suécia de Ebbe Carlsson esse raciocínio nem é muito surpreendente. Você poderia dar uma pensada, falar com o seu namorado e ver se conseguimos desenvolver esse retrato um pouco mais? Se for assim mesmo, não deve ser impossível topar com essa pessoa por aí qualquer dia desses. Nossa chance de encontrá-lo deve ser maior do que a de tentar achar um assassino profissional contratado no Brasil.

Meus cumprimentos,
Stieg

O caso do louco solitário

Rascunho do perfil do suspeito construído a partir da ideia de que o assassinato de Palme foi executado por apenas uma pessoa, o famoso "louco", que teria agido impulsivamente.

1. É um sueco comum. A afirmação está baseada nos testemunhos colhidos pela polícia. A descrição geral foi de que se trata de um homem de estatura mediana. Nenhuma testemunha se prendeu a algum detalhe especial, que poderia indicar que o suspeito fosse estrangeiro, o que seria possível.

2. Reside em Estocolmo. Partindo do princípio de que é baixa estação para o turismo na cidade, assim como para loucos não residentes aqui nessa época do ano, e justamente naquele lado da Sveavägen, que não é nada atrativo para visitas, parece bastante incomum que um desequilibrado visitasse Estocolmo e trouxesse uma arma consigo.
3. Tem entre 35 e 40 anos, de acordo com as testemunhas.
4. Acesso a armas e munição. O número de pessoas que têm acesso a armas e munição é bastante limitado na Suécia. Os primeiros grupos a considerar seriam:

   a) Policiais ou ex-policiais.
   b) Militares ou ex-militares.
   c) Seguranças de determinadas categorias.
   d) Alguns funcionários de embaixadas.
   e) Membros de clubes de tiro.
   f) Criminosos.
   g) Fanáticos por armas.

   Entre eles, deveríamos excluir funcionários de embaixadas e simples criminosos.

   h) Nosso louco solitário tem um conhecido entre as pessoas dessas categorias, que, voluntária ou involuntariamente, lhe emprestou uma arma.

   Aqui passamos a desconfiar de que o assassino tem uma espécie de cúmplice.
5. Motivo de se encontrar nos arredores do crime. Se o crime foi uma ação impulsiva, o assassino deveria ter um motivo para estar na Sveavägen justamente no horário em que Palme chegou ou saiu do cinema.

a) É morador da região.
b) Visitou alguém na região.
c) Trabalha na região.
d) Foi ao cinema, restaurante etc. nos arredores.
e) Caminhava sem rumo.

6. Reside em uma área a no máximo quarenta e cinco minutos de distância. Independentemente do motivo de ele se encontrar na Sveavägen, não devia residir a mais de quarenta e cinco minutos de carro do local do crime. A afirmação é baseada na premissa de que, se ele não portava uma arma, foi obrigado a ir até sua casa para buscá-la.
7. Sapatos leves. Testemunhas afirmam que ele calçava sapatos leves, apesar de ser inverno, fazer um frio congelante e o chão estar escorregadio.

Alguns dias depois de receber a carta de Stieg, Anna-Lena o visitou na TT. Eles ficaram conversando enquanto tomavam uma xícara de café. Juntos, chegaram à conclusão de que as novas ideias de Stieg eram bastante lógicas. Essa teoria demonstrava grande objeção à ideia de uma conspiração. Se a essa altura mais pessoas soubessem como o crime havia acontecido, a notícia já teria corrido de boca em boca. Com o último aumento da recompensa, agora havia cinquenta milhões de razões para se começar a falar. Anna-Lena apenas confirmou o que Eva havia dito alguns dias atrás e, contra sua vontade, Stieg reconheceu para si mesmo que o louco solitário era a teoria na qual ele mais acreditava. Tinha chegado a hora de deixar de lado o trabalho de investigar o envolvimento dos grupos de extrema-direita no assassinato de Olof Palme. Alguma outra pessoa solucionaria o crime. Ele iria se dedicar à luta contra a extrema-direita, pelo menos até que algo novo surgisse e comprovasse que realmente havia sido uma conspiração...

O assassino adequado

ESTOCOLMO,
DEZEMBRO DE 1988

O último mês do ano foi rico em acontecimentos. Na quarta-feira, 14 de dezembro de 1988, o viciado em drogas Christer Pettersson foi detido pela polícia e levado a interrogatório pela morte de Olof Palme. Na mesma noite, houve uma confrontação por vídeo, onde Lisbeth Palme apontou Pettersson como o homem que mais se parecia com o culpado pelo assassinato de seu marido havia quase três anos.

Os rumores tinham corrido por alguns meses, mas as investigações sob o comando de Hans Ölvebro haviam, apesar de tudo, se mantido confidenciais até que a novidade caísse como uma bomba. Aquilo pelo qual todos esperavam realmente aconteceu: todos os meios de comunicação davam a notícia, nos jornais a novidade era impressa em letras garrafais, as mídias internacionais relatavam o fato como um milagre.

Alguns indícios de que o culpado seria Pettersson tinham chegado aos ouvidos da polícia meses antes, mas esta os deixara de lado. O grupo de investigações descreveu como o trabalho da polícia fora sério, preciso e eficiente e como eles haviam conseguido encontrar provas.

Christer Pettersson era um criminoso famoso, conhecido da polícia de Estocolmo e do submundo. Ele havia cometido infrações menores, tais como assaltos, espancamentos e furtos para conseguir dinheiro para comprar drogas, mas, em 1970, ele apunhalara um homem utilizando uma baioneta na Kungsgatan, a apenas cento e cinquenta metros de distância do local onde Palme havia sido assassinado, o que mostrava que ele era capaz de matar uma pessoa.

No dia 16 de dezembro, Pettersson foi indiciado pela suspeita de assassinato do primeiro-ministro.

Outra notícia de quase tanta magnitude quanto a anterior foi o prêmio que sempre era dado no fim do ano. Em 29 de dezembro, Ebbe Carlsson se tornou o "Sueco do Ano", exatamente como seu bom amigo Hans Holmér dois anos antes. O boato de que a premiação chegaria ao fim corria solto, pois ninguém mais queria ser o "Sueco do Ano" depois de ver os últimos premiados.

Meses mais tarde, a polícia e o promotor prepararam o processo criminal contra Christer Pettersson, e em 5 de junho de 1989 teve início o julgamento, que correu muito bem no tribunal localizado no bairro de Kungsholmen, deixando os promotores muito satisfeitos. O crime sem solução havia sido solucionado. Em 27 de julho de 1989, Christer Pettersson foi condenado inconfesso pelo homicídio de Olof Palme.

O triunfo era imenso. O chefe do grupo de investigações, Hans Ölvebro, estava radiante. Os jornalistas aproveitavam a oportunidade e escreviam artigos se gabando de que já sabiam que o caso terminaria dessa maneira, parecendo noticiar uma conquista desportiva. A polícia sueca foi elogiada pelo trabalho árduo e por corrigir os erros anteriores.

Algumas vozes questionavam o resultado do julgamento, mas eram silenciadas. A maioria das pessoas, com certeza, gostaria de receber uma explicação mais plausível de que o assassinato havia sido um acontecimento isolado e ao acaso, executado por um drogado miserável. O primeiro-ministro da Suécia tinha sido vítima de seu próprio sonho de uma sociedade aberta, onde os políticos eram parte do povo, e acabara morto por um lunático dependente de drogas. A Suécia, o povo sueco e a alma do povo agora podiam relaxar e se sentir em paz. Não havia sido nenhuma grande conspiração. A culpa não era de organizações espiãs internacionais, tampouco de algum hater de Palme com ligações no empresariado sueco, na polícia ou no exército. Era apenas de um louco solitário, sem conexões políticas. Dessa forma, podia-se dizer que Christer Pettersson era um assassino adequado, mas fora do padrão.

A Suécia poderia voltar a ter tranquilidade, se não fossem as rodas da justiça que continuavam a girar.

O homicida

ESTOCOLMO,
VERÃO DE 1989

Foi no período entre a euforia após a sentença do tribunal de primeira instância e a preparação para que o caso fosse levado até a segunda instância que alguma coisa começou a parecer não estar certa. Ninguém esperava que o veredito fosse contestado ou que houvesse alguma crítica quanto à condenação do culpado. Tudo fazia parte do âmbito jurídico, e Stieg lia tudo o que era publicado, buscando conversar com quem achava que poderia complementar o assunto. Foi durante esse processo que a incerteza passou a assombrá-lo de novo. O que restaria se alguém examinasse criticamente o que constava na sentença e na investigação preliminar, que agora eram de domínio público?

A primeira circunstância relevante era que, entre os membros do tribunal, a maioria que desejava uma condenação não parecia estar tão segura como podia parecer. Tinham sido quatro votos a favor e dois contra, mas, olhando mais de perto, era fácil constatar que havia sido o júri leigo que tinha votado pela condenação de Christer Pettersson. De acordo com o sistema sueco, o júri estava composto por pessoas com cargo político, e não por juristas formados. Os dois membros do tribunal haviam votado contra a condenação, o que significava que a pessoa condenada pela morte de um político, na realidade, tinha sido julgada por pessoas que tinham um cargo político. Em vez disso, aqueles que tinham formação em direito e sabiam avaliar provas haviam votado por sua absolvição.

A outra circunstância era que havia apenas uma prova: o testemunho de Lisbeth Palme. Os outros testemunhos contra Pettersson vinham de pessoas que não tinham visto o ocorrido e nem mesmo Pettersson no local do crime, ou seja, não passavam de indícios. Não havia tampouco uma prova técnica que incriminasse Pettersson.

Durante o julgamento, o testemunho de Lisbeth tinha sido inquestionável, mas na confrontação anterior ela não se mostrara tão segura, além de já terem se passado dois anos e nove meses desde a noite do crime. Era muito tempo, durante o qual ela pode ter sido influenciada por interrogatórios, novas informações, fotografias, por seus próprios pensamentos e pelo nervosismo. Fotos dos novos suspeitos que podiam afetar sua memória continuavam a encher os jornais durante os anos após o assassinato, já que vendiam muito bem.

No protocolo de confrontação das testemunhas na polícia, podia-se ler como Lisbeth Palme havia chegado à conclusão de que o culpado era Christer Pettersson, pois ela dissera: "É o número oito. Ele corresponde à minha descrição". Não fora uma afirmação categórica. Ela havia recebido a informação de que o suspeito era drogado e constatado que "estava claro que ele era um alcoólatra".

As evidências se atenuaram já que Lisbeth fazia muitas exigências incomuns. Ela queria uma confrontação gravada em vídeo, sem a parte do áudio, e o advogado do acusado não poderia estar presente. Além disso, o protocolo de confrontação foi escrito somente seis semanas mais tarde e de forma abreviada.

Em resumo, até mesmo um leigo como Stieg podia perceber como a polícia e a promotoria suecas poderiam ter feito um trabalho melhor para garantir que as verdadeiras provas e evidências fossem apresentadas contra Pettersson.

Além de Lisbeth Palme, havia mais uma testemunha interessante, que, assim como Pettersson, morava no município de Sollentuna. Ele conhecia o suspeito do Centro Sollentuna, o centro comercial de lá, onde ele era frequentemente visto. Lars Jeppsson era arquivista e havia estado no bar Tre Backar, andado pela Luntmakargatan em direção à Kungsgatan, quando ouvira os disparos na Sveavägen, a um quarteirão de distância. Ele havia se escondido atrás de um tapume de construção na Tunnelgatan e visto o assassino passar correndo e desaparecer ao subir as escadarias. Segundo seu testemunho, o homem que passara correndo não se parecia com Christer Pettersson.

A ferida da Suécia se chamava Caso Palme e estava começando a cicatrizar. Todos queriam colocar um curativo em cima dela e deixá-la assim. Christer Pettersson havia recorrido e, por meio de uma colaboração do tribunal de segunda instância, do Ministério Público e da polícia, se tentou acelerar os preparativos para que a audiência pudesse começar apenas dois meses depois da condenação do tribunal de primeira instância.

Mas havia algo diferente desta vez. As exigências de Lisbeth Palme em testemunhar sem a presença do acusado, sem fotógrafos, sem transmissões da mídia, sem gravações e sem público acabaram criando irritação. A empatia que as pessoas haviam sentido por ela começou a declinar e a se transformar em objeções a seus pretensos ares de superioridade.

As circunstâncias no tribunal de segunda instância também eram diferentes agora. Os juristas eram a maioria desta vez, e os membros do júri com cargo político, a minoria.

A defesa havia aproveitado o tempo muito bem, encontrando especialistas confiáveis que se opunham contra o testemunho de Lisbeth Palme. A psicóloga de testemunhas Astrid Holgersson confirmara, com o apoio de Elisabeth Loftus, referência mundial em psicologia de testemunhas, que mesmo as testemunhas mais confiáveis costumam se equivocar, ainda que elas estejam muito convencidas. Até mesmo a certeza exagerada que alguém podia ter do próprio juízo aumentava o risco de cometer equívocos. Além disso, a sra. Palme só havia descrito a fisionomia do suspeito muito depois do momento do crime e sua descrição sobre as roupas do acusado não correspondiam ao que a maioria das demais testemunhas dissera.

Em 12 de outubro de 1989, Christer Pettersson foi solto, o que era um sinal de que seria absolvido, o que realmente aconteceu em 2 de novembro Christer Pettersson foi declarado inocente do assassinato de Olof Palme.

Quando ele chegou a seu apartamento no bairro de Rotebro, em Sollentuna, carregando garrafas de bebida alcoólica, os fotógrafos já o esperavam. Seu drinque favorito — partes iguais de Baileys, vodca Explorer e gelo — logo se tornou o preferido nos bares do centro de Estocolmo, ganhando o nome de "Homicida".

O choque no grupo de investigações era total. Era muito difícil assumir que teriam de começar da estaca zero novamente. Uma semana após o resultado do julgamento, todos os implicados na investigação do caso foram convidados para uma reunião nas montanhas, onde poderiam se acalmar e se preparar para a nova fase.

Eles se sentiam exaustos. A todos foi perguntado se consideravam Christer Pettersson culpado, apesar da absolvição. Dos trinta e três, vinte e sete responderam que sim.

Muitos esperavam que o chefe das investigações, Hans Ölvebro, pedisse remoção do cargo ou até deixasse a polícia depois do veredito, mas ele não tinha planos de desistir. Estava convencido de que conseguiriam condenar Christer Pettersson. Agora que estava tão perto de prender o assassino, não era o momento de desistir.

Troféu

ESTOCOLMO,
1990

Depois que Christer Pettersson foi absolvido, o caminho deveria ter ficado livre para uma outra solução para o assassinato. Talvez Stieg devesse retomar suas antigas teorias, mas os anos de pesquisa e os frequentes deslizes da polícia e dos promotores haviam desgastado sua motivação. O crime sem solução o fascinava, mas ele não conseguia se dedicar a ele com a mesma intensidade anterior.

Além disso, muitos ainda acreditavam na culpa de Christer Pettersson. Para que outra solução fosse aceita, era preciso um suspeito ligado ao local do crime ou que se encontrasse a arma utilizada no homicídio. Era importante tanto para a justiça quanto para a sociedade.

Havia uma circunstância que deixava Stieg um tanto confuso. Ninguém havia conseguido dar uma explicação plausível sobre o motivo que levara o assassino a não se desfazer do revólver. Em todos os romances de espionagem, os assassinos profissionais se livram da arma o mais rápido possível, pois o risco de serem apanhados com ela é muito grande. No caso de Olof Palme, o assassino não se desfizera do revólver Magnum, que não era uma arma pequena e discreta. Ele não podia contar que a polícia sueca deixasse de cercar a cidade ou que o alerta nacional demorasse para ser acionado. Se o assassino fosse parado portando uma arma, poderia ser diretamente ligado ao crime, mas ele não tivera nenhuma dificuldade de fugir enquanto os incompetentes comissários de polícia lideravam as buscas.

O suspeito havia levado a arma consigo e a pergunta era o que ele havia feito com ela. Ele poderia ter se livrado dela, jogando-a ao mar de um navio ou algo parecido, mas outra explicação tão provável quanto essa é que ele queria guardá-la como um troféu. A arma que mudara a história da Suécia deveria ter um grande valor para alguém que matara o primeiro-ministro do país por causa de sua política. Talvez tenha sido um assassino profissional que tenha feito tudo por dinheiro, mas o mais provável era que havia uma motivação política por trás do crime, e, por essa razão, as suspeitas recaíam novamente sobre um sueco de extrema-direita.

Se o suspeito via a arma como um troféu e, ao mesmo tempo, esta era a maior prova técnica em um caso de homicídio, o esconderijo da arma era algo fundamental. Um troféu era para ser admirado em ocasiões especiais, talvez no dia do assassinato e, ao mesmo tempo, o esconderijo deveria ser um lugar seguro e que nenhuma outra pessoa pudesse ter a arma ao seu alcance. Não poderia ser uma prateleira ou um armário qualquer em uma residência comum, muito menos poderia estar escondida num buraco no jardim, pois seria arriscado retirá-la dali com frequência, sem ser descoberto. O melhor seria que a arma ficasse guardada em um cofre em algum lugar ou no banco, e o culpado ficaria com a chave.

Stieg percebeu que não conseguiria adivinhar onde um assassino guardaria uma arma, mas algum dia ele voltaria a esse assunto. Em um dia de trabalho duro, era possível conseguir tudo o que se queria. Assim que ele tivesse tempo, veria o que fazer, mas, naquele momento, havia outro projeto mais importante ao qual se dedicar.

Stieg agora conhecia Anna-Lena Lodenius melhor, e as habilidades pessoais de ambos ficavam ainda mais evidentes. Ele era o jornalista investigador, ela era quem checava os fatos e os punha no papel. A série de artigos "Missão Olof Palme" os motivara a seguir adiante.

O projeto em comum de Anna-Lena e Stieg era um livro que serviria como uma bíblia para quem quisesse entender como a extrema-direita agia na Suécia e as relações que esta mantinha com grupos estrangeiros. O título falava por si só: *A extrema-direita*. Tanto Stieg como Anna-Lena tinham outros trabalhos e sabiam que o projeto levaria anos, mas isso era positivo, pois eles teriam muito tempo para pesquisar. Pelo menos era o que Stieg achava.

Tantos anos, apenas uma acusação

ESTOCOLMO,
1994

O tempo passava devagar, mas os anos se iam rapidamente no Caso Palme. O grupo de investigações foi encolhendo aos poucos. A polícia continuava convencida de que Christer Pettersson era culpado e encontrara uma nova expressão para a situação: o caso estava "policialmente encerrado", mesmo que não houvessem conseguido uma condenação. A polícia fizera sua parte, mas os promotores e a justiça não haviam cumprido parte de suas obrigações. Uma explicação que se ouvia nos corredores da delegacia era a de que, se tivesse sido um homicídio comum, a sentença seria diferente.

Hans Ölvebro ainda liderava o grupo, passados quatro anos da absolvição. O objetivo do grupo era encontrar novas provas contra Christer Pettersson para que "a probabilidade aumentasse, gerando outro resultado". Se conseguissem isso, o Ministério Público poderia apelar para a Suprema Corte, o que seria a última chance de condenar Pettersson.

Para surpresa geral, outra acusação havia surgido. O chefe da polícia federal, Tommy Lindström, que com frequência auxiliava no Caso Palme, estava sendo acusado de fraude. Lindström, após um mês da morte de Palme, recebera um cheque no valor de cento e quinze mil coroas suecas da companhia de seguros Skandia, que iria para o seu agente Milan Heydenreich comprar de volta obras de arte roubadas, mas o dinheiro foi usado por Lindström para custear uma festa para duzentos colegas seus. Em novembro de 1994, ele foi condenado a um ano de prisão provisória por delito de grave traição. A sentença foi leve, levando-se em conta que ele havia perdido seu trabalho.

Mais ou menos ao mesmo tempo, o grupo de investigações do Caso Palme recebia um relatório abrangente e detalhado feito pelo jovem jornalista sueco Boris Ersson, que havia estado na África do Sul e tomara conhecimento de uma nova informação que sugeria que o serviço secreto sul-africano estava por trás do assassinato de Palme. Depois de uma boa examinada, a informação foi colocada de lado. A polícia decidiu se concentrar na busca por novas provas que incriminassem Christer Pettersson.

África do Sul, 1996

ESTOCOLMO,
27 DE SETEMBRO DE 1996

Era sexta-feira de manhã quando o telefone tocou. Stieg foi arrastando os pés até a cozinha, tirou o fone do gancho e ouviu a voz de seu amigo Gerry do outro lado da linha.

— Agora a Bela Adormecida despertou depois de seus dez anos de sono — ele disse com seu sotaque londrino meio enrolado. — Os sul-africanos começaram a se dedurar.

Ainda sonolento, Stieg esfregou os olhos e tentou compreender.

— Se dedurar? Por qual motivo?

— Segundo Eugene de Kock e Peter Casselton, o assassinato de Palme foi organizado por Craig Williamson, com a ajuda de Bertil Wedin. Exatamente como suspeitávamos dez anos atrás. Vá procurar seus papéis daquela época e comece a escrever.

— Escrever? Escrever o quê?

— Quero um artigo daqueles "o que foi que nós dissemos?" para a *Searchlight* em no máximo uma hora.

Quem conhecia Gerry sabia que ele não era uma pessoa lacônica, mas dessa vez ele fora. Stieg ficou parado por um instante, segurando o fone mesmo depois de saber que Gerry já havia desligado. Tinha pouco tempo para escrever um artigo curto sobre um assunto que ele havia investigado anos atrás e agora se tornara atual na África do Sul. Gerry lhe enviaria alguns artigos por fax, já que ele era tradicionalmente inglês e tinha acabado de aprender a mandar e-mails, mas ainda não sabia como copiar os artigos dessa forma. Assim, Stieg teve tempo de dar uma olhada em seus documentos antigos.

Abriu a última gaveta do armário junto à porta da cozinha. O arquivo "África do Sul" deveria estar lá, mesmo que ele tivesse colocado sob o nome "Wedin", mas estariam juntos na mesma gaveta.

Dez anos é bastante tempo, ele tinha se esquecido de muita coisa, mas também surgiram novas circunstâncias e fatos que faziam com que ele lesse o material de outra maneira. A maldade sem limites do sistema de apartheid havia se atenuado com o tempo, mas tudo ficava claro e concreto quando se liam os textos sobre o assunto.

O regime de apartheid havia caído. Nelson Mandela já era presidente do país havia dois anos, e o Comitê da Verdade e Reconciliação estava dando início ao seu trabalho. Desde que se instituíra a anistia, agentes do serviço de segurança concorriam em confessar atrocidades feitas e apontar outros como os responsáveis. Eles começavam a ver que a base de sua existência estava para desaparecer tão rapidamente quanto a água escorre pelo ralo. Logo estariam como baleias encalhadas na areia, tentando respirar.

Já eram três da tarde quando Stieg terminou de examinar o antigo material. Ele havia feito uma série de anotações em seu bloco, escolhendo alguns documentos, inclusive o relatório que fizera sobre Bertil Wedin, mais uns artigos sobre Craig Williamson e o serviço secreto sul-africano. Estava na hora de ir para a TT e se preparar para trabalhar a noite toda. Partindo da própria experiência, ele sabia que a melhor maneira de começar um projeto era se jogar de cabeça, deixando qualquer outra prioridade de lado. Era sexta-feira e estava praticamente garantido que ele ficaria sozinho no escritório quando anoitecesse. O fax de Gerry estaria à sua espera e, se ele precisasse de mais alguma coisa, teria acesso a todo o equipamento para fazer tudo com muita rapidez.

Stieg se acomodou em seu escritório, recostando-se na cadeira coberta com uma manta e de braços de madeira bem gastos. No canto da mesa, colocara a primeira das muitas xícaras de café forte que beberia e um cinzeiro já cheio, com um cigarro aceso. Em mãos tinha o próprio material e o de Gerry, de 1986 e 1987, além de uma grande quantidade de artigos que havia guardado. Stieg leu rapidamente, fazendo anotações em seu caderninho preto. Estava pronto para começar a escrever.

Craig Williamson e Bertil Wedin tinham sido citados recentemente e, por esse motivo, havia pouca informação sobre o assunto. Stieg encontrou apenas dois artigos que os mencionavam: um sul-africano e um britânico. Os nomes de Eugene de Kock e Peter Casselton também apareciam, pois ambos haviam trabalhado para o serviço secreto sul-africano. Ambos indicavam Craig Williamson como aquele que organizara o crime, com a ajuda de Bertil Wedin como intermediário, sem especificar que tipo de ajuda teria sido. Stieg não encontrou mais nenhuma informação relevante. A única novidade era que sul-africanos brancos incriminavam outros sul-africanos brancos, o que facilitava as investigações, mas também poderia ser uma tentativa desesperada dos agentes de salvar a própria pele e, ao mesmo tempo, uma oportunidade para se vingar de antigos colegas. No entanto, Stieg não tinha tempo de pesquisar isso mais profundamente, pois precisava entregar o artigo no dia seguinte. Dessa forma, concentrou-se no que sabia e em comparar materiais.

Às sete da noite, não havia mais vivalma além dele no trabalho, o que era a condição perfeita para continuar a se concentrar no artigo para a *Searchlight*. Ele trabalhou a noite toda, dormiu até mais tarde no dia seguinte e terminou de escrever o artigo no sábado à noite. Na manhã subsequente, enviou-o por fax a Gerry. Stieg confiava em seu nível de inglês, mas sabia que os erros marcados com caneta vermelha seriam muitos depois que Gerry lesse o texto. Gerry escreveu ele mesmo uma introdução e colocou o título "The finger points south", mas não modificou quase nada no texto de Stieg, o que o deixou muito satisfeito. Até o trocadilho que fizera, chamando Hans Holmér de "Sherlock Holmér", e a descrição maldosa que fizera da Säpo como "o enteado retardado dos serviços de inteligência ocidentais" foram mantidos no artigo.

Os acontecimentos na África do Sul eram ao mesmo tempo edificantes e frustrantes. Edificantes porque a pressão estrangeira sobre a polícia sueca seria tão forte como no tempo de Hans Holmér: agora eles teriam que fazer alguma coisa quanto ao envolvimento dos agentes da África do Sul. E frustrantes porque não havia nenhuma informação nova sobre o caso.

Policiais na África

ESTOCOLMO E ÁFRICA DO SUL,
OUTONO DE 1996

O chefe das investigações Hans Ölvebro estava de férias quando lhe chegou a notícia de que o mundo tinha a atenção voltada para o Caso Palme outra vez: alguns agentes sul-africanos haviam começado a se incriminar como culpados ou cúmplices no assassinato. Ölvebro concluiu rapidamente que, depois de passados dez anos do caso, uma semana a mais ou a menos não faria a menor diferença, portanto não deixou que o assunto interrompesse suas férias. Quando a imprensa sueca e internacional começou a fazer pressão, o promotor de justiça Jan Danielsson combinou com Ölvebro de anunciar que os suspeitos não desapareceriam com facilidade.

As mídias no mundo todo escreviam sobre a notícia, e os jornais suecos escreviam sobre a mesma história todos os dias. Poucas pessoas na Suécia entendiam realmente qual era o papel da África do Sul no Caso Palme. Por que um serviço de inteligência do outro lado do mundo teria interesse em matar o primeiro-ministro da Suécia? Quem teria executado o plano? Como teria ocorrido? As perguntas eram mais numerosas que as respostas e Jan Guillou colocou mais lenha na fogueira ao escrever no jornal *Aftonbladet* que todos seus colegas tinham sofrido um ataque de loucura coletiva enquanto ele estivera nas montanhas. As especulações de que os sul-africanos estivessem envolvidos no crime eram a coisa mais imbecil que ele já ouvira na vida.

No entanto, o ex-chefe de polícia, Tommy Lindström, se mostrou mais ativo que seu colega Ölvebro e viajou para a África do Sul poucos dias depois das notícias. Após ser demitido da polícia por fraude, ele agora trabalhava como freelancer para o *Aftonbladet*. Com a ajuda de seu antigo cartão de visitas da polícia, com a palavra "ex" rabiscada diante de seu antigo cargo, ele conseguiu chegar até Eugene de Kock muito antes que alguém da equipe de investigações do Caso Palme comprasse passagens de avião para a África do Sul.

Depois das férias, Ölvebro entrou em contato com o jornalista Boris Ersson, aquele que havia entregado seu vasto relatório dois anos antes. No entanto, não fizera isso para ficar a par das informações, mas para pedir uma recomendação sobre restaurantes e hotéis em Johannesburgo. Antes de desligar o telefone, perguntou ao jornalista se valia a pena visitar a Cidade do Cabo ou Sun City (a Las Vegas da África do Sul). Ölvebro e o promotor Jan Danielsson queriam aproveitar e tirar uns dias de férias no lugar.

Em 10 de outubro, Ölvebro e Danielsson desembarcaram na Cidade do Cabo, chegando a Johannesburgo no dia seguinte, onde foram recebidos pela imprensa sueca e internacional já no aeroporto.

Ölvebro e Danielsson permaneceram em solo africano durante quatro semanas, sendo constantemente seguidos por uma comitiva de jornalistas. Na lista de quem queriam encontrar constavam o chefe do Serviço de Inteligência, Eugene de Kock, Craig Williamson e seus antigos colegas, Riaan Stander e Peter Casselton.

Avançaram um pouco quando as autoridades angolanas não liberaram Craig Williamson, dando oportunidade aos suecos de o interrogarem ainda na prisão. Durante o interrogatório, Craig Williamson se declarou inocente e até derramou algumas lágrimas. Depois do interrogatório, ele reclamou que os suecos não o deixaram ter um advogado nem voltar para a África do Sul no mesmo avião que eles.

Segundo Ölvebro e Danielsson, Eugene de Kock só dispunha de informações que lhe foram passadas por outros no que dizia respeito ao envolvimento de Craig Williamson. Essas informações teriam vindo do líder parlamentar, Philip Powell, mas este se negara a ter um encontro com os suecos. A visita à África do Sul se encerrou com uma semana na Cidade do Cabo antes de retornarem à Suécia.

— Espero que tenhamos chegado mais perto de uma solução para o crime, mas não tenho certeza de que a resposta esteja nas pistas sul-africanas — foi o que o promotor Jan Danielsson declarou após seus esforços no hemisfério sul.

Ölvebro e Danielsson conseguiram, mais uma vez, desviar as atenções das suspeitas contra os agentes da África do Sul. Se eles chegaram a ir para Sun City, nunca ficou comprovado na história oficial.

A última chance

ESTOCOLMO,
1997

Apesar de tudo, o ano de 1997 foi um ano bastante produtivo para o Caso Palme, porém de uma maneira diferente daquela que muitos esperavam. Nada mais fora dito sobre os indícios sul-africanos depois da viagem de Ölvebro e Danielsson em outubro do ano anterior, mas em compensação surgiram outras novidades.

A primeira foi o afastamento de Hans Ölvebro do cargo de chefe das investigações em janeiro, por suspeitas de sonegação de impostos. Ele deixou o cargo e foi inocentado das acusações.

Em dezembro, o procurador-geral Klas Bergenstrand entrou com uma petição de anulação do processo criminal à Suprema Corte no processo contra Christer Pettersson. A polícia e o Ministério Público fizeram uma última tentativa de condená-lo, mas o pedido foi negado depois que a Suprema Corte constatou que não havia nenhuma prova nova ou informação referente ao caso. A maioria dos membros do time de investigadores via o crime como solucionado, apesar de os juristas terem desconsiderado as provas.

Somente depois de muitos anos a inocência de Christer Pettersson seria comprovada por outro homem chamado Krister Petersson.

A luta mais importante de Stieg

Se na década de 80 Stieg aprendeu os segredos do ofício, foi na década de 90 que passou a utilizá-los. O clima político na Suécia havia ficado mais tenso, o que se confirmou quando o partido xenófobo Nova Democracia conseguiu entrar no parlamento e o assassino em série John Ausonius, conhecido como "Homem Laser", atirou em imigrantes usando um rifle com uma mira de laser. Para Stieg, esses eram sinais de que sua luta contra o extremismo de direita se tornara ainda mais importante.

Stieg e Anna-Lena haviam trabalhado por três anos no livro *A extrema-direita*, o qual foi finalmente publicado em 1991. Para Stieg, sempre havia algo a ser descoberto, portanto um ano a mais ou a menos não fazia a menor diferença para ele, mas, para Anna-Lena, já havia passado da hora de encerrar as pesquisas e elaborar o rascunho do livro. Stieg queria acrescentar novas informações de última hora e Anna-Lena ficara furiosa por ele ter anotado à mão novas conexões e fatos em letras miúdas no meio do texto, enviando-o assim para a revisão.

No livro, os dois afirmavam que o "extremismo de direita" era uma expressão muito abstrata, já que grupos relevantes poderiam ser vistos como de esquerda e outros nem ideologia possuíam. Os grupos de direita podiam ser divididos em "fascistas" e "extrema-direita", tendo a xenofobia como ponto em comum. Um dos novos partidos que apareciam no livro era o Democratas da Suécia, fundado em 1988 por pessoas provenientes de organizações racistas e xenófobas.

A recepção ao livro foi fervorosa, deixando Stieg muito entusiasmado, mas, antes que se jogasse em uma atividade nova ou em um grande projeto, ele aproveitou para escrever algo de seu agrado. O resultado foi um romance no qual um idoso recebia todos os anos uma flor de alguém misterioso. Talvez ele escrevesse a continuação algum dia, quando tivesse mais tempo.

Um dos propósitos mais importantes para Stieg se realizou alguns anos mais tarde, quando ele conheceu um grupo de jovens ativistas e, em 1995, eles fundaram juntos a revista *Expo*, tendo a *Searchlight* como modelo. Finalmente ele encontrara um grupo de pessoas na Suécia tão engajadas quanto ele. Obviamente Stieg foi escolhido para ser o chefe, pois era o mais velho e mais experiente. Aos poucos foi ficando responsável por áreas essenciais, às quais os outros não davam tanta importância: finanças, administração, contabilidade e segurança, que lhe tomavam tanto tempo quanto a redação. Paralelamente à *Expo*, Stieg continuava trabalhando na TT, o que o obrigava a estender seu turno até a noite quando tinha prazos a cumprir. Uma carga de trabalho sobre-humana.

O aspecto da segurança era muito importante para Stieg, pois ele havia percebido como o clima na Suécia tinha endurecido, e jornalistas como ele se transformaram em alvos. Algumas pessoas achavam que ele estava paranoico ao instalar câmeras na porta dos que ainda não tinham e explicar como deviam abrir envelopes, pelo lado contrário e sob uma lista telefônica, para se protegerem de cartas-bomba.

A *Expo* não lutava apenas contra os extremistas de direita, mas também contra problemas financeiros, ameaças aos funcionários e excesso de trabalho, mas a maior provação ocorreu em 28 de junho de 1999, quando um carro-bomba feriu um jornalista que havia escrito para a *Expo* e seu filho de oito anos. A esposa do homem, também jornalista, ficou em estado de choque ao encontrar o marido e o filho entre pedaços de metal e cacos de vidro.

Agora ninguém mais achava Stieg paranoico, mas vários funcionários deixaram de trabalhar para a *Expo* por considerarem que continuar ali, arriscando a própria vida, seria um preço alto demais a pagar.

Stieg lutava muito para conseguir que tudo funcionasse. Os grupos assumidamente nazistas haviam aumentado muito, e a xenofobia parecia estar sendo cada vez mais aceita. A existência da *Expo* era mais que necessária, e Stieg era a única pessoa que conseguiria levar esse projeto adiante.

Nos últimos anos antes da entrada do novo século, Stieg percebeu que um grande número de extremistas de direita havia mudado de tática. Em vez de rasparem a cabeça, usarem coturnos e fazerem saudações nazistas, eles haviam começado a usar cabelos bem penteados, sapatos bem engraxados e agora se comportavam como os políticos dos demais partidos. Eles haviam feito uma espécie de reforma, mas os antigos nazistas ainda estavam por trás de tudo e continuavam querendo se ver livres dos imigrantes. Stieg já vinha escrevendo sobre um dos partidos desde 1991, que crescia a cada eleição: o Democratas da Suécia. O método deles eram discursos bem formulados e com sorrisos nos lábios. Seu objetivo era chegar ao parlamento, mas o caminho até lá era bastante longo.

Com seu colega Mikael Ekman, da *Expo*, Stieg escrevera o livro *Democratas da Suécia*, no qual descreviam como o partido havia surgido das cinzas nazistas, transformando-se em algo que, aparentemente, parecia ser aceitável. Mikael tivera a ideia de examinar os registros criminais de diversos democratas suecos, pois assim comprovava que o argumento deles em dizer que os imigrantes não passavam de criminosos era um tanto contraditório, já que os próprios líderes do partido eram transgressores da lei. Entre os membros do partido, havia casos de agressões físicas, violência doméstica, ameaças, crueldade contra animais, sendo a lista de crimes pelos quais haviam sido condenados bastante extensa.

O livro *Democratas da Suécia* foi recebido com entusiasmo, assim como o outro, *A extrema-direita*, havia sido alguns anos antes, mas, exatamente como acontecera da outra vez, o interesse da mídia esfriou assim que um astro da tevê fez alguma bobagem e o foco se desviou para ele.

Desde que começara a lutar contra o extremismo de direita, Stieg sabia que não haveria nenhuma espécie de vitória, pois a democracia era constantemente ameaçada e precisava ser defendida.

No fim da década de 90, Stieg já havia trabalhado duramente e era um dos grandes especialistas da Suécia na luta contra a extrema-direita.

Eva

ESTOCOLMO,
JUNHO DE 2015

Estou sentado com Eva Gabrielsson no Café Nybergs. Ela dá um gole em seu café com leite. A mídia havia tentado colocá-la no papel de vítima, mas ela estava longe de ser considerada uma; estava mais para lutadora. Eva deixou claro quando perguntei como se sentia depois da morte de Stieg.

— Não há nada para sentir — respondeu, lacônica.

Eu mudei de tática, pois percebi que devia evitar perguntas pessoais.

— O que motivava o Stieg? — peguntei.

— Tudo começou com o avô dele, com quem ele cresceu até os nove anos — disse Eva. — O avô era stalinista e definitivamente antinazista durante a guerra. Foi assim que Stieg ficou sabendo sobre a Segunda Guerra Mundial e sobre o extremismo de direita. Ficou sabendo de tudo pelo avô Severin.

Comi um pedaço de doce.

— Como o Stieg fazia para mapear esses grupos? — perguntei.

— Ele examinava jornais, olhava quais associações as pessoas frequentavam — disse Eva. — O que faziam, com que trabalhavam, o que escreviam, se tinha alguém que os conhecia, se estavam fichados na polícia... Um mapeamento normal dentro do jornalismo.

— E as infiltrações?

Eu estava pensando na fonte de Gerry, Lesley Wooler, que arriscara a vida em Chipre.

— Não, isso só veio à tona na década de 90. Nos anos 80 não havia onde se infiltrar, as organizações eram muito pequenas, então você devia seguir por outro caminho.

— Você participava das investigações dele?

— Sim, por exemplo, nós dois fotografamos todos os painéis com nomes dentro dos prédios. Em alguns prédios em Kungsholmen havia conexões bizarras, empresas e organizações estranhas.

— E, quando você não estava junto, ele lhe contava algo?

— Sim, mas não se tratava bem de um relatório. Ele contava um pouco a cada noite e ficávamos refletindo sobre o assunto.

— Vocês falavam do Caso Palme também?

— Tudo levava a pensar que havia redes muito grandes conectadas entre si. Se você encontra uma, talvez encontre duas ou três, que se multiplicam em outras. Tudo se conectava nas pesquisas de Stieg sobre o Caso Palme, assim como o papel da extrema-direita.

Após minha primeira pergunta indiscreta, a conversa começou a fluir mais levemente e até falamos sobre outros assuntos. Tínhamos um interesse em comum pelo planejamento da cidade e pela arquitetura. Eva me contou sobre o arquiteto Per Olof Hallman, como ele havia planejado Estocolmo no começo do século XX, criando as melhores partes da cidade, e como ele fora relegado da história para dar espaço a arquitetos menos talentosos que acabaram por estragar a sua obra.

Eu contei sobre o livro que pretendia escrever, sobre como se podiam analisar lugares e ver como eles influenciavam as pessoas que ali viviam. Aos poucos, eu e Eva conseguimos nos entender.

Quando me encontrei com Gerry, ficou claro como ele tinha sido importante para Stieg, como uma espécie de mentor por mais de vinte anos. Eva permaneceu com Stieg durante trinta anos, até sua morte, e era a pessoa mais próxima dele. Havia sido sua companheira durante toda a vida e perdera seu companheiro quando ele faleceu. Eu não iria mais perguntar como era viver com uma perda dessas, portanto escolhi outra pergunta:

— O Stieg trabalhava muito, não é? — perguntei.

Eva olhou para mim, se debruçou na mesa e me olhou nos olhos.

— Não se pode trabalhar tanto noite e dia por tanto tempo.

Uma nova carreira

ARQUIPÉLAGO DE ESTOCOLMO,
AGOSTO DE 2002

Eva finalmente conseguira convencê-lo. Ele fora obrigado a tirar férias, e ela havia encontrado uma cabana no arquipélago onde poderiam descansar em paz durante algumas semanas. Todos sabiam que Stieg era um workaholic. Na *Expo* haviam caçoado dele, dizendo que ele não conseguiria ficar longe do trabalho por muito tempo, mas desta vez Stieg não se importou; ele sabia que precisava se afastar um pouco.

Passados alguns dias, ele começou a pensar no que faria enquanto Eva escrevia. Ela tinha começado um grande projeto que resultaria em um livro sobre o arquiteto Per Olof Hallman.

Certa manhã, Stieg retomou o romance que havia escrito alguns anos antes, sobre o homem que todos os anos recebia flores no mesmo dia, enviadas por um remetente anônimo. Ele o mostrou a Eva, que sugeriu que talvez ele pudesse desenvolver mais a narrativa. Eva estava curiosa para saber quem enviava as flores. Ela o encorajou a usar as férias de verão na ilha para escrever, e assim Stieg colocou a primeira folha na máquina, grafando o seguinte título na parte superior do papel: *Os homens que não amavam as mulheres.*

Sete andares

ESTOCOLMO,
9 DE NOVEMBRO DE 2004

Ele tinha que subir sete andares, pois a luz vermelha do elevador piscava, indicando que algo estava errado e, depois de aguardar cinco minutos e apertar o botão sem sucesso, decidiu subir pelas escadas.

Os acontecimentos dos últimos tempos tinham lhe dado certo alívio, mas mesmo assim a pressão havia aumentado. Os três romances que ele havia escrito seriam publicados na Suécia, e já se falava em um recorde de vendas. O interesse pelos livros era grande em outros países, e os direitos já haviam sido negociados, inclusive nos Estados Unidos. Recentemente ele havia assinado um contrato de adaptação das obras tanto para a televisão quanto para o cinema.

Parecia algo irreal: ele deixaria de ser aquele jornalista mal pago, quase pobre, editor de uma das menores revistas da Suécia, para, daquele momento em diante, levar uma vida confortável como escritor. Era um sonho que muitos gostariam de realizar, mas Stieg desejava mais que isso.

Claro que realizaria alguns dos sonhos que ele e Eva tinham juntos — e uma casinha no campo estava em primeiro lugar —, mas o tempo e o dinheiro que teria seriam utilizados para levar seus projetos adiante o mais rapidamente possível. A luta contra o racismo, o sexismo e a intolerância era mais importante, e ele devia prosseguir com ela. Mas, na verdade, esse era um trabalho bastante fácil. Tinha muita gente boa que poderia assumir a responsabilidade pela *Expo*, e sua participação poderia se restringir a um par de reuniões por semana e talvez à redação de alguns artigos.

O tempo que sobrasse, ele poderia dedicar aos projetos que estavam engavetados havia anos. Nos dois primeiros anos depois da morte de Olof Palme, ele passara muito tempo pesquisando e investigando o assunto, mas o cotidiano e outros aspectos práticos da vida haviam sido deixados de lado. Agora já fazia tempo que ele não examinava o Caso Palme, mas teria tempo de retomá-lo.

Ainda faltava subir três longos lances de escadas quando ele sentiu a primeira pontada no peito. Deu dois passos, chegou ao patamar e se segurou no corrimão. Então se debruçou para a frente e respirou fundo, fazendo a pressão no peito aliviar um pouco, mas a dor começou a se espalhar para o braço.

Ele não cuidava bem da saúde, fumava muito, dormia pouco, só se alimentava de sanduíches enquanto trabalhava, mas não era algo para se preocupar, não é? Ele tinha apenas cinquenta anos e sentia que teria pelo menos mais uns vinte pela frente.

Subiu alguns degraus com mais facilidade agora, pois se acostumara com o aperto no peito e, sem sequer fazer uma pausa, conseguiu chegar ao andar seguinte. Como faltava apenas mais um, aproveitou para descansar.

Por um instante, ele se sentiu projetado para fora do próprio corpo, observando aquele homem de meia-idade que estava prestes a chegar ao topo de sua carreira com tanto sucesso. Viu o peso sobre os ombros na má postura daquele corpo modelado pelas prioridades dadas ao trabalho e não à saúde. Sua pele tinha um tom acinzentado, os cabelos estavam desgrenhados e os óculos redondos, tortos e sujos. A visão lhe mostrava que era muito peso para uma pessoa só carregar.

Ele juntou suas forças e, degrau por degrau, venceu o derradeiro lance de escada. Tropeçou no último degrau, mas conseguiu se segurar na maçaneta da porta do escritório. Seus colegas voltaram os olhos arregalados em sua direção, quando ele entrou arrastando os pés e se jogou em sua cadeira. Alguém tomou a iniciativa de chamar uma ambulância. Sua visão estava escurecendo.

Se ele tivesse um pouco mais de tempo. Havia tantas coisas inacabadas. Quem continuaria seu trabalho? De onde partiriam?

Stieg não saberia responder a essas perguntas, mas isso não tinha a menor importância no lugar para onde ele iria. Ele tinha cinquenta anos, e seu avô Severin era apenas alguns anos mais velho quando sofreu o primeiro ataque cardíaco. Severin ficaria orgulhoso dele, se soubesse até onde o neto havia chegado.

Era muito cedo, mas, para Stieg, havia chegado a hora de ir embora.

Stieg está morto

Às vezes as mortes têm um impacto que ninguém pode prever. A morte de Stieg foi um desses casos. A despedida no funeral foi a última vez que todas as pessoas próximas de Stieg puderam estar juntas e presentes no mesmo lugar.

Mesmo que Stieg chamasse Eva de esposa, eles nunca haviam oficializado a união, o que tornava os parentes mais próximos de Stieg seus herdeiros legais, segundo a legislação sueca, incluindo os direitos e a renda da venda dos livros, o que originou uma série de litígios.

Alguns anos mais tarde, a trilogia de Stieg já tinha vendido mais de oitenta milhões de exemplares no mundo inteiro e os livros haviam virado filmes na Suécia. O primeiro volume, *Os homens que não amavam as mulheres*, ganhou uma versão americana com o ator Daniel Craig no papel principal.

As desavenças entre os herdeiros legais de Stieg e Eva continuaram e foram expostas ao público pela mídia sueca e internacional. Assim que a ferida parecia cicatrizar, era novamente aberta, apesar de muitos anos da morte de Stieg já terem se passado.

O futuro da *Expo* ficou garantido, em parte graças ao dinheiro que Stieg havia reservado para a revista. Quando Stieg avisou sobre os Democratas da Suécia, em 1991, eles mal obtiveram cinco mil votos no parlamento. Em 2010, na segunda eleição após a morte de Stieg, eles conseguiram assegurar seu lugar no parlamento com trezentos e quarenta mil votos. O trabalho da *Expo* se tornara ainda mais importante, agora que um partido fundado por racistas e fascistas se convertera em um grupo parlamentar que não parava de crescer.

Os anos se passaram também para as investigações do Caso Palme. Em 1997, a promotora Kerstin Skarp começou a trabalhar no assunto. A irmã de Skarp era casada com o antigo antagonista de Palme, Jan Guillou, que continuava escrevendo sobre a provável culpa de Christer Pettersson no crime. A expectativa de que uma nova investigação com outras pistas seria iniciada não foi levada a sério. Apesar de Skarp dizer que nunca deveriam perder a esperança, os recursos da polícia para encontrar outro suspeito além de Christer Pettersson eram mínimos.

As atividades nas investigações continuaram em câmera lenta durante muitos anos. O apoio da justiça, da mídia e dos políticos garantia que todos podiam esquecer o assassinato de um primeiro-ministro sueco executado em plena rua, muitos anos atrás. A típica solução sueca para os problemas difíceis era que todos eram inocentes, até que se provasse o contrário.

Christer Pettersson morreu em um acidente, um destino comum para um viciado. "Uma vida trágica chegou ao fim", fora o comentário do então primeiro-ministro da Suécia, Göran Persson.

As investigações do Caso Palme deveriam ser encerradas, mas não havia nenhum político que quisesse ser responsabilizado por isso. Além do mais, poderia haver alguma informação comprometedora a respeito dos inúmeros erros cometidos pelos políticos durante as diversas fases das investigações. Se as investigações fossem encerradas, os documentos se tornariam públicos e informações delicadas vazariam, o que aumentaria ainda mais o desprestígio da classe política.

Enquanto isso foi exigido que se fizesse algo mais concreto. Os políticos foram obrigados a se questionar como poderiam agir, sem arriscar que seus próprios erros viessem à tona. A solução foi genial em toda sua simplicidade.

Em 1º de julho de 2010, seis meses antes que o assassinato de Olof Palme prescrevesse, o tempo de prescrição para crimes graves na Suécia foi abolido. Agora ninguém poderia dizer que os políticos não queriam responsabilizar o culpado. Além disso, como as investigações do caso continuavam sob segredo de justiça, nenhum político poderia ser confrontado com os próprios erros.

PARTE 2

No rastro de Stieg

Rorschach

ESTOCOLMO,
20 DE MARÇO DE 2013

Já havia anoitecido e a neve dera uma trégua quando saí do depósito. Sobre meu Volvo 780 tinham caído uns vinte centímetros de neve, que fui obrigado a tirar com a manga do casaco. O enorme motor fez seu ruído característico quando dei a partida. Engatei marcha a ré, fazendo as rodas traseiras patinarem por um instante, até conseguir me livrar das pesadas camadas de neve acumuladas no chão.

Meus pensamentos rodopiavam, e, depois de passar o dia inteiro no arquivo, eu não conseguia mais processar nenhuma novidade. O arquivo continha uma quantidade imensa de informações sobre o assassinato, mas eu não sabia o que fazer com aquilo tudo. O grande obstáculo era o fato de que a teoria de Stieg ia de encontro ao que eu mesmo pensava. Ele suspeitava de que o serviço de inteligência sul-africano tivesse executado o crime com a ajuda de um grupo de suecos. Eu achava que dois ou três amadores suecos estariam envolvidos. Para mim era muito difícil entender como se chegava a duas conclusões tão diferentes.

Talvez o Caso Palme fosse o teste de Rorschach da Suécia. No lugar do borrão de tinta, havia o Caso Palme, e devíamos dizer o que víamos. A resposta dizia mais a respeito da pessoa do que da verdade sobre o crime, se você preferia escolher o viciado Christer Pettersson, os policiais de extrema-direita ou os agentes sul-africanos. Quem você escolhe? Você decide o que quer ver.

No caminho para casa, dentro do carro, atravessando uma Estocolmo vazia e coberta de neve, meus dedos começaram a coçar. Uns anos antes eu havia encontrado um fio no Caso Palme e, quanto mais eu o puxava, mais longo ele ficava. Até que encontrei os arquivos esquecidos de Stieg e agora era impossível ignorá-los. A morte do primeiro-ministro era o mistério final, que tomaria muito tempo e energia, mas, mesmo assim, eu estava disposto a ir até o fim, com grande entusiasmo.

Sintaxe espacial

SUÉCIA,
2008-2010

O caminho até os arquivos de Stieg havia sido tortuoso. O ponto de partida não tivera nada a ver com o tema. Após publicar dois livros, alguém já pode se considerar escritor, portanto eu queria muito escrever minha segunda obra. A primeira tratava dos negócios obscuros feitos entre a Saab e a British Aerospace na República Checa e era baseada nas minhas próprias experiências, mas esse novo livro seria algo bem diferente.

Muito tempo atrás eu havia estudado arquitetura, mas pouco depois de uma carreira fracassada, desisti dos meus planos de seguir com essa profissão. Contudo o interesse pelo assunto permaneceu. Agora já tinham se passado mais de vinte anos desde a minha formatura, eu estava prestes a completar cinquenta anos, mas uma das disciplinas tinha ficado gravada na minha memória: o estudo da sintaxe espacial, do sociólogo Bill Hillier. Juntamente com seus colegas da Bartlett University College of London, ele tinha desenvolvido a teoria sobre a sintaxe espacial, por meio da qual descrevia diferentes tipos de lugares, como eles se conectavam uns aos outros e como influenciavam a vida das pessoas que neles viviam.

Partindo da teoria, Hillier desenvolveu uma ferramenta utilizada pelos arquitetos, planejadores urbanos e sociólogos para dar forma a ambientes que afetam as pessoas de maneira positiva. Outros usavam a ferramenta para aumentar o consumo em centros comerciais. A ferramenta tornara possível saber com antecedência se áreas residenciais, bairros, apartamentos, lojas e locais de trabalho fariam as pessoas se sentirem seguras, inspiradas e em harmonia, ou se, ao contrário, esses aspectos poderiam gerar preocupação, problemas sociais e, a longo prazo, criminalidade.

Um exemplo muito popular disso era a constatação de que a maioria dos crimes não era executada em praças com muitas pessoas circulando, mas sim em locais nos arredores dessas praças; por exemplo, virando-se uma esquina ou em um beco, ou seja, nas proximidades de lugares muito movimentados, mas onde não se podia ser visto.

O meu livro seria sobre lugares onde crimes graves haviam sido cometidos e quando o próprio local era relevante. Eu ficava fascinado por lugares que talvez pudessem influenciar as pessoas a cometerem crimes, o que era passível de ser estudado, mas impossível de ser explicado.

Depois de aproximadamente um mês de pesquisas, eu havia descoberto vários locais de crimes, mas teve um que despertou mais o meu interesse: a Avenida Norr Mälarstrand, 24, em Estocolmo.

Os assassinatos na residência da família Von Sydow haviam abalado a capital. No fim da tarde de 7 de março de 1932, três pessoas foram encontradas massacradas em um apartamento de duzentos e cinquenta metros quadrados, de oito cômodos, localizado no quarto andar do prédio da Norr Mälarstrand, 24. Os três corpos foram encontrados pela filha de quinze anos da família. As vítimas foram identificadas como Hjalmar von Sydow, proprietário do apartamento, a cozinheira Emma Herou e a empregada Ebba Hamn. Todos os três foram mortos com uma pancada na cabeça, feita com um objeto não cortante, provavelmente o ferro de passar roupas, que havia desaparecido do local.

Hjalmar von Sydow era presidente da Associação dos Empregadores Suecos, deputado da primeira câmara no parlamento, titular da Ordem de Vasa e, por essa razão, uma das pessoas mais proeminentes da cidade e do país. Assim que a polícia foi chamada, as suspeitas recaíram sobre o filho mais velho de Von Sydow, o jovem de vinte e três anos Fredrik von

Sydow, que fugira do local acompanhado de sua esposa de mesma idade, Ingun von Sydow, cujo sobrenome de solteira era Sundén-Cullberg.

Lá pelas dez da noite, a polícia já havia conseguido deter o jovem casal no Restaurante Gillet, localizado na cidade de Uppsala. A polícia ficara aguardando na recepção, para não chamar muito a atenção, mas, antes que o casal fosse preso, Fredrik conseguira dar um tiro na cabeça de Ingun, matando-a no mesmo instante. Em seguida Fredrik se suicidou. Os crimes foram os mais comentados na Suécia na época e passaram para a história com o nome de "os crimes da família Von Sydow", um dos maiores escândalos da sociedade já ocorridos no país.

Por razões óbvias, o apartamento ficou historicamente marcado e, apesar de muitos desejarem morar em um dos lugares mais bonitos de Estocolmo, ninguém se estabeleceu na residência durante as décadas que seguiram aos assassinatos. Em 1980, o médico Alf Enerström e a atriz Gio Petré se mudaram para o apartamento que pertencera aos Von Sydow. Durante muitos anos Enerström e Petré conduziram sua campanha de ódio contra Olof Palme direto daquele apartamento, onde três pessoas haviam sido brutalmente assassinadas muitas décadas antes.

Passados vinte e três anos que Alf Enerström se mudara para o apartamento, seu relacionamento com Gio Petré chegara ao fim. Ele começara a sofrer de problemas mentais e fora enviado para a prisão e para o hospício por cometer crimes violentos. O belo apartamento estava em total decadência, e ele o enchia de lixo e entulho. O aluguel já não era pago havia meses.

Em 28 de novembro de 2003, Enerström seria despejado e, vestindo apenas uma camisa e com uma panela na cabeça, como se fosse um capacete, abriu a porta do apartamento para os fiscais e a polícia. Quando percebeu o motivo que os levava até sua casa, ele se trancou rapidamente e começou a atirar com uma pistola contra a porta dupla de vidro fosco. Uma policial foi atingida por vários tiros, mas sobreviveu. Alf Enerström foi mandado para a ala psiquiátrica de um hospital.

Os acontecimentos na Norr Mälarstrand, 24, eram os exemplos mais fascinantes para o meu livro sobre lugares afetados por duplos assassinatos.

*

Eu li diversos livros sobre os crimes da família Von Sydow e tudo o que havia disponível sobre Alf Enerström. Em seguida, acabei encontrando o relatório da Comissão de Supervisão das Investigações do Caso Palme de 1999, um parecer de mil páginas que analisava, de forma minuciosa, todos os indícios com os quais a polícia trabalhara durante as investigações do assassinato. Em seis páginas é descrito um grande número de medidas tomadas contra Alf Enerström. Ficava claro que, à sombra das investigações sobre o envolvimento do PKK e de Christer Pettersson, havia investigadores dentro da polícia que se interessaram por Enerström, sendo Alf Andersson o inspetor mais ativo no assunto.

Dias depois do assassinato, muitas pistas chegavam à polícia de que Enerström estaria envolvido. Uma pessoa contara que, dois meses antes do crime, ele havia dito "eu vou tirar o Palme de circulação mais rápido do que você pensa" e que "no dia em que o caminho estiver livre, os social-democratas vão nos eleger". Em seguida, o informante fora convidado para exercer o cargo de ministro da Justiça no futuro governo de Enerström. A polícia o havia interrogado, e, como álibi, ele dissera estar na Norr Mälarstrand, 24, acompanhado de sua esposa, Gio Petré.

Um mês após o crime, Hans Holmér decidira que não havia motivo para continuarem investigando Enerström, decisão confirmada pela Säpo duas semanas mais tarde: "Todo o caso Alf E. está encerrado pela polícia secreta".

Nas páginas seguintes do relatório, pude ler como as pistas sobre Enerström continuaram chegando aos ouvidos da polícia. Alguém queria continuar investigando, mas as suspeitas foram postas de lado inúmeras vezes. Dessa forma, as medidas que deveriam ter sido tomadas foram interrompidas.

Quando planejei escrever um capítulo sobre a Norr Mälarstrand, 24, no meu livro, eu não poderia ter personagens melhores que o extravagante Fredrik von Sydow e o fanático Alf Enerström. Eles eram inteligentes, bem articulados, charmosos, narcisistas e propensos a agir com violência. Além disso, Enerström fora considerado suspeito no assassinato de Olof Palme.

Então meu livro começou a tomar forma: realmente alguns lugares podiam influenciar mais as pessoas a cometerem crimes graves. Para que isso se concretizasse, era necessário um megalomaníaco (sempre um indivíduo do sexo masculino) e uma longa estada em um lugar que avivasse a sua coragem. O lugar deveria ser isolado, exclusivo e transmitir uma sensação de invencibilidade. Se todas essas condições fossem atendidas, poderia acontecer de esse tipo de homem cometer um crime grave nesse tipo de lugar. Nada disso seguia à risca a teoria de Bill Hillier, mas funcionava como premissa para um livro intrigante sobre homicídios reais.

Eu já sabia qual seria o próximo passo na minha pesquisa: Alf Enerström havia recebido alta recentemente da ala psiquiátrica do hospital de Arvika e eu iria ao seu encontro.

O anti-Palme

ESTOCOLMO,
OUTUBRO DE 2010

Eu chegara alguns minutos mais cedo e aguardava na entrada do Café Thelin, no bairro de Kungsholmen. Não fora difícil encontrar Alf Enerström. Havia inclusive uma homepage com o seu currículo e um e-mail para contato. Uma semana depois de eu ter lhe enviado um e-mail, eu e seu assistente Bo combinamos a hora e o local para um encontro. Pouco antes da uma da tarde, um homem alto e de idade avançada veio em minha direção. Ele usava um casaco de inverno manchado, em um tom de azul-turquesa raro e tinha má aparência, quase como um mendigo. Sob o casaco, vislumbrei várias camisas de algodão sobrepostas e de uma cor só. Seu olhar parecia procurar alguém, e eu perguntei:

— Você é o Alf?

— Sim, sou eu. Eu fui o filho mais novo de uma família de nove irmãos, então meus pais queriam que eu tivesse um nome curto e por isso me chamo Alf.

Ele gesticulava e dava risadinhas, o que me fez dar um passo para trás, ao mesmo tempo em que queria ouvir mais do que ele tinha a dizer.

— Como você é alto — eu disse.

— Sim, tenho um metro e noventa e cinco! Quando eu era jovem, era muito rápido. Corri com Gunder Hägg e ele disse que se eu treinasse ficaria mais rápido que ele.

Fora um elogio incrível vindo justamente de Gunder Hägg, que havia batido dez recordes mundiais em oito dias nas provas de corrida de mil e quinhentos e cinco mil metros, mas a sensação que eu tive foi a de que existia algo errado com Alf. Era muita informação em pouco tempo. Em seguida, seu assistente Bo se juntou a nós. Ele tinha boa aparência, parecia um homem comum na faixa dos setenta anos, usava aliança de casamento e estava bem-vestido.

O café fora redecorado desde a última vez que eu estivera ali. Eles haviam trocado as poltronas confortáveis estofadas de veludo escuro e as mesinhas de mármore por um estilo mais moderno, com cadeiras escuras estilizadas e mesas brancas quadradas. Como cavalheiros da idade deles, queriam uma xícara de café preto acompanhada de pastel dinamarquês.

— Li sua homepage, Alf. A sua vida parece ter sido muito emocionante — eu disse.

— Sim, fui a criança mais inteligente de todas as escolas da minha cidade, por isso estudei na melhor escola de Gävle, aquela do outro lado do rio. Fui o único da família que teve a chance de completar o ensino médio e entrar na faculdade, onde me formei engenheiro e oficial da aeronáutica. Tive sorte de nunca precisar voar no avião de combate Saab 29, porque nunca me arriscaria a fazer isso. A metade dos pilotos morreu. Depois comecei a trabalhar na Saab, em Linköping, e, quando cansei, fui estudar medicina. Eu tive mais de cento e cinquenta mil pacientes.

A preocupação que eu tivera quanto a ter assunto para uma conversa tinha sido totalmente desnecessária. Era óbvio que Alf adorava ser o centro das atenções e contava muito de sua vida. Algumas histórias frutos de sua imaginação e outras verídicas.

Bo era uma pessoa bem mais tranquila e tudo o que ele me dissera ao telefone parecia ser verdadeiro. Ele havia assumido a responsabilidade de ajudar Alf com seus problemas, que pareciam ser muitos e de difícil solução.

Nós havíamos conversado (ou melhor, Alf tinha falado muito e nós o havíamos escutado por um bom tempo) até chegarmos a assuntos de maior relevância para mim.

— A Gio e eu nos mudamos para um apartamento incrível e o transformamos em quartel-general para o nosso trabalho político.

— Era aquele apartamento na Norr Mälarstrand, 24, onde os crimes da família Von Sydow aconteceram? — perguntei.

— Isso, esse mesmo, acredita?

— Você não parece ter achado estranho se mudar para um apartamento onde três pessoas foram assassinadas de formal brutal.

— Era um apartamento maravilhoso e o aluguel não era tão alto.

Eu já havia confirmado de que se tratava do mesmo apartamento e era um bom exemplo para o meu livro sobre lugares, mas eu suspeitava de que houvesse uma história mais emocionante ainda por trás de tudo aquilo.

— Me conte sobre sua relação com Gio.

— Gio, Gio. Ela era a mulher mais linda do mundo. Foi o que também disseram nos Estados Unidos quando ela esteve lá. Ela foi entrevistada para a *Life* e para a *Playboy*, onde falaram muito da beleza dela. Depois voltou para a Suécia e nós começamos a trabalhar com política juntos. Eu sou social-democrata e, no começo, trabalhamos para o Palme, mas, quando ele quis legalizar o aborto, nós discordamos dele e começamos a viajar pelo país para conversar com as pessoas. Passamos a ser os maiores adversários de Olof Palme, mas era a Gio que o público queria ver. Ela sabia como encantar todo mundo, até os operários a escutavam.

— Mas foi mesmo o Palme que levantou a questão do aborto?

— Sim, foi ele. Muita coisa começou a acontecer, que eu passei a chamar de "palmeísmo", mas ele acabou perdendo a eleição em 1976 por causa da campanha que eu e a Gio fizemos contra ele. Foi assim que a eleição se definiu. Se ele tivesse cumprido aquilo que tinha nos prometido, poderia continuar no cargo, mas não se podia confiar em Palme, e isso também era parte do palmeísmo. Era só Olof Palme que importava, então escrevemos um livro sobre como influenciamos as eleições e por quê. Ele se chamava *Derrubamos o governo: um caso para Olof Palme*.

Eu tinha o livro comigo, com as páginas dobradas onde eu havia encontrado passagens interessantes. Os textos eram assinados alternadamente por Enerström e Petré. Quanto mais eu o lia, mais incisivo se tornava o tom usado contra Palme.

— Nesse texto que a Gio escreveu consta que ela sabia que "tinha encontrado o diabo" quando conheceu Olof Palme. O que vocês quiseram dizer com isso?

— Mas é óbvio. Você sabe a Grécia? Costumava ser o melhor país do mundo, mas agora é o pior. Se Palme continuasse no governo, a Suécia acabaria como a Grécia. Ele estava destruindo o país, e alguém foi obrigado a detê-lo.

— E isso significa que ele deveria ser morto? — perguntei.

Alf olhou para mim e percebi como seu olhar se tornou frio e duro. Ele coçou o queixo, mas não respondeu à minha pergunta.

— Isso tudo se passou há muito tempo, e o meu cérebro foi destruído por todos os medicamentos que me deram. Eu não lembro... Mas Olof Palme era ruim para a Suécia, disso tenho certeza. Se ele continuasse, não teríamos mais nenhuma empresa sueca hoje em dia.

Alf estava começando a ficar cansado, e eu sabia que não conseguiria mais ter uma conversa proveitosa com ele. Eu acabara de conhecer o famoso Alf Enerström e me sentia encantado e apavorado ao mesmo tempo, o que era impossível de evitar. Ele parecia louco o suficiente para estar envolvido em um assassinato e talvez inteligente o bastante para conseguir ser inocentado. No material que eu havia lido, não encontrara nada que comprovasse que as suspeitas sobre Enerström tivessem sido esclarecidas a respeito do Caso Palme. Pelo contrário, o capítulo sobre ele no relatório da Comissão de Supervisão de Investigações terminava com uma citação de 1996: "Se alguém acredita em uma conspiração por trás do crime, ainda há muito o que investigar no que diz respeito a Alf E.".

No entanto, o que mais me abalara fora a história de como Alf e Gio começaram o seu longo relacionamento após dois acontecimentos terríveis: eles haviam se encontrado porque partilhavam o mesmo destino.

Quem sabia o que os unia era o roteirista Henry Sidoli, que conhecia tanto Alf quanto Gio. Quando eles se conheceram, fazia apenas três anos que Gio perdera os dois filhos em um incêndio, e apenas um ano desde que as filhas de Alf haviam morrido afogadas depois de um acidente de avião.

Henry sabia que a perda de dois filhos e o sentimento de culpa pela morte deles eram uma das coisas mais difíceis que alguém poderia experimentar. Através de Henry, Alf Enerström e Gio Petré se conheceram e se tornaram um casal

As crianças mortas #1

TRECHO DO RELATÓRIO DE INVESTIGAÇÃO SE — BZR AUSTER V.
BAÍA DE SIGTUNA, SUDOESTE DE SIGTUNA, REGIÃO DE ESTOCOLMO,
12 DE JULHO DE 1971

Em relação à decolagem na baía de Sigtuna em direção a sudoeste, as testemunhas afirmaram que o pequeno avião parecia avançar com dificuldade e, depois de percorrer um traçado em linha reta não muito definido, se elevou pouco mais de um metro sobre a superfície da água, para em seguida pousar na água novamente. A tentativa de decolagem se prolongou durante outro trecho antes de a aeronave se erguer de forma bastante abrupta e se curvar à esquerda. Após essa manobra, o avião despencou na água. (Ver figura 6.)

Alf Enerström foi salvo por um barco que veio ao seu socorro, retirando-o da água, onde ele se encontrava ao lado do avião, já quase todo afundado. Depois de meia hora de serviços de resgate, um mergulhador emergiu com as duas meninas mortas: elas haviam ficado presas no avião, a quatro metros de profundidade. Elas foram levadas de ambulância para o Hospital Löwenströmska, onde o dr. Strömstedt confirmou o falecimento de ambas, sendo seus corpos enviados para o instituto médico-legal do hospital.

*

Skans: Eu vou gravar a nossa conversa e o meu colega vai fazer algumas anotações. O senhor pode nos explicar o que aconteceu?
Enerström: Você estava junto?
Skans: Eu cheguei um pouco depois.
Enerström: O avião afundou?
Skans: Sim, afundou.
Enerström: O que aconteceu comigo?
Skans: O senhor conseguiu sair sozinho. A cauda do avião estava parcialmente acima da superfície quando o primeiro barco chegou. O senhor estava se segurando na cauda.
Enerström: Eu não me lembro de nada. Só me lembro do que aconteceu antes de cairmos na água. Eu devo ter sido jogado para fora. Eu não saí sozinho.
Skans: A que horas vocês tinham previsto sair?
Enerström: Bom... Que horas deviam ser? Umas quatro ou cinco... Que horas são agora?
Skans: São cinco para as oito. Então se passaram umas quatro horas. O senhor tinha alugado o avião ou o pegou emprestado de Scherdin e o buscou lá com ele?
Enerström: Sim, foi isso.
Skans: O Amazon que está ali fora é seu?
Enerström: Sim.
Skans: O senhor pode nos contar em poucas palavras o que aconteceu?
Enerström: Sim, eu fui até o avião e examinei o óleo, enchi o tanque de gasolina, calibrei as rodas. Em seguida acomodei minha filha mais nova na parte de trás.
Skans: Como é o nome dela?
Enerström: Laila. De onde está saindo esse sangue?
Skans: Da narina esquerda.
Enerström: Então eu a sentei ali e coloquei o cinto de segurança nela. E uma mala ao seu lado e um paletó em cima. Eva, a minha filha mais velha, se sentou ao meu lado. Colocou o cinto de segurança e demos a partida.
Skans: Qual era a finalidade do voo? Vocês pretendiam ir longe?
Enerström: Era só um passeio de avião.
Skans: Sair para dar uma volta? Passar o dia?

Enerström: Sim, passar o dia, ir atè a ilha Vaxholm.

Skans: E depois voltar?

Enerström: Eu trabalho no Hospital Karolinska e tinha plantão mais tarde. A minha esposa com certeza queria vir junto, mas temos filhotes de cachorro e um filho de nove anos, por isso íamos voltar. As minhas filhas não conseguiram sair?

Skans: Não, infelizmente não conseguiram.

Nesse ponto a conversa gira em torno das circunstâncias envolvendo as crianças.

As crianças mortas #2

TRECHO DO JORNAL *EXPRESSEN* DE 27 DE AGOSTO DE 1969, ESCRITO POR BARBRO FLODQUIST

Pobre, pobre Gio Petré! Quanta dor uma pessoa consegue suportar antes que a vida lhe dê um descanso? Primeiro a vida lhe roubou o marido, o charmoso produtor de cinema Lorens Marmstedt. Ela foi deixada só, uma viúva de vinte e oito anos com duas crianças pequenas, Pierre e Lovisa, o menino de dois anos e meio, e a menina com apenas alguns meses de vida.

Agora, passados três anos, seus dois filhos morrem diante de seus olhos, depois que ela, sem sucesso, tenta salvá-los da casa em chamas. Essas duas crianças, a única coisa que lhe dava alegria na vida depois da morte do marido. Os médicos agora estão cuidando de Gio, que está ferida no hospital, consciente da terrível solidão que a rodeia. (Ver figura 7.)

Viúva duas vezes

VÄRMLAND,
JANEIRO DE 2012

O mesmo ruído de sempre. Já aconteceu alguma vez de um Volvo não dar a partida? O caminho para a cidade de Örebro era como outra estrada qualquer na Suécia, com rotas alternativas e rodovias contornadas com muitos bosques de pinheiros e um ou outro lago. Depois a paisagem mudava, começava a ficar mais sinuosa, com bosques mais fechados e lagos mais escuros. Os ocasionais montinhos de neve se tornavam um manto fechado. Casas pintadas de vermelho e alguns vilarejos no caminho. Se eu fosse descrever a Suécia para alguém que planejava uma viagem, eu descreveria Värmland. Depois da cidade de Karlstad, a paisagem ficava ainda mais clara, com meio metro de neve e um sol radiante. Nos últimos trinta quilômetros, não vi muitas casas e encontrei menos pessoas ainda. Com frequência havia um ou mais carros americanos da década de 50 estacionados ao lado das casas, um sinal de que essa moda ainda existia em alguns lugares do campo.

Eu aguardava avistar a residência na próxima curva. O lago Glafsfjorden era contornado por enseadas e penhascos íngremes do outro lado da margem. Finalmente avistei a construção que buscava, a Mansão Sölje. Uma alameda de uns duzentos metros levava até a residência, uma mansão do século XVIII, pintada de amarelo. Eu tinha visto fotos que mostravam uma casa em ruínas com muito entulho na frente, inclusive uma dezena de automóveis que Alf Enerström estacionara ali com a intenção de bloquear a passagem de visitantes curiosos. Agora a mansão era radiante como o sol. Fui até a entrada onde havia um chafariz esvaziado durante o inverno, com uma balaustrada ao redor e uma deusa grega ao centro. Ao lado da entrada, avistei dois Mercedes, um preto e um branco, ambos antigos, da década de 60 e 70, mas em perfeito estado.

Eu estava preocupado com o cachorro imenso que se acomodara entre o meu carro e a entrada da casa. Uma espécie de São Bernardo, mas ainda maior. Com cautela, abri a porta do carro e, no mesmo instante, o cão me olhou e rosnou. Fechei a porta novamente. Fiz isso algumas vezes e, apesar de o cão não se mover um centímetro sequer, não tive coragem de sair do carro.

Desci a alameda que acabara de subir. Era horrível ter ido de Estocolmo até ali e não ter tido coragem nem de tocar a campainha da porta. Se eu conseguisse me encontrar com Gio, as dez horas de viagem de carro teriam valido a pena. Eu queria lhe perguntar sobre o apartamento da Norr Mälarstrand, 24, sobre sua vida em comum com Alf lá, tendo em mente que ela falaria algo sobre o Caso Palme e o provável envolvimento de Alf Enerström. Gio vivera com Alf por mais de vinte e cinco anos, antes e depois do assassinato de Palme. Se ele estivesse envolvido de alguma maneira, ela teria conhecimento disso.

Segui a estrada asfaltada e depois de um momento já tinha elaborado um plano que envolvia uma salsicha comprada em um supermercado, em Glava. Quando voltei à mansão, o cão ainda estava no mesmo lugar. Joguei a salsicha em sua direção para que ele a visse e parei o mais perto possível da entrada. Quando bati à porta, o cachorro estava ocupado em devorá-la.

— Olá, meu nome é Jan. A senhora é a Gio?
— Eu estava o aguardando.

As palavras pareciam tiradas de um filme de Bergman, mas seu tom era mais leve. Gio não era uma senhora muito alta, mesmo assim enchia o lugar onde estivesse. Eu sabia que ela tinha setenta e cinco anos, mas a energia em seus olhos a fazia parecer uns vinte anos mais jovem, apesar da melancolia que também havia ali. Seus cabelos não estavam escovados, e suas roupas eram de um material macio, escolhidas por serem confortáveis e não para encontrar pessoas.

— Como? A senhora me viu quando estive aqui faz uma hora?

— Era você? Eu passo muito tempo sentada lendo junto à janela do hall. Achei que fosse só alguém que queria dar uma olhada na casa, pois isso acontece com frequência. Fiquei pensando nas suas mensagens por celular, talvez devesse ter respondido, mas se é algo importante a pessoa acaba aparecendo mais cedo ou mais tarde. É sempre assim, e agora você está aqui.

Gio deu um passo para o lado, me fazendo entrar. O hall não era tão grande quanto eu esperava para uma mansão do século XVIII, mas havia espaço suficiente para uma escadaria dupla até o andar superior e quadros nas paredes que davam ao lugar um ar campestre e aconchegante.

— Talvez você queira uma xícara de café e um sanduíche?

Eu tinha esquecido o meu tradicional bolo de canela no carro e não queria correr o risco de ser mordido pelo cachorro. Então, apesar de já ter tomado três xícaras de café no caminho, acabei aceitando mais uma e o sanduíche.

— Vamos até a cozinha, assim você me conta por que veio de Estocolmo até aqui só para se encontrar com uma senhora de quase oitenta anos.

Sobre o fogão estava a cafeteira chacoalhando com gotas de água quente, apanhadas entre a chapa de ferro e o seu fundo de alumínio. Eu contei a ela sobre o meu projeto de escrever um livro, como havia me interessado pelo endereço da Norr Mälastrand, 24, e como isso tinha me levado até ela e Alf. Quando terminei de falar, a cafeteira começou a assobiar para avisar que o café estava pronto. Gio o serviu em uma pequena xícara de porcelana, e eu esperava que ela fosse dizer mais alguma coisa enquanto a espuma do café baixava.

— Uns anos depois que eu e o Alf nos conhecemos, arranjamos um apartamento em Estocolmo, mas também queríamos ter um lugar onde pudéssemos nos refugiar e encontramos esta mansão. Os dois lugares se tornaram muito importantes para nós, mas de maneiras diferentes. Naquela época o Alf já estava obcecado pela política, mas eu ainda não.

— De que maneira ele estava obcecado pela política? — perguntei.

— Bom, ele começou a se engajar nas eleições da década de 70, viajando por todo o país. Queria que eu atraísse o público, como a atriz conhecida que era, então passei a recitar poemas. Nunca fui engajada na política.

Como eu teria tempo para isso? Tínhamos cinco cavalos, oitenta ovelhas e a cada ano vinha mais um filho. Tivemos quatro filhos juntos. Ele me usava, praticamente me obrigava a acompanhá-lo nas suas reuniões políticas.

Gio se encarregou de me contar muitos fatos, mais rápido do que eu havia esperado. Era claro que ela guardara muita coisa consigo mesma por tempo demais e não tivera a oportunidade de contar a ninguém, mas de repente ela fez uma pausa.

— Eu nunca tinha contado isso para ninguém. Não sei se devo...

— Às vezes é importante contar para alguém — eu disse.

— Mas eu nunca fui engajada na política...

Gio estava se repetindo, para juntar forças diante da continuação que estava por vir.

— O Alf queria ficar famoso e tinha muitas ideias. Era obcecado por elas, até que elas lhe causaram problemas mentais.

— E quando isso começou?

— Começou e foi aumentando gradualmente. Ele tinha perdido duas filhas em um acidente aéreo e talvez tenha batido a cabeça, isso nunca foi investigado. Depois veio a história com o Caso Palme... e acabou piorando.

— Que história com o Caso Palme?

— Foi algo muito desagradável. As crianças estudavam na Escola Francesa em Estocolmo na época e, logo após o assassinato, ele as trouxe aqui para a mansão e elas não puderam mais frequentar a escola por causa da mania de perseguição que ele tinha. Foi uma época muito difícil, muito difícil mesmo. Depois ele se tornou violento e a polícia teve que ser acionada. Foi terrível... Eu fui ficando cada vez mais fragilizada. A agressividade dele não tinha limites, atirava coisas e móveis.

— Parece terrível mesmo... insuportável.

— Ele acabou nos mandando embora, eu e os nossos filhos, bem no dia do casamento de uma delas. A cerimônia seria aqui, mas o Alf estava no meio do que ele chamava de "campanha eleitoral" e tivemos que nos mudar. Depois veio a polícia novamente e com reforços, e ele foi detido por porte de armas e coisas...

— Mas isso foi bem depois da morte de Palme?

— Já tinham se passado doze anos.

— Agora foi tudo rápido demais. Será que a senhora não poderia me contar melhor sobre a fixação dele por Palme? Quando isso começou?

— Quando eu e o Alf nos conhecemos, ele só falava em Palme e Ingmar Bergman. Eram os seus maiores ídolos.

— Palme era um dos ídolos dele?

— Sim, era. Mas depois tudo mudou. Ele foi ficando cada vez mais obcecado pela política e trocava de partido a cada instante, até que começou a Oposição Social-Democrata, e ele fez de tudo para trabalhar contra Palme.

— Não havia nada que a senhora pudesse fazer?

— No início até achei que podia. Éramos como dois pássaros feridos quando nos conhecemos. Todos que faziam parte da minha vida tinham morrido. O meu marido Lorens tinha morrido, os meus filhos tinham morrido, o meu pai tinha morrido. O Alf me disse "Você precisa ter filhos", então compramos esta mansão maravilhosa, tivemos filhos e cavalos para eles. Era para ser uma vida ideal, mas acabou não dando certo.

— Quando a senhora percebeu que havia algo de errado com ele?

— Muito cedo, ele tinha um humor horrível. O filho dele, Ulf, teve que aguentar muita coisa.

— Era Ulf o filho que esperava com a mãe quando as meninas morreram no acidente?

— Sim. Ele morava conosco, mas Alf o espancava. Quando o serviço social veio buscar o garoto, na cabeça de Alf era Palme que estava por trás de tudo. Quando nossos filhos cresceram e começaram a compreender as coisas, a situação ficou insustentável. Nós nos separamos em 1998 e eu fui morar na casa da minha mãe, em Estocolmo. Acabei encontrando Lars Thunholm por acaso. Ele era diretor de banco e tinha sido amigo da família.

— Lars Thunholm? Ele não trabalhava nos negócios da família Wallenberg, para o Banco Escandinavo e a empresa Bofors?

— Sim, mas já estava aposentado quando ficamos juntos.

Deixei Gio voltar no tempo novamente. Era a primeira vez que ela contava a sua história para um estranho e parecia que, sempre que ia adiante em seu relato, uma nova porta se abria para os acontecimentos que ela guardara consigo por tanto tempo.

— Mas a senhora já conhecia o Lars antes disso?

— Alf conhecia May, esposa dele, que arrecadava dinheiro para campanhas para os suecos que viviam no exterior, mas ela havia falecido alguns anos antes. Então eu encontrei o Lars e ele me convidou para ir à ópera. Fazia uns vinte, trinta anos que eu não ia a uma ópera. Assim surgiu um grande amor entre nós.

— E vocês ficaram juntos?

— Sim, vivemos oito anos juntos e felizes. Consegui comprar a parte de Alf na mansão. Depois que nos separamos, eu me afastei daqui. Foi quando a mansão ficou em péssimas condições. Alf vivia aqui com outra pessoa. O nome dele era Rickard.

— Quem era ele?

— Na verdade ele tinha outro nome, mas usava peruca, dizia se chamar Rickard e era outro homem.

— Outro homem, como assim? Eles eram um casal?

— Não, de jeito nenhum! Ele queria ser outra pessoa, era o lacaio do Alf e também era obcecado por política.

— Como assim?

— Ele escreveu um livro e eu o ajudei.

— Sobre o que era o livro?

— Sobre Palme, é óbvio.

Dei uma folheada em minhas anotações, mais para ter tempo de pensar. A conversa começou de forma desajeitada, mas, depois de eu acionar o botão "conte sobre o seu relacionamento com Alf", parecia que a barragem havia se rompido.

— Bom, eu cuidava da família e de tudo por aqui, enquanto o Alf viajava angariando dinheiro para as suas campanhas — Gio continuou. — Ele pegava grandes pacotes de dinheiro no banheiro do Hotel Sheraton, em Estocolmo. Tinha também as suas amigas ricas, May Thunholm e Vera Ax:son Johnson. Elas o ajudavam a arrecadar dinheiro tanto na Suécia como no exterior. Mas ele nunca nos contou quem doava esse dinheiro e nós nunca recebemos nada. Alf sabia quando chegava o dinheiro da bolsa de estudos das crianças e o sacava. Isso complicou tanto as coisas...

— Para os filhos, você quer dizer?

— Sim, eles ainda estão se recuperando, mas os primeiros anos da infância foram uma época bonita, com animais e tudo.

— Agora a senhora pode me contar um pouco sobre a época em que viveu com ele no apartamento da Norr Mälarstrand? É sobre esse assunto que estou escrevendo no meu livro.

— O que você quer saber? Tem tanta coisa que já esqueci ou me obriguei a esquecer. Muitas vezes, quando começo a pensar nessas coisas, digo para mim mesma: "Não pense nisso, não pense nisso". E acabo não pensando mesmo.

— A senhora sabe, por exemplo, como foi quando Alf foi despejado do apartamento em 2003?

— Não sei muito mais que aquilo que escreveram nos jornais e o pouco que ouvi da polícia.

— Eles entraram em contato com a senhora?

— Eu telefonei para eles e contei que Alf tinha um daqueles Smith & Wesson.

— Espere um pouco. O Alf tinha um revólver igual ao que matou Olof Palme?

— Sim, tinha.

— Desde quando?

— Não sei. Só sei que já tinha quando nos conhecemos.

— Antes do assassinato de Palme?

— Sim, muito antes.

— E o que a polícia disse sobre isso?

— Disseram que não encontraram nenhuma arma, mas o nosso filho Johan contou onde o Alf costumava esconder as armas. Era em uma lareira, atrás da tampa. Foi encontrada uma pistola, mas não era uma Smith & Wesson.

— Ele tinha outras armas? — perguntei.

— Ele tinha um monte de armas. Rifles, pistolas. Foi condenado por isso também. De noite, o Rickard costumava dar uma volta armado pela propriedade para ter certeza de que não tinha ninguém escondido aqui.

— Devia ser uma visão e tanto. Mas voltando ao assassinato de Palme... O que vocês fizeram naquele dia?

— Eram férias de inverno e passamos a semana aqui na mansão. Íamos para a nossa cabana em Dalarna, mas o Alf decidiu de última hora que iria trabalhar em um texto sobre Palme. Então, na quarta-feira antes do crime, deixamos as crianças aqui com uma babá e fomos para Estocolmo. Na verdade, eu nem queria ir, mas não podia contrariar. Viajamos em uma Kombi antiga e trocamos de carro em Grums, para um daqueles carros velhos que o Alf tinha. Ele tinha mania de perseguição e sempre queria trocar de carro. Na sexta-feira, no dia do assassinato, era o Dia do Nome de Maria e eu queria comprar um presentinho para as nossas duas Marias. Primeiro comemos em um restaurante, depois fomos até a Sveavägen antes que as lojas fechassem, e em seguida fomos para casa. Vimos o noticiário da noite na televisão e o Alf disse que ia pagar o parquímetro. Quando pensei melhor, me dei conta de que não é preciso pagar para estacionar às sextas à noite; é de graça o fim de semana todo. Depois fui me deitar e adormeci. Quando acordei mais tarde, vi uma sombra por trás das portas de vidro.

— Era Alf?

— Só podia ser... — respondeu Gio, sem muita certeza.

— Mas a polícia sabe de tudo isso? Eu tinha lido que o Alf tinha um álibi, que ele tinha estado com a senhora a noite toda.

— Sim, eu liguei para a polícia depois que nos separamos em 1998 e finalmente tive coragem de contar. Liguei para eles duas vezes, mas eles não fizeram nada a respeito.

— Como a senhora sabe?

— Eles teriam entrado em contato com ele e feito perguntas, ou teríamos lido sobre o assunto nos jornais.

— É claro. Alf disse que a polícia não entra em contato com ele há muitos anos.

— Você falou com o Alf? Ele está vivo? — perguntou Gio.

— Sim, e ele só falou coisas boas da senhora.

— É mesmo?

Eu não tinha mencionado que havia me encontrado com Alf, pois sabia que a relação deles era ruim, mas Gio apenas ergueu a sobrancelha e tomou um gole de café.

— É claro que eu pensei que Alf poderia ter passado correndo por lá na hora do crime. Ele era muito rápido e corria bem. O Rickard também estava em Estocolmo naquele dia, mas por que Alf atiraria em Palme? Palme era sua fonte de renda. Depois do assassinato, ficamos com menos dinheiro ainda.

— A polícia conversou com a senhora depois do crime?

— Veio um policial falar comigo. Acho que se chamava Alf Andersson. Esteve aqui algumas vezes e conversamos. Eles também mergulharam aqui no lago Glafsfjorden, para ver se encontravam a arma.

— Isso foi naquele tempo que a senhora era o álibi de Alf?

— Sim, foi.

Os últimos raios de sol atravessavam a janela da cozinha e a conversa fluía bem. Gio contava histórias de sua vida com Alf, mas acabava sempre voltando a mencionar detalhes que diziam respeito à morte de Palme, e eu a acompanhava. Ela era uma das pessoas que tivera a sua vida afetada depois do crime. Dois tiros na Sveavägen haviam transformado a Suécia e prejudicado a vida de uma grande quantidade de pessoas, independentemente se eram testemunhas, suspeitos ou se apenas fizeram parte da colossal investigação do caso.

Quando fizemos uma pausa em nossa conversa, Gio sugeriu que déssemos uma volta pela casa. Começamos pelos fundos, com a vista para o lago Glafsfjorden. A beleza do lugar era quase impossível de descrever, com suas águas escuras, seus penhascos íngremes e o sol por trás das copas das árvores daquela mata fechada, o que dava uma sensação de imortalidade ou era somente o meu estado de espírio que falava mais alto após ouvir as histórias contadas por Gio.

— Antigamente havia uma mansão do século XVII em estilo carolíneo aqui, mas a minha casa é da época dourada do lugar, do fim do século XVIII, quando viviam mil e trezentas pessoas na região e ainda existiam muitas indústrias de siderurgia e vidraria. Desde então, houve fases boas e ruins. Quando eu e o Alf compramos a mansão, tudo estava decadente e ficou ainda pior.

— Mas agora está em perfeito estado, não é?

— Eu herdei uma boa quantia de dinheiro depois da morte do Lars-Erik, portanto agora está tudo bem. Aqui é a escadaria dupla. O meu filho Johan é organizador de eventos em Estocolmo e, quando ele faz a festa de Halloween aqui, a casa fica cheia de pessoas famosas, como a escritora de romances policiais Camilla Läckberg, o marido dela, Martin Melin, e tantos outros. Então as mulheres sobem pelas escadas do lado esquerdo, os homens pelas do lado direito, e todos se encontram lá em cima.

Gio e eu subimos cada um por um lado das escadarias e nos encontramos no primeiro andar, como os famosos de Estocolmo costumavam fazer. Ela me mostrou um quarto com paredes e armários cheios de fotografias das crianças e dos parentes. Em uma pequena escrivaninha em estilo imperial, uma foto de Lars-Erik Thunholm. Chegamos a um salão com janelas que davam para a entrada e para a lateral da casa.

— Esse quadro foi feito por Elsa Stolpe. Aqui está Palme — disse Gio.

Ela deu uma risada, apontando para a pintura em tinta acrílica pendurada na parede, e, de fato, lá havia uma figura vermelha de nariz adunco. Grande parte da obra era composta por quatro flores, cada uma com seu rosto estilizado.

— Esse é das eleições de 1976, quando os conservadores ganharam do Palme. Este é o Fälldin, e o outro é o Bohman.

— Nossa, que coragem ter esse quadro pendurado na parede depois de Palme ter sido assassinado.

— Sim, mas foi apenas uma eleição — disse Gio.

— Ele parece morto ali.

— Você acha? Eu não acho.

Tínhamos dado uma volta inteira e Gio parecia cansada. Estávamos ambos cansados. A viagem para Värmland tinha sido cheia de emoções, mas, quando me sentei no carro, vi que havia me esquecido de fazer uma pergunta.

— O que aconteceu com Ulf?

— O filho de Alf? Ele se jogou com o carro no porto de Arvika e se afogou. Queria morrer do mesmo jeito que as irmãs.

Eu coloquei a chave na ignição e girei, fazendo o motor dar a partida. Tinha uma viagem de quatro horas de volta e teria tempo de assimilar tudo o que Gio me contara. Em Grums, parei ao lado de um quiosque. O estacionamento era grande o suficiente para uns duzentos carros antigos de corrida, mas essa noite não havia nada ali. O cachorro-quente me caiu muito bem, e eu liguei o toca-fitas e aumentei o volume para ouvir "The Final Countdown", do grupo Europe, uma música que combinava com o momento, pois eu tinha passado horas falando da década de 80 com Gio.

Havia algo com ela que eu nunca encontrara em outra pessoa. Sua vida acumulava inúmeras tragédias, incomparável com a vida de outras pessoas. Sua personalidade, seu destino e a mansão me faziam pensar em um livro policial inglês, e era difícil saber onde ficava a fronteira entre a verdade e a fantasia. Gio me lembrava, de certa forma, o personagem Henrik Vanger no livro de Stieg Larsson, *Os homens que não amavam as mulheres*. Ele também carregava segredos e vivia sozinho em uma mansão.

Gio era atriz e o papel de vítima de Alf lhe caía bem, mas os textos no livro *Derrubamos o governo* assinados por ela eram tão agressivos quanto os do marido, portanto ela também devia ter tido um certo engajamento político. Além disso, quem tem um quadro na parede de casa em que Olof Palme parece estar morto?

Gio queria contar sobre Alf e o Caso Palme. Segundo ela, Alf tinha uma Smith & Wesson e seu álibi não se sustentava. O mesmo álibi que a polícia e a Säpo usaram como maior argumento para não continuarem investigando-o. Afinal, quem era Rickard, que ela afirmava estar em Estocolmo durante o crime?

Enquanto eu tentava ordenar os pensamentos e as novas impressões, percebi que meu livro sobre lugares propensos a crimes estava indo por água abaixo. Eu havia planejado praticamente o próximo passo na pesquisa sobre Alf Enerström e o Caso Palme.

O bibliotecário

ESTOCOLMO,
JANEIRO DE 2012

A mulher atrás do balcão da biblioteca deixara reservado o livro que me prometera por telefone, mas queria me dizer alguma coisa antes de entregá-lo.

— Tem uma pessoa querendo falar com o senhor. Pode se sentar e começar a ler, ela já vem.

Quando Alf Enerström e Gio Petré escreveram o livro *Derrubamos o governo*, em 1977, o governo social-democrata, com a liderança de Olof Palme, acabara de perder as eleições. Por meio de textos repletos de agressividade, ambos descreviam como eles haviam feito um favor para a Suécia ao salvar o país de um tirano como Palme.

Palme acabou vencendo a eleição de 1982, fazendo Enerström intensificar mais uma vez suas campanhas de ódio ao ministro. Às vésperas das eleições de setembro de 1985, Alf e Gio lançaram um novo livro, chamado *Derrubamos o governo, parte 2*. O título foi um problema, pois Olof Palme vencera novamente as eleições e nenhum governo fora derrubado.

Na biblioteca do Movimento dos Trabalhadores e no arquivo, havia apenas um exemplar disponível de *Derrubamos o governo, parte 2*. A edição desse segundo volume era igual à do primeiro. Uma parte dos textos era escrita por Alf Enerström, e a outra, por Gio. Comparando os dois livros, no segundo o tom era mais agressivo.

Na introdução, assinada por Gio, localizava-se a descrição de como as autoridades haviam tirado o filho Ulf, o primogênito, da casa deles com a ajuda de Olof Palme e como seria difícil se livrar do primeiro-ministro: "Foi necessária uma guerra mundial para nos livrar de Hitler. O que é necessário para nos livrar do nosso próprio Hitler, Olof Palme?"

O capítulo seguinte era composto de artigos variados, anúncios e ensaios com um único ponto em comum: atacar Olof Palme. O epílogo do livro também era escrito por Gio e terminava dizendo que o traidor da pátria Georg Heinrich von Görtz, executado em 1719, "era café pequeno em comparação a Olof Palme" e que "Olof Palme deveria ser levado aos tribunais".

A decepção de Alf deve ter sido enorme quando nem a campanha nem o livro causaram o efeito que ele esperava, e Palme continuou no poder após as eleições, em setembro de 1985. Faltava menos de meio ano para seu assassinato.

Eu tinha acabado de folhear o livro quando um rapaz de uns vinte e cinco anos veio falar comigo.

— Eu ouvi que temos um interesse em comum — ele disse.

Daniel Lagerkvist era loiro, usava óculos de grau arredondados e tinha maneiras discretas, como se espera de alguém que trabalha em uma biblioteca. Perguntei como ele tinha achado o livro.

— Estava no meio de um monte de papéis quando eu pesquisei sobre Alf. Então eu o coloquei no catálogo da biblioteca. Não sei se existem mais exemplares.

— Por que você se interessou pelo Alf? Achei que eu fosse o único.

— Não mesmo, existem outros. Faz uns dois anos que estou pesquisando, e o que me fez começar foi o mistério de como alguém poderia gastar tanta energia em seu ódio a Palme. Primeiro pensei em escrever um livro sobre Alf, mas acabou apenas em pesquisa. Eu consegui ter acesso a quase todos os documentos oficiais, de tribunais e tudo o mais. O próximo passo é tentar entrar em contato com Alf e Gio.

— Já me encontrei com eles. Com ambos — eu falei. — Vamos trocar informações?

Eu e Daniel passamos uma hora juntos, trocando ideias e material. Eu lhe forneci as gravações que tinha feito com Alf e Gio. Recebi cópias do material de todos os processos em que Alf estivera envolvido — e eram muitos. Vários casos de agressões físicas, ameaças e perseguições. Porte ilegal de armas e crimes graves, à mão armada. Tinha sido condenado à prisão, encaminhado a tratamento psiquiátrico e fora proibido de entrar em contato com toda a sua família.

— Essa figura é bastante estranha — disse Daniel, apontando para uma das testemunhas de defesa em um dos processos. — Ele queria ser chamado de Rickard.

— Rickard? Gio me falou sobre ele, mas não consegui entender quem era.

— Ele trabalhava de graça para Alf. Fez isso durante pelo menos quinze anos. Rickard não era o seu nome verdadeiro. Ele usava peruca e era cem por cento leal a Alf. Inclusive nos julgamentos, como você vai ver quando ler.

— Mas como era o nome verdadeiro dele? — perguntei.

— O nome dele é Jakob. Jakob Thedelin — respondeu Daniel.

Não foi difícil encontrar Jakob Thedelin. Achei na internet apenas um que poderia ser relevante. Não constava seu número de telefone, mas o endereço indicava que ele morava em Hedestad, em Västergötland. No Facebook, encontrei três pessoas com o nome de Jakob Thedelin, mas apenas um deles era sueco. Na foto do perfil e em outras fotografias no modo público, ele posava com um traje típico escocês. Em uma das fotos, usava um paletó curto, característico dos anos 80. Outras eram do palácio real inglês e de símbolos judaicos.

Entre seus amigos, localizei alguns conhecidos das mídias suecas. Kent Ekeroth, Björn Söder e outros membros dos Democratas da Suécia, envolvidos em escândalos e casos de xenofobia. Todos eram representantes do partido que Stieg Larsson e outros haviam alertado por mais de vinte anos e que agora tinham conseguido entrar no parlamento.

Uma pessoa se destacava entre os contatos dele no Facebook. A foto do perfil era de uma garota bonita, de trinta anos, com um típico nome checo: Lída Komárková. Fiquei pensando como uma jovem tão bonita da República Checa tinha entrado em contato com um membro de meia-idade do Democratas da Suécia vestindo *kilt*. Aquilo não combinava com os outros amigos que ele tinha no Facebook. O perfil da garota cheirava a falso, e eu me questionava quem teria feito isso e por quê. Sem maiores ambições, mandei uma mensagem curta para Lída Komárková.

A timeline de Jakob Thedelin no Facebook estava no modo público, e eu encontrei uma série de postagens contra Palme — inclusive uma em que ele celebrava com um cálice de vinho o aniversário da morte de Palme. Eu definitivamente encontrara a pessoa certa. Era óbvio que ele era mais um lunático do que alguém que pudesse ter alguma relação com o assassinato. Mas Gio tinha deixado claro que Jakob Thedelin estivera em Estocolmo na noite do crime, e em uma foto pude ver que ele tinha um metro e oitenta de altura, o que se aproximava mais da informação dada pelas testemunhas, pois Alf, com seu um metro e noventa e cinco, era alto demais.

Com certeza, o livro sobre lugares propícios a crimes havia ficado de lado. Agora eu tinha duas pessoas para pesquisar no Caso Palme.

A análise

ESTOCOLMO,
FEVEREIRO DE 2012

Eu costumava frequentar o Café Nybergs, onde grande parte do balcão refrigerado era agora ocupado por *semlas*, e ainda faltavam alguns dias para a Quaresma. Havia uma prateleira inteira com a *semla* tradicional, feita de farinha de trigo, massa de amêndoas, chantilly e açúcar sobre a tampa arredondada. Na outra prateleira, variações do mesmo doce: *semlas* em miniatura, uma mistura de *semla* e pastel dinamarquês, com sua tampa triangular, e *semlas* requintadas, que continham todos os ingredientes, mas em maiores quantidades. Eu me sentei em um lugar ao fundo, sabendo que engordaria alguns quilos.

Se Jakob ou Rickard, como ele queria ser chamado, estava de alguma forma envolvido no assassinato juntamente com Enerström, a polícia deveria ter dado uma olhada nele em alguma oportunidade. Não havia nenhum capítulo sobre ele no relatório de mil páginas do Comitê de Revisão de Investigações, mas no capítulo sobre Alf Enerström encontrei algumas frases: "Em junho de 1987, o chefe das investigações tentou conseguir permissão para colocar uma escuta no telefone de Alf Enerström, no de sua esposa Gio e no de Jakob. Jakob T. era uma pessoa excêntrica que estava sempre por perto de Alf E.".

A polícia colocara Jakob sob observação, mas não tinha muitos motivos para obter uma permissão de escuta telefônica. Na verdade, a expressão "uma pessoa excêntrica" combinava muito bem com a impressão que Jakob passava pelo Facebook.

Quando passei a me concentrar no Caso Palme, percebi que o material escrito era interminável. Eram artigos de jornais, livros, material de investigação que foram publicados e uma quantidade de documentos relevantes e outros nem tanto, escondidos em arquivos, apenas esperando para serem descobertos. Estava claro que também existiam tantas teorias quanto interessados no crime. Muitos já haviam tentado e nada me impedia de criar a minha versão.

Já que o quebra-cabeça continha um milhão de peças, e muitas nem lhe pertenciam, escolhi o meu próprio método. Passei a examinar os fatos sobre o crime e os interpretei à minha maneira. O que não ficava claro, eu descartava ou acrescentava depois de fazer uma avaliação. Parti de onde eu tinha começado minha viagem: com uma análise do local.

O local do crime

Olof Palme foi atingido na esquina da Sveavägen com a Tunnelgatan O lugar tinha sido previamente escolhido ou fora improvisado? As explicações eram variadas. O local do crime era tanto o lugar perfeito, escolhido com cuidado por um profissional, como um lugar escolhido por acaso e, por esse motivo, não tão perfeito.

A Avenida Sveavägen é uma das mais largas, extensas e movimentadas de Estocolmo. A Rua Tunnelgatan é curta e termina nas escadarias por onde o assassino teria escapado. Além disso, lá há um túnel para pedestres que atravessa o morro Brunkeberg, mas que havia sido fechado às vinte e duas horas na noite do crime. Na hora do assassinato, as escadarias, a escada rolante ao lado e o elevador estavam abertos. A continuação da rua mudava de nome para David Bagares.

Mesmo em uma noite fria de fevereiro, a esquina da Sveavägen com a Tunnelgatan era um lugar bastante movimentado. Era escuro, mas a iluminação da rua era muito boa e a falta de obstáculos em todas as direções, com exceção do lado leste da Tunnelgatan, facilitava. Logo depois das vinte e três horas, ainda tinha muitas pessoas se movimentando por ali, pois as sessões de cinema se encerravam, assim como os jantares, e os jovens se dirigiam aos bares e discotecas. Isso se confirmava pelo número relativamente grande de testemunhas, mais de dez pessoas. A quantidade de ruas adjacentes também era grande e, a cada quarteirão, aumentavam as possibilidades de rotas de fuga. Apesar disso, o assassino havia escolhido fugir para o sentido leste, onde o Brunkebergsåsen era um grande obstáculo e as rotas de fuga eram em menor quantidade. As escadarias eram um fator de risco, onde o assassino poderia ficar em desvantagem se topasse com alguém.

Uma outra circunstância que afetava muito a escolha do local do crime era que teria sido muito mais natural que o casal Palme decidisse ir para o outro lado e apanhar o metrô da estação de Rådmansgatan ou ainda da estação de Hötorget. Quando o filme terminou, ainda era difícil saber se o casal Palme passaria pela esquina onde o crime ocorreu — talvez nem eles soubessem que passariam por ali. Minha conclusão foi a de que o local do crime fora improvisado, não parecendo ter sido bem escolhido.

A hora do crime

A próxima parte a ser analisada era a hora do crime, que aconteceu em uma noite de sexta-feira de fevereiro. Estava escuro, frio e ventava. A temperatura era de sete graus abaixo de zero, mas a sensação térmica era de quinze graus negativos, em razão do vento, o que deveria facilitar a execução de um crime na rua, pois a maioria das pessoas teria preferido ficar em casa. No entanto, por volta das vinte e três horas havia muita gente se movimentando entre os diferentes lugares.

Uma das circunstâncias que mais chamavam a atenção era a de que Olof Palme, naquele momento, não contava com nenhum guarda-costas, pois ele avisara à Säpo durante o dia que não precisaria de seguranças. E foi na mesma tarde que o casal Palme decidiu ir ao cinema, e só depois escolheram qual filme iriam assistir. Já que eles foram para o cinema duas horas antes de os tiros serem disparados, bastaria que o suspeito ou o seu cúmplice os visse sem guarda-costas para poder preparar a arma e tudo o mais para que o crime fosse executado.

Minha conclusão foi a de que a hora era propícia para um crime em público, mas que fora improvisada.

Os disparos

O assassino deu dois tiros quase que seguidos. A maioria das testemunhas afirmou se tratar de um intervalo de tempo entre um ou dois segundos. O primeiro disparo atingiu Olof Palme nas costas, a uma distância entre dez a trinta centímetros, fazendo com que ele desabasse no chão imediatamente. A bala penetrou as costas, atingiu a coluna vertebral e em seguida atravessou outros órgãos vitais, inclusive a aorta. Olof Palme já estava morto antes de chegar ao chão. O segundo tiro foi dado logo depois, a uma distância entre setenta centímetros a um metro, penetrou no casaco de Lisbeth pelo lado esquerdo, raspou seu ombro e saiu pelo lado direito do casaco. Foi muita sorte ela ter sobrevivido ou não ter se ferido de modo grave.

Da perspectiva do assassino, o primeiro tiro deve ter sido visto como bem-sucedido. O segundo disparo fora um erro, mesmo que ele tivesse a intenção de acertar em Lisbeth ou em Olof. Com apenas um tiro havia o risco, segundo a minha opinião, de que a vítima sobrevivesse, mesmo tendo caído imediatamente no chão. Era impossível para o assassino saber com certeza se Olof Palme estava morto depois de ter levado apenas um tiro, de modo que ele precisaria se abaixar para verificar. Se o atirador tivesse errado o lugar nas costas ou se Palme tivesse se virado ou se movido alguns centímetros para o lado, a bala não teria acertado a coluna vertebral e atravessaria o corpo sem atingir nenhum órgão vital. Um atirador profissional garantiria o resultado disparando mais tiros.

Se o segundo disparo era destinado a Olof Palme, seria mais fácil de acertar que o primeiro, pois a vítima já estava caída e imobilizada. Dando alguns passos para a frente, o atirador poderia se aproximar de Olof e disparar com facilidade um ou mais tiros em seu peito ou cabeça. Se o segundo tiro fora mesmo dirigido a Palme, havia sido um erro grosseiro.

Tecnicamente, o primeiro disparo é mais fácil de fazer com um revólver Magnum se ele já estiver engatilhado. Para fazer o próximo disparo, o atirador precisa engatilhar a arma de novo ou usar a função *double-action*, apertando o gatilho com força para que o próximo tiro seja disparado com o mesmo movimento. A manobra *double-action* exige mais força, mas é mais fácil e mais rápida.

A *double-action* facilita para uma pessoa inexperiente, pois, puxando o gatilho mais para trás, o tiro sairá com mais potência para o lado direito, se dado por uma pessoa destra. Nesse caso, foi essa direção que o projétil tomou, atingindo Lisbeth Palme. O tiro que pegou Lisbeth de raspão poderia ter sido dirigido também a Olof.

Se o alvo do segundo tiro era mesmo Lisbeth Palme, fora um erro ela não ter sido ferida. Independentemente de quem fosse o alvo, o suspeito saiu do local do crime sem saber se Lisbeth Palme havia sobrevivido, tornando-se uma importante testemunha.

Minha conclusão foi a de que os tiros não foram dados por um profissional.

A arma e a munição

As duas balas empregadas no crime eram munição magnum perfurante do tipo Winchester Western .357 158 grains. A diferença desse tipo de munição para a munição comum era que as balas eram cobertas por inteiro com uma capa de metal, fazendo com que pudessem atravessar materiais rígidos, como um colete à prova de balas. A desvantagem, contudo, é que frequentemente esse tipo de munição pode atravessar um corpo e, por essa razão, ferir menos a vítima do que um projétil semicoberto, que tem como objetivo deformar e causar maiores danos. Por esse motivo, as balas jaquetadas são proibidas na caça de animais de grande porte, pois o risco de ferir sem matar é maior. O uso das balas jaquetadas aumentava o risco de que o tiro que acertara Olof Palme pudesse atravessar seu corpo, sem atingir órgãos vitais, algo de que um profissional teria pleno conhecimento.

O rastro deixado pelos projéteis mostrava que a arma usada havia sido um revólver. O fato de que nenhuma cápsula fora encontrada no local também apontava nessa direção, pois as cápsulas costumam permanecer no cartucho, mas ainda não se tinha certeza quanto à marca e ao modelo da arma. Sem dúvida, a arma mais comum para um calibre .357 é a Smith & Wesson, mas há outras marcas que fabricam revólveres para esse tipo de munição. Há também a possibilidade de se perfurar o cilindro de um revólver .38 para poder usar a munição .357, ou ainda montar um projétil .357 no cartucho de um .38. A única coisa que se podia afirmar com certeza era que se tratava de um revólver para munição magnum, de calibre grosso, e a marca mais comum era Smith & Wesson.

O que caracteriza um revólver de munição magnum é a sua potência explosiva e seu nível de ruído muito alto. O revólver é pesado e o impacto é tão forte que fica difícil atirar usando somente uma das mãos, ainda mais se a intenção é disparar vários tiros em um curto intervalo de tempo. A pressão sonora fica em cento e sessenta e quatro decibéis, sendo o decibel uma unidade logarítmica, o que significa que o ruído está muito acima da medida suportável, que é de cento e vinte decibéis. Apenas para se fazer uma comparação, uma pistola com silenciador emite um som dentro do limite suportável, e o risco de danos permanentes na audição é considerável ao se disparar um revólver Magnum sem proteção de ouvidos.

Uma pistola menor com um nível de ruído mais baixo e mais fácil de segurar teria facilitado a execução do crime e chamado menos atenção. O atirador poderia disparar mais tiros, com maior chance de acerto em menos tempo, e teria feito muito menos barulho.

Talvez o atirador não tivesse tido escolha, por falta de tempo e de acesso à arma, fazendo do revólver Magnum sua única possibilidade. Isso significava que o crime havia sido planejado em pouco tempo e que o assassino tinha livre acesso tanto à arma quanto à munição.

Minha conclusão foi a de que o suspeito fez uso de uma arma de força desnecessária e do tipo errado de munição.

A fuga

A fuga do assassino nos indicava aspectos do seu comportamento, mas aqui eu necessitava confiar nas testemunhas, o que aumentava a insegurança. Seguindo a regra de que, quanto mais cedo se ouvisse a testemunha, mais confiável era o que ela contava, minha esperança era de que as informações estivessem corretas.

O suspeito saiu correndo imediatamente após o crime, entrado na Tunnelgatan, continuado à esquerda dos pavilhões de construção, cruzado a Luntmakargatan e seguido até as íngremes escadarias. Eu já havia constatado que o morro Brunkeberg era um obstáculo para uma fuga às pressas, mas, ao chegar nas escadarias, o suspeito teve de tomar uma nova decisão. A escada começava com dois degraus, um par de cada lado do túnel, que se encontrava fechado, e as escadarias da direita estavam cobertas por um andaimes de obra, o que lhe deixava duas alternativas: ou ele tomava o lado esquerdo das escadas, ou subia pela escada rolante, que estava mais longe uns dois metros, à esquerda. A alternativa de ficar esperando pelo elevador estava obviamente descartada.

Se o assassino conhecesse bem o lugar e soubesse como chegar até o morro Brunkeberg de uma maneira segura, o melhor seria pegar a escada rolante. Lá o risco de encontrar outras pessoas no caminho era menor e ele estaria menos visível, mas acabou optando pelas escadas comuns.

Ao escolher subir as íngremes escadarias de oitenta e nove degraus, correu um risco maior de ser apanhado, já que uma pessoa fica mais vulnerável no alto de uma escada, se uma ou mais pessoas estiverem no sentido contrário — bastaria que alguém o barrasse ou segurasse.

Uma das testemunhas que havia visto melhor o suspeito fora Lars J. Ele estava parado do outro lado do local do crime quando ouviu os tiros, tendo visto o suspeito de perfil e de costas quando este saíra correndo em direção às escadas. Lars o seguira com os olhos até que o assassino chegasse ao topo das escadas. Foi então que Lars decidira segui-lo. Quando ele mesmo chegou lá em cima, encontrou um casal que vira uma pessoa seguir pela Rua David Bagares. Lars entrou na David Bagares e avistou de longe um homem andando entre dois carros, mas sem atravessar a rua. Depois Lars teve a atenção desviada por um carro de polícia, que passou devagar e não o parou. Ele ficou procurando pelo homem por um momento, mas não o viu mais. Quando deu seu testemunho, Lars disse achar que o suspeito tinha provavelmente desaparecido pela Rua Johannesgatan.

As testemunhas que descreveram a continuação da fuga do suspeito não estavam muito seguras de seus depoimentos, sendo alguns inclusive contraditórios. Na esquina da Regeringsgatan com a David Bagares, o casal Gerhard S. e Ann-Cathrine R. cruzou com um homem que murmurava algo incompreensível e desapareceu bem rápido da vista deles.

A jovem estudante de arte chamada Sara saiu da discoteca Alexandra´s pela porta dos fundos que dava para o beco Smala Gränd. Ela quase bateu com a porta em um homem que passava na direção da Snickarbacken. Ele tinha os braços caídos ao longo do corpo e as mãos nos bolsos do casaco. Antes de ele levantar a gola do casaco para esconder o rosto, ela pôde observá-lo com atenção. Ele era esguio, tinha porte atlético, andava meio encolhido, exibia um rosto de traços masculinos marcantes e um nariz comprido, estreito e reto. O cabelo era escuro, curto e estava colocado atrás da orelha. Usava um casaco azul-marinho que ia até os joelhos, de gola estreita, um blusão de cor clara e calças também azul-escuras. O testemunho de Sara serviu de base para o retrato falado. Os especialistas da polícia alemã do BKA, o Departamento Nacional de Investigação Criminal, consideraram seu testemunho muito confiável.

A guarda de trânsito Birgit D. estava sentada em sua viatura a alguns metros de distância do beco Smala Gränd, onde as escadas terminam na Snickarbacken, quando viu um homem descendo rapidamente em direção à Birger Jarlsgatan. Ele foi para o meio da rua e tentou esconder o rosto com a mão direita.

O motorista de táxi Hans H. aguardava do lado de fora do Restaurante Karelia, na Snickarbacken, quando avistou um homem vindo correndo das escadarias, abrindo a porta de um Passat, de cor azul ou verde. Antes de entrar no carro, o homem teria tirado o casaco e vestido uma jaqueta de camurça. Em seguida o carro arrancou, derrapando na neve.

Se fora o suspeito que alguma ou várias das testemunhas puderam descrever, ele havia tido muito tempo para se afastar do lugar do crime e chegar ao outro lado do morro Brunkeberg. Muitas buscas começaram a ser feitas passadas dez ou vinte minutos do crime.

Outras testemunhas descreveram a fuga do suspeito. Muitas delas pareciam falar sobre uma pessoa que não sabia para que lado ir. Talvez o assassino tenha andado a esmo pelo quarteirão por um momento. Isso seria mais uma evidência de que se tratava de um amador que teria cometido o crime, e não de um profissional que, em questão de minutos, teria deixado a cena do crime e procurado sair do país.

Após examinar o *modus operandi*, a escolha do equipamento e a rota de fuga do suspeito, minha conclusão foi a de que o assassino de Olof Palme não era um profissional; pelo contrário, estávamos diante de um completo amador. Alguém como Alf Enerström, mas ele tinha quase dois metros de altura e as testemunhas teriam mencionado isso se o tivessem visto. Ou alguém como Jakob Thedelin, mas era difícil aceitar que uma pessoa que usava *kilt* e escrevia comentários negativos sobre Palme no Facebook quase trinta anos depois pudesse ter assassinado o primeiro-ministro e tivesse se mantido calado por tanto tempo.

Ou ainda alguém como Christer Pettersson. Ele fora apontado como culpado por uma única testemunha, que estivera a um metro de distância do assassino. Essa pessoa era Lisbeth Palme.

Lisbeth #1

ESTOCOLMO,
FEVEREIRO DE 2012

Eu encontrei e li rapidamente os interrogatórios tornados públicos e os testemunhos dados por Lisbeth Palme, que eram poucos e curtos.

Depois da morte de Olof Palme, Lisbeth ficara viúva, era a testemunha principal e considerada vítima também, pois levara um tiro. Além disso, era a esposa do ex-primeiro-ministro e psicóloga de profissão. Ficava explícito na documentação que a polícia não sabia como tratar com Lisbeth nem que papel ela tinha nas investigações. Passados três anos do crime, ela tinha certeza de quem havia matado o seu marido, mas, quando examinado seu testemunho à época do crime, ela não estava tão segura assim.

Em 26 de junho de 1989, transcorridos mais de três anos do crime, Lisbeth Palme apontara, com toda a certeza, Christer Pettersson como o homem que vira na esquina da Tunnelgatan com a Sveavägen.

Em 14 de dezembro de 1988, quase três anos depois do crime, ela escolheu Christer Pettersson em uma confrontação por vídeo, quando disse: "Sim, é o número 8 que bate com a minha descrição".

Nos dias 5 e 6 de maio de 1986, mais de dois meses após o crime, o chefe da polícia federal, Tommy Lindström, ajudou a interrogar Lisbeth Palme. A descrição do rosto do suspeito veio em detalhes: "Ele tinha um olhar fixo e intenso, lábios finos e claros, lábio superior esticado, meio sem cor e achatado, testa reta, sobrancelhas retas e um rosto de formato retangular, com queixo e maçãs bem marcados".

Em 25 de março de 1986, mais de três semanas depois do crime, a memória dela parecia estar mais fraca, pois disse apenas que "o suspeito tinha um olhar intenso, olhos claros, maçãs do rosto salientes e lábio superior meio sem cor".

Em 8 de março de 1986, uma semana após o crime, Lisbeth descreveu o rosto do suspeito por meio de uma comparação com o retrato falado: "O homem que saiu correndo pela Tunnelgatan tinha um rosto mais arredondado, mais cheio do que nessa foto". Os outros traços faciais ela descreveu como retos.

No dia 1º de março de 1986, pouco depois de Lisbeth Palme chegar ao Hospital Sabbatsberg, ela foi questionada, mas não descreveu o rosto do suspeito. Ela disse que vira duas pessoas no local do crime e que poderiam ser as mesmas que ela tinha observado do lado de fora de sua residência, umas duas ou três semanas antes.

Era difícil para mim entender como Christer Pettersson poderia ter sido condenado em primeira instância quando a maior parte do processo era baseada no testemunho de Lisbeth Palme. Três anos depois do crime, ela tinha certeza da culpa de Christer Pettersson, mas na ocasião do assassinato ela não podia afirmar com certeza qual era a aparência do assassino. Isso contradizia por completo o conhecimento sobre a psicologia das testemunhas e como a memória funcionava.

Na noite do crime, ela mencionara dois suspeitos, sem conseguir descrever o rosto deles ou quem havia disparado os tiros. Essa descrição também foi usada como base para o alarme que foi dado na mesma noite: "Dois suspeitos, entre quarenta e quarenta e cinco anos, cabelo escuro, um deles notavelmente alto".

Isso deixava claro que não se tratava de apenas um suspeito, mas de uma conspiração. Talvez uma pequena conspiração amadora, com a participação de Alf Enerström e de seu cúmplice, Jakob Thedelin.

Anna-Lena

ESTOCOLMO,
MARÇO DE 2012

Quando estive na biblioteca, Daniel Lagerkvist havia mencionado que falara com a maior especialista em extrema-direita da Suécia e que ela poderia ter algum material sobre Alf Enerström e sua rede de contatos. Mesmo que Enerstöm se dissesse "social-democrata", ele deveria ser visto como um membro da extrema-direita em razão de suas opiniões e de seus amigos.
Entrei em contato com Anna-Lena Lodenius.

Anna-Lena vivia em um apartamento em um tipo de prédio bastante comum na Suécia. O edifício era simples, continha apenas imóveis para aluguel, tinha três andares, um único portão de entrada e não dispunha de elevador. O de Anna-Lena era em um subúrbio ao sul de Estocolmo. Era um dia comum de inverno em um bairro comum, inclusive a retirada da neve era como de costume, ou seja, não havia sido feita, e os carros estavam estacionados longe das calçadas, havendo um grande acúmulo de neve em todos os lugares, o que me fez dar muitas voltas até encontrar um lugar onde pudesse estacionar.
Anna-Lena abriu a porta e deu um sorriso cheio de energia, me deixando sozinho por um instante na entrada do apartamento enquanto buscava as chaves de seu arquivo. Do pequeno hall de entrada, avistei um apar-

tamento comum sueco, mas muito aconchegante, apesar de repleto de pastas, livros e papéis. Fomos ao arquivo de Anna-Lena e, quando ela me mostrou as prateleiras lotadas naquele pequeno local, percebi que estava diante da maior especialista em extrema-direita da Suécia.

— Aqui tenho material da década de 80, e você deve encontrar informações sobre Alf Enerström. Ele já era ativo nos anos 70 e continuou até os 90, mas podemos começar por aqui e ver o que encontramos.

Anna-Lena apanhou duas pastas grossas e as colocou sobre uma mesa em sua pequena cozinha, que ficava ao lado do arquivo com as estantes.

— Você pode se acomodar aqui e ler. Estou ali do lado se precisar de algo.

Comecei com a pasta onde se lia "Alf Enerström". As páginas estavam amareladas, alguns documentos eram originais e outros eram cópias, mas tudo tinha ficado da mesma cor com o tempo. A pasta continha uma grande quantidade de anúncios de Alf e Gio. Textos longos que dividiam o limitado espaço com os anúncios. Os textos de uma maneira geral atacavam Olof Palme, direta ou indiretamente. Em um deles havia alguns artigos que eu ainda não tinha visto. Lars Thunholm, que trabalhava nos negócios da família Wallenberg e que mais tarde se casaria com Gio, explicava por que ele, como diretor do jornal *Svenska Dagbladet*, recomendava que o jornal aceitasse os anúncios de Enerström.

Mas um dos documentos chamou minha atenção. Era um relatório de três páginas escrito à máquina sobre Alf e Gio, incluindo um resumo de seus anúncios. Não estava assinado, mas quem o escrevera fora preciso nas formulações, conseguindo resumir em algumas linhas as informações mais importantes sobre o casal.

Passei para a outra pasta, em que se lia "Miscelânea, década de 80". Enerström aparecia em um par de papéis, mas havia muito material novo para mim, com nomes e organizações desconhecidos: WACL, Resistência Internacional, EAP, Aliança Democrática, *Contra*, Anders Larsson, Carl G. Holm, Filip Lundberg. Muitos documentos tinham a mesma tipografia um pouco rara e pareciam ter sido escritos na mesma máquina de escrever. Algo em comum entre os documentos é que tratavam do ódio a Palme, e em muitos deles se mencionava um provável envolvimento da pessoa no assassinato de Palme.

Deixei os papéis sobre a mesa e fiquei pensando. Nenhuma assinatura, nenhuma data, a mesma linguagem de frases bem formuladas que a existente no relatório sobre Alf. Eu não conseguia chegar a uma conclusão. Acabei me levantando e indo até o outro cômodo, onde Anna-Lena arrumava alguns papéis.

— Você pode me explicar o que é isso?

Anna-Lena deu uma olhada e respondeu:

— São do Stieg.

— Do Stieg?

— Sim, Stieg Larsson. Ele escreveu quando estava interessado no Caso Palme.

— Você está falando do escritor de romances policiais? Ele trabalhou no Caso Palme?

— Paralelamente à pesquisa sobre a extrema-direita, ele também se interessou pelo Caso Palme — disse Anna-Lena. — Isso foi muito antes de ele escrever a trilogia. A maior parte do material nessas pastas é do Stieg. Ele sempre me dava cópias dos documentos importantes para guardar, caso acontecesse alguma coisa com o original.

— Você trabalhou com ele no Caso Palme também? — perguntei.

— Não, eu não estava interessada. Às vezes trocávamos ideias, porque ele sabia que eu era neutra nas minhas avaliações. O Stieg amava conspirações e costumava fazer ilustrações da rede de contatos das pessoas que tinham alguma relação com o caso.

— Parece muito emocionante — eu disse.

— Sim, é verdade. Para mim parece algo sem sentido, pois podemos desconfiar de pessoas que só se encontraram por um breve momento, em uma conferência, por exemplo.

— Pode ser — eu disse. — Mas mesmo assim eu gostaria de ver as ilustrações do Stieg sobre as redes de contatos.

— Se você está interessado no Caso Palme, com certeza deve ter mais coisas do Stieg em algum lugar — disse Anna-Lena.

— É mesmo? Onde?

— Não sei lhe dizer. Tente com quem trabalhou com ele na época. Håkan Hermansson, Tobias Hübinette, Daniel Poohl, Sven Ove Hansson. E Eva Gabrielsson, é claro, a companheira do Stieg.

— Por onde devo começar?
— Não sei. Só sei que se chama "investigar". Você não sabe exatamente o que está procurando, e é isso que torna a coisa toda tão interessante. De repente você acha um documento que te leva a outro. Para onde irá depois, você não tem a mínima ideia. Vai querer uma cópia disto aqui?

Quando saí da casa de Anna-Lena, tudo havia mudado. Agora eu tinha cópias de documentos escritos pelo autor de romances policiais mais famoso da Suécia. E os documentos eram sobre o Caso Palme! Além disso, Larsson também havia escrito sobre Alf Enerström, que eu mesmo estava investigando. Eu precisava saber mais sobre a pesquisa de Stieg Larsson.

Lisbeth #2

ESTOCOLMO,
MARÇO DE 2012

Assim como grande parte da população da Suécia e milhões de pessoas ao redor do mundo, eu também havia lido os livros de Stieg. Depois de ler *Os homens que não amavam as mulheres* em poucos dias, também estava ansioso para ler o próximo livro. Mas o segundo volume da trilogia, *A menina que brincava com fogo*, era muito longo, e os poderes quase sobrenaturais de Lisbeth Salander foram demais para mim. A terceira parte, *A rainha do castelo de ar*, era o melhor deles, na minha opinião. Quando li sobre a seção secreta da Säpo para análises especiais, parecia inacreditável que algo assim de fato existisse na Suécia.

Anna-Lena Lodenius me contou algo que eu talvez já tivesse ouvido, mas esquecera. O projeto mais importante de Stieg era o seu trabalho contra a extrema-direita. E era isso que o conduzira ao Caso Palme. Talvez ele houvesse usado o mesmo método de pesquisa em seus romances. Haveria uma base verídica por trás dos livros, principalmente no terceiro volume? Apanhei *A rainha do castelo de ar* e o li mais uma vez em um só fôlego e com uma caneta vermelha na mão, pronta para ser usada.

Em paralelo à história de Zalachenko e Lisbeth Salander, que era com certeza ficção, havia algo no livro que chamara a minha atenção desde a primeira leitura. Pesquisei no Google sobre as organizações, nomes de pessoas e livros mencionados na obra de Stieg. Mais do que eu imaginava era baseado em fatos reais.

O livro se passa alguns anos após o assassinato de Palme e a fuga do espião Stieg Bergling, sendo os dois acontecimentos mencionados com frequência. Um grupo de pessoas da Säpo tem um papel importante no livro, fazendo parte da Seção de Análises Especiais (ou simplesmente Seção), uma micro-organização dentro da Säpo. Muitos dos que trabalhavam na Seção tinham sido membros da Aliança Democrática, organização de extrema-direita ativa até os anos 70.

P. G. Vinge era o nome do antigo chefe da Säpo, a polícia secreta, tanto no livro quanto na realidade. O chefe da Seção se chama Evert Gullberg (nome fictício). Uma pessoa real que se parece com esse personagem é Tore Forsberg, que foi chefe de contraespionagem na época em que os acontecimentos do livro se passam.

No livro, Gullberg está preocupado com os riscos que os arquivos da Seção poderiam correr se fossem abertos: "Jornalistas malucos iriam, sem dúvida, levantar a teoria de que a Seção esteve por trás do assassinato de Palme, tendo como consequência uma nova onda de revelações e acusações".

Era fácil se deixar levar pela ideia de que um dos escritores de romances policiais mais vendidos do mundo teria chegado perto da solução para o Caso Palme e escrito sobre o assunto em seus livros.

Anna-Lena Lodenius disse que deviam existir mais documentos das pesquisas de Stieg sobre o Caso Palme, e eu decidi que iria investigá-los. Quem sabe eu não encontraria uma Lisbeth Salander de verdade? Alguém com tatuagens, algum tipo de diagnóstico e amigos hackers.

Ao arquivo

ESTOCOLMO,
MARÇO DE 2012 A MARÇO DE 2013

Depois do meu encontro com Anna-Lena, conheci vários amigos e colegas de Stieg, que me deram uma ideia sobre o trabalho dele. Um ano não é muito tempo quando se faz pesquisa e se passa por um processo de divórcio, que foi o que aconteceu comigo. Algumas vezes parei e perguntei a mim mesmo se todo o tempo que eu estava dedicando a buscar informações valia a pena, afinal eu nem estava mais escrevendo um livro. A resposta era sempre negativa, mas eu continuava mesmo assim. Mergulhei no mistério de Stieg e do Caso Palme quando sentia que a minha vida pessoal estava fracassando e que o meu casamento tinha realmente chegado ao fim. O meu trabalho era a minha válvula de escape.

O jornalista Håkan Hermansson descrevera o trabalho com o livro *Missão Olof Palme*, confirmando a capacidade incrível de Stieg na área do jornalismo investigativo, de como ambos tinham feito o mapeamento do ódio dirigido a Palme e como Stieg, paralelamente, pesquisara sobre o crime.

Sven Ove Hansson, o veterano do mapeamento da extrema-direita sueca, havia trabalhado com Stieg e confirmava o talento dele para as pesquisas. Além do mais, fora Hansson quem colocara Stieg em contato tanto com Håkan Hermansson quanto com Anna-Lena Lodenius.

Tobias Hübinette, que liderara as pesquisas na revista antirracista *Expo* e fora um de seus fundadores, contara que Stieg, entre outras coisas, havia reunido cartas que um Anders Larsson enviara para diversas pessoas, entre elas o secretário de gabinete Pierre Schori. As cartas e outros documentos poderiam estar guardados na sede da *Expo* ou na casa da companheira de Stieg, Eva Gabrielsson.

Eu já tinha me encontrado com Eva em algumas ocasiões. Frequentemente nossas conversas enveredavam para o nosso interesse em comum pela arquitetura, mas volta e meia falávamos sobre Stieg, antes ou depois de sua morte. Ela me contara que Stieg suspeitava mais do envolvimento dos agentes da África do Sul e dos extremistas de direita, mas nenhum material dele sobre o Caso Palme estava em sua posse.

Fiquei muito decepcionado quando soube que Stieg acreditava em uma grande conspiração do serviço secreto sul-africano, pois isso não ia ao encontro da minha teoria sobre Alf Enerström, que tivera a ajuda de uma ou mais pessoas.

Daniel Poohl, editor-chefe da *Expo*, me contara como o interesse de Stieg pelo Caso Palme se manteve até a época em que eles começaram a trabalhar juntos, em 2001. Ele mencionou também que a *Expo* tinha uma grande quantidade de papéis que poderiam ser relevantes guardada em um depósito. Levou alguns dias até que ele entrasse em contato comigo de novo. Resolvemos que na manhã seguinte iríamos nos encontrar no estacionamento em frente ao depósito alugado, onde as caixas com o material de Stieg haviam sido guardadas. Naquela noite começou a nevar profusamente.

OCR

ESTOCOLMO,
MARÇO DE 2013

Da nossa visita ao depósito da *Expo*, levei para casa duas caixas de papelão enormes, contendo os papéis de Stieg. A escolha fora feita de forma rápida no final, pois eu queria ler o máximo possível e eu sabia que aquele material era valioso.

Quando estava examinando os papéis, encontrei documentos que Stieg havia escrito em formato de carta, relatório ou resumo misturados com documentos da polícia e de outras autoridades, que estavam carimbados com a palavra "confidencial".

Eu arrumei a minha sala de estar como se fosse um escritório de jornalismo investigativo, com uma escrivaninha um pouco grande demais, uma impressora com função de scanner e uma estante para o material sobre o Caso Palme, que era extenso. O antigo mapa-múndi preso em uma placa de cortiça serviria como quadro de anotações.

Stieg tinha organizado todo o material em pastas de papelão, tendo cada pasta uma nota escrita à mão na parte de cima, na qual se lia o tema. Quando dei uma olhada nas caixas, vi que havia três tipos de pastas. Algumas eram de papelão marrom, outras eram verdes, outras azuis brilhantes, e alguns dos títulos apareciam duas ou mais vezes. As pastas marrons eram em maior quantidade e pude ver rapidamente que eram do final da década de 70 e início da de 80. As pastas coloridas eram destinadas em parte aos anos 80 e continuavam até os anos 90.

Apanhei duas pastas marcadas com o título "Resistência Internacional" e coloquei o conteúdo delas lado a lado. Em ambas havia cartas, relatórios, artigos e resumos. Estavam datadas da mesma época, e uma delas continha, sobretudo, documentos de 1985, e a outra começava de 1986 em diante. Não havia nenhum documento duplicado ou igual nas duas pastas. O motivo de Stieg ter duas pastas era que, quando não havia mais espaço na primeira, ele arranjava outra com o mesmo nome para dar continuidade. Fiz o mesmo controle em outras três pastas marcadas com "WACL" e duas em que se lia "Anders Larsson". Stieg enchera as pastas e arrumara mais um armário com outras. Quando me lembro da quantidade de caixas com o material de Stieg que descartei como menos relevantes, me dou conta de quanto seu arquivo era imenso.

O próximo passo era começar a escanear o material na mesma ordem que eu ia colocando sobre a mesa. Os papéis soltos eram escaneados com rapidez pelo alimentador na parte de cima da máquina. Era um pouco mais difícil trabalhar com os papéis grampeados — muitos documentos continham cinquenta páginas ou mais. Eu os separava uns dos outros, pois decidira que não os estragaria, e os deixava de lado para serem lidos mais adiante. A atividade era um tanto monótona, mas comecei a compreender tanto o trabalho de Stieg quanto os seus métodos, e percebi que eram um tipo de caos estruturado. Ali havia documentos que Stieg escrevera para si mesmo e à mão, da mesma forma que havia aqueles feitos para outras pessoas, que eram escritos com cuidado à máquina, chegando ao limite da perfeição, com margens direitas e esquerdas minuciosamente alinhadas.

Encontrei no total três tipos diferentes de fontes nos documentos escritos durante a década de 80, quando ele nem deveria ter tido um processador de texto e muito menos uma impressora a laser. Cheguei à conclusão de que Stieg talvez tivesse uma máquina de escrever elétrica com diversas fontes. Acho que devia ser uma IBM Selectric com uma bola de tipos e função de correção, além de memória, que explicava o perfeito alinhamento das margens.

As cartas, anotações, resumos e documentos que Stieg escrevera eram cerca de dez por cento do volume total do material que eu havia escolhido. Metade do material se constituía de jornais, artigos recortados ou copiados que eram de domínio público. O restante era formado por cartas, relatórios e outros materiais vindos de fontes privadas, que Stieg recebera ou que ele mesmo encontrara.

Podia-se ver o tempo e a dedicação de Stieg àquela tarefa, pois deve ter passado noites, fins de semana e horas de trabalho lendo, pensando, escrevendo e separando material. Muitas horas que ele poderia ter passado com Eva, com os amigos ou com outras ocupações. Ele poderia ter tido uma família e morado em Bromma, mas esse não seria Stieg Larsson. Os livros não teriam sido escritos, a extrema-direita poderia ter agido livremente na Suécia e suas investigações sobre o assassinato de Olof Palme nunca teriam sido feitas.

Após examinar o arquivo de Stieg, digitalizei o material para um computador novo e arrumei um programa OCR, possibilitando a pesquisa no material. Depois de muitas noites trabalhando nisso, consegui escanear e avaliar todo o material de Stieg. Durante o processo, eu havia encontrado um relatório de Stieg, de 1987, que mencionava um certo Bertil Wedin. A primeira frase dizia: "Pistas para a *Searchlight* sobre a pessoa com ligações com a extrema-direita: boatos de que Wedin tenha feito o papel de intermediário no assassinato de Palme".

Essa informação foi o bastante para soltar a minha imaginação, mas era só mais um nó a ser desatado, que não acrescentava nada à minha teoria sobre Alf Enerström e Jakob Thedelin.

Moscow mule

PRAGA,
ABRIL DE 2013

"Co chcete?,
A mensagem pessoal tinha apenas duas palavras em checo, que significavam "O que o senhor deseja?", mas era um pequeno sinal de que podíamos iniciar uma conversa.

A beldade checa Lída Komárková havia feito amizade com Jakob Thedelin pelo Facebook, apesar de morar em Praga e ter uma fotografia bonita demais em seu perfil. Se era um perfil falso, eu gostaria de saber quem ela (ou ele) de fato era.

Depois de um mês desde que eu lhe mandara uma mensagem, já havia até me esquecido. Porém, após um ano, de repente recebi uma resposta, o que realmente me pegou de surpresa, aumentando a minha desconfiança de que o perfil de Lída fosse mesmo falso. Trocamos algumas mensagens, e ela me contou muito pouco de si, mais parecendo querer descobrir informações sobre mim. Por outro lado, eu estava fazendo o mesmo. No fim, acabei sugerindo um encontro em Praga. A resposta dela foi rápida: "Blue light v útery 22. Hodin. 2x moscow mule".

O voo para Praga levou apenas duas horas, e o lugar onde Lída queria me encontrar ficava perto da Ponte Carlos, em Malá Strana, aquele lado do rio que o exército sueco ocupara por alguns anos durante a Guerra dos Trinta Anos, saqueando riquezas locais.

Eu me acomodei junto ao balcão daquele bar enfadonho, tentando descobrir se o local era frequentado por turistas ou moradores da cidade. Cheguei à conclusão de que era uma mistura de tudo. À minha frente eu tinha dois drinques moscow mule, servidos em canecas baixas de cobre. Quando o relógio marcou dez e meia, uma garota que circulava pelo bar e parecia conhecer todos os outros que estavam lá se sentou à minha frente e, sem demonstrar nenhum sinal de timidez, começou a bebericar um dos drinques.

— Espere um pouco. Esse drinque já tem dona — eu disse.

— Exato. É da Lída.

Ela não se parecia com a garota da foto do perfil. Tinha cerca de trinta anos, estatura mediana, cabelos pintados de vermelho, olhos castanhos de um tom incomum e um sorriso de vencedora, mas com certeza não era a moça da foto. Tinha uma tatuagem no pulso e outra na nuca com caracteres hebraicos. Será que era judia?

— Eu esperei um pouco para ter certeza de que você tinha vindo sozinho — disse ela. — Então me conte, *what's your story?*

O que se seguiu foi quase uma dança. Eu contava um pouco, esperava a vez dela, depois falava mais um pouco. Estávamos indo devagar, não apenas por sermos cautelosos, mas porque ela me interrompia com frequência e, sempre que se decidia a me contar algo, ficava presa à mesma frase, me obrigando a completá-la. Era fácil gostar dela, o que se via quando ela conversava com os funcionários e com os outros clientes do bar.

A história dela era bastante simples. O motivo de ter ficado amiga de Jakob pelo Facebook fora o interesse em comum que ambos tinham pelo judaísmo. Ela tinha planos de se converter havia muito tempo, e eles tinham vários amigos em comum pelo Facebook que eram judeus. Talvez ela ou ele tivesse enviado um pedido de amizade ao comentarem alguma postagem de um amigo em comum, mas nunca tinham conversado pelo Messenger, e isso ela verificara antes do nosso encontro. O fato de ela ter me respondido tanto tempo depois era porque não tinha visto a minha mensagem antes, tendo-a encontrado por acaso quando procurava uma outra.

Perguntei por que tinha outra foto e outro nome em seu perfil. Depois de pensar um pouco, ela me respondeu que era um tipo de brincadeira na qual ela podia conhecer outras pessoas e escrever coisas que não pertenciam à sua vida comum. Ela podia ser outra pessoa por um momento, e achava que eu não precisava saber o seu nome verdadeiro. Foi tudo o que consegui arrancar da garota, mas eu sabia que devia haver muito mais que ela não queria me contar.

Falei de meu projeto. Olof Palme e seu assassinato eram coisas novas para ela, mas Stieg Larsson ela conhecia. O tempo foi passando, conversamos por umas duas horas, e eu tinha certeza de que Lída poderia me ajudar, mas ela foi mais rápida.

— Posso te ajudar?

— Talvez você possa me ajudar a descobrir quem são os amigos dele, mais informações sobre Enerström e, principalmente, o que o Jakob sabe sobre o assassinato de Palme.

— Gostei da ideia! — disse Lída. — Me dê uns dois meses que volto com alguma coisa. Talvez eu fale com algum amigo que também goste de fazer esse tipo de coisa.

Não entendi o que ela quis dizer, mas Praga é a cidade das surpresas. No dia seguinte voltei para Estocolmo, uma cidade bem mais previsível.

GT

ESTOCOLMO,
VERÃO DE 2013

O mapa-múndi da sala exibia documentos que me pareciam interessantes. Era fácil prender qualquer coisa com alfinetes naquele quadro de cortiça. Às vezes, algo ficava pendurado ali por bastante tempo; outras, eu colocava alguma informação que era logo substituída. Todos os dias eu visualizava o que se passara na cabeça de Stieg. A parte principal de sua teoria era fácil de compreender: África do Sul, Craig Williamson, agentes sul-africanos, Bertil Wedin, suecos da extrema-direita. Os detalhes é que eram difíceis.

Um artigo que ficou pendurado no quadro por um bom tempo tinha sido publicado no jornal noturno *GT* em maio de 1987. Acho que Stieg deve ter ficado muito interessado no artigo, pois ele descrevia aquilo com que ele próprio estava trabalhando com afinco naquele momento. Durante o mesmo período em 1987, os jornais *Svenska Dagbladet* e *Arbetet* publicaram os mesmos artigos. Uma das informações veio da mesma fonte anônima com a qual a jornalista Mari Sandström tivera contato em Genebra, onde ela estava a trabalho. A fonte se dedicava a violar sistematicamente as sanções administrativas, atividade conhecida como *sanction-busting*, obtendo, através de seus contatos dentro do regime de apartheid, uma lista com os nomes das lideranças e de quem trabalhava para o serviço de segurança, incluindo informações detalhadas de como o assassinato de Olof Palme fora executado.

Mas o jornal *GT* também possuía uma fonte junto à polícia sueca, que tinha conseguido descrever em forma de gráfico uma teoria coerente com a qual a polícia vinha trabalhando. Além de tudo, Bertil Wedin tinha um papel importante no cenário descrito, exatamente como constava do relatório que Stieg escrevera sobre ele.

O título era "A Säpo incrimina a África do Sul", e no texto era descrito como a Säpo, a polícia federal e a polícia local de Estocolmo, mais de um ano após o crime, vinham colaborando para mapear um grupo de extrema-direita. Vários membros do grupo haviam sido observados nas proximidades do local do crime, usando walkie-talkies.

Segundo um informante com ligações na África do Sul, os suecos foram cúmplices de um "grupo assassino" sul-africano composto por três homens. O assassinato teria sido planejado pelo agente sul-africano Craig Williamson, juntamente com um europeu residente na África do Sul e um cidadão da Alemanha Ocidental. Eles teriam recebido mais ajuda de funcionários sul-africanos na Suécia e de um sueco que trabalhava para a África do Sul. Para esclarecer melhor, o artigo fora ilustrado com um gráfico típico dos anos 80.

Tentei encontrar nomes para as pessoas anônimas, cruzando o artigo com os documentos de Stieg e com o relatório da Comissão de Revisão de Investigações. Este contava com um total de duzentas páginas que faziam alusão à África do Sul e a importantes membros da extrema-direita. Finalmente, consegui elaborar uma lista:

Grupo de planejamento

1. Craig Williamson
2. Mario Ricci. Italiano que trabalhava com Williamson.
3. Franz Esser. Vendedor de carros da Alemanha Ocidental, responsável pelos veículos.

O único membro que não era certeza no grupo de planejamento era Mario Ricci, que parecia não residir na África do Sul, mas nas ilhas Seychelles. Como mencionava o artigo, ele era europeu, trabalhava com Williamson e era bastante engajado nos negócios com a África do Sul.

Grupo de assassinos

1. Anthony White. O nome mais mencionado em artigos e documentos.
2. Roy Allen. Seu nome aparecia em um recibo de viagem que, provavelmente, fora falsificado.
3. Nigel Barnett, também conhecido como Henry Bacon, entre outros. Falava sueco e possuía um revólver Magnum.
4. Paul Asmussen. Colega de escola de Williamson e mencionado em um relatório que vazara.

No artigo estava escrito que eram três pessoas, mas, segundo uma outra fonte, o grupo sul-africano era composto por duas pessoas. Encontrei mais quatro nomes possíveis.

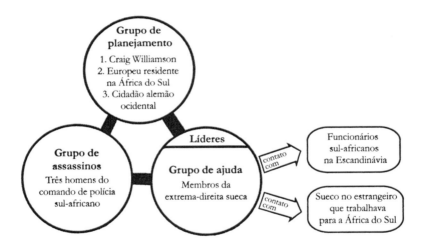

A nova teoria da polícia. A organização do assassinato, segundo artigo do *GT* de 28 de maio de 1987.

Grupo de ajuda

1. Anders Larsson (líder). Contato com instituições sul-africanas.
2. Victor Gunnarsson. Andava com Anders Larsson.
3. Policiais de extrema-direita. Carl-Gustaf Östling e colegas.

Anders Larsson era o membro de extrema-direita da Aliança Democrática que dera o alerta sobre o assassinato. Victor Gunnarsson fora suspeito pelo menos em duas ocasiões por participação. O policial Carl-Gustaf Östling era quem frequentemente aparecia na "pista policial". Outras pessoas interessantes eram o estenógrafo Bengt Henningsson e o livreiro Bo R. Ståhl. Ambos eram amigos próximos de Anders Larsson, além do homem conhecido como "Homem do Skandia", que surgira no local do crime.

Funcionários sul-africanos na Suécia

1. Luís Antunes. Representante da UNITA em Angola e contato de Anders Larsson.
2. Heine Hüman. Entrara em contato com a polícia em abril de 1986. Encarregado de organizar alojamento para os sul-africanos.
3. Jan W. Professor sueco, residente em Estocolmo e informante da África do Sul.

Sueco no estrangeiro que trabalhava para a África do Sul

1. Bertil Wedin

Chamava atenção o fato de que, apenas dois meses depois que Holmér saíra do cargo de chefe das investigações, a polícia tenha investigado e diversos jornais tenham escrito acerca da teoria de Stieg sobre a África do Sul ter planejado o crime. Com Holmér fora do caminho, a polícia pôde trabalhar de acordo com seus métodos habituais, estando livre para seguir novos indícios e rapidamente encontrando uma teoria baseada em informações concretas.

Pelo que eu podia constatar, não havia informações que conectassem a África do Sul fosse com Bertil Wedin, fosse com Alf Enerström e Jakob Thedelin.

Eu ainda examinava duas teorias distintas: a de Stieg e a minha.

Com o intermediário

CIRÊNIA,
SETEMBRO DE 2013

A polícia nunca havia interrogado Bertil Wedin. Segundo a própria polícia, era porque Wedin os evitara durante quase três décadas, mas, segundo Wedin, era a polícia que não queria falar com ele. Eu suspeitava de que Stieg tivesse tentado entrar em contato com Wedin, mas ele falecera antes de cumprir sua tarefa. Agora chegara a minha vez.

A vida de recém-divorciado em Estocolmo era monótona e solitária, e parecia que eu não tinha nada a perder. O que poderia acontecer de pior? Antes que eu me arrependesse, já tinha comprado uma passagem de ida para Chipre.

Uma passagem de Estocolmo para Lárnaca não chegava nem a mil coroas suecas com a empresa aérea Norwegian, e a viagem levava quatro horas, sem conexões. A única desvantagem era aguentar os turistas, que queriam aproveitar as passagens baratas de outono para apanhar um pouco de sol antes que o austero inverno sueco desse as caras.

Cheguei tarde da noite e encontrei um táxi que estava preparado para me levar até o outro lado da fronteira, na República Turca de Chipre do Norte, um dos menores países da Europa. O país de trezentos mil habitantes foi fundado em 1966 depois da invasão turca que se deu em metade da ilha. Chipre do Norte tem sua independência reconhecida apenas pela Turquia e funciona muitas vezes como refúgio para criminosos, pois não possui acordo de deportação com outros países.

Eu havia conseguido reservar a minha primeira noite em um hotel por e-mail sem o cartão de crédito. Não sabia ao certo se cartões de crédito funcionavam ali, em virtude de sua condição especial como país, portanto levara comigo dois mil dólares, que deveriam bastar para minha estadia de duas semanas.

Cruzamos a fronteira. O motorista dirigiu um bom pedaço do caminho em velocidade acima da permitida naquelas estradas sinuosas, atravessando pequenos vilarejos. Ele provavelmente tinha pressa em retornar para o seu lado de Chipre. Já tinha passado da meia-noite quando fomos parados pela polícia em um radar. Foi ali que ele perdeu todo o dinheiro que paguei pela corrida.

A primeira manhã foi pesada. Eu estava tomando meu desjejum no grande refeitório do hotel, repleto de turistas ingleses, alemães e holandeses, todos atraídos pelos baixos preços, sem se preocuparem se o país estava ocupado ou não. O hotel era velho e no refeitório ecoava o ruído de porcelanas e talheres nas paredes e no chão cobertos de azulejos. A vista era de tirar o fôlego, mas nem prestei muita atenção nesse detalhe. Tentei me concentrar no livro que trouxera comigo: *A extrema-direita na classe alta da Suécia*, de Alvar K. Nilsson. O livro já estava mais grosso no final, por eu ter feito dobras nas páginas interessantes, mas naquele dia não consegui ler nada. Eu me sentia ainda mais solitário e comecei a pensar em achar um voo de volta para Estocolmo. Ter fugido dos problemas de casa para Chipre e mergulhado de cabeça no Caso Palme parecia ter sido uma boa ideia, mas agora a realidade me apanhara.

Depois de devorar uma panqueca com creme de chocolate e chantilly, eu me sentia um pouco melhor, então resolvi pegar um táxi. Pretendia dar uma caminhada em Cirênia (ou Girne, em turco). O centro da cidadezinha era muito pitoresco, com um porto de pescas pequeno, onde uma fileira de restaurantes revelava que a maior fonte de renda do local era o turismo. Em um dos lados do porto, havia uma fortaleza construída no século XVI e ainda bastante intacta. Continuei andando na direção contrária, ao longo da rua que acompanha a costa. Alguns metros adiante, avistei o clássico Hotel Dome, onde Bertil Wedin, em 1986, fora entrevistado por jornalistas de diversos países, depois de ter sido apontado pelos seus colegas sul-africanos por seu envolvimento no Caso Palme. O Hotel Dome era um belo prédio, construído em estilo funcional, mas agora um tanto decadente.

Caminhei durante uma meia hora e pude ver o tamanho da cidade. Não deveria ser difícil descobrir onde Wedin morava. Eu tinha visto em fotografias que ele vivia em uma casa em um subúrbio de Cirênia, mas a cidade crescera desde então. Voltei para o meu hotel para prolongar minha estadia por mais uma noite e passei o resto do dia de folga.

No dia seguinte, fui mais efetivo. De manhã, já havia planejado o que precisava para localizar Wedin. Alugara um carro por uma semana e enviara um e-mail para a redação do *Svenska Dagbladet* para saber se estariam interessados em uma entrevista com Wedin. Anexo, enviei o relatório de Stieg sobre ele, o que deveria deixá-los curiosos. Por segurança, assinei com outro nome, aquele que pretendia usar quando encontrasse Wedin: Fredrik Bengtson.

Antes que começasse a ficar muito quente, dirigi pelo bairro residencial durante uma hora e encontrei três casas que podiam pertencer a Wedin. Do lado de fora daquela que mais se parecia com a casa dele, havia dois Renaults 12 sucateados, do fim da década de 70, um modelo que eu achava que tinha visto na entrevista com Wedin. O jardim ao redor da casa estava crescido e malcuidado, quase parecendo uma selva, e o pouco que se via da casa deixava claro que ela precisava de cuidados.

Em vez de tocar a campainha, decidi esperar mais um dia ou dois. Bertil Wedin morava no mesmo lugar havia quase trinta anos e não fugiria dali apenas por saber que eu tinha vindo da Suécia. Quando vi como era fácil localizá-lo, me pareceu incompreensível que a polícia sueca não tivesse conseguido interrogá-lo, apesar de ter tido muito tempo para isso e tantos motivos.

A agência de correios ficava na Rua Mustafa Cagatay. Ao lado de uma fileira de guichês ainda ficavam algumas cabines telefônicas, onde uma telefonista fazia as ligações internacionais. Logo em frente encontrei o que procurava: uma pilha de catálogos telefônicos dispostos em um suporte, com

Figura 1: Carta de Stieg Larsson para Gerry Gable, escrita em inglês, em 20 de março de 1986. (Arquivos da *Searchlight)*

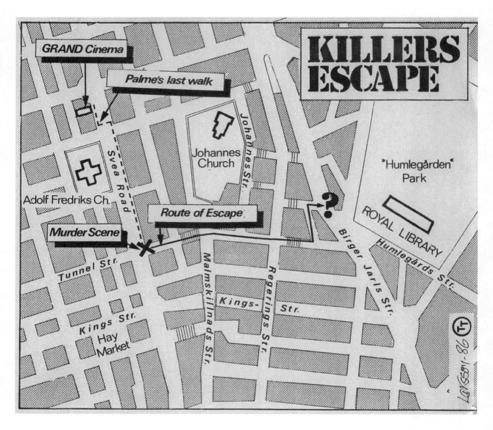

Figura 2: *Mapa do trajeto de fuga do assassino, desenhado por Stieg Larsson em 2 de março de 1986. (Arquivos da TT/Expo)*

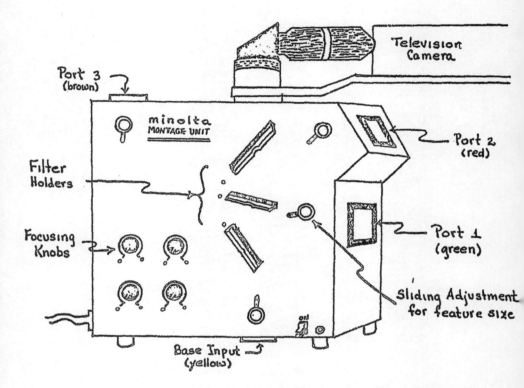

Figura 3: *Desenho da Minolta Montage Synthesizer e suas funções. (F. H. Duncan e K. R. Laughery, "Mug File Project Report Number UHMUG-4: The Minolta Montage Synthesizer as a Facial Image Generating Device", University of Houston, Houston.)*

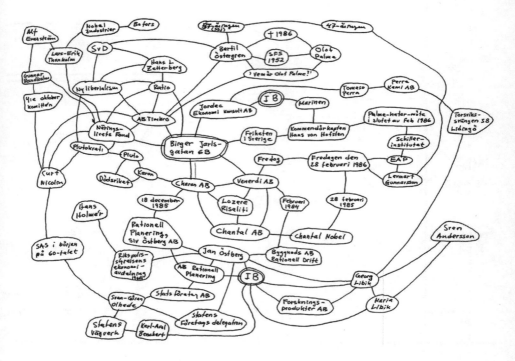

Figura 4: *Rede de pessoas e organizações, enviada por Stieg Larsson em setembro de 1987. (Arquivo pessoal de Stieg Larsson)*

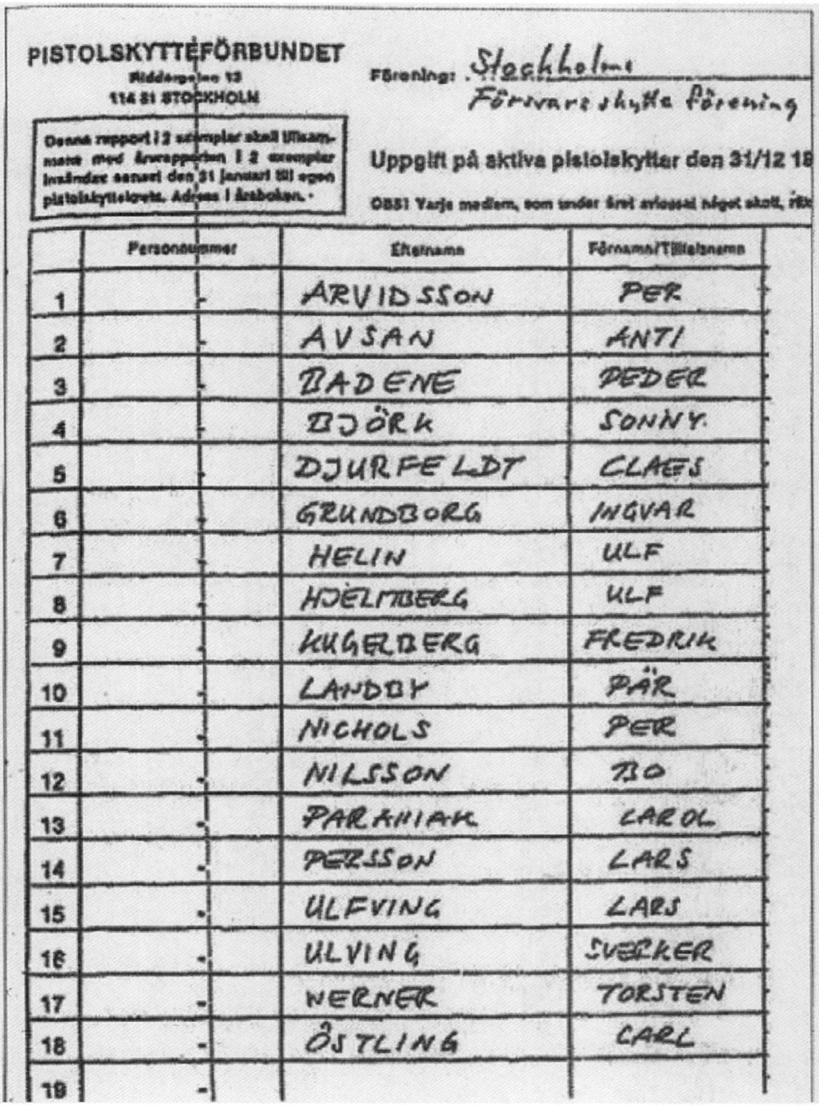

	PISTOLSKYTTEFÖRBUNDET		
	Personnummer	Efternamn	Förnamn/Tilltalsnamn
1	-	ARVIDSSON	PER
2	-	AVSAN	ANTI
3	-	BADENE	PEDER
4	-	BJÖRK	SONNY
5	-	DJURFELDT	CLAES
6	-	GRUNDBORG	INGVAR
7	-	HELIN	ULF
8	-	HJELMBERG	ULF
9	-	KUGELBERG	FREDRIK
10	-	LANDBY	PÄR
11	-	NICHOLS	PER
12	-	NILSSON	BO
13	-	PARANIAK	CAROL
14	-	PERSSON	LARS
15	-	ULFVING	LARS
16	-	ULVING	SVERKER
17	-	WERNER	TORSTEN
18	-	ÖSTLING	CARL
19	-		

Förening: Stockholms Försvarsskytte Förening

Figura 5: Lista de membros do Clube de Tiro, em 31 de dezembro de 1989. (Arquivo pessoal do autor)

Figura 6: *Mapa do acidente aéreo de Alf Enerström. (Arquivo pessoal do autor)*

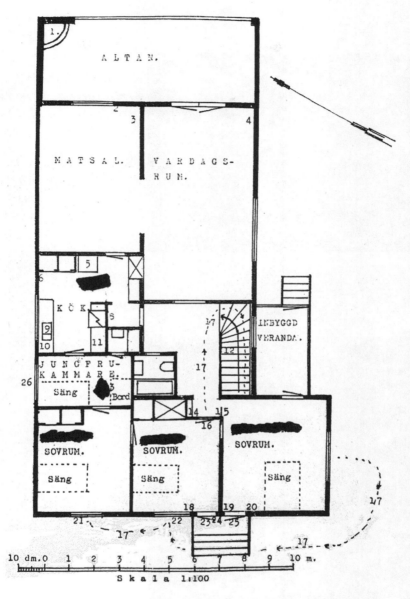

Figura 7: *Planta da residência de Gio Petré feita pela investigação do incêndio. (Arquivo pessoal do autor)*

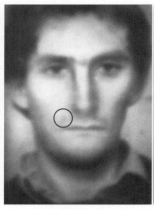 

Figura 8: À esquerda: Retrato falado com a verruga facial em destaque, acima do lábio, do lado direito. (Polícia)

À direita: Compilação do retrato falado e de uma fotografia de Jakob Thedelin. (Arquivo pessoal do autor)

Foto borttaget på begäran av Palmeutredningen.
Fotografia removida a pedido da equipe de investigação do Caso Palme.

Figura 9: Imagem de monitoramento de Jakob Thedelin feita pela Säpo em novembro de 1986. (Departamento de Segurança da Polícia)

as lombadas para cima. Eu podia virar um de cada vez e ler, tendo os outros catálogos como apoio. Em Chipre do Norte não viviam mais que algumas centenas de milhares de pessoas, portanto não deveria ser tarefa muito árdua pesquisar nos catálogos, e, quando escolhi o mais fino, acabei acertando. Era velho e estava bem manuseado. Com a letra "W", encontrei dois números telefônicos pertencentes a Bertil Wedin. Anotei ambos.

No caminho de volta ao hotel, passei duas vezes em frente à casa. Já estava escurecendo. Avistei dois Renaults 12 estacionados na frente e vislumbrei algumas luzes fracas através da vegetação fechada. Era noite na casa de Wedin, uma das dez mil noites que ele passava naquela casa desde 1985.

No dia seguinte, eu estava cheio de energia. Dei uma aprimorada na minha história e experimentei outras variações antes de decidir ficar com a mais simples. Eu me sentei na cama do meu quarto simples de hotel e tirei o fone do gancho. Pendurei a placa de "Não perturbe" na porta e fechei a varanda. Liguei para o número de Bertil Wedin e, após alguns sinais de chamada, uma voz atendeu:

— Alô?

— Bom dia! Meu nome é Fredrik Bengtson — eu disse. — É com Bertil Wedin que estou falando?

— Depende de quem está perguntando. Qual seria o assunto?

— Eu sou jornalista e fascinado por sua pessoa. Gostaria de entrevistá-lo.

Eu segurava o fone com firmeza, esperando a reação dele.

— É mesmo? Estou lisonjeado. Para quem o senhor trabalha?

— Para diversos jornais. Sou freelancer e já conversei com o *Svenska Dagbladet* sobre esse artigo.

O meu alter ego não era pura invenção. Afinal o meu segundo nome era Fredrik, e o meu pai se chamava Bengt, por isso o sobrenome. Eu havia ensaiado para me expressar de forma amigável, decidida, e usar uma linguagem bem polida, que eu desconfiava de que Wedin apreciaria. E preferi mencionar o jornal conservador *Svenska Dagbladet* por achar que ele aceitaria politicamente. Além disso, o jornal respondera de forma positiva ao meu e-mail: "Entre em contato conosco depois da entrevista. Não considere esta comunicação uma encomenda". Eu sabia que era obrigado a falar a verdade dentro do possível, senão Wedin podia acabar descobrindo tudo.

— Sobre o que o senhor quer conversar?

— Sobre a sua vida emocionante na Suécia, na Grã-Bretanha e aqui em Chipre.

— O senhor quer falar a respeito do assassinato de Olof Palme?

— Sim, gostaria muito. Se for possível.

Agora eu quase podia ouvir seus pensamentos. Eu já sabia que ele havia recusado muitas entrevistas ao longo dos anos.

— Há alguma possibilidade de remuneração?

Eu desconfiava de que ele fosse fazer essa pergunta, mas não assim tão cedo. A casa decadente e os carros sucateados do lado de fora testemunhavam que as economias de Wedin não eram lá essas coisas. Quanto seria razoável?

— Eu posso lhe pagar duzentos e cinquenta libras esterlinas pela entrevista — acabei dizendo.

— Então temos um acordo — Wedin respondeu depois de fazer uma pausa. — Duzentos e cinquenta libras por uma entrevista de uma a duas horas de duração. Nos vemos amanhã às onze em ponto no Hotel Dome.

Tinha funcionado! Eu havia conseguido algo que a polícia sueca tentara por quase três décadas sem sucesso. No dia seguinte, eu iria me encontrar com o mais importante e lendário agente e personagem da extrema-direita da Suécia.

O intermediário — primeiro dia

CIRÊNIA,
SETEMBRO DE 2013

O café da manhã no dia seguinte não trazia surpresas. O mesmo café fraco, os mesmos ovos mexidos e o mesmo pão branco, mas eu estava tão concentrado que quase esqueci de comer. Hoje eu não precisava de panquecas.

Vesti uma camisa muito bem passada, de mangas compridas e listrada, calças cinza de algodão e sapatos de amarrar. Anotava sem parar as perguntas no meu bloco. Eu me destacava dos turistas de camisas coloridas, shorts e chinelos de dedo.

Cheguei ao bar do Hotel Dome faltando dez minutos para as onze horas, para poder me acalmar. O local tinha uma decoração espartana, com mesas marrons e cadeiras forradas de plástico vinho. Ainda estava vazio e eu me questionava se tinha vindo ao lugar certo.

Às onze em ponto, Bertil Wedin apareceu. Vestia calças claras e bem passadas, uma camisa elegante com as mangas arregaçadas e sapatos lustrados. Ele estava vestido como eu havia imaginado, e percebi que eu fizera a escolha certa quanto às minhas roupas. O rosto de Bertil ainda parecia ter sido esculpido em um bloco de concreto, assim como eu vira nas antigas fotografias, mas agora estava mais marcado. Não percebi um único esboço de sorriso naquele homem duro com quem eu havia marcado de me encontrar. Com um leve clique na parte de cima, comecei a gravar a entrevista com a caneta com câmera que eu comprara antes de ir para

Chipre. A caneta estava acomodada estrategicamente no bolso da minha camisa e, com um pouco de sorte, eu conseguiria ter imagens e sons da nossa entrevista.

— Fredrik Bengston, *I presume*.

— Sim, sou eu. Prazer em conhecê-lo, Bertil.

— Vamos sentar lá fora e pedir uma cerveja?

— Vamos, sim.

Wedin foi andando na minha frente com o desembaraço de um cliente assíduo do lugar, me levando para o terraço com piscina. Reconheci a grade junto ao mar, onde ele havia sido fotografado quase vinte anos atrás. Nós nos acomodamos em uma mesa, à sombra de um guarda-sol. Apanhei meu iPhone e o coloquei em modo avião, para que a gravação não pudesse ser interrompida se alguém me telefonasse — mais uma medida de segurança no caso de a caneta não funcionar.

— Eu tomei a liberdade de ligar para o *Svenska Dagbladet* — disse Wedin. — Para comprovar suas informações. Eles me disseram que nunca publicaram nenhum artigo de alguém chamado Fredrik Bengtson.

Meu pulso acelerou e senti o pescoço ficando vermelho.

— Mas depois me confirmaram que estavam interessados em comprar um artigo seu, portanto podemos começar — acrescentou Wedin. — Você trouxe o dinheiro?

Agradeci à minha estrela da sorte por ter sido cauteloso com os preparativos. Era a primeira vez que isso acontecia. Parecia que o jornal estava levando o assunto muito a sério, pois havia confirmado a história toda para Wedin. Peguei a carteira, coloquei duzentos e cinquenta libras sobre a mesa em cédulas e Wedin logo as colocou no bolso, sem contar.

— Bom, sobre o que você quer falar?

— Vamos pelo começo. Conte-me do seu tempo no Congo.

— Você é minucioso. Vamos ver o que vai dar tempo de falar em duas horas — disse Wedin. — Começamos em 6 de agosto de 1963, que é um dia importante na minha vida. Eu servia como tenente das Nações Unidas no Congo já fazia um tempo. O secretário-geral da ONU, Dag Hammarskjöld, havia falecido em um acidente aéreo fazia poucos anos. Oficialmente não existia mais nenhuma tropa de rebeldes, mas era nossa obrigação confirmar essa informação. A CIA fazia o mesmo, só que do ar, e avisou que não via mais nenhuma tropa, mas a área era maior que a Suécia toda e tínhamos ouvido falar que os rebeldes ainda estavam em uma determinada aldeia. Éramos um pequeno grupo de soldados da ONU e voamos até o local. Para mostrar que aquela era uma missão de paz, não havíamos levado armas. Eu tinha apenas uma pistola Husqvarna comigo. Quando estávamos conversando com o chefe da aldeia, fomos cercados por cento e cinquenta soldados armados de metralhadoras atirando para o alto.

— E o senhor puxou a sua pistola?

— Fomos todos capturados, inclusive o nosso comandante, o norueguês Axel Munthe-Kaas. Eu apontei a minha pistola para dois catangueses armados de metralhadoras quando recebi ordens do comandante de entregar a minha arma.

— Mas por que o senhor apontou a arma se estavam em desvantagem?

— Eu era oficial da inteligência, mas também guarda-costas do comandante. Era minha obrigação protegê-lo. De qualquer forma, fomos capturados e logo condenados à morte por espionagem. Fomos alinhados contra um paredão diversas vezes para ser executados, mas todas as vezes eles ficavam discutindo como acabariam com a gente. Finalmente alguém teve a ideia de cortar o nosso pênis, para que a primeira esposa do líder pudesse deixá-los secar e pendurá-los no pescoço.

— Me parece uma ideia bastante primitiva.

— Pode-se dizer que sim — concordou Wedin. — Se eles realmente começassem a cortar o nosso pênis, eu tinha planejado atacar o primeiro catanguês que aparecesse na minha frente, para que ele me desse um tiro. Mas Munthe-Kaas tinha formação diplomática e negociava com eles o tempo todo. Eles serviram a nossa última refeição, que foi Coca-Cola e sardinha enlatada. Eu não gostava de Coca-Cola, mas as sardinhas estavam boas. O acordo com o quartel-general de Elisabethville era que, se não regressássemos até as dezesseis horas, eles enviariam dois mil homens para a região. Os catangueses disseram que, se viessem reforços, iriam nos fuzilar. A sorte estava do nosso lado, pois o nosso oficial de guarda pegou no sono depois do almoço e nenhuma tropa apareceu. Às dezoito horas os catangueses entenderam que ninguém viria para nos ajudar e nos deixaram ir embora.

— Então vocês se salvaram sem perdas e danos?

— Sim, mas o mesmo não aconteceu com os rebeldes. O major Munthe-Kaas tentou impedir, mas o general da ONU deu ordens de enviar tropas para lá e matar todos os rebeldes, o que realmente aconteceu.

— E o que o senhor fez depois?

— Esse acontecimento teve dois resultados. No dia 6 de agosto de cada ano eu como uma lata de sardinha para comemorar que sobrevivi à pena de morte em 1963.

— E o outro?

— Desde então dedico a minha vida a lutar contra o comunismo.

O garçom apareceu perguntando se queríamos mais alguma coisa.

— *Large beers?*

— *No, today we go for lady beers* — respondeu Bertil com seu sorriso correto, mas um tanto rígido.

Bertil começou a falar sobre sua vida depois da época no Congo, mas eu tinha dificuldade em acompanhar suas histórias meio desconexas. Ele tinha sido assistente em Viena do jornalista conservador Arvid Fredborg, que organizava conferências contra o comunismo e era próximo do fundador da Stay Behind, Alvar Lindencrona. A Stay Behind era uma organização de defesa secreta, ele me explicou, a última linha de defesa se a Suécia fosse ocupada. Era composta por grupos independentes e contava com poucos membros em cada um. Bertil também havia participado do ramo conservador da Stay Behind.

Quando retornou para a Suécia e estava trabalhando para a equipe de defesa, fora acusado de ter relações próximas com o governo do Vietnã do Sul em 1967, sendo obrigado a encerrar seu trabalho. Foi então que Marcus Wallenberg o tornou responsável por uma agência chamada Informações do Empresariado. A agência realizava investigações internas e externas, projetos para a Säpo ou para o Departamento de Segurança do Exército. Era um trabalho variado, achava Bertil. Um dia ele discutia com Ebbe Carlsson no Bar da Ópera e no outro podia estar em uma conferência participando de um debate aberto ao público.

— Um momento... O senhor conheceu Ebbe Carlsson? — perguntei.

— Eu o conhecia tanto quanto as pessoas que frequentavam o Bar da Ópera ou participavam de coletivas de imprensa. Nós nos cumprimentávamos e trocávamos umas ideias. Era assim naquele tempo — respondeu Bertil.

Ele fez uma pausa, bebeu um gole de cerveja e baixou a voz.

— Depois aconteceu uma coisa que levou a minha vida para outra direção. Um colega da agência me pediu que eu encontrasse com o filho dele para discutir sobre a ida do rapaz para a Rodésia, onde ele queria ser um soldado mercenário. Eu nunca tinha estado naquele país, mas conhecia a África. Marcamos o nosso encontro no Tudor Arms, em Östermalm, um bar inglês que eu costumava frequentar. Lá topamos com um outro conhecido que se juntou a nós.

— Quem era ele?

— Um diplomata da embaixada americana. A partir de então, o meu destino foi traçado. O jornal *FiB Kulturfront* publicou uma reportagem dizendo que eu estaria recrutando soldados mercenários para o regime racista de Ian Smith na Rodésia, porque eu era contratado da CIA. Eu caí em uma armadilha.

Quando Bertil mencionou a armadilha, senti meu sangue começar a ferver e me apressei em tomar um gole de cerveja direto da garrafa. Eu esperava que ele não descobrisse que o nosso encontro também era uma espécie de armadilha.

— O resultado foi que, mais uma vez, perdi o emprego. Eu estava cansado de tudo e queria escapar do Natal na Suécia, então resolvi ir para Saigon, no Vietnã do Sul.

Precisei me concentrar.

— Mas naquela época o Vietnã não estava em guerra? Por que o senhor quis ir para lá?

— Eu conhecia um monge budista de um monastério de lá e pretendia ir visitá-lo.

Se as histórias de Bertil já eram difíceis de acreditar, essa então era praticamente impossível. Bertil era um dos poucos apoiadores dos Estados Unidos na Guerra do Vietnã, sendo, por esse motivo, muitas vezes alvo da imprensa. Se ele dissesse que ia ao Vitenã para lutar seria mais fácil de acreditar nele.

— Mas o senhor acabou indo mesmo?

— Não, acabei mudando de ideia no aeroporto e vim para Chipre. Algumas semanas depois acabei conhecendo a mulher que seria minha esposa. Após alguns anos vivendo na Suécia, nos mudamos para Londres em 1975.

Ergui um pouco a mão para Bertil fazer uma pausa. No arquivo de Stieg havia diversas pastas sobre organizações e pessoas que estariam envolvidas com Bertil.

— Mas o senhor esqueceu de algumas coisas. Eu preciso ouvir sobre as organizações das quais o senhor participava. A Aliança Democrática, por exemplo, foi antes de o senhor ir embora da Suécia?

— Eu não era membro dessa organização. Participava com frequência, mas nunca fui membro.

— Mas o senhor conhecia Anders Larsson da Aliança Democrática?

— Sim, claro.

— O que o senhor tem a dizer sobre ele?

— Nada de bom. Anders Larsson era uma pessoa falsa, uma má pessoa. Não gosto de falar assim, mas ele não era o que dizia ser.

— O que isso significa?

— KGB. O tempo todo. Era mentalmente fraco, pode-se dizer. Ele tinha certa inteligência, mas sofria de alguns problemas mentais, como esquizofrenia ou algo do tipo. Não era uma pessoa com saúde. Não conseguia ter um trabalho normal, por isso acabou como bibliotecário no Comitê Báltico, recebendo um salário do governo. O Comitê Báltico ganhou um bibliotecário de graça e Anders Larsson agora tinha um emprego.

Eram palavras pesadas ditas sobre alguém que já morrera, e eu achei que seria melhor deixar Wedin falar sobre o assunto que quisesse. Contei até dez em silêncio, para não começar a falar primeiro, e, depois de uma longa pausa, Bertil continuou:

— Eu era muito ativo no Comitê Báltico, que fazia parte da WACL. Também no Novo Clube das Terças e no Conselho Sueco pela Liberdade. Anders Larsson também estava em todos.

Bertil e eu já estávamos conversando há quase quatro horas e havíamos tomado uma grande quantidade de cervejas. Ainda não tínhamos chegado a falar no seu tempo como agente do sul-africano Craig Williamson, mas ele me contava histórias fascinantes de uma Suécia do passado e de sua época em Londres. Ele era um ótimo contador de histórias e eu havia assumido o papel de espectador. Se essa era a última vez que nos encontraríamos, seria um erro da minha parte não lhe fazer mais perguntas. Se tivéssemos mais uma oportunidade, eu ganharia sua confiança, e ele poderia falar sobre o que quisesse. Quando o relógio marcou cinco horas, Wedin se levantou.

— Foi um prazer me encontrar com um sueco tão civilizado. Quem de nós paga a conta?

— Eu pago, fui eu que marquei o encontro. Vamos nos encontrar amanhã?

Não ficou claro se era porque eu estava pagando as cervejas ou se ele realmente queria me encontrar, mas marcamos para o mesmo horário no dia seguinte.

Dirigi com muito cuidado de volta para o hotel. Eu estava embriagado e eufórico por ter conseguido conversar com Bertil. Tive de me lembrar que em Chipre era mão inglesa e eu devia trocar de marcha com a mão esquerda. *Opa, isso é o limpador de para-brisa.*

Quando fui ao refeitório do hotel por volta das oito da noite para jantar, já estava sóbrio, mas me sentia embriagado de adrenalina depois de ter me encontrado com Bertil Wedin. As impressões eram muitas, mas a maior era a de ter percebido que ele também era humano. Eu tinha imaginado alguém de personalidade dura, mas pude vislumbrar através de sua fachada que ele tinha as mesmas necessidades de ser útil e valorizado, assim como eu. Durante seu exílio voluntário de trinta anos em Chipre do Norte, ele parecia não ter alcançado nenhuma das duas coisas.

Consegui lugar na última mesa. Dois turcos que não falavam sequer uma palavra em inglês se sentaram comigo. Em outra ocasião teria sido um jantar silencioso, mas nessa noite eu e os dois trabalhadores de Ancara consumimos uma enorme quantidade de raki enquanto devorávamos toneladas de meze na tentativa de desvendar os mistérios da vida sem compartilhar o mesmo idioma. Amanhã seria outro dia.

O intermediário – segundo dia

CIRÊNIA,
SETEMBRO DE 2013

Levantei da cama sem muita disposição. Passar uma camisa agora era uma tarefa sobre-humana, e pedi um café bem forte no refeitório. Eu estava bem-vestido, mas não tão elegante. Fiquei ouvindo a gravação do dia anterior em velocidade máxima e tentando anotar tudo freneticamente. Acabara de descobrir que Wedin tinha me aplicado um velho truque. No início da nossa conversa, ele havia perguntado a minha idade e, menos de uma hora depois, perguntara em que ano eu havia nascido. Se eu tivesse mentido sobre a minha idade, com certeza hesitaria antes de responder à segunda pergunta. As aparências foram de um diálogo amigável, mas nós dois sabíamos o que estava em jogo. O nosso assunto se restringia ao trabalho dele para o serviço secreto sul-africano e seu eventual envolvimento na morte de Olof Palme.

Wedin era pontual, mas minha indisciplina desta vez ficou clara. Fiquei procurando um lugar para estacionar o carro e com isso me atrasei quinze minutos para o nosso encontro. Bertil estava sentado à mesma mesa do dia anterior, no terraço. Apesar de eu já ter começado em desvantagem, decidi experimentar ir direto ao ponto, o que pareceu ter agradado a Wedin, que tampouco reagiu quando coloquei meu celular sobre a mesa e comecei a gravar.

— Quando o senhor se encontrou com Craig Williamson pela primeira vez?

— É uma longa história. Quando eu me mudei para Londres em 1975, comecei depois de um tempo a fazer alguns trabalhos para o Brian Crozier. Ele era um jornalista fantástico que trabalhava no *The Economist* e na Reuters, mas a sua missão mais importante era com a organização de inteligência independente, batizada com o modesto nome de The 61, fundada por ele em 1977, com veteranos da CIA e do MI6.

— E o senhor foi encarregado de alguma missão na Inglaterra?

— Não, nos Estados Unidos e mais tarde no sul da África. Estávamos no fim da década de 70 e eu fiz o mapeamento da espionagem soviética em território americano. Na verdade, seria um serviço para o FBI, mas a CIA queria saber mais informações e não podia assumir o trabalho. Eu podia fazer tudo, como jornalista. Se tivesse problemas, contava com o apoio da CIA, mas quem tinha me contratado tinham sido o Crozier e o The 61. Quando terminei a minha missão, a CIA me pediu o relatório, mas eu o havia dado ao Crozier, que o entregara pessoalmente para Ronald Reagan, cujo comentário fora: "Isso aqui vai acabar com a União Soviética".

Foi muita informação para mim de uma só vez. Eu ainda estava de ressaca, em um país quase inexistente, com um ex-agente sul-africano, acusado de várias participações no assassinato de Olof Palme, mas que nunca ouvira falar das investigações do referido caso. Agora ele me contava sobre relevantes acontecimentos políticos e que seu trabalho teria afetado a política dos Estados Unidos em relação à União Soviética. Eu não tinha nenhuma possibilidade de checar essa informação, nem no passado e muito menos agora. Continuei ouvindo para ver aonde a história de Wedin me levaria.

— A minha próxima missão para o The 61 foi ir para o sul da África e buscar informações sobre o que os soviéticos andavam fazendo por lá. Eu era muito bom nesse tipo de trabalho, pois já estava acostumado com isso. Eu escrevi vários artigos que o Crozier publicou em grandes jornais, usando um pseudônimo. Os países que eu iria observar eram a África do Sul, a Namíbia e a Rodésia, que naquele momento estava trocando de nome para Zimbábue.

Wedin bebeu um gole de cerveja para ganhar tempo.

— Bom, em uma das viagens, acho que talvez em 1980, eu estava em Johannesburgo quando li um artigo que tinha algo a ver com a Suécia. Um espião sul-africano chamado Craig Williamson tinha se infiltrado na organização chamada IUEF, que era liderada por suecos. Eu entrei em contato com ele imediatamente e marcamos um encontro.

— Isso ainda em Johannesburgo?

— Sim. Nos encontramos no bar de um hotel, onde eu tomei um drinque e ele bebeu uma Pepsi light. Ele era muito gordo.

— Verdade, eu vi nas fotografias.

— Mas ele era muito interessante e prestativo, me confirmou mais ou menos tudo aquilo que estava nos jornais. Um tempo depois, telefonei para ele e perguntei se estaria interessado naqueles estudos nos quais eu era especialista. Logo em seguida, uma pessoa da sua *front-company*, African Aviation Consultants, me ofereceu mil libras por mês, o que era bastante dinheiro na época, e eu aceitei. Então comecei a trabalhar para Craig Williamson.

— Foi nessa que vocês organizaram o arrombamento da sede das organizações de libertação? Como no CNA, no PAC e na SWAPO?

Wedin reagiu no mesmo instante.

— Tudo o que eu fiz para a African Aviation Consultants e para Craig Williamson foi dentro da lei. O meu trabalho era coletar informações, assim como qualquer outro jornalista. Eu fui inocentado em todas as acusações sobre o arrombamento, portanto sou inocente de todo e qualquer trabalho ilegal para o serviço secreto sul-africano ou de ter recebido documentos furtados e de ter conhecimento dos crimes. Totalmente inocente.

— Mas o senhor trabalhou com Peter Casselton?

— Eu o conhecia, sei que ele foi condenado a quatro anos de prisão pelo arrombamento e descumpriu dezoito meses de sua pena.

— Cumpriu.

— Sim, isso. Depois de quarenta anos morando fora, a minha língua materna está meio enferrujada.

Wedin se debruçou sobre a mesa, falando em um tom de voz mais baixo, que era como ele fazia quando queria dar destaque a algum aspecto da conversa. Eu lhe dei toda a atenção.

— Quando eu fui inocentado e saí vitorioso, muitos jornalistas vieram até mim. Eu era membro da The Foreign Press Association. Todos vieram me cumprimentar, mas um grupo de jornalistas não teve a mesma reação, e foi o grupo sueco. Eles eram liderados pelo primeiro-secretário da embaixada sueca e só passaram por mim, fingindo não me ver. Ninguém me cumprimentou, nenhum deles escreveu uma única palavra sobre a minha vitória e sobre o resultado do processo.

Wedin se recostou na cadeira.

— Como você pode ver, a mídia sueca não gosta muito de mim. O *Svenska Dagbladet* provavelmente é a única exceção.

— E como Craig Williamson era como pessoa?

— Como eu desconfio de que ele vá ler essa entrevista, acho que não posso ser muito crítico. Ele era... Eu conversava com ele às vezes, e ele era agradável.

— Ele era perigoso?

— Perigoso? Ele não atirou em mim, pelo menos. Mas me recordo que quando discutíamos política... eu me dizia liberal e ele afirmava que também era, mas se pode ser liberal de maneiras diferentes.

— Então, o que o senhor fez para o Craig?

— Não muito, na verdade. Fui acusado de ser agente dos sul-africanos, mas não fui mais agente para eles que fui para a KGB quando morava na Suécia, para falar a verdade.

— O senhor foi contatado pelo Craig, mais tarde, quando os sul-africanos começaram a acusar uns aos outros pela morte de Olof Palme?

— Não, ele nunca me telefonou. Foi Peter Casselton quem telefonou, mas ele devia estar bêbado. Pouco depois ele morreu em um acidente.

— Como assim?

— Acho que ele estava na casa de um amigo consertando um caminhão, quando o motor engrenou e ele foi esmagado contra uma parede. Uma história bem desagradável.

— Sim, realmente desagradável.

Wedin passou a mão sobre o queixo, hesitante.

— Fredrik, eu precisaria encerrar, se você não tem mais perguntas.

O que havia me preocupado que pudesse acontecer estava acontecendo. Eu ainda não tinha feito as perguntas necessárias sobre o Caso Palme, e Bertil queria ir embora. Naquele momento delicado, fiz uma tentativa arriscada.

— Tenho mais algumas perguntas a fazer, mas vai demorar um pouco — eu disse. — Tenho um relatório que Stieg Larsson escreveu sobre o senhor.

— Stieg Larsson? O escritor de romances policiais?

Concordei com um aceno de cabeça.

— Ele escreveu um relatório sobre o senhor e entregou para os investigadores do Caso Palme no fim de 1987.

— Me deixe ver!

Wedin estendeu a mão com impaciência, olhando para a minha bolsa para verificar se o documento de fato estava ali, mas eu tinha como sustentar o meu blefe.

— Está no hotel. Se nos encontrarmos amanhã, posso trazê-lo comigo e fazer as últimas perguntas.

A vaidade é uma força motriz poderosa. Se um dos escritores de romances policiais mais bem-sucedidos do mundo colocou a alma em um relatório sobre você, é óbvio que você vai querer ver, foi o que pensei. Uma luta ocorria na mente de Wedin, até que ele se entregou.

— Tudo bem, mas amanhã será a última vez. Temos que encerrar cedo, porque é sexta-feira.

Não fazia a menor diferença quanto tempo passaríamos conversando. O principal era que eu conseguisse encontrá-lo uma última vez, e teria que arrumar um jeito de filmar novamente. O celular gravava bem o som, mas a câmera da caneta parara de funcionar. Estava na hora de fazer umas compras em Cirênia.

Uma hora mais tarde, depois de uma visita à loja local de equipamentos fotográficos, eu voltava ao hotel como proprietário de uma bela Canon digital vinho. Ela podia filmar sem que uma luz vermelha acendesse e me custou em torno de mil coroas suecas.

Naquela noite, o tema do jantar do hotel era o Havaí, e eu me deixei envolver pelas festividades destinadas aos turistas. Quando o relógio marcou dez horas, todos se dirigiram para o bar do hotel e, no caminho para lá, senti que alguém apertava meu braço. Quando me virei, dei de cara com uma mulher de baixa estatura, alguns anos mais jovem que eu, por volta dos cinquenta anos. Seus olhos estavam fixos em mim, e ela não soltava o meu braço.

— Quem é o senhor? De manhã parece um autista, todo arrumado e escrevendo como um louco em um bloco de anotações. De noite, está *all over the place*, dançando e bebendo. Até os turcos participam do seu jantar. Quem são eles? Que negócios o senhor tem com os turcos?

Se eu já estava confuso depois de dois dias conversando com Wedin, agora me sentia quase em estado de choque, sem saber o que dizer. Acabei convidando a mulher, que tinha um sotaque tipicamente holandês, para tomar um mai tai, um daqueles coquetéis enfeitados com frutas e palito em forma de guarda-chuva.

O intermediário — terceiro dia

CIRÊNIA,
SETEMBRO DE 2013

Oito horas de conversas com Wedin em dois dias, e eu ainda me preocupava com minha segurança, apesar de sentir certa simpatia por ele. Mesmo eu não sabendo a verdade, para mim ele já havia pagado seus pecados depois de passar anos isolado numa espécie de prisão domiciliar naquela ilha. A vida dele tinha ficado estagnada desde 1986 em sua própria Pompeia. Ilhado em um país quase inexistente, em uma casa cada vez mais arruinada. A única coisa que lhe restara eram as memórias da época da Guerra Fria, quando estivera no centro dos acontecimentos. Paradoxalmente, ele lutara pelo Ocidente contra a União Soviética e pertencia ao lado vencedor, mas mesmo assim havia caído no esquecimento quando a guerra terminara e o fogo se apagara.

Foi então que a incerteza tomara conta de mim, depois de ter visto a pessoa por trás de tantos boatos. No entanto, eu também vira a intransigência em seus gélidos olhos azuis, o que me levou a crer que o relatório de Stieg sobre Wedin devia ser em grande parte verdadeiro.

Em nosso último dia, eu estava mais bem preparado que no dia anterior. Cheguei na hora, levando comigo o equipamento necessário, todos os documentos e todas as anotações de que precisava. O lugar de encontro era o mesmo: o terraço do Hotel Dome. O celular começou a gravar e a câmera digital a filmar, assim que Wedin se acomodou na cadeira. Pela maneira como ele se sentara na ponta, percebi que nossa conversa não seria longa.

— Você trouxe o relatório de Stieg Larsson?

— Trouxe, mas pensei em começar por uma lista de nomes que encontrei e verificar se o senhor os conhece.

Wedin não pareceu nada satisfeito, mas tampouco se negou a responder. Então comecei a ler os nomes da minha lista, que contava com três páginas. Eu escrevi, de propósito, alguns nomes que eu sabia que ele conhecia e outros que eu tinha quase certeza de que ele nunca ouvira falar.

Anders Larsson e Ebbe Carlsson já haviam sido mencionados. Fiquei surpreso por ele dizer não conhecer o estenógrafo Bengt Henningsson, pois muitos jornais, entre eles o *GT*, haviam escrito que Bertil Wedin, Bengt Henningsson e Anders Larsson tiveram contato antes do assassinato.

Wedin conhecia a maioria das pessoas da revista *Contra*. Tinha até sido correspondente deles no Oriente Médio durante muitos anos. O editor-chefe Carl G. Holm fora descoberto pelo próprio Wedin, que o recomendara para a Associação das Indústrias, que o contratara.

Os nomes de Hans von Hofsten e Joel Haukka ele conhecia bem, mas não tinha certeza se os havia encontrado alguma vez.

A reação de Wedin quanto ao colaborador de Palme, Bernt Carlsson, fora interessante. Minha pergunta era se Bernt Carlsson tinha sido um dos líderes de trabalho do IUEF durante o tempo em que Craig Williamson se infiltrara na organização. Wedin não conhecia Bernt Carlsson, mas disse estar convencido de que o avião fora explodido acima de Lockerbie porque Bernt Carlsson estava a bordo. Algumas semanas antes da tragédia, disse Wedin, Bernt Carlsson convidara seus amigos mais próximos para um jantar em sua casa e lhes contara, chorando, que ele morreria em breve. Wedin deixou escapar umas lágrimas de crocodilo, para me mostrar como Bernt Carlsson chorou. Eu estava impressionado, pois o agente Wedin conseguia até chorar se assim precisasse, mostrando que seus dons artísticos eram maiores do que eu imaginava.

— Podemos ver o relatório agora? — ele perguntou, depois de falarmos dos nomes na minha lista.

Ele cruzou as pernas e se virou para o lado. Não havia dúvidas de que queria ir embora e a única coisa que o segurava ali era minha promessa de que eu lhe mostraria o documento. Eu também não tinha mais como prolongar a conversa, mas, para a minha sorte, o garçom veio nos perguntar se estava na hora da segunda rodada, o que me deu tempo suficiente de verificar se a câmera digital sobre a mesa estava realmente filmando tudo.

— Eu acho melhor ir lhe passando página por página, assim o senhor pode refletir sobre o que está escrito.

Wedin apanhou a primeira folha, lendo o texto com atenção, pedindo a próxima e as seguintes, até terminar de ler todo o relatório. Pude vislumbrar surpresa e orgulho por trás do rosto fechado de Wedin. Em seguida, ele começou a negar as afirmações do documento.

— Não sei o que se quer dizer com *intermediário* nesse caso, mas eu não tive nenhuma participação nisso. Nunca me perguntaram se eu poderia ajudar de alguma maneira. Nenhuma pessoa neste mundo me disse qualquer coisa que fosse a respeito de Palme ou dos planos para assassiná-lo. Nunca me fizeram qualquer pergunta que fosse para ajudar alguém, nunca fui mandado fazer nada que tivesse esse tipo de resultado. Nem uma única vez! Nunca fiz nada dessa natureza e não tenho nada a dizer. Dizem que onde há fumaça há fogo, mas não no meu caso. Sei da minha reputação como homem de direita, conservador, que nunca gostou do Palme e tudo o mais, mas não fiz nada disso. Nada mesmo. Nem ninguém me pediu para fazer nada. Seja quem for, essa pessoa não tinha o menor conhecimento sobre mim ou não confiava em mim. Eu não fui questionado.

A negação de Wedin era perseverante e convincente — bastaria dizer "eu não estava envolvido", porém era compreensível que ele quisesse dizer mais, depois de anos sendo acusado da mesma coisa. Ele negara, de fato, tudo. Não fiz mais perguntas sobre sua eventual participação no assassinato de Olof Palme, mas eu não queria abandonar o assunto assim tão facilmente.

— Quem matou Olof Palme?

— Eu escrevi um artigo na *Contra*, que acho que você deve ter lido. Assim como eu descrevo lá, fiz minhas próprias investigações e elaborei um material. Tentei diversas vezes entregá-lo para as autoridades suecas. Primeiro para o secretário de Gabinete, Pierre Schori, e depois para a polícia. Ninguém estava interessado; muito pelo contrário, até me impediram de agir.

— Mas o senhor não poderia ter enviado o material como carta registrada e ter entrado em contato com a mídia também?

— Eram coisas sérias demais para acionar a mídia. Além disso, não há como comprovar o conteúdo do que eu mandei. Para resumir, creio que foi um cidadão turco, do PKK, como vim a saber mais tarde. Ele foi contratado para a missão por uma mulher da Alemanha Oriental, que estava em Chipre, para poder me culpar. O Anders Larsson estava envolvido de uma maneira ou de outra.

Eu já havia feito todas as perguntas que queria, e Wedin estava querendo se livrar de mim desde o dia anterior. Ele parecia perceber um pouco tarde que falara demais, o que me deixava bastante orgulhoso do meu trabalho. Ninguém mais tinha conseguido entrevistar Wedin por onze horas. Eu estava muito satisfeito comigo mesmo e baixei a guarda cedo demais.

— Qual é o seu e-mail? — ele me perguntou.

Eu já havia pensado nisso, mas, como tudo fluía bem, acabei deixando de lado. Agora precisava me acalmar e inventar um e-mail que combinasse com o meu pseudônimo. O nome Fredrik Bengtson era comum demais para eu arriscar uma conta do Gmail ou do Yahoo. Eu esperava que ele não percebesse as manchas avermelhadas no meu pescoço, pois eu sentia que elas se espalhavam. Finalmente consegui dar uma resposta.

— 437 Bengtson ponto fredrik arroba gmail ponto com. Bengtson com um *s* só.

— Com um *s* só? Que esnobe.

Ele parecia ter caído na minha mentira, mas, para mim, estava claro que a minha segurança era bastante frágil. Bastaria que Wedin pedisse para algum de seus amigos me seguir até o meu hotel para verificar que não havia nenhum Fredrik Bengtson hospedado lá. A primeira coisa que eu devia fazer agora era registrar o e-mail, antes que Wedin desconfiasse de algo. O próximo passo era fazer uma cópia de segurança das onze horas de gravação do som do meu iPhone e tantas outras horas de gravação de vídeo da caneta e da câmera. Depois disso, eu iria embora de Chipre o mais rápido possível.

Consegui lugar no voo da Norwegian na manhã seguinte. A viagem de táxi até Lárnaca foi tranquila e sem paradas no caminho dessa vez. Comecei a pensar em tudo o que Wedin tinha dito e se ele falara a verdade, ou melhor, em que momentos ele teria dito a verdade, pois com certeza ele mentira. Ficara visível para mim quando ele tentava se recordar de velhas mentiras, passando a falar mais vagarosamente, como se fosse obrigado a cavar muito fundo na memória as coisas que inventara no passado, como quando ele descrevera sua teoria de quem havia matado Olof Palme.

A entrega

**ESTOCOLMO,
SETEMBRO DE 2013**

Abri a porta de casa e topei com uma pilha de correspondências e contas para pagar que se acumulavam no chão. Havia também um envelope acolchoado e sem remetente, carimbado em Praga. As cartas-bombas que Craig Williamson enviara a duas mulheres e a uma criança passaram por minha mente. Abri o envelope pelo lado contrário, algo que os amigos de Stieg da *Expo* tinham contado que ele os havia ensinado a fazer. Dessa vez era apenas um pen drive. Eu precisava de uma senha, mas não havia nada no envelope.

Quem teria me enviado um pen drive criptografado? E de Praga? Pensei em Lída Komárková e senti um leve gosto de gengibre e limão do drinque que tomamos, o moscow mule. Quando nos despedimos do lado de fora do bar, Lída me confirmara que entraria em contato com Jakob Thedelin pelo Facebook e faria perguntas sobre Enerström e o Caso Palme. Eu não sabia o que esperar, mas Lída parecia ser uma pessoa que cumpria sua palavra e talvez esse fosse o resultado.

Dei uma olhada nas mensagens da secretária eletrônica. A mensagem dela era curta: "Wedin". Definitivamente, essa poderia ser a senha. Mas como ela poderia saber de Bertil Wedin? Eu tinha quase ceteza de não ter mencionado o nome dele para ela, nem quando falamos de Stieg Larsson, pois eu queria que ela se concentrasse em Jakob, Alf e Gio. Nada mais.

Experimentei a senha "Wedin" e funcionou. Abri um arquivo pdf e um arquivo pst. O Google me ajudou a ver que o arquivo pst era para salvar mensagens, como e-mails no Outlook, por exemplo. Foi um pouco complicado instalar o arquivo com os e-mails. Eram cem páginas de mensagens trocadas em inglês pelo Facebook entre Lída e Jakob Thedelin.

Hello Jakob, you have many friend with me. Tell me you and family?

Best regarding,
Lída Komárková

Dear Lída Komárková,

Que prazer ter notícias suas. Você perguntou sobre a minha família. Bom, meu pai ainda está vivo, mas a minha mãe faleceu em 1994. O meu pai vive em outra cidade, mas nós nos telefonamos de vez em quando, assim como se faz entre amigos. Ele é um verdadeiro *gentleman*.

Abraços,
Jakob

Lída tinha iniciado a conversa cuidadosamente e logo percebera que Jakob seria uma pessoa fácil de manobrar. Talvez ela houvesse exagerado um pouco em seu inglês errado, mas ele respondera a cada mensagem sua. Eu sentia que estava invadindo um diálogo privado entre duas pessoas que não conhecia, o que não ficava distante da realidade. Uma das partes, Lída, havia aceitado que eu lesse a conversa deles. Uma foto bonita no perfil e mensagens amigáveis pareciam ser a isca dos tempos modernos. Um método tão eficaz quanto o de Mata Hari e muito mais simples. Depois de algumas semanas e algumas mensagens, Lída havia ficado próxima de Jakob.

Hello Jakob,

Agora estou usando o Word, que me ajuda a escrever um inglês mais correto. Então posso contar sobre mim e sobre a minha vida. Eu gostaria de ir para a Suécia qualquer dia. Talvez no verão?
    Fiquei muito interessada em saber que você se converteu ao judaísmo! Depois do que fiz há muitos anos, andei pensando em me converter à religião do meu avô. Como posso me converter? É diferente para as garotas?

Um grande abraço,
Lída

Dear Lída,

Você me perguntou como fazer para se converter. A conversão pode ser ortodoxa, liberal ou conservadora. Eu fiz uma conversão conservadora. Você vai precisar aprender o que é *kosher* e as leis básicas do judaísmo, o que não é tão difícil assim. Uma garota não tem as mesmas obrigações religiosas que os homens, a conversão das mulheres é menos rígida, mas você deveria perguntar na sua sinagoga local para obter mais informações.

Grande abraço,
Jakob

    Lída tinha ficado sabendo da conversão de Jakob ao judaísmo, o que explicava todos aqueles símbolos judaicos no Facebook dele. As mensagens de Jakob foram ficando cada vez mais longas, enquanto as de Lída ficavam mais curtas e diretas. Frequentemente ela lhe pedia para contar mais. Às vezes ela fazia perguntas concretas e recebia respostas concretas, mas elas se misturavam com mensagens longas e cheias de reflexão de Jakob. Ela o desafiava a sempre dizer a verdade, pois ela havia sido traída e exigia absoluta sinceridade.

Dear Jakob,

Gosto muito que você escreva *dear*. Talvez você seja mesmo um *gentleman* como mencionou. E seu amigo, ele existe de verdade? Olof Palme era sueco, ele era um *gentleman*? Um herói?

Grande abraço,
Lída

Dear Lída,

É sempre um prazer ter notícias suas.
Você falou sobre *gentleman*, será que eles ainda existem? Eu conheço alguns, e um deles vive segundo os velhos tempos e fala muito em cavalheirismos. Eu faço o possível para preservar essas qualidades.
Olof Palme era o líder do Partido Social-Democrata na Suécia. Ele foi assassinado em 1986. Foi homenageado pela União Soviética com um selo com o retrato dele. O único outro estrangeiro homenageado dessa forma foi Kim Philby, um espião soviético e cidadão britânico. A propósito, não me surpreende que Palme seja visto como um herói no exterior, não se fala muito dele de uma maneira negativa, mas há exceções. A revista italiana *La Stampa* publicou um artigo em 1982 com o seguinte título: "Palme, um ditador em conluio com Moscou".

Love,
Jakob

Jakob havia escrito como se esperava: que Olof Palme era um traidor, um agente da KGB, e como ele mesmo comemorava todos os anos a morte do traidor da nação com um cálice de vinho. Lída continuava tentando fisgar mais informações, mais para saber quem era o amigo de Jakob. Ele escrevia mensagens muito longas com seus pensamentos, e ela se aproximava dele cada vez mais.

Dear Lída,

Você me perguntou se já atirei com uma Magnum. Sim, já atirei. Eu apoiei o braço no parapeito de uma janela, para dar um tiro certeiro, e o resultado foi melhor que o esperado.

Você falou também em confiança. Eu também não gosto de mentiras. Nem as menores mentiras são aceitáveis. Nunca. As mentiras estragam os relacionamentos. Fico feliz que você também odeie mentiras. Eu aprendi sozinho o significado da verdade.

Quando eu falar de assuntos interessantes, tentarei ser o mais preciso possível.

O meu amigo cavalheiro se chama Bertil Wedin. Conheci o sr. Bertil há muitos anos. Primeiro por telefone. Ele foi uma das pessoas que tinham entrado em contato com o dr. Enerström. Nunca encontrei com o sr. Wedin pessoalmente, pois ele mora em Chipre, mas conversamos por e-mail uma vez por semana. O nosso contato se deu pela primeira vez em 1998, se estou bem lembrado. Te conto mais na próxima vez.

Love,
Jakob

Fora assim que Lída ficara sabendo de Wedin. Ela tinha descoberto que Wedin conhecia tanto Jakob Thedelin quanto Alf Enerström! Eu não havia encontrado nada sobre a amizade deles, nem no arquivo de Stieg, nem no relatório da Comissão de Investigação, nem em nenhum documento. Lída continuava fisgando informações e eu analisava as mensagens de Jakob, que normalmente tinham duas páginas, para ver se encontrava passagens interessantes.

Eu trabalhei em um hospital como auxiliar de enfermagem. Depois fui para Israel e voltei para a Suécia. Foi isso que o sistema planejou para mim e foi como um acordo. Eu era um problema para o município, então me aposentaram mais cedo e eu não fui o único! Que sistema! Você pode imaginar? Agora trabalho um pouco para um pequeno partido político, os Democratas da Suécia, aqui na cidade.

Você me perguntou se eu ando muito de carro. Não muito, a situação é a seguinte: meus pais me disseram para ir à Inglaterra para melhorar o meu inglês. Eu fui todos os verões durante sete anos e não tirei carteira de motorista. Então é por isso que sei cavalgar, mas não dirigir. Ainda.

O meu computador é um Acer. Como você sabe, a integridade total nunca é para sempre. O correio comum resolve o problema!
O meu amigo que conheceu Otto Von Habsburg era líder da oposição dos social-democratas. Seu nome é dr. Alf Enerström. Infelizmente a pressão foi demais para ele, tanto dentro da política como em outras áreas, até que ele acabou perdendo o controle.
Conheci o dr. Enerström através da esposa dele, com a qual tinha entrado em contato. Eu estava interessado na campanha que o dr. Enerström fazia contra Palme. Fui ao seu consultório e lá o conheci. Ficamos amigos.
Você perguntou sobre os óculos. Eu os uso quase o tempo todo agora, exceto quando leio e escrevo.

Well, o bom doutor alugou um apartamento de seis cômodos em Estocolmo, a capital do país. Ele pagava a metade do aluguel e seu partido secreto pagava a outra metade, mas isso é irrelevante para a história.
O que é relevante é que o dr. Enerström tinha uma conta bancária em Luxemburgo. O dinheiro vinha de doadores que apoiavam a causa dele, a maioria constituída de suecos que moravam no exterior. Uma das pessoas que arrecadavam dinheiro era Vera Ax:son-Johnsson, de uma das famílias mais ricas do país. O dinheiro foi usado mais tarde para fazer anúncios nos jornais na época das eleições.

Era impressionante como Lída havia levado Jakob a se abrir com perguntas que ela julgava interessantes. Sem carteira de motorista, tipo de computador, como ele conhecera o dr. Enerström, seus problemas de visão... Pouco a pouco, ela o levara para onde queria. Ele continuava escrevendo e contando:

... o diplomata sueco Bernt Carlsson tinha informações sobre o Caso Palme em seu cofre na ONU. O cofre fora arrombado e o sr. Carlsson dissera aos seus amigos que ele "logo seria assassinado". Isso realmente aconteceu. No atentado de Lockerbie, na Escócia. Centenas de pessoas morreram!

Você também me perguntou sobre a CIA. O homem da CIA, com quem eu colaborava, trabalhava fora da embaixada dos Estados Unidos como jornalista. Ele coletava informações nas viagens que fazia pela Europa Oriental. Ele também viajava pela Checoslováquia, já que falava o idioma local, assim como o alemão. Você me perguntou se ele era americano. Não, ele não é.

Então encontrei com o meu contato. Ele era jornalista. Resolvi que queria falar com ele depois de um artigo publicado em um jornal. No nosso primeiro encontro eu forneci a ele informações que havia recebido do dr. Enerström, sobre a visita que um importante oficial do serviço secreto tinha feito a Olof Palme em 1982. O meu contato achou a informação muito relevante e eu continuei a informar a CIA.

Uma vez a CIA fez uma avaliação do material que eu tinha enviado para eles, e chegaram à conclusão de que poderiam utilizar setenta e cinco por cento do meu material, mas, para aqueles que eram treinados na sede em Langley, a porcentagem tinha chegado a cinquenta por cento. Imagine como eu não fiquei orgulhoso de mim mesmo! Isso me deu mais motivação ainda.

Jakob repetia continuamente que havia passado informação para um mediador da CIA, dando dicas de quem seria esse mediador. Parecia tudo muito fantástico para ser verdade, e eu percebi que deveria prestar atenção em alguém que trabalhasse como jornalista e soubesse checo.

Você me perguntou quem matou Olof Palme, se foi um grupo ou uma pessoa só. Para resumir: parece que o Palme teve um encontro com oficiais soviéticos do Departamento Central de Inteligência, um dia antes de ser morto.

Você me perguntou quantas pessoas são necessárias para executar tal ação. Uma pergunta parecida foi feita numa entrevista na televisão: se um grupo grande de pessoas consegue manter um segredo. Eu ouvi dizer que é necessário pelo menos vinte pessoas para vigiar uma pessoa, mas mais para que troquem de lugar quando os outros precisarem dormir, comer etc. Para que vinte pessoas mantenham um segredo é necessário que tenham muita disciplina, motivação profissional e honra.

No caso do Palme, fico pensando se o telefone dele estava grampeado. A questão é: quem sabia que ele iria ao cinema naquela noite? *Well*, se o informante dele soubesse, seria muito fácil para eles, o Departamento Central de Inteligência, matar Palme. Seria uma tarefa simples capturá-lo, matá-lo, antes que ele pegasse o metrô para ir para casa. Palme foi morto em frente à entrada do metrô. Portanto, um ou dois assassinos seriam suficientes, um de reserva se o primeiro ficasse doente.

Lída tinha conseguido fazer com que Jakob escrevesse sobre o Caso Palme. Uma conspiração dos russos? Se Palme era agente soviético, por que iriam querer matá-lo? Não fazia o menor sentido, mas Lída estava se aproximando da grande questão, o que ficava claro pelas mensagens de Jakob.

Você escreveu que não acredita em mim e que não encontra a resposta na minha carta. Eu vou dar uma olhada na minha carta novamente e procurar o que não ficou claro, está bem?

Quero que saiba que gosto muito de você e não quero te perder. Assim passo a falar de outro assunto sobre Olof Palme. Ah, como eu gostaria de ter atirado nele quando tinha doze ou treze anos, e assim salvar o meu país de tantas preocupações. Segue a história completa:

Quando eu tinha treze anos, achava que podia usar as pistolas de duzentos anos do pai do meu amigo. Eu podia carregar uma daquelas coisas de metal e ver se conseguia me aproximar do primeiro-ministro. Eu pensava que, por ser um menino pequeno ainda, não iria para a prisão e também poderia me aproximar de Palme. Então eu conseguiria realizar meu plano.

Se Palme teria sobrevivido com os cuidados médicos que existem hoje em dia, não posso saber, tudo dependeria da minha sorte.

O rei Gustavo III foi atingido pelo tiro de uma pistola igual a essa que eu pretendia usar. A causa da morte foi infecção e não apenas o tiro. Eu já sabia disso aos doze, treze anos. Sabia que eu devia mirar na altura do peito, de perto, e atingir o coração. Seria impossível salvá-lo. Eu me preocupava com a munição, o que eu usaria, me lembro bem.

Como eu morava longe da capital, ela não estava nos meus planos. Disso eu me arrependo. De não ter atirado em Palme quando eu tinha treze anos. Eu teria sido amado e admirado não somente pelos meus pais, mas pela metade do país. Era fácil cumprir um ano de prisão, se fosse o caso, talvez eu fosse jovem demais para ser condenado.

Enquanto planejava, eu imaginava como contaria para a imprensa por que eu, um adolescente, tinha matado Palme. Era porque eu estava convencido de que ele era um traidor. Eu esperava receber apoio por esclarecer os fatos. Sei agora que parte das pessoas que conheço teria testemunhado a meu favor sobre as traições de Palme. Dessa forma, a história da Suécia teria sido diferente da que conhecemos.

Como não atirei em Palme, eu me senti culpado por não ter feito nada e decidi juntar provas, escrever sobre tudo o que sabia e publicar. Além de fazer tudo o que estivesse ao meu alcance para derrubar Palme e tudo o que ele apoiava. Foi por essa razão que entrei em contato com o dr. Enerström em 1980-82.

Love,
Jakob

Dear Jakob,

É muito importante não ocultar a verdade, mas quanto à pergunta... Eu não vejo a resposta direta para a pergunta que fiz.

Você atirou em Olof Palme?

Love,
Lída

Dear Lída,

Era essa a pergunta! Achei que já tivesse respondido a pergunta sobre Palme. Aqui vai a minha resposta: eu não atirei em Palme em 1986. Nem estive envolvido no assassinato dele em 28 de fevereiro de 1986. Fiquei sabendo da novidade assim como todos os outros, surpreso com a (boa) notícia, mesmo que tenha sido quinze anos mais tarde e que não fizesse nenhuma diferença no desenvolvimento do país, pois o dano já tinha sido causado.

Hug and love,
Jakob

Jakob,

Estou muito triste, porque temo te perder. Sinto que sua resposta sobre Palme é mentira. Entendo que seja um problema dizer toda a verdade depois de tanto tempo, mas vejo que a resposta não é sincera. Eu te avisei antes que só aceitaria a verdade, que você não deveria esconder nada de mim. Por causa da minha experiência de vida, da minha má experiência.

    Jakob, eu não posso confiar em você. Sinto muito. Não posso mais continuar.

Adeus,
Lída

    Lída tinha levado Jakob a responder se havia atirado em Palme e ele evitara dar uma resposta direta, até que ela explicitamente exigisse que ele falasse apenas a verdade. A resposta de Jakob era cristalina. Ele não havia matado Olof Palme e tampouco estivera envolvido no crime. Mas por que ele fora obrigado a citar o ano na primeira resposta? E data e ano na segunda? Talvez fosse uma maneira de destacar sua inocência, mas o efeito havia sido o contrário. Porque a morte de Olof Palme fora oficialmete declarada seis minutos depois da meia-noite e, por essa razão, ele não havia morrido no dia 28 de fevereiro, mas no dia 1º de março.

A falta de vontade de Jakob de responder e o jeito misterioso de formular as respostas me fizeram continuar com a pulga atrás da orelha. As minhas suspeitas do envolvimento dele no crime ficaram ainda mais fortes.

O diálogo entre Lída e Jakob havia sido interrompido abruptamente. Ela cortou o contato depois de constatar que não confiava nele. As tentativas desesperadas de Jakob de continuar a conversa foram em vão, pois suas mensagens para ela permaneceram sem resposta.

Mísseis que não retornam mais

ESTOCOLMO,
SETEMBRO DE 2013

O outro arquivo de pen drive que Lída havia mandado era muito mais difícil de abrir, mas tão interessante quanto o primeiro. Eu instalei o Outlook no meu computador e consegui, finalmente, abrir o arquivo. Depois de quinze minutos, era capaz de ler com facilidade os e-mails trocados entre Jakob Thedelin e Bertil Wedin.

Aquilo não combinava com a maneira desorganizada e com a personalidade desconcentrada de Lída. Naquelas perguntas objetivas nos diálogos com Jakob, eu reconhecia a maneira de Lída se expressar, mesmo sendo mais fácil para ela escrever do que contar. Eu achava que deveria haver mais alguém além de Lída que tivesse hackeado a conta de e-mail. Talvez o hacker fosse o amigo para quem Lída disse que iria pedir ajuda. Independentemente de quem houvesse sido, agora eu tinha a possibilidade de ler a correspondência entre duas pessoas que poderiam estar envolvidas na morte de Olof Palme. Duas pessoas de que nem eu, nem a polícia, nem ninguém mais interessado no Caso Palme haviam desconfiado que se conhecessem e que muito menos fossem próximas uma da outra.

Dei uma olhada em milhares de e-mails. Jakob se sentia vigiado e Bertil lhe dava dicas de como ele poderia se certificar de que estava sendo seguido e se havia escutas em seu apartamento. Ele mencionava com frequência que precisavam ter cuidado com o que escreviam, já que podiam estar sendo espionados. Eles tinham razão, pensei. Eles achavam os telefones mais seguros; assuntos importantes que não queriam que mais ninguém lesse, eram tratados por cartas.

Alguns temas eram retomados com frequência. Em primeiro lugar vinha o Caso Palme. Eles escreviam com regularidade sobre as investigações, sobre o que a polícia fazia ou não. Tinham uma teoria na qual afirmavam que Olof Palme era agente da União Soviética e que a KGB o teria assassinado porque a sua participação estava para ser revelada. Essa teoria aparecia nos e-mails trocados entre eles e se diferenciava daquilo que Wedin me dissera em Chipre, mas era próxima do que Jakob havia escrito para Lída. Apesar de tudo, era difícil ver a lógica naquela teoria. Por que o serviço secreto soviético mataria o próprio agente, que além de tudo era primeiro-ministro? O fato de nada vir à tona depois da morte de Olof Palme tornava a teoria ainda mais improvável. Além disso, o raciocínio sobre a KGB parecia ter sido adicionado mais tarde, quando o assunto nos e-mails era outro. A minha interpretação era que os e-mails sobre a tal teoria não passavam de algo armado para confundir leitores como eu.

Um outro tema que se repetia era o atentado de Lockerbie em dezembro de 1988, que Wedin também mencionara em Chipre. Ele solicitou que Jakob sempre lhe relatasse quando o atentado fosse mencionado pelas mídias suecas. O alvo do atentado terrorista, segundo a teoria deles, teria sido Bernt Carlsson, e parte do motivo seria que ele sabia quem havia matado Palme e por quê. Se partíssemos da teoria de Wedin e Jakob sobre o Caso Palme, teria sido a KGB quem cometera o atentado, mas, inexplicavelmente, eles nunca escreveram sobre isso.

Claro que Wedin não acreditava na versão de que a Líbia estivesse por trás do atentado, e, quando eu li, vi que existia a possiblidade de ele estar certo. O líbio Al-Megrahi, o único condenado pelo crime, havia sido solto em 2009 por razões humanitárias, depois da revelação de que uma das testemunhas principais mentira. Todo o processo para um novo julgamento levaria tanto tempo que até lá Al-Megrahi, que sofria de uma doença grave, já teria falecido.

Ficava claro nos diálogos por e-mail que Jakob não tinha nenhuma pessoa mais próxima em sua vida além de Bertil Wedin. Quase todos os e-mails que ele escrevia em tom pessoal eram para Bertil e não havia mais ninguém em quem ele confiasse por completo. Nem em si mesmo, era a minha impressão. Quando Jakob escrevera que "a mídia estava exagerando", sobre a cobertura da mídia sueca depois do atentado realizado por Breivik na Noruega, Bertil respondera com convicção que "não tinha desculpas para quem matava mulheres e crianças". Jakob concordara e parecia usar Bertil como sua bússola moral, pois ele mesmo não dispunha de uma.

Era mais difícil de ver o que Bertil ganhava com as conversas, mas talvez a explicação mais simples fosse a mais correta. Ambos haviam se tornado pessoas solitárias, sem contatos pessoais. Apenas se falavam por e-mail, cartas e uma ou outra ligação telefônica. Talvez se sentissem sozinhos apenas.

O e-mail que mais me intrigou foi aquele com a resposta dada por Jakob ao primeiro e-mail recebido de Bertil:

1º de setembro de 2009

Caro Jakob,

Me conte sobre a vida musical em Västra Frölunda.

Saudações,
Bertil

5 de setembro de 2009

Bertil!

Em Västra Frölunda não tem vida musical, mas tem um porta-voz do IDF que pode contar que as explosões dentro de um bunker, misturadas com outros ruídos quando há bombardeios, lembram mísseis que não retornam mais.

Com os meus cumprimentos,
Jakob Thedelin
(IDF: Israel Defence Force)

Bertil perguntara sobre a vida musical no subúrbio proletário de Gotemburgo onde Jakob morava de vez em quando. Até eu sabia que não havia vida musical do gosto de Bertil e Jakob nos subúrbios proletários suecos. Eles não eram do tipo que gostava de ouvir rap ou hip hop. Era mais provável que ele estivesse perguntando sobre outro assunto e que Jakob o compreendera perfeitamente.

A resposta de Jakob tinha sido bem mais misteriosa. Fiquei bastante tempo tentando entender o que ele queria dizer. O e-mail estava escrito em tom de brincadeira, como se houvesse ali algum tipo de código ou símbolo, onde o remetente e o destinatário estavam bem informados disso. Olhei os outros e-mails e não achei mais nada parecido com aquela maneira de se expressar.

Acabei chegando a duas possibilidades. A primeira era que não passava de um e-mail inocente e brincalhão entre os dois, nada com que eu precisasse me importar. A segunda era o contrário: havia algo que eles precisavam muito esconder. Fiquei pensando por um momento e depois escrevi o que poderia significar, de acordo com a minha interpretação:

Jakob *(um porta-voz do exército de Israel)* faz um relato sobre armas *(mísseis)* que estão bem armazenadas *(que não retornam mais)* em um lugar sem janelas *(bunker)* e barulhento *(como em bombardeios)*.

Eu havia conseguido elaborar uma conspiração partindo de uma frase codificada em um e-mail, mas que poderia ser inocente também.

O meu lado esquerdo do cérebro achava que eu estava ficando obcecado como outros que tinham se engajado no Caso Palme. Já o lado direito achava que Jakob talvez houvesse escondido a arma utilizada para matar Palme em algum lugar em Västra Frölunda.

A outra troca de e-mails que chamou a minha atenção era bem mais recente. Dois dias depois que Lída terminara a amizade com Jakob pelo Facebook, ele tivera necessidade de se aconselhar com Bertil sobre a situação. Jakob contara para Bertil sobre o que conversava com Lída. Acabara escrevendo sobre o interesse de Lída no Caso Palme. A resposta de Wedin fora direta. Ele não entendia por que Jakob discutia temas tão sérios com outra pessoa. Bertil escrevera que não confiava mais em Jakob e que era obrigado a cortar relações com ele. Jakob Thedelin perdera dois amigos próximos em apenas poucos dias.

Escrevi para Lída pelo Viber para agradecer o material e lhe perguntei, por pura curiosidade, como ela havia conseguido tudo aquilo. Dois dias mais tarde recebi sua resposta:

Hi,

No worries. Você recebeu o material sob uma condição: nunca mais deve perguntar quem me ajudou. É o meu segredo. Aquele que o fez deseja *källskydd.*

Tenha uma vida boa!
Lída

Aparentemente ela havia procurado o termo em um dicionário de sueco — a palavra significa "proteção da fonte". Ou a fonte seria sueca e a tinha instruído. Respondi confirmando a promessa sem perguntar mais nada. Ela não respondeu. Algumas semanas mais tarde, telefonei para ela. Não me atendeu. Mandei algumas mensagens, mas ela não reagiu. Talvez estivesse viajando ou houvesse trocado de número. Não pensei mais no assunto, pois haviam surgido outras coisas que exigiam minha concentração.

The New Yorker

ESTOCOLMO,
MARÇO DE 2014

O jornal *Svenska Dagbladet* estava bastante interessado na minha entrevista com Bertil Wedin, mas mais ainda nos documentos de Stieg Larsson. Com o editor de notícias, Ola Billger, eu havia escrito quatro longos artigos sobre Stieg e o assassinato de Olof Palme, incluindo a minha entrevista com Bertil Wedin. Nós mandamos traduzir dois artigos para o inglês e o publicamos, o que fez grande sucesso.

A notícia sobre o interesse de Stieg no Caso Palme se espalhou pelo mundo afora em vinte e quatro horas e nos tornamos os heróis do momento. O editor-chefe, Fredric Karén, nos agradeceu e me instruiu a não mencionar como eu havia descoberto o arquivo de Stieg. Afinal era um furo jornalístico do *Svenska Dagbladet* e eu estava sendo pago, então por que me opor?

Dois dias depois da primeira publicação, meu celular tocou.

— Olá, meu nome é Nicholas Schmidle. Eu trabalho para a revista *New Yorker* — disse uma voz americana do outro lado da linha.

Na hora não percebi de forma clara o que a *New Yorker* significava para os Estados Unidos e para o mundo, não sabia que estava sempre no topo das listas das publicações mais prestigiosas. Se eu tivesse me dado conta na hora da ligação, com certeza teria começado a gaguejar. O que se passou foi que fiquei conversando animadamente com Nicholas durante uma hora sobre o arquivo de Stieg Larsson, suas teorias e o meu trabalho.

Nicholas queria vender um artigo meu para o seu editor. Levaria um ano, mas foi o começo de uma colaboração e uma troca de materiais que revelariam uma grande mentira e nos levariam até a África do Sul.

O retrato falado

ESTOCOLMO,
OUTONO DE 2014

Eu ainda não compreendia alguns detalhes nas investigações do Caso Palme que devem ter deixado Stieg bastante confuso também. Um deles era o controverso retrato falado feito na primeira semana após o crime e que era baseado no testemunho da desenhista Sara.

Stieg havia escrito sobre o retrato falado na carta para o editor-chefe da *Searchlight*, Gerry Gable, em 20 de março de 1986. Mais tarde, durante as investigações, a polícia afirmara que tanto o retrato quanto o testemunho de Sara eram irrelevantes. Resolvi analisar como o retrato fora feito, que papel tivera nas investigações e se era interessante para as minhas pesquisas.

Passados oito dias do assassinato, a polícia parecia ter certeza de que o retrato falado descrevia o assassino de Palme. A testemunha Sara havia sido escolhida como a mais confiável para fazer o retrato do assassino. O retrato falado fora distribuído pelo mundo todo, para a polícia, para a mídia e se tornara público.

Mais tarde, o chefe da polícia federal, Tommy Lindström, com a ajuda de um policial, disse que o retrato era irrelevante, pois descrevia um homem inocente que Sara vira mais cedo naquela mesma noite. Eles tinham certeza de que não precisavam nem perguntar para Sara sobre o assunto.

Na ocasião dos trinta anos do assassinato, a polícia convocou uma coletiva de imprensa, afirmando que era "improvável" que o homem do retrato falado fosse o assassino e que a polícia não estava interessada nele. Dessa vez, a argumentação fora de que nenhum grupo de testemunhas havia visto o assassino correr todo o caminho desde o local do crime até o Smala Gränd, onde apenas Sara o tinha visto. Além disso, haviam se passado dez minutos desde o crime, o que era tempo demais para que o assassino chegasse até lá. Mais uma vez, a polícia decidira ignorar o retrato falado.

Oito dias depois do crime, o retrato falado e o testemunho de Sara eram as provas mais importantes que a polícia tinha em mãos. Trinta anos mais tarde, foi feita uma nova avaliação, sem dar explicações a ninguém sobre quem seria o homem e o que ele estaria fazendo no local.

Quando fiz minha análise de como o homicídio ocorrera, uma das conclusões a que cheguei foi de que se tratava de um assassino amador, pois seria a explicação mais plausível para os testemunhos contraditórios dados pelas pessoas na área das escadarias de Brunkebergsåsen.

O beco Smala Gränd, onde a testemunha Sara vira o homem, ficava apenas a um quarteirão de distância e ia de uma rua secundária a outra. A única saída seria pela Avenida Birger Jarlsgatan ou pelas escadarias de Brunkebergsåsen. Se fora realmente o assassino que Sara tivesse visto, a razão de ele se encontrar ali era porque estava perdido. Nesse caso, seria uma possível explicação para que Lars J. tivesse vislumbrado um homem entre os carros na Rua David Bagares, onde o suspeito teria procurado se proteger, pois não sabia para onde ir. O mesmo, nesse caso, serviria para as outras testemunhas e, se o suspeito houvesse andado à toa, ele poderia ter chegado no beco Smala Gränd somente dez ou vinte minutos depois do crime. Isso teria causado grandes problemas para outras pessoas que poderiam estar esperando por ele.

O mais importante para mim era que a polícia podia ter errado quando dispensou o retrato falado, que apareceu tantas outras vezes durante as investigações. Resolvi examinar de perto e ver a que conclusão chegava. Talvez fosse parecido com alguém em quem eu estivesse interessado. A altura de um metro e noventa e cinco de Alf Enerström não batia com a descrição que Sara fizera, portanto comecei com Jakob Thedelin.

Para ter certeza de que eu tinha a fotografia certa, pedi à polícia o retrato falado original e, algumas semanas depois, recebi uma cópia de boa qualidade fotográfica pelo correio. (Ver figura 8.)

Eu tinha várias fotos de Jakob Thedelin retiradas do Facebook dele e escolhi uma que mostrava seu rosto de frente e com uma expressão facial neutra. Com ajuda do Photoshop, acertei a fotografia para que seu rosto ficasse na posição vertical, apaguei os óculos, deixando a foto em preto e branco. Então ampliei até que o rosto na foto ficasse do mesmo tamanho do retrato falado e aumentei a transparência em cinquenta por cento. Depois coloquei o rosto de Jakob por cima de uma versão escaneada do retrato falado, para que o cobrisse.

E pude constatar que:

1. Jakob Thedelin era muito parecido com o retrato falado.
2. Jakob Thedelin tinha uma verruga de nascença na face, localizada acima do lábio direito, no mesmo local que o homem do retrato falado tinha um círculo marcado. A investigação do Caso Palme não sabia me explicar o círculo. Tampouco soube responder quem era o indivíduo que se perdeu pelo Smala Gränd logo após o crime. Mais uma vez, eles se contentavam em afirmar que a pessoa era irrelevante ao caso.

Utilizei o material que recebi de Lída (os diálogos pelo Facebook, os e-mails com Bertil Wedin), as semelhanças com o retrato falado e uma série de outros elementos para fazer um relatório parecido com o que Stieg Larsson havia feito sobre Bertil Wedin. O meu material totalizou doze páginas sobre o possível envolvimento de Jakob Thedelin no assassinato de Palme, com citações das testemunhas, ilustrações, linhas do tempo, postagens do Facebook e e-mails. Entreguei o documento para a polícia e fiquei esperando que agissem. E continuei esperando.

Um estudo de assassinato

ESTOCOLMO,
PRIMAVERA DE 2015

As informações que Stieg entregara à polícia no ano seguinte ao assassinato de Olof Palme faziam referências a Bertil Wedin e ao EAP. Provavelmente ele teria fornecido mais informações, mas ninguém sabia ao certo, pois, ao longo dos anos, a polícia havia perdido muito material naquele buraco negro que se dizia ser a maior investigação criminal do mundo.

Em sua carta a Gerry Gable, editor-chefe da *Searchlight*, Stieg descrevera um assassinato cometido de forma profissional e apenas mencionara a possibilidade de o crime ter sido executado por um amador. No último documento sobre o crime, em um artigo da referida publicação de 1996, o assassinato ainda era descrito como algo profissional, mas não deixava explícita a participação dos extremistas de direita suecos. Eu conhecia os interesses de Stieg e suas pesquisas continuaram até oito anos mais tarde, mas eu não encontrara nada de concreto que indicasse que ele teria ido mais longe. Será que não procurei o suficiente? Será que havia mais algum documento em seu arquivo que eu não tinha encontrado?

Examinei diversas vezes aqueles documentos que eu escaneara, mas restava uma quantidade de relatórios que eu não tinha copiado ainda e, por essa razão, não havia como examiná-los melhor. Eles ainda estavam na minha casa, e passei um bom tempo analisando-os para ver se havia perdido alguma informação.

Um dos relatórios se chamava "A Study of Assassination". "Um estudo de assassinato" me soava bastante acadêmico e fantasioso. Não encontrei nenhum indício de como aquilo teria ido parar nas mãos de Stieg, mas isso se aplicava também à maioria dos documentos existentes em seu arquivo.

Era um documento de dezenove páginas, sem data e sem assinatura do autor, mas, quando este se tornou público em 15 de maio de 1997, ficou-se sabendo que era de 31 de dezembro de 1953. Por trás do documento estava a CIA, que o utilizara na desestabilização do presidente Guzmán no governo da Guatemala entre 1952 e 1954.

As operações da CIA chamadas PBFORTUNE e PBSUCCESS tiveram como objetivo derrubar o regime democrático do país, sob a liderança de Jacobo Arbenz Guzmán. A primeira tentativa de tirar Guzmán foi autorizada pelo presidente dos Estados Unidos, Truman, em 1952. No início do mesmo ano, a CIA havia começado a produzir documentos com títulos como "Funcionários comunistas guatemaltecos a serem removidos durante operações militares". Tratava-se de uma lista com nomes de cinquenta e oito pessoas que poderiam ser assassinadas.

"A Study of Assassination" estava escrito em uma linguagem simples e se parecia com um relatório ou um tutorial qualquer. O documento começava com um uma pequena introdução onde o termo "assassinato" era definido, descrevendo como a decisão de se pôr em prática deveria ser tomada, além de explicar por que pessoas sensíveis não deveriam tentar executá-los. As técnicas individuais de como matar a vítima eram expostas com suas vantagens e desvantagens:

> **Manualmente:** Poucos assassinos são habilidosos o suficiente para matar alguém com as próprias mãos, mas algumas ferramentas simples e fáceis de serem encontradas são, na maioria das vezes, a maneira mais eficaz. Martelos, machados, chaves-inglesas, chaves de fenda ou algo pesado. Uma corda ou um cinto é suficiente se o assassino for muito rápido e contar com força física. Uma metralhadora não foi capaz de matar Trótski, ao passo que uma picareta foi mais eficaz.

Acidentes: Para alguns tipos de assassinato, um acidente provocado é o procedimento mais eficiente, pois muitas vezes ele é de difícil investigação, que só é realizada superficialmente. O acidente mais efetivo é uma queda de vinte e cinco metros sobre uma superfície rígida. Quedas em frente a trens ou metrôs são frequentemente eficazes, mas exigem mais preparativos e costumam não escapar de observações inesperadas.

Drogas: Se o assassino tem formação na área médica ou de enfermagem e a vítima estiver internada, o método será bom e eficaz. Uma overdose de morfina ou de tranquilizantes proporciona uma morte segura, sem problemas e difícil de ser descoberta.

Armas cortantes ou perfurantes: É necessário um conhecimento mínimo de anatomia para que seu uso seja efetivo. Cortes no torso podem ser ineficazes se não atingirem o coração. Um golpe bem--sucedido seria na coluna vertebral, na parte inferior da nuca. Para atingir esse objetivo, usa-se a ponta de uma faca ou o golpe de um pequeno machado. Outra forma é atingir os vasos sanguíneos dos dois lados da traqueia.

Armas contundentes: Assim como no caso das armas cortantes ou perfurantes, aqui também são exigidos certos conhecimentos anatômicos. A grande vantagem é a facilidade de encontrar esse tipo de arma. Um martelo pode ser encontrado em qualquer parte do mundo. Até mesmo uma pedra ou uma bengala pesada servem como armas, não necessitando serem compradas nem transportadas de forma especial. O indivíduo que as utiliza não precisa se desfazer delas como se desfaz de uma arma. O golpe deve ser direcionado às têmporas, na área logo abaixo da orelha ou na parte de trás do crânio. Se o golpe for muito forte, qualquer parte do crânio serve como alvo.

Armas de fogo: O uso de armas de fogo em assassinatos é muito amplo e, com frequência, ineficaz. O assassino, muitas vezes, não tem conhecimento suficiente sobre as limitações da arma, esperando mais alcance, mais precisão e maior poder de fogo do que a arma realmente oferece. Como a morte da vítima é exigência básica para que o crime seja bem-sucedido, a arma de fogo deve ser usada com pelo menos cem por cento mais potência do que se espera que seja necessário e a distância deve ser a metade daquela considerada realista. As armas de fogo apresentam diversas desvantagens e são superestimadas como armas de assassinato.

Pistolas ou revólveres: Apesar da ineficácia das armas de pequeno porte em homicídios, estas ainda são muito utilizadas, pois são fáceis de transportar e esconder. Mesmo que muitos assassinatos tenham sido cometidos com armas de pequeno porte (Lincoln, Harding, Ghandi), muitas tentativas foram malsucedidas (Truman, Roosevelt, Churchill). No caso de se utilizar uma arma de pequeno porte, esta deve ter o maior poder de fogo possível e ser acionada bem perto da vítima. Nas mãos de um especialista, uma pistola é letal, mas esses profissionais são raros e, normalmente, não estão disponíveis para tarefas do gênero. Calibres eficazes são Colt .45, Especial .44, Kly .455 e Magnum .357. Calibres inferiores podem ser suficientes, porém são menos confiáveis. Sob toda e qualquer circunstância, a vítima deve ser atingida no mínimo três vezes para que a operação seja bem-sucedida.

Explosivos: Bombas e diferentes tipos de explosivos têm sido bastante utilizados em assassinatos. Esses métodos são eficazes, podendo lidar com barreiras de proteção. A carga deve ser posicionada a menos de dois metros de distância da vítima.

A classificação dos diferentes tipos de assassinato era direta. *Simple* significava que a vítima desconhecia a operação. *Chase*, que a vítima sabia da ameaça, mas estava desprotegida. *Guarded*, que a vítima estava protegida. *Lost*, que o assassino deveria ser morto. *Safe*, que uma parte do plano era a fuga do assassino. *Secret*, que o crime seria visto como um acidente. *Open*, que não era necessário ocultar de que se tratava de um crime. *Terroristic*, que o crime exigia publicidade depois de executado.

Com esses termos fora constatado que o assassinato de Júlio César poderia ser visto como *safe, simple* e *terroristic*, pois seus assassinos sobreviveram, a vítima não estava protegida e os assassinos queriam publicidade. O homicídio do político americano Huey Long fora *lost, guarded* e *open*, já que seu assassino fora morto, a vítima estava protegida e não havia necessidade de ocultar o crime.

O assassino, em qualquer homicídio *safe*, deveria ter as mesmas qualidades de um agente secreto — *clandestine agent*. Ele deveria ser determinado, inteligente, decidido e ter capacidade física ativa. Se fossem utilizados equipamentos especiais, como armas de pequeno porte, ele deveria ter plena capacidade de manejá-los, além de ter o mínimo contato possível com o restante da organização. Exceto em casos de crimes do tipo *terroristic*, o assassino deveria ficar o menor tempo possível no local do crime.

Para que um assassinato planejado seja *lost*, o assassino deveria ser algum tipo de fanático, na área da política, da religião, ou teria a vingança pessoal como único motivo. Como um fanático é uma pessoa instável psicologicamente, ele deve ser tratado com todo o cuidado e não conhecer a identidade dos outros membros da organização, pois, apesar do objetivo ser a sua morte durante a operação, alguma coisa pode sair errada. Mesmo que o assassino de Trótski nunca tenha revelado nada, foi falta de cautela confiar nisso enquanto a operação estava sendo planejada. O planejamento deveria ser apenas falado e memorizado. Não deveria haver nenhum papel que pudesse conter as provas da operação.

Quando li o relatório sobre os métodos da CIA na década de 50, percebi que se diferenciavam daqueles que a organização utilizava nos anos 80, mas também era provável que os conhecimentos de como um assassinato era executado houvessem sido aprimorados e divulgados para outros países, especialmente se a colaboração entre os serviços de segurança estava tão bem estabelecida, como Stieg e outros tinham escrito. A questão era se eles haviam legalizado seus métodos. Será que eles pararam de matar pessoas? No que dizia respeito ao serviço de inteligência da África do Sul, era sabido que eles tinham matado pessoas durante a década de 80, e muitos culpados deram seus testemunhos na Comissão da Verdade.

Eu li "A Study of Assassination" e o comparei com a teoria de Stieg sobre uma organização profissional. E minha conclusão foi a de que o assassinato fora executado por uma pessoa inexperiente. Havia a possibilidade de ambos estarmos corretos, que uma organização profissional tivesse utilizado um assassino inexperiente.

Se o planejamento do assassinato de Palme se encaixava no modelo chamado *lost*, o suspeito seria um fanático de alguma espécie. Isso explicaria os diversos erros que ele cometera e, por essa razão, eu concluíra que se tratava de um amador.

Ele não tinha atingido a vítima "no mínimo três vezes", como era a recomendação explícita. Além disso, havia usado um tipo de munição que aumentava o risco de a vítima sobreviver e tinha errado o tiro em Lisbeth Palme, deixando uma testemunha viva. Examinei a análise do comportamento do suspeito que eu fizera uns anos antes e percebi que todos os outros aspectos apontavam para um amador.

Com base no relatório, deduzi que se o assassinato de Olof Palme foi organizado por um serviço de inteligência, com acesso a conhecimentos equivalentes aos da CIA na década de 50, a categoria de seu planejamento se encaixava em *lost, simple e open*, o que significava que o suspeito era um fanático, que Olof Palme desconhecia a ameaça e que o crime não precisava ser oculto.

Com essa hipótese, a teoria de Stieg sobre a África do Sul, Wedin e os extremistas de direita suecos poderia coincidir com minha análise de que fora um crime cometido por um amador. Para descobrir se eu estava no caminho certo, precisava saber mais daquelas pessoas envolvidas no caso.

A única maneira de fazer isso era ir para a África do Sul.

As crianças mortas #3

ÁFRICA DO SUL,
9 DE JANEIRO DE 1990

No momento anterior à colisão, a parte dianteira do caminhão se materializou como um muro sólido, cara a cara com o para-brisa do pequeno carro da família. A sombra do veículo fez com que a luminosidade do sol sul-africano fosse ofuscada por um instante. Foi na mesma hora que Franz Esser e sua esposa Emily perceberam que a colisão com quinze toneladas de metal a setenta quilômetros por hora seria inevitável. O tempo que levou para o caminhão amassar a frente do carro deles foi mais ou menos um décimo de segundo, não dando tempo para nenhum tipo de reação por parte das duas pessoas sentadas nos bancos dianteiros. As meninas no banco traseiro do carro não perceberam o perigo se aproximar. Estavam ocupadas com alguma briga à toa, que dali a pouco não teria mais importância. A filha mais velha, Emily, tinha cinco anos e carregava o mesmo nome da mãe. Sally era dois anos mais nova e tinha acabado de descobrir o mundo fora de seu núcleo familiar.

Em abril de 1986, apenas quatro anos antes do acidente, Emily (a mãe) chegara ao hospital em Johannesburgo depois de ter sido baleada na perna por um desconhecido. Todos acharam que a jovem, vencedora de concursos de beleza, havia sido ferida porque seu marido Franz mantinha negócios obscuros com pessoas do alto escalão do regime de apartheid. O tiro na perna da jovem esposa devia ser um aviso de que coisas piores aconteceriam. No hospital, Emily foi informada de que estava grávida de Sally, sua segunda filha.

Quatro anos mais tarde, o que aconteceu deve ter tido os mesmos motivos, fazendo com que o caminhão passasse para o lado errado da estrada, atingindo o BMW da família.

Treze anos antes, apesar de não ter a ficha limpa na justiça, Franz conseguira comprar a cidadania sul-africana por pouco mais de meio milhão de rands sul-africanos. Desde então, muitas pessoas foram ludibriadas pelo negociante sem escrúpulos na sua nova pátria. Na Alemanha, seu país de origem, ele era procurado por crimes de estupro, extorsão, abuso, estelionato e sonegação de impostos. Na África do Sul, era protegido por ter ótimas relações com agentes do serviço secreto e líderes políticos do alto escalão, entre eles, o ministro das Relações Exteriores, Pik Botha.

Os boatos de que Franz Esser fornecera os carros necessários aos agentes sul-africanos na ocasião da morte de Olof Palme eram constantes. O tiro dado em sua esposa Emily, cerca de um mês após o assassinato de Palme, havia sido um aviso e, nos últimos tempos, ficara claro que a paciência das autoridades sul-africanas chegara ao fim com os negócios criminosos de Esser. Em breve ele teria de enfrentar a justiça por seus crimes cometidos na África do Sul, o que punha à prova sua lealdade a seus contatos políticos.

Aparentemente, a lealdade de Esser não foi julgada suficiente para protegê-lo das quinze toneladas de aço direcionadas a ele e à família. A troca de pista feita pelo caminhão não se justificava e era sinal de um dos métodos favoritos do serviço secreto sul-africano para se livrar de pessoas indesejadas.

Os metais que atravessaram o corpo de Franz e Emily os mataram na hora. A filha Emily, de cinco anos, morreu no local do acidente. Quando a ambulância chegou, encontrou Sally muito ferida e com a coluna fraturada.

Se o objetivo do acidente planejado era executar toda a família Esser, ele quase foi atingido. Sally, de três anos, sobreviveu e teve de passar a vida inteira em uma cadeira de rodas, sem a família.

Atravessando o rubicão

ÁFRICA DO SUL,
DEZEMBRO DE 2015

Era um grande passo a ser dado, mas, se eu pretendia seguir com a investigação de Stieg sobre o Caso Palme, teria que viajar até a África do Sul. Bertil Wedin trabalhara para o serviço secreto deles. Craig Williamson e outros agentes eram mencionados com frequência nos documentos de Stieg. No arquivo, constava um relatório sobre os contatos da polícia sueca com a África do Sul antes do crime. A minha ida para lá era realmente inevitável. Enquanto me acostumava com a ideia, entrei em contato com várias pessoas que se interessavam havia tempos pelo papel da África do Sul no caso. Uma das pessoas era o jornalista Boris Ersson, que havia me dado uma cópia de seu relatório não publicado sobre as investigações do Caso Palme, escrito em 1994, depois de arriscar sua vida para encontrar agentes sul-africanos. Outra era Simon Stanford, que me encorajou a dar o primeiro passo.

— *Hi*, Nicholas, você quer me acompanhar até a África do Sul? — perguntei. — Simon Stanford e eu vamos até lá no início de dezembro. Temos um mês para nos preparar.

Fora difícil convencer o editor da *New Yorker*, mas Nicholas Schmidle tinha conseguido vender o artigo que falava de como eu via a pesquisa de Stieg Larsson sobre a morte de Olof Palme. A condição fora que Nicholas examinasse tudo e encontrasse pessoas relevantes ao caso, o que poderia significar viagens para lugares relevantes também, e por isso eu havia feito a pergunta a ele.

— Quem é Simon Stanford? — perguntou Nicholas.

— Um sul-africano, cineasta de documentários. Vive na Suécia há muito tempo — respondi. — E durão o suficiente para lidar com os sul-africanos.

— Ele sabe algo sobre a possível participação da África do Sul no assassinato do Palme?

— Ah, sim. Ele está por dentro faz tempo. Em 1996, ele e Peter Casselton já tinham uma passagem de avião para Chipre, para se encontrarem com Bertil Wedin. Mas o Casselton não pôde mais ir, porque foi esmagado contra uma parede por um caminhão que estava consertando na casa de um agente.

— Ok — disse Nicholas.

Nós havíamos acabado de nos instalar no Hotel Sandton de Johannesburgo e dormido uma noite quando chegou a hora de fazer a primeira visita. Nicholas tinha conseguido entrar em acordo com Vic McPherson para irmos até a casa dele entrevistá-lo. Ele fora um dos funcionários mais próximos de Craig Williamson no serviço de inteligência civil até a ida de Williamson para o serviço militar na metade de 1985 e poderia nos contar sobre seus métodos de trabalho.

De carro, leva menos de uma hora de viagem de Johannesburgo até Pretória, atravessando uma paisagem montanhosa. Nicholas Schmidle, Simon Stanford e eu ficamos andando pelos subúrbios de Pretória até encontrarmos uma das avenidas principais que apareciam marcadas em nosso mapa pouco detalhado. Estávamos no bairro certo, o qual era constituído em sua maioria por casas, um ou outro posto de gasolina ou loja com estacionamento na frente.

Saímos da rua principal e dirigimos devagar através do bairro bem cuidado. As casas ali eram cercadas de muros altos com cacos de vidro ou arame farpado, assim como tínhamos visto em Johannesburgo. As poucas pessoas que vimos eram brancas. O bairro e os prédios davam a impressão de que estávamos na Europa, talvez numa cidade menor da Inglaterra.

Chegamos à rua e à casa certas. Era uma casa simples, de um andar, construída entre 1970 e 1980, mas com um jardim muito bonito, que contornava toda a casa. Estacionamos na entrada e verificamos se o nome na porta era McPherson. Tínhamos chegado ao lugar certo.

Havíamos passado a noite anterior lendo sobre o que Vic McPherson tinha feito e preparando perguntas. Eu sabia que visitaríamos um homem que participara ativamente da morte de diversas pessoas e que havia matado também, mas o que eu não sabia era como ele iria reagir ao encontro. Toquei a campainha e ficamos esperando por um bom tempo até que abrissem a porta.

Nas fotografias ele parecia ser um homem forte, de bigode escuro e olhar penetrante. Quase sempre estava de uniforme. Depois de dez ou vinte anos, sofrendo de uma doença grave, Vic McPherson era um homem alquebrado. Ele não tinha mais que um metro e setenta de altura, era magro como um palito e tinha muita dificuldade em se locomover quando nos levou até os fundos da casa. Em compensação, seu amigo próximo, Karel Gerber, que estava presente na entrevista, era grande e forte, e usava o cabelo grisalho preso em um rabo de cavalo. Karel ajudava Vic a andar pela casa, segurando-o pelo braço.

Nos fundos, sobre uma mesa, havia uma jarra de chá gelado e algo para comer. A esposa de Vic apareceu para ver se tínhamos tudo de que precisávamos e sumiu logo em seguida.

— Para nós, sul-africanos, a hospitalidade é muito importante. Quando recebemos visitas, fazemos de tudo para que se sintam confortáveis.

A voz de Vic era tão fraca e decrépita quanto seu corpo. A última gota de energia que deve ter existido durante todos os anos no serviço de inteligência civil sul-africano se insinuava em seu olhar. Contamos sobre nós e por que havíamos viajado de tão longe para encontrá-lo.

— Conte como foi quando vocês explodiram a bomba em Londres.

Vic pareceu contente em nos contar, quase exaltado.

— Em 1982 nos mandaram explodir a sede do CNA em Londres. Foi parte da reação do primeiro-ministro P.W. Botha àquilo que ele chamou de *The Total Onslaught*, o forte ataque que nós, sul-africanos, sofremos. Isso exigia uma estratégia total, *The Total Strategy*, o que significava que pela primeira vez era possível para nós praticarmos ataques fora do sul da África. Para isso era necessária a participação de nossos melhores agentes, que foram desafiados a fazer *black operations*, operações secretas que ferissem o inimigo.

Vic tomou fôlego e bebeu um gole de chá gelado. Não vi razão alguma para interrompê-lo com perguntas.

— Passamos uma semana em Daisy Farm, que havia sido financiada com dinheiro sueco através da infiltração de Craig Williamson no IUEF. Lá planejamos a nossa missão antes de irmos para Londres. Durante duas semanas, fizemos o reconhecimento do local de objetivo da bomba e testamos diversos caminhos alternativos para deixar o país quando estivéssemos prontos. Um problema no início foi que Eugene de Kock e seu colega foram detidos na alfândega por causa da aparência deles. O olhar duro de Eugene e a pele bronzeada dos dois, depois de meses na selva, fizeram com que fossem vistos de longe como profissionais. O serviço secreto britânico os interrogou.

Vic foi obrigado a fazer uma pausa para respirar.

— Era Craig Williamson quem liderava a operação. Nós, os outros do time, fomos divididos em grupos de duas ou três pessoas, mantidas separadas e dormindo em lugares diferentes. Cada grupo tinha uma função e era informado apenas sobre o necessário para poder executar a sua parte. O Craig estava hospedado em um hotel em Londres e liderava a operação. Era um *standard procedure*. Células diferentes, funções individuais e informações estritamente necessárias.

— Mas quem mais fazia parte? — perguntei.

— A maioria era da África do Sul. Viajamos em diferentes companhias aéreas, seguindo rotas distintas. Eram Eugene de Kock, Jimmy Taylor, John Adam, Jerry Raven e eu. Peter Casselton, que trabalhava em Londres, também participou.

— Como vocês se comunicavam?

— O Craig era o responsável pela comunicação. Ele sabia como entrar em contato com a gente. Nós não podíamos entrar em contato com ninguém a não ser com o Craig. Algumas vezes fomos convocados para um cinema em Leicester Square e ficamos na mesma sala sem demonstrar que nos conhecíamos. Foi uma maneira de testar se resistíamos à pressão.

Na boca de Vic, a história era emocionante. Era fácil esquecer que estavam preparando um atentado à bomba em nome do regime de apartheid, que custaria a vida de muitas pessoas na área central de Londres. Parecia um romance de espionagem, onde nos identificávamos com os heróis, não importando se eram bons ou maus.

— Vocês nunca estiveram a ponto de serem descobertos? — perguntei.

— O time do Eugene contou para o Craig que eles estavam sendo vigiados, provavelmente pelo MI5 britânico, e isso continuou por alguns dias. O time deles iria colocar a bomba e todos os dias avisavam que não poderiam pôr seu trabalho em prática por estarem sendo vigiados. Mas lá pelo terceiro ou quarto dia, eu acho, eles disseram que o caminho estava limpo e o Craig mandou que eles colocassem os explosivos no lugar. Nós, do outro time, tínhamos preparado a logística e deixado tudo pronto. Eles puseram a bomba e nós ficamos aguardando. Quando as primeiras notícias foram dadas e percebemos que tínhamos nos saído bem, deixamos o país. Estávamos todos muito satisfeitos no aeroporto de Amsterdã. Foi lá que ficamos sabendo que foram os nossos homens que tinham vigiado o time do Kock, por ordens do Craig, para confirmar se eles estavam alertas. O Eugene não ficou nada satisfeito ao saber, mas o Craig estava realizado. O clima entre nós era alegre, quase eufórico. Bebemos umas cervejas e uns drinques, quando de repente ouvimos algo que quase nos fez engasgar. Os alto-falantes anunciavam que o "sr. Joseph Slovo" deveria comparecer ao balcão.

O nome soava conhecido, mas Vic percebeu que eu não sabia de quem se tratava.

— Ele era sul-africano, branco e comunista. Era o tipo que víamos como traidor da pátria. Como ele era líder comunista, ficava em primeiro lugar.

— Primeiro lugar?

— Joe Slovo era o primeiro nome na nossa lista de mortes e agora ele estava no mesmo aeroporto que alguns dos mais competentes agentes secretos da África do Sul. O Eugene disse, sem rodeios, que iríamos pegá-lo. O Craig ficou meio hesitante. O Eugene apanhou uma caneta Bic laranja de tampa azul e disse: "Se vocês o fizerem ir para o banheiro, eu acabo com ele com isso aqui. Eu enfio no plexo solar e perfuro seu coração". Na teoria era uma boa ideia, mas percebemos que era arriscado demais e convencemos o Eugene a não fazer isso. Voltamos para casa e ganhamos medalhas. Alguns meses mais tarde, demos um jeito no Joe Slovo, ou melhor, na esposa dele, Ruth First, com uma carta-bomba, como Craig nos instruiu.

Vic mencionou o assassinato de uma mulher inocente como se fosse mais um dia normal de trabalho no escritório. Exatamente aquela mulher, Ruth First, havia sido amiga pessoal de Olof Palme, e Stieg mencionara sua morte no relatório sobre Bertil Wedin. Eu queria saber mais da lista de mortes.

— Havia uma lista de mortes? Você quer dizer uma lista com nomes de pessoas que vocês queriam matar? Quem mais estava lá? Olof Palme?

— Nós tínhamos uma lista assim, mas era de membros do Partido Comunista, do CNA e de outros movimentos de resistência. O Palme não era cidadão sul-africano e, além disso, era primeiro-ministro em outro país. Nunca vi nenhuma lista com o nome dele ou com algum nome parecido.

— Existia alguma outra lista que talvez você desconhecesse? Será que os militares não tinham uma dessas?

Vic revirou os olhos.

— Não, só havia uma lista de pessoas das quais queríamos nos livrar.

Vic descartara a possibilidade de que Olof Palme houvesse sido alvo do serviço de inteligência sul-africano, civil ou militar. Karel Gerber serviu mais chá gelado a Vic. Karel ainda não tinha dito uma palavra sequer durante a conversa, mas achei que ele não estava de acordo com seu amigo.

— Você mencionou *black operations*, operações secretas — falei. — O que é isso?

— Nós tínhamos operações brancas e negras — respondeu Vic. — As brancas tinham a ver com coleta de informações que eram delicadas para o inimigo. Depois nós as publicávamos.

— E as operações negras?

— Eram as operações secretas. Vou te dar um exemplo. Frank Chikane era um pastor que nos dava muito trabalho. Uma vez, quando ele ia viajar para os Estados Unidos, foi obrigado a fazer conexão na Namíbia, passando a noite lá. Nossos homens entraram no seu quarto de hotel e esfregaram um veneno nas roupas dele, enquanto ele estava fora. Colocaram o pó de uma planta africana em todos os lugares por onde a pessoa transpira, debaixo dos braços e nas roupas íntimas. Ele foi viajar e passou muito mal a caminho dos Estados Unidos. Ninguém pôde fazer nada. Quando chegou, estava praticamente morto. Se ele tivesse ido para qualquer outro lugar, teria morrido, mas os americanos conseguiram salvá-lo, porém nunca descobriram de que veneno se tratava.

— Você mencionou que sabe de operações secretas de que nunca ninguém soube.

— Sim, tem coisas que sei ou ouvi, mas não pretendo contar nada sobre elas.

O silêncio que se fez era incômodo para Vic, e eu usei o truque de contar até dez para esperá-lo. Ele riu, sacudindo a cabeça, e se calou por mais alguns segundos, até que desistiu.

— *Alright*. Anthony White foi encarregado de uma missão. Jonathan Leabua era primeiro-ministro em Lesoto, que é um enclave independente na África do Sul. Apesar de Leabua ser dependente da África do Sul, ele apoiava o CNA e estava na nossa lista de mortes. E Ant White iria cuidar disso.

Vic pegou o copo de chá gelado com a mão trêmula, bebendo um gole para limpar a garganta e dizer algo que, segundo ele, nunca contara a ninguém.

— Primeiro ele tentou com um pacote-bomba, colocado no caminho onde a caravana de Leabua iria passar. Quando o carro do primeiro-ministro passou, ele acionou o controle remoto, sendo obrigado a fazer isso diversas vezes até a bomba explodir. Assim, toda a caravana já havia passado, inclusive o carro de Leabua. Ant tinha fracassado, mas não desistido.

Vic parecia se divertir com a cena da bomba, que poderia ter sido tirada de um filme de *A Pantera Cor-de-Rosa*, com Peter Sellers, se não fosse real.

— Um tempo depois, o Ant concretizou os seus planos. O Leabua iria fazer um discurso no lugar onde costumava fazer. Os nossos homens mediram a cerca de metal que estaria posicionada em frente e mandaram fazer uma idêntica, mas recheada de explosivos. A bomba explodiria na altura do estômago de Leabua, partindo-o ao meio. Anthony White iria levar a cerca até lá de carro, mas antes de chegar em Lesoto foi parado num comando. Não em Lesoto, mas por um dos nossos, da polícia sul-africana. Eles encontraram a cerca com os explosivos e ele foi preso. Então me ligaram, pedindo que eu desse um jeito nisso.

— Mas você trabalhava para a polícia e o Anthony para o seviço secreto militar, não é?

— Sempre que acontecia algum problema, eles me ligavam. Eu era o que se pode chamar de *the cleaner*. Consegui o nome do promotor, liguei para ele e fiz com que entendesse a situação, mas ele não sabia como resolver, então tive que explicar: "Amanhã cedo a primeira coisa a fazer é mandar Ant White para julgamento. Lá ele vai confessar a culpa pelo porte de explosivos, de uma AK-4, de uma pistola e de munição. Está disposto a pagar dez ou vinte mil rands. Deve ser rápido, e ele tem que desaparecer antes que a mídia ou mais alguém tenha tempo de reagir".

Vic deu uma risada satisfeita e tomou mais um gole do chá.

— O promotor deve ter tido tempo de falar com o juiz, porque a sentença saiu poucos minutos depois de eles entrarem na sala de audiência. Às oito e dois da manhã, Ant White era um homem livre novamente, mas Leabua tinha escapado mais uma vez.

— Então foi uma operação secreta malsucedida — eu disse. — Eu queria ouvir sobre alguma que deu certo.

— Nós somos unidos. Não contamos sobre coisas que nós ou outros fizeram. Se alguém fizer isso, deve estar preparado para ser eliminado. É perigoso assim. Não vou contar mais nada.

Vic McPherson acabara de contar sobre duas tentativas de assassinato de um primeiro-ministro de outro país, algo que afirmara havia pouco que o regime de apartheid nunca fizera.

— E o acidente aéreo de 19 de outubro de 1986, quando o presidente de Moçambique Samora Machel morreu, foi uma sabotagem do serviço de inteligência sul-africano?

Vic sacudiu a cabeça, respondendo sem hesitar.

— Não, não foi. Um dos meus colegas chegou cedo ao local do acidente e viu duas garrafas de vodca nos pés dos pilotos russos. Eles tinham bebido e voado para Matsapha, na Suazilândia, achando que estavam indo para Maputo. Quando atingiram o topo das árvores, já era tarde demais.

— Mais isso não é um tanto estranho? O serviço secreto sul-africano chegar primeiro ao local, apesar de ser no meio da selva e ficar a mais de quinhentos quilômetros de Johannesburgo?

— É, falando assim parece mesmo que estávamos diante de uma operação secreta, mas não era, segundo me disseram os que seriam responsáveis por ela. Você sabe quem chegou cedo ao local do acidente? Pik Botha, o nosso ministro das Relações Exteriores.

Vic parecia muito satisfeito outra vez. Como se houvesse montado um quebra-cabeça para que enxergássemos o que de fato acontecera, mas, quando ele completara a história, ela mostrava algo bem diferente. Ele falava da morte violenta de pessoas como se fosse algo normal e corriqueiro, o que só era possível de entender quando lembrávamos que ele era um agente secreto, treinado para matar.

— O que você acha de Craig Williamson?

— Ele é o melhor espião que a África do Sul já teve — disse Vic, com dificuldade de encontrar a palavra certa. — Ele é o melhor, o melhor... sem sombra de dúvida.

— Você acha que Craig Williamson está por trás da morte de Olof Palme?

— Eu trabalhei com ele até meados de 1985, quando ele passou para o serviço de inteligência militar, e sabia de tudo até então. Depois disso, não sei mais o que houve. Eu perguntei para ele diversas vezes e ele negou. Eu não sei por que continuam o incomodando com a mesma pergunta de sempre. Eu não acho que tenha sido o Craig.

Mas havia outro assassinato quase tão interessante quanto o de Olof Palme.

— Você estava lá quando o seu agente Peter Casselton morreu?

— Sim, estava. O Casselton estava na casa de uns amigos portugueses, a algumas horas de viagem de carro daqui — disse Vic, tão contente quanto antes. — Eu tinha ido ao veterinário com os cães dos portugueses, e o Casselton estava consertando um caminhão na entrada apertada de uma garagem. Atrás do volante, tinha um garoto negro, que engatou a primeira sem querer. Aconteceu de o Casselton ligar o motor, e isso bastou para o caminhão se mover para a frente. Ele saltou para o lado, mas acabou prensado entre o caminhão e o muro lateral — disse Vic, mostrando com as mãos a posição do veículo. — O abdome dele foi esmagado e ele não conseguia respirar. Eu disse a eles que tínhamos que tirar o caminhão, mas não foi possível, porque o veículo também tinha ficado preso no local. A única coisa que pudemos fazer foi derrubar o muro, e eles começaram a discutir que precisavam da autorização do vizinho. Obstáculos, obstáculos e mais obstáculos. Enquanto isso, o Casselton permanecia lá, sem ar. Finalmente eles derrubaram o muro... O Casselton estava morrendo. Conseguiram fazer seu coração voltar a bater com choques elétricos, e eu o acompanhei na ambulância. Eles o mantiveram vivo, mas no hospital constataram que suas pupilas não reagiam. Ele teve morte cerebral.

Nicholas e eu nos revezamos em entrevistar Vic por mais duas horas. Simon ouvia as histórias, como se as conhecesse, mas de uma perspectiva diferente. Quando o sol se pôs, estavam todos exaustos. Vic se despediu e entrou na casa pelos fundos, enquanto seu amigo Karel nos acompanhou até o carro lá na frente. Ele tinha deixado Vic falar o tempo todo durante a entrevista.

— Aquilo que o Vic disse que era apenas uma lista de mortes...
— O que tem? — perguntei.
— Não é verdade. É claro que tinha duas. Os militares tinham mais poderes e uma lista própria.
— Tem certeza? Você tem uma cópia? — perguntei.
Karel deu risada, sacudiu a cabeça e abriu a porta do carro para mim.
— *Have a safe ride back to Joburg!*

Voltamos para Johannesburgo, e eu fui obrigado a me concentrar no tráfego de mão esquerda na escuridão de um continente desconhecido. Estávamos calados e os pensamentos rodopiavam em nossa mente. O atentado à bomba em Londres em 1982 havia sido obra de várias células que dispunham só da informação estritamente necessária. A ilustração no *GT* de 1987 descrevia esse tipo de cenário com células no assassinato de Olof Palme. O ministro das Relações Exteriores, Pik Botha, fora um dos primeiros a chegar ao local do acidente de Samora Machel, como se já soubesse que o avião cairia. Anthony White fora incumbido de matar um primeiro-ministro de outro país, embora, na teoria, esse tipo de operação não devesse ser realizado pelo serviço secreto sul-africano. Vic não sabia nada sobre o que Craig Williamson havia feito após se juntar aos militares em 1985.

Quando chegamos ao hotel, fui o único a pedir três dedos de uísque sem gelo no bar. Eu estava de fato precisando.

O coração das trevas

ÁFRICA DO SUL,
DEZEMBRO DE 2015

Já estávamos há uma semana na África do Sul. Nicholas arranjara diversas entrevistas e reuniões para nós, mas as minhas tentativas haviam sido frustrantes. Além disso, as informações começaram a ficar confusas. Quem denunciou quem? Em quem se podia confiar? Quem estava envolvido na morte de Palme e quem não estava?

Uma das vítimas de Craig Williamson era Fritz Schoon, que havia contado como sobrevivera à carta-bomba aos três anos de idade, enviada a mando de Craig Williamson, que matara sua mãe, Jeannette Schoon, e sua irmã Katryn, de seis anos na época.

Barry Gilder fora um dos mais importantes oficiais do serviço de inteligência no Umkhonto we Sizwe, a ala armada do CNA, tendo contado sobre a luta contra o apartheid e sobre seu trabalho como oficial de inteligência antes e depois da queda do regime.

No SAHA — South African History Archive (Arquivo Histórico da África do Sul) —, encontramos indícios de documentos sobre o assassinato de Palme feitos pela Comissão da Verdade, durante a época e depois. Fomos autorizados a levar alguns documentos, mas outros continuavam confidenciais.

Não consegui marcar uma reunião com as três pessoas mencionadas no relatório da Comissão de Investigações, que eu há tempos tentava encontrar.

Riaan Stander trabalhara com Craig Williamson em 1986 e o havia denunciado como mentor do assassinato de Olof Palme. Riaan Stander era uma das fontes mais importantes de Boris Ersson para o relatório que eu havia trazido comigo para a África do Sul. Stander era descrito por muitos como uma pessoa não confiável e quase ninguém gostava dele entre os ex-agentes secretos, mas ele fora um dos únicos a dar informações mais detalhadas sobre como Craig Williamson e seus colegas haviam planejado a morte de Olof Palme. Quando finalmente encontrei o número correto de telefone, Stander encurtou o processo. Ele não queria conversar, tampouco me encontrar. Alguns dias mais tarde, Nicholas fez uma nova tentativa, com o mesmo resultado.

Outra pessoa com quem entrei em contato foi Nigel Barnett, também conhecido pelos pseudônimos de Henry Bacon, Leon van der Westhuizen e Nicho Esslin. Ele era agente no serviço de inteligência militar e uma das pessoas que apareciam diversas vezes ligadas ao assassinato de Palme, e mencionado como um dos membros do grupo de sicários enviado para a Suécia. Barnett fora adotado por um missionário sueco e vivera um tempo na Suécia. Quando o policial sueco Jan-Åke Kjellberg, que trabalhava para a Comissão da Verdade, foi autorizado a abrir o cofre que Barnett mantinha em um banco, encontrou ali uma Smith & Wesson Magnum .357. Em uma prova de tiro, ficou comprovado que aquela não era a arma do crime, mas muitas circunstâncias que cercavam Barnett eram muito estranhas. Minhas tentativas de encontrá-lo não deram em nada, mas consegui achar seu irmão, Olof Bacon, que tampouco sabia onde Henry se encontrava.

Heine Hüman era a terceira pessoa que eu queria encontrar. Ele era sul-africano e tinha morado em Björklinge, a noventa quilômetros ao norte de Estocolmo na época do crime. Hüman havia entrado em contato com o grupo de investigações do Caso Palme em diversas ocasiões e dito que ele, seis dias antes do crime, havia sido contatado de forma anônima para arranjar acomodação para um cidadão sul-africano. Em documento da Säpo, chegou-se à conclusão de que Hüman, provavelmente, era um "traidor do serviço de segurança", que acabou sendo um termo usado no Caso Palme quando se deixava de lado as informações sobre alguém, mas eu ainda queria ouvir o que ele tinha para contar. Havia um Heine Hüman na África do Sul e que parecia ter a mesma idade e aparência de quem eu procurava, mas, quando nos falamos ao telefone, ele me afirmou que nunca estivera na Suécia e que tampouco lhe fora perguntado sobre hospedagem para agentes sul-africanos.

Durante o longo tempo que passávamos esperando que alguém nos telefonasse para fazermos uma entrevista, Simon Stanford nos contou sobre sua vida na África do Sul.

Simon era um homem obstinado na faixa dos cinquenta anos, que vez ou outra soltava uma gargalhada. Com quase um metro e oitenta de altura, expressão severa e corpo musculoso, sua presença fazia com que eu e Nicholas nos sentíssemos seguros em sua companhia. Simon não se envolvia demais, já que seu papel era, em primeiro lugar, documentar as entrevistas e cuidar da nossa segurança. Quando ele começou a nos contar sobre sua vida na África do Sul e como ele conseguira reiteradamente escapar da morte, sua história se tornou tão interessante como a dos outros que havíamos encontrado.

Ficamos então sabendo que ele havia trocado seu cotidiano inseguro na África do Sul por uma vida bem mais tranquila na Suécia, com sua esposa Marika Griehsel, e não tinha se arrependido. Se ficasse muito monótono no novo país, eles sempre poderiam ir para a África do Sul, para a Namíbia ou para algum país com mais aventuras no sul da África, que era o que faziam várias vezes por ano.

Em 1996, Simon entrara em contato com Peter Casselton, agente e colega de Bertil Wedin. Foi na ocasião em que diversos agentes sul-africanos começaram a vazar informações sobre o envolvimento de Craig Williamson e Bertil Wedin na morte de Olof Palme. Simon nos contou sobre os negócios de Casselton antes de sua morte.

Peter Casselton era piloto de helicóptero na antiga Rodésia, um homem leal aos colegas no serviço secreto sul-africano. Era o único no time por trás da bomba na sede do CNA em Londres, em 1982, que não havia sido condecorado com uma medalha pelo regime sul-africano, já que continuara trabalhando como agente secreto em Londres após o atentado. Mais tarde, no mesmo ano, ele foi apanhado pelo arrombamento no escritório da resistência, tendo que cumprir a pena em uma prisão inglesa, onde era regularmente abusado por presidiários negros que viram a oportunidade de se vingar em um representante do regime racista, mas Casselton se manteve em silêncio, apesar dos duros interrogatórios feitos pelo grupo antiterrorismo da Scotland Yard. Quando saiu da prisão, ele descobriu que a empresa que tinha em sociedade com Craig Williamson havia quebrado, e, por conseguinte, suas finanças também. Mesmo assim, Casselton continuou calado sobre o atentado pelo qual fora responsável, mas, quando Craig Williamson e outros agentes começaram a abrir a boca durante as negociações com o Comitê da Verdade, Casselton também começou a falar.

Em uma entrevista para a televisão sul-africana em 1994, Casselton acusara seu antigo chefe, Craig Williamson, de mandar Eugene de Kock matá-lo. Dois anos mais tarde, quando diversos agentes acusaram Williamson de ser o mentor do assassinato de Palme, Simon havia conseguido um patrocínio da Televisão Sueca para fazer um documentário e entrara em contato com Casselton.

— A minha estratégia era fazer com que ele passasse para o meu lado. Eu sentia que o Casselton sabia muito mais do que tinha contado para outras pessoas, então apostei em ganhar a confiança dele por nós dois sermos sul-africanos e porque eu me sentia em casa nesse tipo de ambiente — disse Simon.

Em janeiro de 1996, Casselton entrara em contato com várias pessoas que estariam interessadas no que ele sabia sobre o assassinato de Olof Palme. Uma delas era Jan-Åke Kjellberg, o policial sueco indicado para auxiliar no trabalho da Comissão da Verdade. Casselton e Kjellberg haviam decidido se encontrar uma semana depois. Durante esse tempo, Casselton se encontrara com Simon diversas vezes. Em uma dessas ocasiões, Simon o acompanhara para comprar o prato favorito de Eugene de Kock em um restaurante, ragu de rabada, que eles lhe entregaram na prisão depois.

— O Casselton estava convencido de que Bertil Wedin tinha como revelar muita informação sobre o Caso Palme, que ele tinha agido como mentor, como em tantas outras operações, e que, pelo menos, poderia nos levar até as pessoas diretamente envolvidas — disse Simon. — O Casselton e eu combinamos de ir até Chipre, então reservei passagens de avião para nós dois.

A viagem estava marcada para dois dias depois da reunião com Jan-Åke Kjellberg, e, algumas semanas antes, Casselton daria seu testemunho na Comissão da Verdade.

— Eu telefonei para ele porque queria encontrá-lo antes da viagem. Ele me disse: "Não, não podemos nos encontrar. Eu estou indo para a fazenda dos meus amigos portugueses. Nos vemos no aeroporto". Foi a última vez que falei com ele — disse Simon. — Alguém me ligou mais tarde dizendo: "Compre o jornal e veja o que aconteceu com o Casselton". Havia uma pequena nota sobre como ele tinha morrido em um acidente.

O encontro planejado entre Peter Casselton e Jan-Åke Kjellberg nunca aconteceu. Ele não viajou para Chipre com Simon para encontrarem com Bertil Wedin e tampouco testemunhou na Comissão da Verdade. As informações que ele teria sobre o Caso Palme morreram com ele.

Quando entrevistei Vic McPherson, ele não havia mencionado que fora suspeito na investigação de homicídio a que a polícia sul-africana dera início após a morte de Peter Casselton. As investigações foram interrompidas e o fato foi classificado como um acidente.

Finalmente Nicholas conseguira marcar um encontro com Craig Williamson, mas com a condição de que eu não estivesse presente. Depois de tantos anos de acusações, ele não gostava de jornalistas suecos. Quando Nicholas voltou do encontro, nos contou que conseguira abrir uma pequena brecha. Craig não respondera de modo direto quando lhe foi perguntado se estaria disposto a me encontrar, mas, antes que essa ocasião chegasse, Nicholas iria encontrá-lo novamente.

Estávamos correndo contra o relógio. Já estávamos na África do Sul havia dez dias e eu só conseguira fazer quatro entrevistas. Dois dias mais tarde meu voo partiria para Estocolmo, e eu não pretendia remarcar a minha passagem, pois minhas economias não permitiam e minha paciência estava chegando ao fim. Naquela noite, Nicholas voltara ao hotel depois de ter se encontrado com Craig.

— Ele aceitou te encontrar. Sem câmeras, sem gravadores, sem telefones, *no nothing*. As condições dele são essas — disse Nicholas.

Marcamos o encontro com Craig Williamson em um café perto do Circuito de Kyalami, em um subúrbio de Johannesburgo. Em março de 1978 fora lá que Ronnie Peterson, o maior piloto de corridas da história da Suécia, venceu uma prova de Fórmula 1. Meio ano mais tarde, ele viria a falecer em um violento acidente no Circuito de Monza. Alguns anos mais tarde, o Circuito de Kyalami foi obrigado a cancelar todas as suas competições internacionais em razão das sanções contra o apartheid feitas pela comunidade internacional.

O lugar era uma mistura de café e restaurante, e parecia bem comum e aconchegante. Estava decorado com objetos novos, tais como bolas de beisebol e rodas de carroça vendidas por catálogo e enviadas para todos os cantos do mundo. O cardápio era composto por todas aquelas especialidades italianas muito conhecidas, como salada César, vários tipos de hambúrgueres e coisas assim. Todos ficavam satisfeitos e ninguém se surpreendia.

Já estávamos esperando fazia uns quinze minutos, quando um Range Rover preto brilhante estacionou em frente e a porta do motorista se abriu. Craig veio em nossa direção. Não era tão gordo como nas fotos que eu vira, mas havia envelhecido e parecia de fato ter seus sessenta e poucos anos.

Nicholas, Simon e eu nos levantamos, todos ao mesmo tempo, para cumprimentá-lo. Craig avistou a minha montanha de pápeis com o bloco e a caneta por cima. Apontou para eles, dizendo para Nicholas:

— Não foi isso que combinamos.

Aparentemente, ele achava que os pápeis sobre a mesa eram uma infração ao acordo que haviam feito sobre *no nothing*. Por um instante pareceu que ele iria embora, mas acabou se sentando à mesa conosco.

— Setenta e cinco quilos, foi isso que emagreci desde a minha bariátrica — disse Craig.

Assim ele acabou respondendo à primeira pergunta que todos queriam lhe fazer.

Nicholas já havia falado com Craig antes sobre tudo que lhe interessava, portanto deixou que eu dominasse a conversa. Fui cauteloso, tentando dar voltas quanto à minha pergunta principal, mas o problema foi que mesmo assim Craig entendera do que se tratava.

— Estou escrevendo um livro sobre informações que encontrei nos arquivos do escritor Stieg Larsson e o seu nome aparece em grande parte do material.

— Está bem, então podemos falar sobre isso, desde que não se diga que eu estive envolvido no assassinato de Olof Palme.

Assim ele deixava claro sobre o que não queria falar.

— Há alguns dias estivemos na casa de Vic McPherson — eu disse. — Ele falou que você é o melhor espião de todos os tempos da África do Sul. Podemos começar por aí?

Se Craig aceitou aquilo como um elogio, não deixou transparecer e começou a falar:

— Podemos falar sobre tudo o que contei para a Comissão da Verdade. Eu assumo todas as operações que executamos. Foi durante a Guerra Fria, e eu era soldado no ocidente. Na época achávamos que estávamos moralmente corretos.

Craig fez uma pausa e em seguida disse o que eu já havia lido:

— Eu fiz o trabalho sujo do meu governo e o meu governo fez o trabalho sujo para os governos ocidentais.

— Então os assassinatos de Ruth First, Jeannette Schoon e da filha dela foram em nome do apartheid?

— Como eu já disse, era uma guerra. Tínhamos ordem para matar o marido de Ruth First, Joe Slovo, e o marido de Jeannette Schoon, Marius Schoon. Não foram assassinatos, mas perdas de guerra. Danos colaterais, infelizmente.

— Encontramos Fritz Schoon outro dia.

Era uma tentativa minha de ver se conseguia pegar Craig de surpresa, mas ele não esboçou nenhuma reação.

— Ele nos contou que a primeira memória dele é de ser carregado de um quarto em chamas — eu disse. — Foi lá que a mãe e a irmã dele morreram.

Ainda nada.

— Foi só uma coincidência o fato de as esposas terem morrido nos dois casos com as cartas-bombas?

— Os pacotes estavam endereçados a Joe Slovo e Marius Schoon. Se as esposas decidiram abrir as cartas, a responsabilidade foi delas.

Nossa conversa não avançou mais que isso. O *master spy* da África do Sul fora muito bem treinado para conseguir escapar das punições e vinganças durante décadas, apesar de tudo o que fizera. No final da nossa conversa, eu me senti na obrigação de fazer a pergunta que me levara desde a Suécia até ali.

— Você esteve envolvido no assassinato de Olof Palme?

Craig me encarou.

— Fui acusado de muita coisa. Disseram que eu estava por trás do assassinato de Olof Palme, do desastre aéreo de Samora Machel e do atentado de Lockerbie. Tudo não passa de tolice. Não estive envolvido na morte de Olof Palme.

Ele havia respondido e não estava indo embora, então resolvi arriscar.

— Eu falei com Riaan Stander outro dia... — comecei.

— Riaan Stander — Craig me interrompeu. — Ele está morto.

— Não, não está — falei, hesitante. — Ele não aceitou me encontrar quando telefonei uns dias atrás e deu a mesma resposta para o Nicholas.

Foi a única vez que Craig realmente pareceu se surpreender.

— Isso eu preciso verificar. Riaan Stander é um verme.

Eu e Nicholas trocamos olhares, esperando não ter criado problemas para o sr. Stander.

Pouco tempo depois, encerramos a conversa com Craig Williamson sem ter pisado em nenhum outro calo.

O avião decolou de Johannesburgo, saindo do aeroporto Oliver Tambo. Fiz o que planejara sem ter me acontecido nada de grave. Eu me encontrei com vítimas e criminosos, homens da resistência, espiões e assassinos. Conheci Craig Williamson, aquele que Stieg e muitos outros afirmavam ter sido o mentor do assassinato de Olof Palme. Superei meu medo, mas me sentia fracassado de certa forma. Eu tinha a esperança de me sair vitorioso naquilo que muitos haviam tentado, mas Craig só falara do que todos já sabiam. Nem uma palavra, nem um sinal, nada que revelasse que ele estivera envolvido no assassinato. Pelo contrário, ele fora até convincente quando negara seu envolvimento no caso.

Ainda tinha muito a fazer quanto às outras partes da história, mas, no que dizia respeito à África do Sul, eu já poderia deixá-la de lado. A única maneira de avançar seria se Craig resolvesse contar alguma coisa, mas isso era praticamente impossível de acontecer, não era?

A peruca

ESTOCOLMO,
FEVEREIRO DE 2016

Quando entrei na sala de interrogatório decorada com simplicidade, na delegacia de Kungsholmen, havia uma grande placa na porta: "Interrogatório em andamento". Eu tinha plena consciência de que fora eu mesmo quem pedira para ter uma reunião com Karin Johansson, a comissária de polícia, que me recebeu amigavelmente, mas a placa me deixou um pouco nervoso. Sobre a mesa laminada branca, Karin colocou uma pasta grossa, na qual se lia: "Jakob Thedelin". Em seguida, seu colega Sven-Åke Blombergsson, também comissário, entrou na sala e fechou a porta. Eles me informaram que gravariam a nossa conversa, e foi então que percebi que se tratava mesmo de um interrogatório. Eles fariam as perguntas e eu deveria responder a todas elas. Por telefone, eu perguntara o que eles fizeram com o relatório que eu havia lhes enviado mais de um ano antes e prometera contar sobre o meu encontro com Craig Williamson. Se eu lhes desse algo, talvez recebesse alguma coisa em troca, foi o que pensei.

Blombergsson fez a introdução obrigatória do interrogatório, instalando a pequena câmera digital sobre a mesa. Ficamos quase duas horas conversando, e eles pareciam muito interessados nas pistas sobre a África do Sul e Craig Williamson. Achei que talvez fosse porque a promotora de Justiça, Kerstin Skarp, dissera que não seria mais responsável pelas investigações do Caso Palme. Desde que começara a trabalhar nas investigações, em 1997, Skarp havia demonstrado acreditar na culpa de Christer Pettersson, mas agora os novos investigadores tinham a chance de examinar outros indícios. Ou talvez aquilo fosse apenas o resultado de uma lição aprendida pela polícia, que agora levava os jornalistas a sério, para evitar publicidade negativa.

Quando relatei sobre a minha viagem para a África do Sul, tive oportunidade de também fazer algumas perguntas. Karin Johansson começou a folhear a pasta enquanto eu lhe perguntava sobre Jakob Thedelin.

Como já era de esperar, eles não tomaram nenhuma providência desde que eu lhes enviara o relatório sobre ele, mas agora me contavam que ele fora interrogado em duas ocasiões em 1987, mais de um ano após o crime. Até o primeiro interrogatório, em maio de 1987, Jakob foi vigiado pela Säpo. O motivo disso foi que, no fim de 1986, sob nome falso e usando peruca, ele havia entrado em contato com um funcionário da Säpo e falado do assassinato de Olof Palme. No início de 1988, tudo em relação a ele tinha sido arquivado. Ela não sabia me explicar o motivo.

Quinze minutos mais tarde, eles me prometeram que facilitariam o meu acesso a todas as pistas que Stieg Larsson havia fornecido à polícia, mas, no que dizia respeito a Jakob Thedelin, a coisa não seria tão simples. Mais uma vez eles se referiram a uma investigação em andamento e à proteção da integridade pessoal, mas, ao mesmo tempo, me deram um pouco de esperança ao dizer que eu poderia pedir esse material por escrito. Talvez assim eles o avaliassem de forma diferente.

Eu havia escrito um relatório e estava ali para contar tudo o que sabia sobre Jakob, mas ficou claro que era necessário mais do que isso para a polícia agir, como uma pista de onde a arma do crime poderia estar. Então fiz algumas anotações sobre isso.

A versão italiana

ESTOCOLMO,
FEVEREIRO DE 2016

Quando a *New Yorker* chama, a gente atende. Nicholas Schmidle veio para a Suécia encontrar algumas pessoas que poderiam contar sobre o Caso Palme de outro ponto de vista. Muitas dessas pessoas, que eu sabia que eram difíceis de ser contatadas, se colocaram prontamente à disposição, em horários fora do expediente de trabalho, e estavam preparadas para fazer longas viagens quando ficaram sabendo que era a *New Yorker* do outro lado da linha. Hans-Gunnar Axberger, que fora responsável pelo relatório da Comissão de Investigações, o especialista em investigação criminal, Leif G. W. Persson, os filhos de Olof Palme e alguns outros estavam entre as pessoas contatadas. A única que não queria nos encontrar era Lisbeth Palme.

A última tarefa de Nicholas na Suécia levou dois dias para ser executada e queríamos trabalhar juntos nela. Nós nos acomodamos no meu Volvo e nos dirigimos para Hedestad em busca de Jakob Thedelin. Na semana anterior, havíamos lhe mandado um e-mail, pedindo para que nos concedesse uma entrevista, mas ele havia dito que não estava interessado. Nosso plano B era visitá-lo em Hedestad, de surpresa.

Além de mim e de Nicholas, meu amigo Johan ia junto para nos ajudar no caso de algum imprevisto, mas nem nós sabíamos o que nos esperava. Tive um momento de grande satisfação quando Nicholas perguntou sobre o meu carro.

— É um Volvo 780 de 1990. Um modelo de duas portas, projetado pelo designer italiano Bertone e fabricado na Itália. Faz parte de uma série limitada de nove mil unidades. É o Volvo mais caro de todos os tempos.

Ficamos admirando o interior do carro, com seus assentos de couro cor de caramelo, sua lataria vinho, seus painéis de madeira de bétula e o estéreo dos anos 80, com gravador de fita cassete e equalizador intermitente. Um Volvo quadrado, porém elegante.

— Infelizmente até a qualidade teve inspiração italiana — eu disse. — Então deve ser o pior Volvo já fabricado, mas é bonito.

Depois de cinco horas tranquilas de viagem, chegamos ao nosso destino.

Hedestad fica entre duas montanhas em uma parte esquecida da região de Västergötland. A paisagem é montanhosa, rodeada por bosques e campos cultivados. O topo das duas montanhas, Mösseberg e Ålleberg, é plano, o que é raro na Suécia, fazendo com que Hedestad se tornasse o centro da prática da aviação desportiva com planador, durante a primeira metade do século XX. Com a ajuda de cordas resistentes de borracha e uma dezena de homens de cada lado, o planador era arremessado do alto de uma rampa sobre a chapada e podia-se voar por algumas horas. Ao pé de Mösseberg, foi construído, no início do século XX, um dos primeiros spas da Suécia, com o Hotel Mösseberg no centro.

Ao mesmo tempo em que o interesse pelo voo de planador e pelo spa foi diminuindo, a indústria têxtil foi sendo desativada, fazendo com que os moradores de Hedestad começassem a se mudar para outras cidades em busca de trabalho e diversão. No início dos anos 2000, Hedestad acabou se tornando mais um lugar parado no tempo entre tantas outras pequenas cidades suecas. Suas maiores atrações turísticas são um museu de aviação desportiva, um museu de motociclismo e um conveniente museu funerário para sua população em fase de envelhecimento.

O Hotel Hedestad está localizado no topo de uma pequena colina junto ao centro e foi construído na década de 50. Sua arquitetura exuberante faz lembrar os bons e velhos tempos, antes que a população começasse a deixar a cidade. Atualmente ele se vê obrigado a cobrar menos de mil coroas suecas por noite. Fizemos o check-in e saímos para examinar os arredores. A residência de Jakob ficava nas proximidades do hotel, em um modesto prédio de apartamentos alugados, de dois andares. As persianas estavam fechadas e não havia nenhum sinal de que ele estivesse em casa.

— *My name is Nicholas Schmidle. I'm a writer with* The New Yorker Magazine.
— *Yeah, right?* — disse Jakob.

Depois de discutirmos muito, havíamos decidido não assustar Jakob indo bater à porta de sua casa, pois achamos que teríamos mais chances de falar com ele se Nicholas lhe telefonasse. Quando a *New Yorker* chama, a gente atende. Nicholas lhe contou sobre o que queria conversar.

— Entro em contato porque estou escrevendo um artigo sobre um jornalista chamado Jan Stocklassa.

— Não estou interessado em dar nenhuma entrevista — respondeu Jakob em inglês fluente, mas com um leve sotaque. — Eu repito, não quero dar entrevistas!

Apesar dos protestos de Jakob, os dois ficaram conversando durante uns vinte e cinco minutos. Eu e Johan estávamos ao lado de Nicholas, muito impressionados com como ele conseguia manter Jakob na linha a cada vez que o homem tentava desligar. Nicholas acabou conseguindo fazer todas as perguntas principais, inclusive leu os e-mails trocados entre Jakob e Bertil Wedin em 2009, em sueco e em inglês.

— Bertil escreveu: "Me conte sobre a vida musical em Västra Frölunda", e você respondeu: "Bertil! Em Västra Frölunda não tem vida musical, mas tem um porta-voz do IDF que pode contar que as explosões dentro de um bunker, misturadas com outros ruídos quando há bombardeios, lembram mísseis que não retornam mais".

Jakob aguardou um momento e então respondeu de modo rude:

— Eu nunca escrevi nada disso, é pura invenção! Quero lembrá-lo, *sir*, que invadir e roubar mensagens eletrônicas de alguém é um crime punível com prisão, segundo a legislação sueca.

Em seguida, Nicholas conseguiu perguntar sobre o motivo que fizera Bertil Wedin terminar a amizade com Jakob, quando ficara sabendo da troca de mensagens entre ele e Lída Komárková sobre assuntos relacionados ao assassinato de Palme. Jakob disse não se recordar do incidente e repetiu que alguém devia ter invadido sua conta de alguma maneira ilegal.

Depois de Nicholas encerrar a ligação, ficamos um tanto chocados com o que havíamos conseguido descobrir. Nenhum e-mail tinha sido falsificado, e era impossível que Jakob tivesse esquecido da insatisfação de Bertil Wedin por ele ter discutido o assassinato de Palme pelo Facebook. Ao ser pressionado, Jakob não dissera a verdade. Ficamos sabendo um pouco mais sobre Jakob Thedelin e seu possível envolvimento no assassinato do primeiro-ministro, mas, ao mesmo tempo, a porta que talvez se abrisse para encontrá-lo havia se fechado com um estrondo. O que nos restou fazer foi comer um hambúrguer desnecessário no O´Learys e passar uma noite igualmente desnecessária no hotel em Hedestad.

Em Jönköping há um dos cruzamentos mais perigosos da Suécia. Pegamos a Rodovia E4 para tentar encontrar um restaurante para almoçar, pois Nicholas queria experimentar as genuínas almôndegas suecas. Um caminhão surgiu na estrada do nosso lado direito. Para conseguir acessar a saída à direita, pisei no acelerador e a função *kickdown* foi ativada antes que eu o ultrapassasse naquela curva perigosa. Conseguimos evitar uma colisão com o caminhão, com o coração saindo pela boca. Nicholas era o mais calmo de nós.

— *We´re lucky we have the Italian version.*

Patsy

ESTOCOLMO,
ABRIL DE 2016

Um e-mail vindo de Craig Williamson sempre desperta os mais variados sentimentos. Haviam se passado quatro meses desde que eu retornara da África do Sul e as minhas memórias de ter estado três semanas em um outro mundo começavam a se apagar. O e-mail enviado por Craig não continha nem assunto nem mensagem, apenas o link de um artigo na publicação africana *ZAM Magazine* com o seguinte título: "Dulcie, Hani, Lubowski — A Story that Could Not Be Told".

O artigo fora escrito pela jornalista holandesa Evelyn Groenink e descrevia três assassinatos que, aparentemente, tinham sido praticados por motivos políticos, para defender o apartheid, mas que na realidade foram cometidos por motivos econômicos. Algo mais que havia em comum entre eles era que todos os assassinatos tinham tido um bode expiatório, com pessoas inocentes que levariam a culpa, isentando assim os verdadeiros culpados.

Em 29 de março de 1988, a representante do CNA, Dulcie September, foi assassinada a tiros em Paris, no meio da rua, próximo ao seu local de trabalho. Ela era uma pessoa sem muita importância para a organização de libertação sul-africana, mas alguns meses antes de sua morte ela havia exigido atenção das lideranças, querendo uma reunião com Abdul Minty, o responsável pelas sanções de armas do CNA. Ela dissera ter informações sobre negociações ilegais de armamentos, informações estas que desapareceram de forma conveniente por ocasião de sua morte.

Em 12 de setembro de 1989, o ativista Anton Lubowski foi assassinado a tiros em Windhoek, capital da Namíbia, menos de um ano depois da declaração de independência. Ele participara ativamente da SWAPO, que tinha tomado o poder no país. Por trás do assassinato, havia motivos relacionados à exploração de petróleo, diamantes e cassinos, segundo o artigo de Groenink. Um informante dissera que Lubowski apoiara os interesses econômicos de um ministro sul-africano.

Em 10 de abril de 1993, o secretário-geral do Partido Comunista Sul-Africano, Chris Hani, foi assassinado a tiros diante de sua casa em Boksburgo, a uns vinte quilômetros de Johannesburgo, na África do Sul. Janusz Waluś foi preso no local do crime, um confuso extremista de direita que se opunha à queda do apartheid e à ascensão da democracia. Ele havia pegado a pistola emprestada do líder do parlamento, Clive Derby-Lewis. Ambos foram condenados à morte, mas a pena foi transformada mais tarde em prisão perpétua. Antes de sua morte, Chris Hani fora um obstáculo para a maior negociação de armas da África do Sul de todos os tempos e era justamente esse o motivo que levara ao seu assassinato, segundo Groenink. Por trás do confuso extremista de direita Waluś havia pessoas com ligações com o comércio de armas, mas três testemunhas viram outra pessoa no local que poderia ser o verdadeiro assassino.

Depois que li o artigo, entrei em contato com Evelyn Groenink. Ela me contou que havia sido ameaçada pelo antigo ministro das Relações Exteriores, Pik Botha, e pelo traficante de armas francês Jean-Yves Ollivier. O livro de Groenink, no qual o artigo se baseava, fora publicado em holandês e, por causa de ameaças contra a editora, não pudera sair em inglês na África do Sul.

A intenção de Craig com seu e-mail era despertar a minha curiosidade, e eu aguardei alguns dias antes de lhe telefonar.

— *Yes?*
— Estou falando com Craig? Aqui é Jan Stocklassa.
— *Hi, Jan!*
— Você me mandou um e-mail com o link de um artigo — falei. — Por que me enviou isso?

Fiquei esperando um pouco pela resposta dele.

— *Well*, o artigo é sobre aquilo que te interessa, não é?

Seu tom insinuava que eu deveria saber do que se tratava.

— Estou interessado no assassinato de Palme. O artigo é sobre esse assunto?

— Eu disse apenas que se trata de algo do seu interesse.

— Você quer dizer que se trata de assassinatos que todos pensam que tinham a ver com a luta contra o apartheid, mas na realidade tinham motivações econômicas? E isso seria relevante para o Caso Palme?

— Só pensei que você acharia o artigo interessante, levando em conta o que te interessa.

Tentei achar a resposta, mas não cheguei a lugar algum. Craig Williamson queria me dizer algo com o artigo que havia mandado, mas não queria dizê-lo diretamente. Nos meses que se seguiram, Craig me enviou diversos e-mails. Um deles continha um documento mostrando que ele fora responsável pela visita de uma delegação oficial americana na África do Sul, que chegara lá no dia 1º de março de 1986, o que comprovava a impossibilidade de ele estar envolvido no assassinato em Estocolmo. Em outro e-mail, ele me indicava um livro: *Apartheid Guns and Money: A Tale of Profit*. Sua opinião sobre a obra era avalassadora: "Highly recommended". Tratava-se de uma pesquisa incrível que havia desvendado muita coisa que a maioria das pessoas achava que eram especulações.

Respondi a alguns e-mails, mas não a todos. Eu estava confuso, pois eu era alguém que lhe desagradava, um jornalista sueco que estava interessado nele por causa de seu possível envolvimento no assassinato de Olof Palme. O que ele queria me contar? E por que queria contar para alguém como eu?

O trecho sobre Chris Hani no artigo de Groenink me lembrou algo que eu vira em algum lugar e logo comecei a procurar entre meus papéis. Estava na hora de arranjar um armário para usar como arquivo, pois meu material estava acomodado em pilhas sobre a escrivaninha e logo não restaria mais espaço — o móvel da IKEA já estava cedendo por causa do peso. Então acabei encontrando um documento que eu havia lido antes de ir para a África do Sul. Era o relatório que Boris Ersson enviara para a polícia sueca em 1994 sobre o envolvimento da África do Sul. Naquele texto descobri duas frases de grande importância para mim.

Em 1986, Riaan Stander era colega de Craig Williamson e, oito anos mais tarde, ele se tornaria uma das fontes mais importantes de Boris Ersson. O relatório fora em grande parte escrito com as palavras de Boris, mas, em alguns trechos, encontrei citações. Uma das pessoas enviadas para a Suécia era, segundo Stander, o mesmo Anthony White que havia fracassado duas vezes na missão de assassinar o primeiro-ministro de Lesoto. Boris perguntava para Stander se o assassinato fora executado pelo próprio White ou se tinham se utilizado de outra pessoa para disparar o tiro. A resposta fora: "Você se lembra do assassinato de Chris Hani em 1993? Você acha que um único estrangeiro esquisito seria o responsável? Não, aquilo foi *standard procedure*: basta encontrar uma pessoa que sirva para apertar o gatilho. Ou culpá-lo pelo crime, fazendo com que ele esteja no local na hora do atentado. Isso normalmente é feito de forma muito sutil. Muitas vezes a pessoa que executa o crime ou é presa em flagrante nem sabe para quem está trabalhando".

A declaração de Stander sobre a morte de Chris Hani reforçava a teoria de Evelyn Groenink sobre a culpabilidade do serviço secreto sul-africano no assassinato e com um bode expiatório à disposição. Já que Craig me enviara o artigo de Evelyn, ele havia apoiado de forma indireta as informações de Riaan Stander de 1994.

Peguei o manual de assassinato da CIA e comparei a passagem sobre o bode expiatório com o que Stander escrevera. As informações de Stander se encaixavam com exatidão na seção *lost*, na qual o suspeito era um bode expiatório destinado a ser preso ou até mesmo morto. Nessa seção, o assassino seria, segundo o manual, um fanático ou algo do tipo, e ele não deveria conhecer a identidade dos outros membros da organização, o que, de acordo com Evelyn Groenink, era o caso do extremista polonês Janusz Waluś, condenado à morte pelo assassinato de Chris Hani. Se o fanático conseguisse executar o crime, não haveria nenhuma ligação com o mandante da operação e seria irrelevante se ele fosse preso. Se ele fracassasse, havia quem terminasse de executar a missão e o deixasse sozinho no local para que fosse preso ou morto a tiros. O resultado era um crime organizado profissionalmente, mas que parecia ter sido executado por um louco solitário.

Depois de ter sido preso pelo assassinato de John F. Kennedy, Lee Harvey Oswald dissera: "I´m just a patsy", ou seja, eu sou apenas um bode expiatório. Se ele fazia parte de uma conspiração, sua declaração estaria de acordo com a seção *lost* do manual e explicaria por que ele havia sido baleado dois dias depois do assassinato pelo proprietário de um clube noturno, Jack Ruby. Dessa maneira, Oswald não teve tempo de revelar nada sobre com quem se encontrara antes do crime. Em outubro de 2017, sessenta e um por cento da população dos Estados Unidos ainda acreditava que havia uma conspiração por trás da morte de Kennedy, apesar de a versão oficial dizer que o culpado era o louco solitário e extremista, Lee Harvey Oswald.

Riaan Stander continuava contando sobre o assassinato de Olof Palme no relatório de Boris Ersson. Ele mesmo trabalhou próximo de Craig Williamson na empresa Long Reach, cuja tarefa era executar diversas operações pelo mundo, tais como: juntar informações, desfazer grupos de solidariedade, executar ataques e assassinatos, se fosse necessário. A senha para a missão de matar Olof Palme havia sido "hammer", martelo. O planejamento da operação teria ocorrido em Johannesburgo e em diversos lugares da Europa, incluindo a Suécia. Algumas pessoas de nacionalidade sueca (*Swedish security agents*) colaboraram com os agentes sul-africanos fazendo o mapeamento da movimentação de Olof Palme e de seus hábitos, algumas semanas antes do atentado. O departamento onde esses agentes trabalhavam teria, segundo Stander, uma mulher na posição de chefia. A colaboração não abrangia o departamento todo, mas apenas determinadas pessoas. Depois do assassinato, o número do telefone do departamento sueco foi trocado. A pessoa responsável pelo assassinato em Estocolmo, que "received the green light to kill Olof Palme", fora Anthony White. Outra pessoa que Stander mencionara por envolvimento na morte de Palme se chamava Paul Asmussen, um sul-africano de ascendência escandinava.

Os motivos do crime seriam dois:

1. Combater o apoio da Suécia à luta contra a África do Sul na década de 80. Olof Palme era o estadista dominante por trás do apoio. Ele condenava o regime do apartheid na África do Sul, tanto na Suécia quanto na ONU e em outras arenas internacionais. Ele deveria desaparecer, assim como a nova geração de líderes negros na África do Sul que eram constantemente aprisionados, torturados e assassinados durante os duros anos do fim da década de 70 e início dos anos 80.
2. Stander mencionara outro motivo, de ordem mais privada: a existência de um conflito pessoal entre Craig Williamson e Olof Palme. O conflito era sério e envolvia o dinheiro que havia desaparecido na ocasião do IUEF. Stander achava que Craig Williamson sabia de algo que incriminava Palme.

Riaan Stander não era apreciado por seus colegas de trabalho dentro do serviço de segurança e era conhecido por ser traidor e fofoqueiro. Grande parte das informações parecia um tanto estranha, como a de que Craig Williamson teria um motivo pessoal para matar Palme. Era bem provável que Stander tivesse recebido essas informações de outras pessoas e as interpretado à sua maneira.

O que ele havia dito sobre a colaboração sueca no planejamento do crime, utilizando-se de bodes expiatórios, era algo que podia ser confirmado com a quantidade de informações que eles tinham sobre os indícios da África do Sul revelados em 1996, e aquilo tudo se encaixava muito bem com o conteúdo do artigo que Craig me enviara. Tudo isso só confirmava a teoria de Stieg sobre a África do Sul, tendo Wedin como intermediário e os extremistas de direita suecos como ajuda logística.

Mas haveria um bode expiatório destinado ao assassinato de Palme? Seria, no caso, Jakob Thedelin, ou alguma outra pessoa ou pessoas? Quem eram os agentes de segurança suecos que contavam com uma mulher na chefia?

Outro motivo provável para assassinar Olof Palme era o que Stieg Larsson mencionara ao escrever para Gerry Gable vinte dias depois do crime. Apanhei a carta de novo.

O Estado nas sombras

ESTOCOLMO,
ABRIL DE 2016

    Entre as especulações, há a possibilidade de que interesses sul-africanos estejam envolvidos no assassinato. A Comissão Palme, na qual o próprio Palme exercia um papel importante, havia iniciado uma campanha direcionada contra negociantes de armas que faziam transações com o regime do apartheid.

    Stieg havia escrito isso menos de três semanas após o assassinato de Palme. Trinta anos mais tarde, Craig Williamson me recomendava um livro sobre o comécio de armas da África do Sul durante o apartheid. Craig, que sabia que eu estava interessado no Caso Palme, achava que eu daria atenção ao papel da África do Sul no comércio internacional de armamentos. Vislumbrei um motivo mais concreto que aquele que dizia que Palme era um dos maiores inimigos do apartheid, o que era um tanto difuso.

    Causar mortes está na natureza do comércio de armas e nem sempre se restringe àqueles que morrem em guerras. Alguns dos maiores contratos de exportação de armas se limitam apenas às armas e, se alguém surgir no caminho ou ameaçar revelar segredos que afetem os negócios, a vida dessa pessoa não vale nada para eles, comparada aos lucros que têm em vista.

Apartheid Guns and Money: A Tale of Profit, de Hennie van Vuuren, de 2017, era um livro extenso, com mais ou menos seiscentas páginas, incluindo uma quantidade de ilustrações que mostravam como, com quem e quando a África do Sul havia negociado armamentos e petróleo, apesar das três sanções oficiais. Craig Williamson me recomendara esse livro.

Na metade dos anos 80, o maior conflito armado do mundo fora a guerra entre o Irã e o Iraque. Olof Palme fora mediador nessa guerra entre 1980 e 1982, o que se mostrou ser uma missão impossível, e a guerra continuou até 1988. Outro conflito estrategicamente importante foi o que ocorreu entre o governo socialista da Nicarágua e o apoio dos Estados Unidos ao grupo de guerrilha Contras. O terceiro conflito acontecia no sul da África, onde a luta contra o apartheid por parte da resistência negra, com o CNA na liderança, era o mais importante.

O novo livro sobre o comércio de armas durante o apartheid que Craig me indicara fortaleceu e completou o contexto descrito em outro livro que me recomendaram. A companheira de Stieg, Eva Gabrielsson, havia me indicado *Vapensmugglarna* (Os contrabandistas de armas), de Bo G. Andersson e Bjarne Stenqvist, de 1988, que tinha como foco o contrabando de explosivos e o comércio ilegal de armamentos.

Uma informação importante no livro de Van Vuuren era de que a África do Sul participou de uma das maiores conspirações do século XX, aquela que ficou conhecida como Caso Irã-Contras, que por pouco não derrubou o presidente Ronald Reagan de seu posto de presidente.

Apesar da proibição explícita do Congresso americano, a CIA decidira apoiar a guerrilha contrarrevolucionária na Nicarágua, fornecendo-lhe armas. Ao mesmo tempo, eles haviam percebido que o regime islamista do Irã estava lá para ficar e que seria melhor começar a reatar relações vendendo armas para eles, o que também fora proibido pelo Congresso, mas o chefe da CIA, William Casey, nomeado para o cargo pessoalmente por Ronald Reagan, elaborou um plano complicado sem a interferência desnecessária das instituições democráticas dos Estados Unidos. Assim, a CIA pôde facilitar o comércio de armas para o Irã com uma margem de lucro suficiente para financiar as armas para os Contras nicaraguenses.

Em 3 de novembro de 1986, oito meses após a morte de Palme, o Caso Irã-Contras foi revelado, causando uma grande crise nos Estados Unidos durante todo o ano seguinte. Uma parte importante das negociações que não ganhou muita atenção, mas que foi descrita com detalhes no livro que Craig Williamson me indicara, foi a exportação de petróleo do Irã para a África do Sul. Em razão das sanções internacionais, a África do Sul vivia à beira de uma crise, pois suas reservas de petróleo estavam no fim. Com as negociações, o Irã recebeu recursos para suprir sua necessidade de armamentos e a África do Sul conseguiu obter o petróleo que não podia comprar no mercado aberto. As negociações foram feitas com a ajuda da CIA, que recebeu uma parte dos recursos e pôde financiar as armas dos Contras na Nicarágua e de outros movimentos anticomunistas.

O chefe da CIA, William Casey, visitou a África do Sul diversas vezes para fazer negócios, encontrando-se com os maiores líderes políticos do país, inclusive com Pik Botha. Segundo o jornal *Boston Globes*, William Casey fez uma visita secreta à África do Sul no dia 8 de março de 1986 para se encontrar com o presidente P. W. Botha, oito dias após o assassinato de Olof Palme.

Craig Williamson me confirmou que também havia se encontrado com Casey em duas outras ocasiões, mas não em março de 1986.

Para que os negócios fossem postos em prática, era necessário que houvesse ajuda com a parte logística, e para isso os chamados *sanction-busters* eram essenciais. Esses empresários não se importavam com o que estava dentro da lei, mas desejavam fazer grandes negócios e ganhar muito dinheiro. Dois representantes deles eram o italiano Mario Ricci e o sueco Karl-Erik Schmitz.

Nas ilhas Seychelles, Mario Ricci havia se estabelecido como um homem poderoso com contatos próximos com o presidente René, com a África do Sul e com a máfia italiana. As Seychelles eram um ponto importante para que a África do Sul conseguisse contornar as sanções para poder comprar armas e petróleo. A empresa GMR, cujo nome se originava das iniciais de Ricci, ganhou um parceiro de negócios bem relacionado com a alta esfera da política sul-africana. Esse parceiro era Craig Williamson. Durante os anos de 1986 e 1987, eles trabalharam juntos com *sanction-busting*, fornecendo petróleo do Irã para o regime do apartheid, entre outras coisas. Os negócios nas Seychelles provavelmente ocorreram com o conhecimento do responsável pela CIA, seu chefe mais alto, William Casey. O responsável pela CIA na embaixada dos Estados Unidos nas Seychelles havia recebido uma ordem incomum de Casey: "A partir de agora vocês estão instruídos a nunca mais relatar, nunca mais usar nenhum acesso ou recurso que tenha qualquer relação no que diz respeito a transações ilegais e internacionais nas Seychelles".

Uma provável vítima dos negócios nas Seychelles foi o líder da oposição, Gérard Houaru. Em 29 de novembro de 1985, dois meses antes do assassinato de Olof Palme, Houaru foi morto a tiros em uma rua de Londres, depois de ameaçar publicar informações sobre um escândalo financeiro envolvendo Mario Ricci e o presidente René.

Segundo Craig Williamson, a operação dentro da GMR seria "apenas uma engrenagem na roda". Uma engrenagem bastante robusta para que Mario Ricci se tornasse bilionário quando se mudou para a África do Sul no fim da década de 80.

O empresário sueco Karl-Erik Schmitz, apelidado de Bobbo, era relativamente novo nas negociações de armamentos. Sua família possuía, havia muito tempo, uma empresa na África do Sul, e seu primeiro contrato de material de guerra no país foi assinado em 1983, que correspondia à entrega de quatro mil e quinhentas toneladas de pólvora sul-africana para o Irã, destinadas a peças de artilharia americanas. Bobbo, que segundo alguns empresários era um homem charmoso que gostava de correr riscos e se arruinara cinco vezes, assim como enriquecera outras tantas, conseguira solucionar uma série de problemas práticos para agradar aos iranianos.

No período entre o Natal e o Ano-Novo de 1984, ele assinara cerca de setenta novos contratos em Teerã, em um valor que correspondia a dois bilhões e setecentos milhões de coroas suecas nos dias de hoje. Para conseguir fazer as entregas do grande volume de pólvora e explosivos no prazo, era necessário que a capacidade de produção de diversos produtores europeus aumentasse. O transporte foi solucionado por Bobbo, que arrendou vários navios dinamarqueses para esse fim, arranjando também certificados falsos do Quênia, entre outros. Bobbo começou a criar canais entre diferentes países, inclusive com a Alemanha Oriental, a Iugoslávia e o Paquistão, para não atrair suspeitas sobre si.

A essa altura, o diretor de marketing da empresa sueca Bofors, Mats Lundberg, ouvira falar dos grandes negócios de Schmitz, entrara em contato com ele e também quis a sua parte nos negócios.

Em 2 de janeiro de 1985, Bobbo se encontrou com Mats Lundberg e ofereceu para a Bofors e para a empresa subsidiária Nobelkrut todo o material do pacote de guerra do contrato que havia assinado na semana anterior. Os pedidos eram, entre outras coisas, cinco mil toneladas de pólvora de artilharia, mais de mil toneladas de explosivos, quatrocentas mil cápsulas para granadas e um milhão de carregadores de granadas. O encontro dos dois teve como resultado uma estreita colaboração, fazendo-os correr o risco de serem condenados a cumprir uma longa pena na prisão.

Em 8 de fevereiro de 1985, a Bofors requereu autorização de exportação para parte da carga para o Paquistão, junto ao chefe da Inspeção Sueca de Materiais de Guerra (KMI), Carl-Fredrik Algernon.

Em março de 1985, Bobbo recebeu ajuda do proprietário principal da Bofors, Erik Penser, para entrar em contato com o banco Arbuthnot Latham, que aceitou negociar os pagamentos do Irã para a conta da empresa de Bobbo e outros produtores.

Em março, abril e maio do mesmo ano, a alfândega sueca realizou buscas e apreensões junto à empresa Bofors e sua filial Nobelkrut.

Em meados de maio, o diretor de marketing, Mats Lundberg, e o vice-diretor da Nobelkrut, Hans Sievertsson, se encontraram e desfizeram os pedidos ilegais e de contrabando por um valor equivalente a trezentos e setenta milhões de coroas suecas.

Em 5 de junho do mesmo ano, o jornal *Dagens Nyheter* revelou que a Bofors era suspeita de contrabandear pólvora para o Irã.

Em 13 de junho, o ministro das Relações Exteriores da Suécia, Mats Hellström, impediu o planejado contrabando de material de guerra do

Paquistão para o Irã, o que colocou Bobbo em uma situação delicada. De uma só vez, ele perderia seu principal fornecedor de material bélico, além de ter dificuldades de entregar uma grande quantidade de produtos civis, de acordo com os duzentos e quatro contratos que assinara com o Irã, destinados principalmente para a construção de uma fábrica de munições em Esfahan. Bobbo percebeu que era apenas uma questão de tempo até que a alfândega viesse bater à sua porta, obrigando-o a reorganizar todo o contrabando e buscar novos fornecedores.

Em 25 de julho, um avião aterrizou em Mehrabad, nas cercanias de Teerã. Vinte e duas toneladas da pólvora de Bobbo foram descarregadas do avião que ele alugara em caráter emergencial para poder cumprir seus contratos e, por um tempo, ajudar o Irã em sua falta de explosivos. O avião era um Boeing 707, e Bobbo o alugara da Santa Lucia Airways, que indiretamente era propriedade do serviço de inteligência americano, a CIA. Um mês mais tarde, Bobbo alugou mais um Boeing 707 da mesma companhia para fazer entregas no Irã. Três meses depois, o tenente-coronel Oliver North começou a utilizar a mesma empresa aérea e o mesmo tipo de avião para entregas de robôs Hawk e mísseis Tow para o Irã. A Santa Lucia Airways e seus Boeings 707 também eram usados pelos Estados Unidos e pela África do Sul para a entrega de armas à organização guerrilheira Unita, em Angola.

No final de agosto de 1985, foi feita a primeira busca e apreensão na empresa de Bobbo, a Scandinavian Commodities, em Malmö. Os negócios foram sendo descobertos durante o outono, e, apesar de Bobbo parecer colaborar com as autoridades suecas, conseguiu continuar com as entregas até meados de 1987, mas agora com produtores e empresas estabelecidas fora da Suécia. Bobbo descreveu que a alfândega sueca agira como um "elefante em uma loja de cristais", destruindo uma rede de contatos internacionais de empresas de contrabando dentro do setor de explosivos que funcionava muito bem.

Durante o outono de 1985, as mídias suecas e internacionais comentaram sobre aqueles negócios sensacionais, mas o interesse pelo assunto esmoreceu com o assassinato de Olof Palme em 28 de fevereiro de 1986.

Paralelamente, Schmitz continuava com a entrega de pólvora para o Irã com a ajuda de diversos produtores, sem que as autoridades suecas ou a mídia soubessem de alguma coisa.

Em junho de 1986, o jornal *Dagens Nyheter* publicou uma série de artigos que mostravam que os negócios de Schmitz haviam afetado a maioria dos países da Europa Ocidental, parte de países do Leste e Israel.

Em 19 de novembro de 1986, Bobbo foi denunciado pela polícia aduaneira como suspeito de violar a proibição de comercialização de armamentos, apenas dois meses antes da morte do chefe do KMI, Carl-Fredrik Algernon, que perdeu a vida sob circunstâncias misteriosas debaixo de um vagão de metrô em Estocolmo.

Em maio de 1987, o governo sueco, por intermédio da ministra Anita Gradin, chegou à conclusão de que Bobbo não violara a proibição de comercialização de armamentos, mas agira contra a lei de comércio de produtos explosivos, que se aplicava normalmente aos comerciantes que vendiam dinamite e fogos de artifício a particulares, a qual era jurisdição da polícia. Dessa maneira, o governo sueco se esquivava da responsabilidade direta sobre o caso. Em seguida, o promotor de Justiça foi obrigado a anular as suspeitas contra Karl-Erik "Bobbo" Schmitz, e nenhuma outra providência foi tomada.

No relatório da Comissão de Investigações, há quase quarenta páginas dedicadas aos indícios sul-africanos. Apenas poucos dias após o assassinato de Palme, várias pistas que apontavam nessa direção chegaram aos ouvidos da polícia. Uma delas veio do jornalista e presidente da Associação da Defesa Civil, Karl-Gunnar Bäck. Na segunda ou terça-feira após o assassinato, ele fora contatado por um cidadão britânico, conhecido seu de muitos anos. O homem chegara a Estocolmo um dia após o crime e contara que o Departamento de Relações Exteriores do Serviço de Inteligência Britânico M16 havia recebido a informação de que o assassino deveria ser procurado entre os contatos sul-africanos e que existia uma ligação com o comércio de armamentos da África do Sul. Um policial sueco ou uma fonte da polícia de segurança estariam envolvidos. Informação mais concreta indicava que o Caso Bofors e as provisões que estavam em jogo tinham grande importância no assassinato. Uma empresa de provisões, a A&I Services, recebera dinheiro e o proprietário da empresa morara na África do Sul e na Rodésia. O nome do chefe seria Robertson ou Donaldson, e ele teria vivido tanto em Londres quanto em Johannesburgo.

Depois que Bäck recebera essas informações, seu secretário entrara em contato com a polícia secreta de Uppsala, pois conhecia uma pessoa que trabalhava lá. Dessa maneira, a polícia secreta recebera essa informação delicada apenas uma semana após o crime. Entretanto, a pista não foi encaminhada para as investigações do Caso Palme, que tomou conhecimento dessa informação somente em 1994, através do jornalista Lars Borgnäs.

A investigação do Caso Palme, com Hans Ölvebro na liderança, examinara onde estaria a informação, questionando os funcionários da Säpo e a polícia de Uppsala. Ninguém tinha ouvido falar da pista e chegou-se à conclusão de que ela nunca fora dada para a polícia. Nenhuma providência foi tomada para comprovar até que ponto aquela pista poderia ser válida.

A carta de Stieg datada de vinte dias após o assassinato falava sobre uma campanha na qual Palme estaria envolvido contra a comercialização de armas com o regime do apartheid. Com a ajuda de *Apartheid Guns and Money*, que Craig Williamson me recomendara, e de *Vapensmugglarna*, que Eva Gabrielsson me indicara, ficava fácil encontrar um punhado de nomes suspeitos que teriam grandes interesses econômicos em impedir uma campanha como aquela. No entanto, a polícia sueca vinha evitando efetivamente ir até o fundo do poço havia mais de trinta anos.

A única vez que visitaram a África do Sul fora em 1996, dez anos após o assassinato. O líder das investigações, Hans Ölvebro, e Jan Danielsson haviam feito uma viagem que combinava trabalho e lazer, meio convencidos de que aquilo era algo desnecessário, pois já tinham encontrado o culpado do crime, o viciado Christer Pettersson. A polícia sueca não se mostrara interessada naquilo que o regime do apartheid ganharia com o assassinato de Olof Palme. A decisão era sempre a mesma: "Nenhuma providência a ser tomada". Mas eu sempre podia dar uma olhada, certo?

Cui bono?

ESTOCOLMO,
ABRIL DE 2016

Os artigos no *Svenska Dagbladet* de 1987 que constavam nos arquivos de Stieg foram escritos por Mari Sandström e seu colega. Esses escritos continham informações vindas de uma fonte anônima, um homem que trabalhara como *sanction-buster* na África do Sul. Eu já me encontrara com Mari diversas vezes e havia uma frase do informante que sempre retomávamos: "A morte de Griffiths Mxenge foi só o primeiro degrau da escada".

A minha ideia era que, se havia um motivo relacionado com o comércio de armas por trás do assassinato de Olof Palme, poderia também haver motivos parecidos para justificar os assassinatos ocorridos no mesmo período, ou seja, mais que os três homicídios descritos no artigo de Evelyn Groenink. Se fosse assim, deveria existir alguém na África do Sul que ganhava dinheiro com o desaparecimento dessas pessoas. *Cui bono?* Quem se beneficia disso?

Organizei uma lista de mortes relevantes e acontecimentos em que a África do Sul e seus parceiros de negócios teriam algo a lucrar se uma pessoa morresse ou um crime fosse cometido. Muitas das mortes que incluí na lista haviam sido causadas pelo serviço de inteligência sul-africano, como é o caso de Griffiths Mxenge, Ruth First e Jeannette Schoon. Outras haviam sido investigadas, mas foram consideradas acidentes pelas autoridades sul-africanas, como as mortes de Samora Machel, Franz Esser e Peter Casselton. Algumas estavam indiretamente relacionadas com a África do Sul, podendo o assassinato de Olof Palme ser uma delas, promovendo os seus propósitos. E havia mortes consideradas acidentais pela polícia, como a da jornalista sueca Cats Falck e a do inspetor de materiais de guerra Carl-Fredrik Algernon.

Entre os acontecimentos na minha lista, destaquei três motivos diversos que algumas vezes se encaixavam entre si. Os primeiros atentados, entre os anos de 1981 e 1984, pareciam, à primeira vista, se tratar da eliminação dos opositores ao apartheid. Durante os anos seguintes, o comércio de armas e outras *sanction-bustings* eram razões importantes; o último motivo que surgiu era impedir que a informação sobre os crimes e negócios sujos viessem à tona.

Muitos dos atentados sobre os quais eu lera eram de difícil execução, exigindo no mínimo um, dois ou três meses de planejamento. Alguns dos atos foram realizados na África do Sul, outros em países vizinhos e alguns na Europa. Um pequeno grupo de possíveis perpetradores sempre aparecia ao lado dos acontecimentos. Ficava claro que eram relativamente poucas as pessoas dentro do serviço militar ou do serviço secreto civil da África do Sul que tinham capacidade de executar esse tipo de ação. O artigo de Evelyn Groenink, que Craig Williamson me enviara, constatava que "para executar esse tipo de assassinato é necessário um conjunto de habilidades e experiências que um simples policial sul-africano não possui".

A cronologia era bastante interessante. As datas dos acontecimentos estavam espalhadas de forma equilibrada, com meio ano de diferença entre eles, o que era suficiente para que um pequeno grupo de agentes tivesse tempo de ser interrogado, fazer uma pausa para se recuperar e planejar a próxima operação.

A lista ficara longa. Em primeiro lugar vinha o assassinato que o informante da jornalista Mari Sandström dissera que fora o início de tudo.

19 de novembro de 1981, Durban, África do Sul	Griffiths Mxenge, advogado de direitos humanos	Esfaqueado quarenta e cinco vezes e atacado com um martelo. Três sul-africanos, membros da patrulha da morte, foram mais tarde anistiados pela Comissão da Verdade.
14 de março de 1982, Londres, Inglaterra	Bomba no escritório do CNA	Atentado à bomba organizado por Craig Williamson, que foi anistiado pela Comissão da Verdade, assim como outros. Os demais participantes foram: Vic McPherson, Eugene de Kock e Peter Casselton.
17 de agosto de 1982, Maputo, Moçambique	Ruth First morta por uma carta-bomba	A carta-bomba foi enviada por ordem de Craig Williamson, que foi anistiado pelo crime mais tarde.
28 de junho de 1984, Lubango, Angola	Jeannette Schoon e sua filha Katryn	Carta-bomba enviada por ordem de Craig Williamson, que foi anistiado.
Novembro de 1984, Estocolmo, Suécia	Cats Falck, jornalista sueca	Morta com uma amiga depois que o carro onde estavam caiu na água, numa zona portuária de Estocolmo. Falck conduzia uma investigação sobre o tráfico de armas entre a Suécia e a Alemanha Oriental. As mortes foram oficialmente registradas como um acidente.
1º de agosto de 1985, Durban, África do Sul	Victoria Mxenge, ativista de direitos humanos	Morta a tiros na frente dos filhos por ordem do serviço secreto sul-africano. Tratava de questões de direitos humanos e continuou trabalhando no escritório de advocacia de seu falecido marido, Griffiths.

29 de novembro de 1985, Londres, Inglaterra	Gérard Hoarau, opositor do governo nas ilhas Seychelles	Morto a tiros de metralhadora em Londres. Estava a caminho de revelar publicamente acusações sobre contrabando de armas, culpando Craig Williamson e seu sócio Mario Ricci, que fazia negócios com a África do Sul e o Irã. Não solucionado.
28 de fevereiro de 1986, Estocolmo, Suécia	Olof Palme, primeiro-ministro da Suécia	Morto a tiros em uma rua de Estocolmo. Segundo informações de Stieg, Palme estava a caminho de iniciar uma campanha contra o comércio de armas com a África do Sul. Não solucionado.
8 de setembro de 1986, Estocolmo, Suécia	Bomba no escritório do CNA em Estocolmo	Atentado à bomba em Estocolmo. Agentes do serviço secreto sul-africano suspeitos, mas as investigações foram encerradas. Não solucionado.
19 de outubro de 1986, Mbuzini, África do Sul	Samora Machel, presidente de Moçambique	Faleceu em um desastre aéreo. Suspeitou-se de que o serviço secreto sul-africano havia sabotado o avião, mas não se chegou a nenhuma conclusão. Oficialmente, um acidente.
15 de janeiro de 1987, Estocolmo, Suécia	Carl-Fredrik Algernon, inspetor sueco de materiais de guerra	Morto em um acidente no metrô, durante a investigação de comércio de armas. Oficialmente, um acidente.
19 de setembro de 1987, Genebra, Suíça	Olav Dorum, embaixador da Noruega e ativista	Atropelado e morto por um representante alcoolizado da SWAPO, a organização de libertação da Namíbia. Ameaçado de morte pouco antes do ocorrido. Oficialmente, um acidente.

26 de março de 1988, Paris, França	Dulcie September, representante do CNA	Morta a tiros em frente ao escritório do CNA em Paris. Estava a caminho de informar a liderança do CNA sobre os negócios com armamentos. Não solucionado.
21 de dezembro de 1988, Lockerbie, Escócia	Bernt Carlsson, secretário-geral adjunto das Nações Unidas e comissário da ONU para a Namíbia	Morto quando o avião 103 da Pan Am explodiu no ar. Tinha iniciado uma luta contra os saques dos recursos naturais da Namíbia. Nenhuma investigação foi feita para saber se Carlsson era o alvo.
1º de maio de 1989, Johannesburgo, África do Sul	David Webster, ativista antiapartheid	Morto a tiros em frente à sua casa pelo serviço secreto sul-africano.
12 de setembro de 1989, Windhoek, Namíbia	Anton Lubowski, ativista antiapartheid	Morto a tiros depois de fazer negócios com comerciantes de armas franceses que colaboravam com a África do Sul. Não solucionado.
9 de janeiro de 1990, África do Sul	Franz Esser, comerciante de carros alemão, e família	Mortos em uma colisão frontal com um caminhão. Esser tinha contatos no alto escalão na África do Sul e fora acusado de ter arranjado os carros para o assassinato de Olof Palme. Oficialmente, um acidente.
10 de abril de 1993, Boksburgo, África do Sul	Chris Hani, secretário-geral do Partido Comunista Sul-Africano	Segundo o artigo de Evelyn Groenink, Hani se tornara um impedimento para uma grande negociação de armas. Morto a tiros em frente à sua casa pelo extremista de direita polonês Janusz Waluś.

28 de janeiro de 1997, cercanias de Pretória, África do Sul	Peter Casselton, agente do serviço secreto sul-africano	Esmagado até a morte por um caminhão que consertava. Iria testemunhar perante a Comissão da Verdade e tinha apontado Craig Williamson e Bertil Wedin pelo envolvimento na morte de Olof Palme. Oficialmente, um acidente.

Quando li a lista que eu mesmo havia feito, pude perceber um padrão e alguns desvios. A data da morte de Griffiths Mxenge era muito interessante. "O primeiro degrau da escada", como Mari Sandström havia dito. A infiltração de Craig Williamson na organização liderada por suecos, o IUEF, em Genebra, tinha se encerrado em janeiro de 1980, e Mxenge fora assassinado dois anos depois.

No início, os atentados eram realizados com frequência, mas o intervalo em 1983 era um desvio. Ou eles haviam feito uma pausa ou eu havia perdido uma ou mais operações. A partir de agosto de 1984, as ações voltaram a ser executadas relativamente com frequência até o acidente que resultou na morte de Franz Esser, em janeiro de 1990. Depois passou muito tempo até a morte de Chris Hani e Peter Casselton.

Mais uma exceção chamou a minha atenção. O atentado à bomba contra os escritórios do CNA em Estocolmo ocorreu apenas seis semanas antes do acidente aéreo que matou Samora Machel. É bem provável que um atentado à bomba em Estocolmo poderia ter sido executado pelo serviço de segurança civil, da mesma forma que o atentado em Londres alguns anos antes, enquanto uma operação com logística mais complicada e tendo como vítima um chefe de Estado devia ter sido executado pelo serviço de segurança militar.

Nas estrevistas dadas, Craig Williamson dizia frequentemente que, quando ocorreu a queda do Muro de Berlim em 1989 e o fim da Guerra Fria, os países ocidentais não necessitavam mais do apartheid na África do Sul. Depois de Nelson Mandela ser libertado, o primeiro-ministro F. W. de Klerk aboliu o estado de exceção em 7 de junho de 1990, diminuindo bastante o número de operações.

Tanto Franz Esser quanto Peter Casselton haviam ameaçado contar sobre as operações anteriores, o que foi motivo suficiente para livrar-se deles. O que Vic McPherson havia dito muitas vezes servia para os agentes, mas a versão oficial era de que a morte de ambos não passava de um acidente.

A minha lista era um resumo que comprovava o poder branco da África do Sul, que, de diversas maneiras, se beneficiara com uma longa lista de mortes, não importando se haviam sido assassinatos, acidentes comprovados ou mortes sem solução. A lista fortalecia a possibilidade de que a África do Sul estivesse envolvida na morte de Olof Palme, mas essa teoria ainda estava longe de ser defendida em um tribunal.

Se eu quisesse encontrar uma prova mais concreta, deveria colocar minha energia onde eu de fato encontrara informações novas e concretas, ou seja, em Alf Enerström e Jakob Thedelin.

Interrogado

ESTOCOLMO,
DEZEMBRO DE 2016

Era o mês de dezembro na Suécia, a temperatura estava um pouco acima de zero e a umidade do ar penetrava através do casaco forrado, chegando até os ossos. O pior de tudo era a escuridão. O sol, segundo informações do serviço de meteorologia, nasceria às nove da manhã e se poria lá pelas três da tarde, mas nada disso era perceptível. A escuridão estava presente o tempo todo.

Eu, pelo menos, não tinha pressa de ir embora do Café Nybergs, tendo tempo de tomar as minhas cinco xícaras de café, comer um sanduíche com ovo e caviar ou com patê de fígado e pepino em conserva. Os bolinhos de açafrão do mês de dezembro já faziam parte do cardápioe eu comia um por dia, como um urso antes de hibernar.

Passaram-se alguns meses desde que eu, finalmente, decidira escrever para a polícia pedindo para me enviarem o material. Eles haviam me negado a maioria do que eu pedira antes, mas eu conseguira convencê-los a me ceder uma pequena parte, que agora tinha em mãos. O envelope não continha tudo aquilo que eu esperava, apenas uma fração do que eu vira na pasta da polícia, mas os interrogatórios e fotografias de Jakob contidos ali demonstravam que o interesse por ele havia sido grande, tendo começado alguns meses apenas após o assassinato.

A fotografia de Jakob fora tirada com lente teleobjetiva e nela ele atravessava uma rua na faixa de pedestres, carregando uma pasta preta na mão esquerda. Ao fundo, viam-se dois carros da época: um Saab 95 azul-marinho e um Volvo 245 azul-claro metálico. Ele usava calças pretas, sapatos pesados e uma jaqueta cinza na cintura. Os óculos de grau tinham armação de metal, eram grandes, com lentes um pouco escuras — talvez fossem fotocromáticas e estivessem escurecidas pela luz. A peruca de cabelos cacheados que ele usava parecia ser de má qualidade e estava muito mal colocada na cabeça, mais parecendo um gorro. (Ver figura 9.)

Dei uma conferida rápida nos depoimentos das testemunhas que estiveram no local do crime e aproximadamente a metade afirmava que o homem estava com a cabeça descoberta, e a outra metade dizia que ele tinha a cabeça coberta. Algumas testemunhas haviam mudado de opinião durante o segundo interrogatório.

Acima da fotografia se lia: "Anexo 1, Estocolmo, 1986-11-21, Säpo, Secretariado, Intendente de Polícia Tore Forsberg".

Em 1986, Tore Forsberg era o responsável pela contraespionagem e o assunto fora tratado por um chefe do alto escalão da Säpo, o que significava que era considerado de grande prioridade. O mesmo Tore Forsberg, que eu achava que parecia ser o personagem Evert Gullberg do terceiro romance de Stieg. Em princípio, a foto tinha sido um anexo de outro documento, mas não havia nada que indicasse que documento seria esse.

O primeiro interrogatório com Jakob fora realizado na quinta-feira, 4 de junho de 1987, entre 8h45 e 11h30. A polícia buscara Jakob em sua casa naquela manhã, sem avisá-lo. Presentes durante o interrogatório estiveram o intendente de polícia Tore Forsberg, da Säpo, o interrogante Alf Andersson e o inspetor de polícia Stieg Kjelson, ambos da polícia federal. Jakob fora interrogado um ano e três meses após o assassinato, depois de ter sido alvo das observações da Säpo por mais de meio ano. O protocolo do interrogatório tinha cinquenta e quatro páginas e fora transcrito, palavra por palavra, a partir de uma gravação feita pela polícia.

Interrogante: Onde você estava na hora do crime?
Jakob: Eu estava dormindo.
I: Era uma sexta-feira à noite, dia 28. Você estava na sua casa em Täby?
J: Não, fui acordado por outro morador.

I: Quem?

J: Seppo H. e... na manhã seguinte...

I: O que você fez à noite?

J: Bom, eu... eu lembro quando vieram de manhã me acordar e contaram que...

I: Ele foi te acordar?

J: Sim, ele me acordou e me contou que tinham atirado em Olof Palme. O que eu fiz na noite anterior... Eu deveria ter a minha agenda comigo para saber exatamente, se trabalhei de noite ou se estava de folga, são as duas alternativas que se tem.

I: O que você costuma fazer à noite? Talvez estivesse cansado? Estava em casa dormindo naquela noite?

J: Sim, pode ser. Mas não posso responder com certeza.

I: Você não se encontrou com Alf naqueles dias?

J: Depois de ficar sabendo, eu me encontrei com ele. Eu telefonei para ele, é claro.

I: Na mesma hora?

J: Sim, em seguida.

I: Na manhã em que Seppo H. lhe disse que tinham atirado em Palme? O que você fez então?

J: Bom, eu saí em seguida. Telefonei de um orelhão para Alf Enerström e perguntei se eu poderia encontrá-lo.

I: De manhã mesmo?

J: Sim, eu comi algo e saí em seguida.

I: E ele estava em casa?

J: Sim, estava, mas não sei dizer por quanto tempo. Estava em casa quando telefonei e quando cheguei lá.

I: E quando foi isso, foi na manhã seguinte?

J: Pode ter sido algum dia mais tarde, eu não sei dizer.

I: Você pensou assim, de cara, agora tenho que falar com Alf Enerström?

J: Não exatamente, mas eu... eu sabia, porque ele tinha me dito antes. Então pensei, meu Deus, e agora? Como vai ficar tudo na política?

I: Então você falou com Enerström no dia seguinte?

J: Sim, deve ter sido isso.

I: Quem estava em casa com ele?
J: As pessoas que estavam lá...?
I: Sim, quem estava lá quando você chegou?
J: Mais ninguém. Só a Gio, eu, o Alf e as crianças. Elas estavam dormindo, tomando café da manhã ou fazendo outra coisa qualquer.
I: Então você não o encontrou antes do assassinato?
J: Encontrei...
I: Algum dia antes do crime? Naquela semana?
J: O problema é que eu sou péssimo para lembrar datas e essas coisas. Talvez eu o tenha encontrado. Às vezes eu telefonava para ele, então fica impossível dizer depois de tanto tempo.

Jakob tinha dificuldade de lembrar o que fizera na noite do crime e no dia seguinte. Por diversas vezes ele mudara sua história quando o agente Alf Andersson o interrogava.

Então foi perguntado a Jakob o que ele e Enerström pensavam do primeiro-ministro e com quem eles costumavam se encontrar. Mesmo passados trinta anos desse interrogatório, as opiniões que constavam nos e-mails trocados com Bertil Wedin e na conversa pelo Facebook com Lída eram as mesmas. Olof Palme era um espião soviético que estava vendendo a Suécia para os russos. Jakob dissera que ele e Enerström haviam se encontrado com representantes do EAP e com os militares que também sabiam da traição de Olof Palme. A campanha de Enerström, a Oposição Social-Democrata, contava com cinquenta mil membros, e por isso Palme havia roubado dinheiro da conta de Enerström e feito com que tirassem seu filho Ulf dele. Eu reconhecia as histórias das minhas anotações feitas sobre Enerström. Nomes e organizações das pesquisas de Stieg reapareciam o tempo todo.

Após um momento, Alf Andersson voltara às perguntas sobre onde Jakob estava na hora do crime.

I: Você disse que visitou o local do crime.
J: Depois do assassinato.
I: No mesmo dia?

J: Não, acho que foi uns dias depois, não tenho certeza... Ou se passei por lá e olhei o que as pessoas escreveram sobre ele. Lamento que as pessoas não tenham visto o que eu vi.
I: O que Alf Enerström disse quando você o encontrou? Onde ele esteve na hora do crime?
J: Não lembro direito, acho que na casa dele, em Sölje.
I: Mas você disse antes que o encontrou.
J: Eu o encontrei alguns dias mais tarde ou algo assim.
I: Você mencionou o endereço. Foi na Norr Mälarstrand.
J: Eu acho que foi em Estocolmo ou talvez ele tenha estado em Sölje e tivesse voltado para Estocolmo... Veio para Estocolmo de Sölje... Faz muito tempo e não consigo lembrar dos detalhes, mas acho que não foi ele.

Alf Andersson não perguntara a Jakob se ele achava que Enerström havia matado Olof Palme. Nem perguntara por que Jakob achava que um ano era muito tempo para se lembrar do que havia feito quando Palme fora morto, que era o acontecimento mais importante de todos os tempos na Suécia.

I: Então você nunca se encontrou com Palme?
J: Nunca. Eu o vi a cinquenta metros de distância, mais ou menos.
I: Você sabia onde ele morava?
J: Quê?
I: Você sabia onde ele morava?
J: Quando?
I: Ele morava em Gamla Stan, você sabia?
J: Depois do assassinato, eu fiquei sabendo. Antes, talvez tenha ouvido que ele tinha um apartamento em Gamla Stan, mas que ficava na Rua Västerlånggatan, não me recordo. Talvez...
I: Como você entrava em contato com o seu locador? Quer dizer, tem alguém que pode confirmar que você estava em casa naquela noite?
J: Não sei dizer se ele estava fora na noite anterior, mas fomos para lados diferentes. Às vezes saíamos juntos, outras vezes não.
I: Que casaco você usou no inverno passado?

J: Eu tinha um anoraque de cor clara ou algo do tipo. Às vezes eu usava um casaco escuro.
I: Você usava gorro?
J: Não. Capuz, ou não usava nada. E calças escuras.

Fiquei pensando que uma peruca era capaz de cobrir a cabeça de alguém tal qual um gorro de lã. As respostas hesitantes de Jakob deviam ter despertado o interesse da polícia por ele, porque, mais adiante, houve mais um interrogatório.

Em 21 de agosto, dois meses e meio e um verão inteiro depois do primeiro interrogatório, Jakob fora chamado mais uma vez à polícia. Dessa vez não o buscaram de viatura. Tore Forsberg começara a interrogá-lo na Säpo. Depois o grupo de investigações do Caso Palme na polícia federal deu continuidade, e Alf Andersson tomou o lugar de Forsberg. O protocolo estava escrito como um resumo de apenas duas páginas.

Jakob foi questionado como via a opinião de Alf Enerström de que a Suécia estaria a caminho de se transformar em um Estado soviético comunista, durante o governo de Palme. Jakob concordava com Enerström sobre o assunto, mas ficou sem saber o que dizer quando lhe foi perguntado por que os soviéticos teriam matado Palme.

No primeiro interrogatório, Jakob não quisera mencionar os militares que ele havia dito saber os nomes. No segundo, ele os mencionara pela primeira vez, afirmando que tivera contato com o comandante Hans von Hofsten na época do incidente com o submarino russo em Hårsfjärden, em 1982. Von Hofsten fazia parte das pesquisas de Stieg e liderara a "revolução dos oficiais da marinha", em outono de 1985. Jakob se encontrou com Von Hofsten na residência do oficial, na sua casa de campo e algumas vezes na cidade. Segundo Jakob, Von Hofsten afirmara que Palme mentira sobre o incidente do submarino e que um submarino russo havia escapado. Jakob dizia que Von Hofsten ficara muito aborrecido com a maneira como Palme havia agido.

Nunca foi questionado sobre o motivo que levara Jakob a procurar Von Hofsten, mas os investigadores devem ter percebido como a rede de contatos era estreita entre aqueles que odiavam Palme. Sob o nome falso de "Rickard", Jakob tinha entrado em contato com uma série de pessoas que Stieg observara em suas pesquisas, e ele as havia encontrado tanto antes quanto após a morte de Palme.

Comparado à pasta transbordando de papéis sobre Jakob Thedelin que eu havia visto nas mãos de Karin Johansson na delegacia de polícia em Kungsholmen, o material que eu tinha recebido era muito pequeno. Eles não me mandaram os outros documentos que Karin mencionara, nem o relatório de cento e cinquenta páginas que a Säpo fizera depois das observações ou dos interrogatórios com as pessoas da rede de contatos de Jakob. Pelo grande volume da pasta, é certo que deveria haver muitos outros documentos importantes, mas o que eu recebera era o suficiente para saber que havia muito a ser esclarecido em relação a Jakob. Ele hesitara, mudara suas respostas e se esquecera de coisas relevantes que deveria se lembrar um ano após o crime. Ele não se recordava do que fizera na noite anterior ao crime, se havia trabalhado, se havia procurado Alf Enerström na manhã seguinte, se sabia onde Palme morava ou se havia visitado o local do crime no dia subsequente. Talvez ele estivesse nervoso ou não quisesse responder. Ou ainda, o que era mais provável, ele tinha algo a esconder.

A melhor solução que achei foi perguntar para Alf Enerström quando Jakob Thedelin havia entrado em contato com ele após o assassinato. Ao mesmo tempo, eu poderia aproveitar a oportunidade e fazer algumas perguntas sobre as dúvidas que surgiram depois de meu encontro com Gio, que não era mais o álibi de Alf e que na ocasião me contara que ele possuía um revólver Smith & Wesson.

Quem salvou a Suécia

ESTOCOLMO,
DEZEMBRO DE 2016

Alf Enerström e seu amigo Bo foram pontuais e eu os levei até o escritório onde iríamos conversar. Alf estava com a aparência melhor que da última vez e era óbvio que alguém lhe dissera para vestir roupas limpas, provavelmente algum funcionário do lar de idosos com problemas mentais onde ele agora morava. Ele usava um pequeno chapéu na cabeça, que cobria a ferida que eu vira da outra vez, e parecia um hipster envelhecido. Ainda usava uma camada de cinco camisas sobrepostas e, pelo jeito, esse era um hábito difícil de desfazer. Bo se sentou ao lado de Alf e ficou ouvindo com muita atenção. A conversa começou de forma bastante espontânea, assim como da outra vez, porém depois de um momento resolvi entrar no assunto que mais me interessava.

— A Gio falou que você saiu de casa na noite do crime, depois do noticiário das nove — eu disse.

— Ela falou? — perguntou Alf. — Nós estivemos juntos naquela noite.

— E ela também disse que você possui um revólver da marca Smith & Wesson.

Alf ficou pensando um pouco antes de responder.

— Eu não me recordo, pois tinha muitas armas.

Alf começou a contar uma história sobre ter visto dois policiais que conhecia na Sveavägen. Devia ser tarde na noite do crime e mais adiante ele compreendera que tinham sido eles que haviam matado Olof Palme.

— Você poderia descrever os policiais? — perguntei.

— Sim, eu posso, mas não vou fazer isso.

Alf deu uma risadinha, tampando a boca com as mãos.

— Por que não?

— Bom, se eu fizer isso, os policiais vão ser condenados por causa do meu testemunho.

— Mas não é o certo ser condenado por um crime que se cometeu? Eles cometeram um dos piores crimes que existem, não é? — eu disse.

— Há coisas que devem ser feitas que não têm nada a ver com a lei. Os legisladores não pensam em tudo... Você está me entendendo? A pessoa que está numa situação dessas... não segue a lei, se for para salvar o país.

— Então você acha que eles fizeram bem em atirar em Palme?

— Eles não fizeram bem em atirar em Palme — disse Alf. — Ele devia ter feito como eu disse e abandonado o cargo um dia antes... mas acabou acontecendo. Então eles não deveriam ser presos pelo resto da vida depois de salvarem a Suécia.

— Você não queria que isso acontecesse?

— Eu acho que se alguém salvou a Suécia deve ser elogiado por isso. Não devemos achar bom? Salvar dez milhões de pessoas, ou o que você acha? Dez milhões de pessoas que se matam de trabalhar, porque, se Olof Palme continuasse no governo, a Suécia ficaria como a Grécia. Era o melhor país antigamente, foi lá que a democracia começou, mas agora é um país péssimo e a Suécia seria ainda pior.

Alf tinha dado risadinhas durante todo o seu monólogo, mas agora ficara sério.

— Está acontecendo no mundo todo, você sabe. Por que mataram o Kennedy? Pense nisso. Era o melhor do mundo e foi morto. A morte é usada de maneira errada e chamada de assassinato. Assassinato é algo que não se deve fazer. Quem decidiu isso? Quem inventou a palavra *assassinato*? Você conhece essa pessoa? Não, mas a vida é tão...

Alf se calou e eu o deixei descansar por alguns segundos. Ele negava a versão de Gio sobre o que havia feito na noite do crime e sobre a arma que ela dissera que ele possuía. Eu tinha recebido a resposta dele, apesar de Gio parecer mais convincente.

— Como você conheceu Bertil Wedin? — perguntei.
— Não sei quem é — respondeu Alf.
Olhei surpreso para Bo, mas ele me deu a entender que tampouco sabia quem era Wedin.
— E Jakob Thedelin? — perguntei.
— Quem?
— Seu ajudante ou adepto, que morava na sua casa de vez em quando.
— Não me lembro quem é — Alf respondeu.
Bo também parecia não saber de quem se tratava. Fiquei sem saber o que fazer e repeti a pergunta. Eu sabia, pelos e-mails trocados entre Jakob Thedelin e Bertil Wedin, que tanto Alf quanto Bo conheciam Jakob e Bertil, mas eles estavam ali, negando. Eu ainda tinha algumas perguntas a fazer a eles antes que fossem embora.

Alguns dias mais tarde, Alf e Bo queriam me encontrar novamente e tomar um café. Agora a memória deles havia melhorado e sabiam quem eram Wedin e Thedelin. Bertil Wedin era apenas alguém com quem tinham conversado pelo telefone algumas vezes, e Jakob Thedelin era amigo de Gio e não de Alf. Eu tinha certeza de que isso não era verdade. Primeiro Alf e Bo não queriam reconhecer que conheciam Bertil Wedin e Jakob Thedelin e agora tentavam diminuir a importância de conhecê-los.

Cada vez que eu tentava entender uma nova parte da teoria de Stieg, chegava a um beco sem saída, mas também descobria algo novo, o que fazia valer uma nova tentativa. Eu havia conhecido Bertil Wedin, Craig Williamson e Alf Enerström, mas o extremista de direita Anders Larsson e o policial Carl-Gustaf Östling estavam mortos. Restava Jakob Thedelin, e a única maneira de ficar sabendo mais sobre ele era questioná-lo diretamente, porém mesmo que ele aceitasse ser entrevistado era pouco provável que me contasse algo.

As operações de hackear o e-mail e seduzir pelo Facebook ajudaram bastante, mas isso não havia sido suficiente para Jakob falar. Eu precisava de mais. Eu precisava tomar uma série de decisões difíceis e enfrentar muitos problemas que tinham a ver com questões éticas e logísticas.

A decisão

ESTOCOLMO,
MARÇO DE 2017

A ideia era bastante simples; a decisão e a execução eram mais complicadas. As perguntas de Lída para Jakob pelo Facebook e os e-mails hackeados tinham sido fáceis de pôr em prática. Eu havia pedido ajuda para Lída e ela tinha entendido o que fazer e como. Provavelmente seus amigos a ajudaram a hackear os e-mails. Tanto as conversas pelo Facebook quanto os e-mails tinham chegado até mim sem que eu tivesse que me perguntar se estava agindo de maneira correta.

Passaram-se alguns anos desde então. Eu havia descoberto mais informações que confirmavam a teoria de Stieg e a minha sobre o envolvimento de Jakob Thedelin no Caso Palme. Apesar de eu ter entregado um relatório bem elaborado para a polícia e de ter publicado um artigo no jornal *Svenska Dagbladet*, a polícia não tomara nenhuma providência em relação a ele.

Parecia ser um caso perdido, e eu via apenas duas possibilidades.

A primeira era encerrar minhas pesquisas sem publicá-las, nem como reportagem nem como livro. Eu podia apenas desistir de tudo, o que me parecia uma solução muito tentadora.

A outra era lançar mão do único método jornalístico de que Stieg Larsson se utilizara e que eu ainda não havia experimentado: operação *undercover*, ou seja, me infiltrar como um agente secreto. Sob disfarce, o jornalista encontra uma ou mais pessoas para obter provas que não conseguiria de outra maneira, com a intenção de confirmar uma informação que ele já tinha antes. Como motivação para empregar um método tão drástico, é fundamental que o projeto seja de grande interesse para o público de modo geral.

Jakob Thedelin e seu possível envolvimento no Caso Palme preenchiam todos os critérios necessários. Um dilema de ordem maior era que, ao mesmo tempo em que ele tinha opiniões extremistas, também era suspeito de ter participado do assassinato de Palme. Além disso, ele era uma pessoa em situação delicada dentro da sociedade, por ter se aposentado antes do tempo e por ter uma rede de contatos bastante limitada. Tudo isso devia ser colocado na balança, para que o lado positivo de uma operação *undercover* pesasse mais.

Durante dois meses fiquei pesando os prós e os contras da operação. Nesse meio-tempo, Nicholas Schmidle me telefonou, dizendo que havia tido uma reunião com seu chefe na *New Yorker*. O chefe ficara satisfeito com a primeira parte de seu artigo, mas o problema estava na outra metade, que deveria complementar a primeira, e, se não surgisse algo mais concreto, seria impossível publicá-lo. Fiquei escutando o que Nicholas dizia, mas resolvi não lhe contar sobre meu dilema.

Finalmente acabei tomando minha decisão: desistir de tudo não era uma boa alternativa.

Telefonei para Lída Komárková, em Praga, e lhe expliquei a minha ideia.

Jakob e Lída

LANDVETTER,
JULHO DE 2017

Lída saíra do terminal. Antes de chegar ao meu lado, já havia acendido um cigarro.

— Só preciso sujar um pouco do ar puro — ela disse em inglês enquanto andávamos até o carro no estacionamento do aeroporto. — Então isso aqui é Gotemburgo? Igual a qualquer outro aeroporto com chuva.

Ela se acomodou no banco do passageiro, esperando que eu colocasse sua bagagem no porta-malas. Reconheci suas maneiras típicas da Europa Central, onde era óbvio que eu tomaria conta de sua mala. Pelo menos ela apagou o cigarro antes de se sentar no carro.

— O Jakob se mudou de Borås para Hedestad, uma cidadezinha isolada, rodeada por duas montanhas, plantações e um bosque — falei ao me sentar atrás do volante. — Vai levar uma hora de viagem.

— Gotemburgo, Borås, Hedestad. *Same, same but different* — disse Lída, antes de adormecer com a cabeça apoiada no cinto de segurança.

Depois de sair da Rodovia Federal 40, as estradas secundárias são cheias de curvas, e Lída reclamava dormindo quando as curvas eram mais fechadas.

Haviam se passado três anos desde que ela conversara com Jakob pelo Facebook e me mandara os e-mails trocados entre ele e Bertil Wedin. Depois disso, havíamos perdido o contato. Lída fora atrás de outro projeto emocionante em Praga. Da minha parte, eu achava que já tínhamos cumprido o nosso papel e que a polícia reagiria ao receber meu relatório sobre Jakob, o que nunca aconteceu, mas muitas vezes devemos esperar pela hora certa. Quando finalmente decidi que queria me infiltrar, percebi que precisaria da ajuda de Lída. Acabei entrando em contato quando ela acabava de voltar dos Estados Unidos e sair de um relacionamento. Ela aceitara vir para a Suécia para se encontrar com Jakob e não parecia muito preocupada com os riscos que correria.

— Por que você aceitou participar? — perguntei.

— Sempre aceito quando parece ser algo emocionante — ela respondeu. — Eu me dou bem com as pessoas seja onde for, mas nunca consigo ser persistente. Parece que esse projeto veio a calhar. Se eu conseguir descobrir a verdade, pode ser o fim da busca por algo que muita gente passou trinta anos querendo encontrar.

Lída conseguira explicar de forma simples o que eu estava pensando. Por que ela tinha resolvido vir para a Suécia se encontrar com Jakob Thedelin, se poderia ser algo perigoso? A verdade pode ser muito complicada, e eu ainda queria saber por que ela não usava o seu nome real e como ela podia conhecer pessoas que hackeavam contas de e-mail. Talvez eu nunca ficasse sabendo as respostas, mas confiava nela, e juntos faríamos algo parecido com o que Stieg e Gerry Gable fizeram nos anos 90.

Por volta de meia-noite, chegamos em Hedestad. Eu havia reservado dois quartos no mesmo hotel onde ficara hospedado da última vez, o Hotel Hedestad, e estava convencido de que poderíamos prolongar a nossa estadia lá, se fosse necessário.

Antes de Lída ir para o quarto, ela me entregou uma sacola de plástico com o equipamento que comprara segundo a lista que eu havia lhe enviado. Os preparativos tinham sido feitos de acordo com um manual que era dividido em tecnologia, logística e cenários de risco. Eu coloquei tudo sobre a escrivaninha de tampa laminada junto à janela do meu quarto. Lá fora, um único poste de luz iluminava o imenso estacionamento com meia dúzia de carros. Por via das dúvidas, fechei as cortinas vinho para que ninguém visse nada. Na sacola se lia: "Spyshop CZ", e lá dentro estavam caixas pequenas, que eu abri. Por menos de dez mil coroas suecas eu conseguira adquirir objetos que teriam sido muito bem utilizados por Stieg. Outra pessoa que ficaria contente com tudo aquilo seria o velho amigo de Palme e Holmér, Ebbe Carlsson, não apenas pela tecnologia, mas também porque a importação e o uso desses equipamentos eram totalmente legais depois de vinte anos do escândalo que fora chamado de "Caso Ebbe Carlsson".

Comecei pelo lado esquerdo. Lá havia uma caneta com microfone, que era ativado quando se apertava o botão da caneta. Se colocássemos a caneta no bolso, bastava que se pressionasse o botão com mais força para que fosse ativado. A outra caneta era uma combinação de gravação de som e vídeo, que era ativada com uma pressão na parte de cima. Uma chave de carro falsa filmava em 4k com ótima qualidade sonora. Os óculos foram os mais difíceis de escolher, segundo Lída. Os modelos de armação nunca eram os mais modernos e em alguns se via até a lente da câmera, mas os que ela havia escolhido eram aceitáveis em modelo unissex e com lente invisível. Eles vinham carregados com uma bateria que durava apenas vinte minutos. Apesar de termos três câmeras, eu me dera conta de que, se tivéssemos uma reunião mais prolongada, seríamos obrigados a complementar o equipamento com um smartphone que pudesse gravar durante várias horas e, às vezes, um par de câmeras GoPro que eu havia trazido de Estocolmo.

A última parte do equipamento não tinha função de gravação, mas nem por isso era menos importante. Em uma embalagem um pouco maior que uma caixa de fósforos, havia um rastreador GPS. Era verde-escuro, de plástico opaco, e possuía apenas dois botões e uma lâmpada vermelha. Abri a parte de trás e coloquei o chip que tinha vindo junto e duas pilhas alcalinas AA. Liguei para o aparelho dez vezes seguidas e o programei para responder somente ao meu telefone. Em seguida mandei uma mensagem e logo recebi a resposta. A mensagem continha coordenadas do GPS e um link. Quando cliquei no link, um mapa se abriu, mostrando uma área de um quilômetro quadrado nos arredores do hotel, com a localização do pequeno aparelho. Um dos botões era de liga/desliga, e no outro estava escrito "SOS". Quando o apertei, recebi mais uma mensagem com as coordenadas e o mapa. Era uma caixinha com poucas funções, mas de muita importância.

Revisei tudo o que era relevante, como se manejavam todos os equipamentos, e isso levou um bom tempo, já que havia apenas um ou dois botões para todas as funções, inclusive para ligar, desligar, gravar e enviar. Quando terminei, já eram três horas da manhã. Então me deitei na cama estreita para tentar dormir pelo menos algumas horas.

O trem do meu amigo Staffan chegou de Gotemburgo logo depois das dez da manhã. Ele era um homem muito tranquilo, tinha acabado de fazer cinquenta anos, levava uma vida calma em Copenhague, aguardando que um trabalho emocionante surgisse em seu caminho. Quando lhe telefonei perguntando se gostaria de vir para Hedestad e ser o nosso apoio quando Lída se encontrasse com Jakob, ele aceitara de imediato.

Staffan e eu ficaríamos preparados se algo acontecesse. Provavelmente poderíamos resolver uma situação desagradável ou ameaçadora apenas aparecendo no lugar e na hora certos. Se Lída apertasse o botão de "SOS" no GPS, seríamos avisados no mesmo instante.

Staffan se instalou no meu quarto, jogou a mala de viagem no chão e se acomodou na cama de sapato e tudo. Em seguida Lída entrou e revisamos o plano e os equipamentos. Percebemos que o kit de espionagem era barato por uma razão. As gravações eram de boa qualidade, mas a operação, a vida útil das baterias e a segurança eram péssimas. Lída quase teve um ataque nervoso quando tentou utilizar os diferentes equipamentos, mas acabou conseguindo. Se a situação ficasse mais tensa, não sabíamos o que poderia acontecer.

Lída e eu havíamos escolhido uma sexta-feira de propósito, pois o Shabat começaria ao pôr do sol e a chance de Jakob estar em casa seria maior. De repente, percebi um problema no qual já deveria ter pensado antes.

— Mas nunca fica escuro na Suécia no começo de julho. O que acontece com o Shabat, então?

— *Cool*, Jan — disse Lída, que parecia ficar mais calma à medida que a situação ficava mais tensa. — Eu dei uma olhada. O Shabat começa às 21h45, apesar de o sol ainda não ter se posto.

Ela aproveitou para entrar na sua conta do Facebook e olhou o status de Jakob. Como um dos preparativos, ela usava o Facebook para controlar se Jakob estava online, mas não entrava em contato com ele. Assim como nas conversas entre os dois alguns anos antes, ele continuava seguindo os horários da biblioteca, o que significava que ainda utilizava os computadores do local.

— Ele está online. Será que o Staffan pode ir até lá e ver se ele está na biblioteca?

Nosso plano era que Lída aparecesse de surpresa, forçando Jakob a recebê-la. É mais difícil se esquivar de uma garota bonita que bate à sua porta do que de um jornalista que lhe telefona ou lhe manda um e-mail.

Agora ele estava online, e era a nossa chance de saber onde ele estava em Hedestad. De repente, ficamos ansiosos para sair. Staffan se encarregou de se certificar de que Jakob estava na biblioteca, pois este poderia me reconhecer do *Svenska Dagbladet*. Por outro lado, não queríamos esperar que Lída entrasse em ação.

No caminho até a biblioteca, mostrei algumas fotos que tinha de Jakob ao telefone e tentei descrevê-lo para Staffan. Lída e eu nos sentamos em um banco próximo a uma fonte. À esquerda havia a prefeitura e, do outro lado da fonte, ficava a biblioteca. Ambos os prédios eram de dois andares, com fachada de tijolinhos e detalhes típicos dos anos 60, que demonstravam que haviam sido construídos na época dourada de Hedestad. Levou alguns minutos até que Staffan saísse da biblioteca e fizesse um cauteloso sinal de positivo para nós.

Levantamos e o seguimos, mantendo uns vinte metros de distância dele. Quando dobramos a esquina, ele nos mostrou duas fotos estremecidas de um homem sentado junto a um computador. Foi o suficiente para que pudéssemos identificar Jakob. Ele estava em Hedestad.

Caminhamos ao longo da ciclovia até a Rua St. Olofsgatan, onde encontramos o Restaurante Alfred. Lída e eu escolhemos o prato do dia: lombo de porco com molho e batatas cozidas. Staffan pediu uma pizza Sidney com recheio extra, que incluía batatas fritas e molho kebab. Meia hora mais tarde, estávamos a ponto de explodir de tanto comer. Sem conseguir sequer terminar nosso café, voltamos ao hotel para esperar no quarto até que a biblioteca encerrasse seu expediente, às cinco da tarde.

*

A adrenalina que tomava conta de mim e de Staffan começou a aumentar, mas a pessoa que se arriscaria mais era a mais calma de nós. Fomos obrigados a bater à porta do quarto de Lída com força para acordá-la. Ela veio abrir, ainda sonolenta, e começou a se preparar. Controlei o equipamento mais uma vez e carreguei todas as baterias.

O smartphone foi colocado virado no bolso do macacão que Lída vestia, que eu lhe pedira para comprar. O celular estava preso com fitas de velcro e podia filmar através de um pequeno buraco feito no bolso. Depois de algumas tentativas, o orifício ficara grande o suficiente para capturar toda a imagem, no entanto a lente podia ser vista por um bom observador. Agora era tarde demais para novos arranjos e fomos obrigados a correr esse risco. Lída colocou os óculos e repetiu como ligaria a câmera neles.

Decidimos ir de carro até a casa de Jakob, apesar de ficar a apenas quinhentos metros de distância do hotel. Antes de entrarmos no carro, Lída passou pela recepção e foi até o bar. Engoliu uma dose dupla de vodca e nos acenou que agora estava pronta.

Fomos andando cuidadosamente até o prédio amarelo de dois andares, esperando que meu velho Volvo não chamasse atenção. Nada nas janelas revelava que Jakob estivesse em casa. As persianas estavam fechadas, assim como a porta da varanda. Demos a volta no prédio e estacionamos. Lída desceu do carro; agora estava só.

Staffan e eu demos uma volta de carro em silêncio pela cidadezinha. Depois de uns quinze minutos, passamos pelo prédio mais uma vez. Eu olhava a rua enquanto Staffan observava os arredores.

— Ela está sentada na frente do prédio tomando cerveja com um homem — disse Staffan. — Pode ser Jakob, mas acho que não é ele.

Eu queria fazer a volta e passar ali de novo, mas percebi que seria arriscado, ainda mais que a cidade estava sem trânsito, e Lída e o homem, que talvez fosse Jakob, estavam sentados de frente para a rua. Contra a nossa vontade, voltamos para o hotel e ficamos aguardando.

*

Quando Lída chegou à porta do prédio, estava trancada. Ela a sacudiu, mas nada aconteceu. Então se aproximou para espiar através do vidro e sentiu alguém colocar a mão em seu ombro.

— O que você está procurando?

O idioma sueco a pegou um pouco de surpresa, e ela se virou e olhou rapidamente para o homem que falava com ela. Ele era bem mais baixo que Jakob, que tinha um metro e oitenta. O estranho era só um pouco mais alto que ela. Quando ela respondeu, foi o homem que ficou surpreso.

— I'm looking for Jakob, is he here?

Ele hesitou um pouco e deu um passo para trás antes de responder em um inglês balbuciante, com forte sotaque sueco.

— No, I don't think so. Ele saiu faz um tempo e não sei quando vai voltar.

— Está bem. Você pode abrir aqui para mim, para eu bater na porta do apartamento dele?

— Mas ele não está em casa...

Lída entrou depressa no prédio, assim que o homem virou a chave na porta. Ela subiu as escadas e encontrou a porta do apartamento de Jakob. Tocou a campainha diversas vezes. O homem a seguira e estava no andar de baixo.

— Eu te falei que ele não estava em casa. Você conhece o Jakob?

Lída amaldiçoou a si mesma por não ter ido para lá logo que a biblioteca fechara. Imagine se Jakob fosse passar o fim de semana fora? Ela decidiu que a única coisa que poderia fazer agora seria esperá-lo ali por perto, então esse homem seria uma boa solução no momento.

— O meu nome é Lída e sou amiga do Jakob. Vim de Praga até aqui para encontrá-lo. Quem é você?

— Eu me chamo Håkan, sou vizinho do Jakob e moro no andar de cima. Talvez ele volte logo para casa.

— Sim, talvez volte — disse Lída, em um tom de voz mais delicado dessa vez. — Posso esperar aqui?

Ela indicou que se sentaria nas escadas, mas Håkan sacudiu a cabeça.

— Quer tomar uma cerveja comigo? Está agradável lá fora, e eu não tenho nada contra beber acompanhado.

— Está bem — respondeu Lída, com um sorriso aberto no rosto.

Håkan era um homem inofensivo que em pleno mês de julho costumava sentar sozinho para tomar cerveja no jardim da frente de seu prédio em Hedestad. O que Lída não sabia dizer era se esse era um comportamento sueco normal, mas percebeu que seria uma ótima oportunidade para esperar por Jakob. Håkan pegou mais uma cadeira branca de plástico e se apressou até o seu apartamento, voltando de lá com uma garrafa de cerveja gelada.

— *So, do you like Hedestad?* — perguntou Håkan enquanto servia um copo de cerveja para Lída.

— Sim, muito. E você?

— Eu adoro Hedestad.

A conversa entre os dois progredia lentamente. Enquanto bebia, Lída reparou que em alguns momentos Håkan ficava olhando fixo para ela. Ele parecia sentir que havia ganhado na loteria.

— Lá mora a minha ex-esposa e, ali adiante, a minha mãe. E lá a minha filha.

Håkan apontara para três prédios diferentes nas imediações, e Lída compreendeu que o mundo podia ser bem pequeno se a pessoa vivesse em Hedestad. O tempo foi passando e, se Jakob não voltasse para casa, ela não pretendia ficar mais tempo em uma cidade estranha e deserta como aquela.

— Lá vem ele.

A afirmação de Håkan era neutra, mas em Lída a adrenalina começou a correr solta. Ela virou a cabeça e lá estava Jakob. Ele parecia ser mais alto que seu um metro e oitenta, talvez porque fosse muito magro. Os óculos eram mais escuros que nas fotografias que ela tinha visto, mas não pareciam ser óculos de sol. Talvez as lentes reagissem à claridade.

— *Hello, Jakob! How are you?*

Jakob ficou paralisado por alguns segundos, que pareceram uma eternidade. Ela tentou de novo.

— Oi, Jakob! Sou a Lída, de Praga. Eu tenho outra foto no perfil do meu Facebook, talvez por isso você não esteja me reconhecendo.

O momento era crítico, pois ela teria de convencê-lo de que ela era a mulher que havia se aproximado dele através do Messenger do Facebook. Ele pareceu desorientado por mais alguns segundos.

— Ah, Lída! Mas isso deve ter sido há uns três anos pelo menos — disse ele, enfim, em um bom inglês.

Ela decidiu não o abraçar. Em vez disso, estendeu a mão com a pequena sacola de papel com presentes, até que ele fosse obrigado a aceitá-la. Ele parecia muito surpreso, mas contente.

— É um copo de Kidush de porcelana e uma garrafa de vinho *kosher* — disse Lída.

Ele olhou para dentro da sacola de papel e era óbvio que havia gostado dos presentes. Ele teria dificuldade de se livrar dela naquela situação.

— Muito obrigado! Mas o que você está fazendo aqui na Suécia? — perguntou ele finalmente.

— Problemas com o meu namorado. Estou dando um tempo dele, então vim para cá, pois não tenho nada a perder. Podemos conversar um pouco? Você tem tempo?

— Sim, tenho. O Shabat começa só daqui a algumas horas.

— Quem sabe podemos tomar uma cerveja ou uma taça de vinho em algum lugar? — sugeriu Lída. — O Håkan me recomendou um restaurante chamado O´Learys.

Agora Jakob começava a relaxar e gostou da ideia.

— Espere só um instante. Vou subir com a sacola e apanhar outro casaco.

Ele abriu a porta sem demonstrar que a deixaria entrar no prédio e acompanhá-lo, o que era muito bom, pois não seria adequado para ela entrar no apartamento antes de ter certeza de que era seguro. Ela aproveitou enquanto o esperava e mandou uma mensagem para os amigos no Hotel Hedestad: "Ahoj Mami, mám kontakt, vše ok. Jdeme do O´Learys na pivo. Pac a pusu Lída". "Oi, mamãe, entrei em contato, está tudo bem. Vamos ao O´Learys tomar uma cerveja. Beijos e abraços, Lída."

Assim que ela apertou o botão para enviar a mensagem, a porta se abriu e Jakob se aproximou. Ele havia trocado a bermuda que vestia por calças pretas, que pareciam parte de um terno antigo. Em seguida caminharam até o restaurante.

*

Eu estava meio sonolento quando um ruído me despertou. Staffan dormia um sono pesado, mas eu o sacudi e lhe mostrei a mensagem de Lída.

— Claro que vamos até lá! — ele disse quando viu que eu hesitava.

— Claro — respondi sem muita segurança.

— Pegue o meu boné e puxe bem até os olhos, para ele não o reconhecer.

Eram apenas cinco minutos de caminhada do hotel até o O´Learys. Tudo era próximo em Hedestad. Quando chegamos ao restaurante, uma garota nos recebeu, falando inglês com forte sotaque sueco, e nos encaminhou para uma mesa perto do balcão. Eu e Staffan já tínhamos visto que Jakob e Lída estavam sentados do outro lado, atrás de uma divisória de vidro fosco. Como havia uma mesa livre perto dessa divisória, pedimos para sentar lá. A garota nos olhou um pouco surpresa, encolheu os ombros e nos levou até a mesa.

Agora estávamos a uma pequena distância de Jakob e Lída. Podíamos ouvir suas vozes, mas não o que diziam, por causa da música alta e do barulho do lugar. Estava claro que a situação não era perigosa e que eles não tinham reparado na nossa presença. Depois de um momento, fiz um sinal para Staffan querendo dizer para deixarmos Jakob e Lída. Em breve, teríamos em mãos as gravações e não precisávamos arriscar que Jakob nos descobrisse.

Ficamos aguardando mais de uma hora no quarto do hotel, e eu havia mandado mensagens para o rastreador algumas vezes para saber se eles ainda estavam no O´Learys. Logo recebi uma mensagem de Lída: "Vamos para a casa dele".

A minha frequência cardíaca subiu e mostrei a mensagem para Staffan. Na maneira curta e concisa de Lída se comunicar, não havia espaço para nenhum diálogo que fosse e não era uma boa ideia tentar impedi-la.

Staffan e eu calçamos os sapatos e fomos correndo para o prédio de Jakob. Conseguimos vislumbrar os dois antes que entrassem no edifício. Voltamos para o hotel e continuamos nossa espera. Subitamente me ocorreu uma ideia.

— E se o Jakob quiser que a Lída passe a noite lá? Imagine se ela aceitar? Staffan ficou pensando e arregalou os olhos.

— Mas ela não pode fazer isso, não é?

— Nós não combinamos mais nada, além de que ela deveria tomar cuidado até termos certeza de que era seguro...

— Então estava seguro, pois ela está indo para a casa dele — Staffan completou.

— O fato de ela estar aqui e querer se encontrar com ele só prova que ela não tem medo de correr riscos e agora está achando que deve ir adiante. E nada vai impedi-la — falei.

Staffan e eu olhamos um para o outro. Nenhum de nós sabia como lidar com uma situação em que alguém estivesse preso em um apartamento. Mandei uma mensagem para o rastreador. Nenhuma resposta.

Jakob – primeiro dia

HEDESTAD,
JULHO DE 2017

Quando ele abriu a porta do apartamento, foi como entrar em outro mundo. Jakob não possuía muitos recursos, mas o pouco que tinha havia investido em seu apartamento. Mesmo sendo apenas um quarto e sala, se via que ele escolhera os móveis e a decoração a dedo. O pequeno hall de entrada era forrado de papel de parede dourado com videiras cor-de-rosa, havia um móvel escuro e uma pintura a óleo com moldura de madeira escura. À esquerda ficava a cozinha simples, com armários de madeira branca laminada, e o quarto, com a porta entreaberta, onde Lída vislumbrara um papel de parede verde. Foram até a sala de estar, que mais parecia um salão antigo. Lá as paredes eram forradas com um papel de medalhões, havia uma cristaleira em estilo rococó, cheia de cristais e porcelanas, um conjunto de sofá e poltronas de madeira trabalhada, uma mesa de jantar coberta com toalha de renda e uma menorá com sete braços de ouro.

Lída percebera a mudança no comportamento de Jakob assim que ele se acomodara no sofá. Agora estavam na casa dele e ali ele se sentia seguro. Estava relaxado e começara a falar mais abertamente. Abriram uma garrafa de vinho que Lída trouxera consigo e ela o fez beber. Quando Lída lhe serviu a segunda taça, ele já estava um pouco embriagado e falava com mais espontaneidade, mas ela também vislumbrou uma certa dureza que não havia observado no restaurante. Ela se lembrou de como havia sido fácil fazê-lo falar nas conversas pelo Facebook e talvez conseguisse que ele continuasse de onde havia parado três anos antes e, enfim, contasse tudo, mas é claro que isso levaria tempo e não seria de graça.

— Me conte como você conseguiu ter coisas tão bonitas — disse Lída.

— Alguns quadros e móveis eu herdei, mas a maioria das coisas fui obrigado a comprar.

— Você herdou? Seus pais já morreram?

— Sim, minha mãe morreu em 1994, então não herdei quase nada. Quando o meu pai morreu no ano passado, achei que ganharia tudo o que quisesse, mas ele me deixou menos coisas do que eu esperava. Não sei o que aconteceu com o dinheiro dele, mas ganhei uma parte, pelo menos, para poder pagar o aluguel deste apartamento.

— Seus pais eram bons com você quando era pequeno?

— Não sei muito bem — respondeu Jakob. — Eu era filho único e lembro que ficava com medo quando me deixavam sozinho. Às vezes minha avó cuidava de mim e foi ela que me ensinou as tradições judaicas, apesar de não ser judia, mas eu prometi não contar nada para minha mãe. Mais tarde, quando minha avó veio morar com a gente, ela disse que não poderíamos mais continuar praticando as tradições judaicas escondido. Foi assim que eu percebi que queria me converter ao judaísmo.

Jakob contou que sua pequena família havia se mudado diversas vezes na Suécia por causa do trabalho do pai, como pastor evangélico. Seus pais nunca haviam se aproximado dele de verdade e ele sempre encontrara dificuldade em fazer amizade. Cada vez que tentava ficar amigo de alguém, já era hora de se mudarem outra vez.

— Eu tive uma infância feliz na área rural da República Checa, até que o meu pai perdeu tudo durante as privatizações — disse Lída. — Desde então a minha vida se transformou em um inferno.

Lída observou a reação de Jakob ao fazer uso de um termo mais forte.

— O meu pai sofreu muito e tínhamos pena dele — ela continuou. — Mas ele não fez nada para se ajudar e acabou estragando a vida dele e a nossa. Esse é o meu maior segredo.

— Eu entendo o fato de vocês sentirem vergonha por causa do abatimento do seu pai — disse Jakob.

— Não, meu segredo não é esse — disse Lída. — A morte do meu pai foi culpa minha. Talvez um dia eu te conte, quando ficarmos mais íntimos.

— Combinado — disse Jakob.

— Mas também vou querer saber os seus segredos — disse Lída.

Ela olhou para ele intensamente, até ele desviar o olhar. Agora ela havia lhe mostrado de forma clara que ele podia contar tudo para ela.

— Só quando o meu pai morreu eu consegui ter amigas — disse Lída. — Elas podiam ir na minha casa e ríamos à vontade. A vida voltou a ser boa.

— Amigos são muito importantes — disse Jakob, pensativo. — Eu não tenho muitos, mas é por causa da vida que escolhi para mim. Quando eu tinha uns cinco ou seis anos, costumava rezar para não ter uma vida comum. O meu desejo se tornou realidade.

— E quando a sua vida deixou de ser comum? — perguntou Lída.

— Quando eu estava com vinte anos, fui para Estocolmo procurar o dr. Alf Enerström e Gio Petré. Isso foi no começo dos anos 80. Eu tinha seguido o trabalho deles durante alguns anos e decidi procurá-los.

— Foi uma grande decisão. Mas como você os encontrou?

— Eu fui para Estocolmo, pois não tinha nada a perder. Chegando lá, fui até um orelhão. Naquele tempo ainda existiam listas telefônicas nas cabines. Procurei na letra "E" para achar Alf Enerström, e lá estava o endereço dele, em Norr Mälarstrand, 24. Fui andando e cheguei lá em menos de meia hora.

— Muito corajoso da sua parte, ir até lá sem telefonar antes — disse Lída.

— A porta do prédio estava trancada, o que eu nunca tinha visto antes, mas, enquanto eu pensava o que iria fazer, apareceu alguém e abriu a porta, me deixando entrar. Naquela época, os suecos eram um povo muito educado.

— Aí você entrou?

— Sim. Fui até o quarto andar. Era um prédio imponente, de pé-direito alto, com um elevador antigo e elegante, mas subi pelas escadas. Tinha uma placa com o nome deles na porta e toquei a campainha. A Gio abriu, e ela era realmente tão bonita quanto eu esperava.

— Mas você não teve receio de procurá-los?

— Eu, não. Contei tudo para a minha mãe antes de ir e ela ficou com muito medo.

— E o que você fez?

— Eu a tranquilizei dizendo que usaria uma peruca e adotaria um pseudônimo. Escolhi "Rickard".

— Uau! Como um espião?

— Sim, pode-se dizer que sim. Então logo comecei a ajudar o Alf com seu trabalho político.

— Depois você não precisou mais usar peruca e pseudônimo?

— Eu usei peruca durante muitos anos e quando era necessário.

— Parece muito emocionante.

— Sim, foi uma época emocionante. O meu maior ídolo era o dr. Enerström, fazíamos muitas coisas juntos. Infelizmente ele passou a exagerar nos últimos anos.

Lída sugeriu que comessem alguma coisa e Jakob foi até a cozinha. Ela havia tido cuidado com o vinho, mas Jakob já estava embriagado, tinha dificuldade de continuar conversando e parecia sonolento. Eles foram até a cozinha, cortaram algumas frutas, e ele pareceu melhorar. Quando voltaram para a sala, Lída se sentou mais perto dele no sofá.

— Me conte o que aconteceu com o doutor — Lída pediu.

— Muitos anos depois, quando o sucessor de Palme fez com que internassem o dr. Enerström no hospital psiquiátrico pela primeira vez, ele deveria ter entendido que não tinha como vencer o inimigo.

— O que houve? — perguntou Lída.

— Quando Alf saiu do hospital pela primeira vez, perdeu o controle e acabou despejado pela polícia de seu apartamento em Norr Mälastrand. Foi um absurdo! Alf tinha muito dinheiro guardado em uma conta secreta em Luxemburgo, mas, segundo a polícia, ele não havia pagado o aluguel. Quando entraram no apartamento para despejá-lo, ele deu um tiro de pistola em uma policial, mas não a feriu, o que não fez nenhuma diferença. Ele acabou preso e internado outra vez.

— Que horror!

— Sim, e eu me senti culpado. Deveria ter sido eu.

— Como assim?

— Teria sido melhor se eu tivesse atirado na policial. Assim Alf poderia continuar a luta dele.

Jakob se calou e parecia ponderar a situação, achando que poderia ter traído Alf. Lída perguntou sobre o dr. Enerström, mas depois de um instante Jakob estava cansado demais para continuar a conversa e ela resolveu guardar as perguntas difíceis para o dia seguinte. Lída deu um beijo no rosto de Jakob e fingiu bocejar, o que bastou para ele também se sentir sonolento e bocejar. Ela aproveitou para soltar a mão da dele.

— Está na hora de eu voltar para o meu hotel, Jakob.

— Sim, eu entendo. Eu te acompanho até lá.

Jakob aceitara que Lída fosse embora, o que a fez se sentir mais segura. Antes de se levantarem do sofá, ele ergueu a taça de vinho, mostrando a Lída que ela deveria fazer o mesmo.

— Um brinde à morte do traidor Olof Palme!

Lída repetiu as palavras de Jakob e os dois beberam o restante do vinho.

Nós nos encontramos no quarto que eu dividia com Staffan para fazermos um resumo da noite.

— O rastreador do GPS parou de funcionar — eu disse. — Não tínhamos a menor ideia de onde você estava!

— Fui eu que o desliguei — respondeu Lída.

Staffan havia servido uma dose forte de gim-tônica para cada um de nós e Lída ficou bebericando calmamente.

— Como assim? — perguntei. — Você o desligou? Aí não temos como saber onde você está!

— Fui obrigada a desligar porque ele ficava apitando. Além disso, não sei o que vocês poderiam fazer se eu ficasse presa no apartamento.

Fiquei tentando achar uma resposta adequada, mas tanto eu quanto Staffan sabíamos que ela tinha razão. Então fui revisar o restante do equipamento que ela deixara sobre a mesa.

A câmera dos óculos tinha ficado sem bateria depois de menos de uma hora de uso, mas havia bastante material valioso ali, como quando Jakob olhara Lída nos olhos e dissera: "Temos que ter cuidado, pode haver câmeras em todos os lugares". A bateria do telefone que ela levara no bolso do macacão tinha durado a noite toda, mas o buraco era pequeno demais e o que se via eram apenas os fiapos do tecido cortado da roupa dela. O som havia funcionado como esperávamos, já que tínhamos três gravações e podíamos ouvir cada palavra da conversa entre Jakob e Lída durante toda a noite.

Apesar de eu ter pesquisado sobre Jakob durante alguns anos, era a primeira vez que eu o via e o escutava. Sua voz era fina e tensa, mas mais firme do que eu imaginara. Seu inglês era bem melhor do que eu esperava e, mesmo que aquilo que ele dizia parecesse muito estranho, a maior parte tratava da Guerra Fria e da luta contra Olof Palme, e ele se expressava muito bem.

Lída começara a bocejar e merecia uma boa noite de sono. Staffan e eu havíamos ficado estressados com a situação, mas fora ela quem passara horas no apartamento de Jakob Thedelin. Quando ela se levantou para ir ao seu quarto, segurou o meu braço e disse:

— Amanhã ele vai contar.

Jakob — segundo dia

HEDESTAD,
JULHO DE 2017

Lída ia falando consigo mesma durante a nossa caminhada do hotel até a casa de Jakob. Era uma maneira de treinar a voz, pois sabia que tudo o que dissesse seria gravado. O celular no bolso do macacão filmava agora através de um buraco maior que o da noite anterior, a caneta presa aos suspensórios também exercia a mesma função. A outra caneta estava pendurada do lado de fora da bolsa e gravava o som. Além disso, havíamos combinado que o GPS ficaria ligado, pois eu dera um jeito de ele não apitar mais.

Hoje, Lída iria mais direto ao assunto. Jakob havia comprado peixe e eles fariam o almoço juntos. Lída tinha percebido que Jakob não estava muito habituado a tomar bebidas alcoólicas, e hoje ela havia comprado duas garrafas de vinho. Eles ajudavam um ao outro na cozinha, quando ela tocou no assunto:

— De que maneira Olof Palme era um traidor da pátria? Ele era espião?

— Ele estava vendendo o nosso país para os russos — respondeu Jakob. — Nós estávamos à beira de virar uma ditadura.

— É mesmo? Trair o seu próprio país... Eu achava que fossem somente os nossos comunistas que fizessem isso. E você conseguiu revelar essa traição?

— Sim, de certa maneira fui eu. Em 1984, conheci um comandante da marinha sueca. Seu nome era Hans von Hofsten e nos encontramos diversas vezes. Ele me contou como Palme deixou que submarinos soviéticos vigiassem o arquipélago de Estocolmo como se fosse deles. A viagem de Palme para Moscou estava prevista para março. Lá eles iriam entrar em acordo para transformar a Suécia numa nova república soviética.

— Então o Palme morreu a tempo? — perguntou Lída.

— Ele morreu tarde demais. Eu queria tê-lo matado quando eu tinha treze anos. Eu tinha planejado atirar nele com a pistola do pai do meu amigo.

— Uau! Teria sido o máximo, um herói de treze anos! — exclamou Lída. — Mas quem acabou cometendo o crime, afinal?

— O Palme estava prestes a ser denunciado. Foi a KGB que tirou a vida do seu próprio espião, para ele não revelar nada e servir de exemplo.

Lída se recostou, cruzando os braços.

— Será que eles se arriscariam assim? Matar seu próprio espião, um primeiro-ministro?

— Sim, foi assim mesmo. Meu amigo Bertil Wedin tem provas disso. Uma pessoa chamada Anders Larsson sabia do assassinato e fez uma denúncia antes que acontecesse. De Anders Larsson chega-se à KGB.

Lída constatara que Jakob falava de maneira clara sobre aqueles que havia conhecido durante a época do assassinato e tinha até mencionado Bertil Wedin, o que era um bom sinal.

— Você está dizendo que a KGB assassinou seu próprio espião e que um outro espião da KGB denunciou o que eles iriam fazer? Foi isso mesmo o que Bertil Wedin disse?

Jakob hesitou, percebendo que a história não parecia nada razoável.

— Bom, é claro que tudo pode ter sido de outra maneira — disse ele depois de uma pequena pausa.

Lída sabia que Jakob lhe contara a versão de Bertil Wedin sobre o assassinato de Palme. Isso significava que, se Wedin e Jakob estivessem envolvidos, Jakob estava preparado para mentir para ela, apesar de ela ter lhe pedido para dizer a verdade.

Juntos, os dois prepararam a refeição, que era composta de filé de bacalhau empanado, batatas cozidas e salada. Assim que tudo ficou pronto, eles se sentaram à mesa da sala, que Jakob havia arrumado. A porcelana parecia inglesa, pintada com flores verdes. Os talheres eram de prata, clássicos e pesados. Os móveis não eram antiguidades legítimas, mas a impressão que davam era que se estava em um apartamento em algum lugar da Inglaterra e, com certeza, não na cidade de Hedestad. Lída viu que Jakob se preparava para contar algo.

— Eu também fui interrogado — ele disse.

— Como? Sobre o assassinato do Palme?

— Sim. Mais ou menos um ano depois do crime. Estavam me vigiando há alguns meses. Vieram e me buscaram bem cedo. Às sete horas, bateram à minha porta e era a polícia. Um deles, Alf Andersson, queria revistar o meu apartamento e começou a mexer em tudo. Mas Tore Forsberg, da Säpo, para quem eu passei a trabalhar mais tarde, disse que não era preciso.

— Uau...

— Depois me levaram para a delegacia e me interrogaram, mas eu não contei nada importante.

— E isso foi tudo? — perguntou Lída. — Depois te deixaram ir?

— Eles me interrogaram mais uma vez, uns meses depois, mas dessa vez eu fui até lá sozinho.

Lída não comentou nada, apenas bebeu um gole de vinho e ficou séria.

— Eu fui traída de verdade — disse Lída.

— Traída por um homem? — perguntou Jakob.

— Sim, pelo meu grande amor. Ele mentiu para mim durante muitos anos e várias vezes me escondia coisas. Outras vezes, mentia descaradamente.

— Que horrível — disse Jakob. — Eu nunca vou fazer isso.

— Então você está dizendo a verdade agora e sempre vai dizer a verdade? Você jura pela sua honra?

— Sim, eu juro — respondeu Jakob.

Ele hesitou um instante.

— Mas e se tiver um segredo que você prometeu a outra pessoa que nunca contaria?

Lída olhou para Jakob, no fundo dos olhos, e ele desviou o olhar. Ela decidiu fazer com que ele se sentisse mais seguro com ela. Ficaram horas conversando sobre outros assuntos, até que a noite chegou e Jakob a acompanhou mais uma vez até o hotel. Eles se despediram com um abraço.

— Na próxima vez que eu vier para a Suécia, quero sentir que você está me contando tudo, que não está me escondendo nada.

— Eu prometo. Quando você vai voltar? — ele perguntou.

Lída lhe deu um beijo rápido na boca e entrou no hotel sem responder. Jakob tampouco havia lhe contado algo hoje, mas ela agira corretamente e só precisava de mais tempo com ele.

No quarto de hotel, os procedimentos do dia anterior se repetiram. Staffan e Lída tomaram gins-tônicas fortes demais, e eu fiz o controle do equipamento.

— Ele está escondendo alguma coisa e tem a ver com o assassinato — disse Lída. — Mas ele prometeu para alguém que nunca contaria. Deve ter sido para Alf ou Bertil. Vou ter que fazer mais uma viagem.

Eu estava decepcionado. No dia anterior, Lída tivera certeza de que Jakob lhe contaria tudo. Eu não teria coragem de fazer o que Lída fizera, mas havia esperado um resultado melhor. Seria preciso fazer mais uma viagem.

O túmulo

ESTOCOLMO,
AGOSTO DE 2017

Seguimos os conselhos dados para operações *undercover* e infiltrações e ficamos aguardando duas semanas até Lída lhe enviar uma mensagem. Jakob havia escrito para ela quase todos os dias. Quando ela respondeu, foi curta e direta:

Hi Jakob,

I come Stockholm. Want to see you. First August is ok? 11 o´clock at railway station?

Love Lída

Dez minutos mais tarde, ela havia recebido a resposta de Jakob, confirmando o horário e o lugar. Além disso, ele descrevera o que lhe mostraria em Estocolmo: o Palácio da Nobreza, o Arsenal Real, o Palácio Real, o local do crime. Se ela ficasse mais um dia, eles podiam ir até Hedestad.

Lída e eu fizemos todos os preparativos necessários. O rastreador do GPS não funcionava mais, porém, enquanto eles estivessem passeando em Estocolmo, não precisávamos nos preocupar com a segurança de Lída, pois estar em público era mais seguro do que na casa de Jakob. Lída mandaria mensagens quando fosse ao banheiro, assim eu os seguiria de vez em quando para avaliar se estava tudo bem, mas a maior parte do tempo ela ficaria sozinha com Jakob.

Era um dia típico de verão em Estocolmo. O termômetro acusava um calor de mais de vinte graus após o sol ter aquecido um pouco o ar. No céu, as nuvens competiam com o azul profundo.

Lída chegou ao lugar do encontro com quase meia hora de atraso para não precisar ficar esperando por Jakob. Ele estava lá, aguardando-a, mas a roupa que ele vestia a assustou de tal forma que ela não sentiu vontade de se jogar nos braços dele como havia planejado. Ficou imaginando como andariam por Estocolmo sem chamar atenção.

— Oi, Jakob! — ela disse. — Então você está de *kilt* hoje.

— É a roupa do clã MacTires para ocasiões especiais, e hoje vou ter a oportunidade de visitar o Palácio da Nobreza e o Arsenal Real com você. Vamos?

Lída lhe deu um forte abraço, ao mesmo tempo em que cuidava para ele não perceber o celular escondido no bolso de seu macacão. Além do equipamento de Hedestad, ela tinha agora um boné onde uma câmera GoPro havia sido instalada para filmar através de um pequeno orifício. O boné, o macacão, os desajeitados óculos com câmera e Jakob com sua saia escocesa faziam deles um casal um tanto peculiar, passeando por Estocolmo.

— Vou te levar primeiro para conhecer o Palácio da Nobreza, a casa da família real sueca. Sempre vou lá quando estou em Estocolmo.

— Que emocionante. Fica longe?

Eles foram andando por uma ponte e Jakob apontou para onde iam.

— Você está vendo aquele telhado lá adiante? É o Palácio da Nobreza, junto de Gamla Stan.

— Gamla Stan? Não era lá que Olof Palme morava?

— Sim, é verdade — respondeu Jakob.

— Você sabe onde ele morava?

Jakob parou próximo à cerca e começou a mexer em algo.

— Se vamos falar do assassinato de Olof Palme, quero tirar a bateria do celular para que ninguém escute.

— Você acha que tem alguém nos escutando?
— Não, acho que não.
— Que bom — disse Lída, esperando que seu equipamento tivesse gravado tudo.
— Alguém me mostrou onde Olof Palme morava — disse Jakob. — Então sei bem onde fica.

A guia no Palácio da Nobreza respondia com educação às perguntas de Jakob, mas Lída percebeu que as expressões faciais da moça iam se modificando à medida que ela era obrigada a explicar tudo detalhadamente, o que lhe tomava muito tempo. Depois de quase duas horas, eles saíram de lá e foram para o Palácio e o Arsenal Reais. Jakob lhe mostrara a máscara usada pelo rei Gustavo III quando o assassinaram com um tiro em um baile à fantasia, uma variedade de uniformes e as joias da Coroa. O interesse dele era grande pela realeza e pelos símbolos da nobreza. Lída achava que estava na hora de algo acontecer.
— Vamos até o local do crime? — ela perguntou.
— Já estamos a caminho — respondeu Jakob. — E vamos ao cemitério também.
Quando caminhavam de volta para o centro da cidade, Jakob lhe mostrou onde ficava a Norr Mälarstrand, 24, do outro lado da Riddarfjärden.
— Era lá que o dr. Enerström e a Gio moravam.
A caminhada até o local do crime na Avenida Sveavägen levou menos de meia hora. A esquina onde Palme fora assassinado não se parecia muito com a das fotografias que Lída vira. No lugar da loja de materiais de escritório, existiam agora um supermercado e um restaurante da moda. Na esquina haviam feito uma entrada, portanto era difícil não pisar na placa colocada sobre a calçada, em que se lia: "Aqui foi assassinado o primeiro-ministro da Suécia, Olof Palme, em 28 de fevereiro de 1986".
— Vamos comprar algo para comer aqui? — perguntou Lída.
Já eram quase sete da noite e eles ainda não tinham comido nada.
— Claro — respondeu Jakob. — Podemos nos sentar em Brunkebergsåsen, perto da igreja. Não se esqueça de pedir talheres.

Pelo visto Jakob achava que ela deveria pagar a comida deles, apesar de ser sua convidada. Ela comprou duas saladas e um suco esverdeado. Depois de pagar, aproveitou para mandar uma mensagem, me avisando que estavam no local do crime.

Quando ela saiu do supermercado, Jakob estava com um dos pés sobre a placa para mostrar que ele estava vivo, mas Olof Palme estava morto. Eles foram em direção às escadarias que levavam até Brunkebergsåsen, enquanto Jakob ia descrevendo como o assassinato havia acontecido. A história soava como algo que Lída já lera. Se ele realmente estava envolvido, não deixava transparecer nada.

Cada um subiu por um lado da longa escadaria, e se encontraram na primeira plataforma. Jakob lhe contava como o assassino havia fugido dali. Quando subiram todos os oitenta e nove degraus, ele virou à esquerda e entrou na Rua Malmskillnadsgatan, em direção à Igreja de St. Johannes. Entraram no cemitério e, de repente, Jakob pegou Lída pela mão e começou a correr até dobrarem a esquina da igreja. Lá havia um banco atrás de alguns arbustos, longe da vista das pessoas e pouco iluminado. O lugar era escondido e ali eles não seriam incomodados.

— Agora estamos livres de eventuais perseguidores. Estou morto de fome — disse Jakob.

Depois que recebi a mensagem de Lída, fui apressado para o local do crime. Consegui chegar a tempo de ver Jakob e Lída subindo as escadarias. Aguardei alguns minutos e fui atrás deles. Quando cheguei ao topo, estava com falta de ar e fiquei olhando para todos os lados, sem encontrar nenhum vestígio deles. Dei a volta no quarteirão, sem fazer a menor ideia de onde poderiam estar.

Eles comeram as saladas e tomaram o suco, que tinha gosto de grama. Tenho certeza de que era muito saudável, mas o sabor deixava a desejar.

Jakob falava de coisas sobre o crime que Lída já sabia. Quando terminaram de comer, caminharam um pouco pela parte alta do quarteirão, desceram as escadarias do outro lado, que desembocavam na Rua Birger Jarlsgatan, e depois subiram novamente. Então foram em direção ao cemitério onde Olof Palme estava enterrado.

— Eu gostaria de ter uma máquina de voltar no tempo — disse Jakob de repente. — Então eu atiraria em Palme e você poderia me esperar lá em cima, no carro, assim eu saberia para onde ir.

— Seria maravilhoso! — exclamou Lída. — Eu te protegeria. Mas, me conte, o que você estava fazendo no dia do crime?

— Eu estava na Sveavägen. O meu plano era ir ao cinema, mas o filme que estava passando no Grand não me interessou.

— Então você estava perto do cinema no dia do crime?

Jakob ficou olhando para Lída. Será que ela fora direta demais? Agora ele já não tinha tanta certeza do que havia feito.

— Eu não sei. Talvez tenha sido em outro dia da semana, mas eu não queria ver o filme que o casal Palme tinha ido assistir. Na manhã seguinte, o meu locador me acordou e me contou que Palme estava morto.

— Mas você esteve na Sveavägen naquele dia?

— Talvez, eu não sei.

Lída parou de pressioná-lo. Jakob estava confuso e parecia não conseguir ordenar o que dizia. Agora tinham atravessado a Sveavägen, entrado no cemitério da Igreja Adolf Fredrik, e Jakob parecia mais tranquilo. Eles foram em direção a uma lápide irregular de mais de um metro de altura, com uma placa de pedra na frente. Jakob se posicionou com os dois pés sobre a placa de pedra de Olof Palme e pigarreou.

— Você vai cuspir aí?

— *Bloody spy* — ele disse.

No momento em que o catarro saía de sua boca, duas senhoras de idade se aproximaram do túmulo. Jakob se voltou para elas, dizendo em sueco:

— Olof Palme era um espião soviético, recrutado em 1962. Por isso cuspo em seu túmulo. Eu fui seu opositor durante toda a minha vida adulta.

Lída viu como uma das senhoras seguiu adiante. A outra colocou as mãos na cintura, olhou para o homem de *kilt* sem compreender e foi embora sem fazer nenhum comentário.

— Ela concordou comigo — declarou Jakob. — É importante contar para as pessoas tudo de ruim que Olof Palme fez.

— É verdade — disse Lída. — É verdade.

— Tenho um plano no qual costumo pensar.

— Um plano? Que emocionante! — disse Lída.

— Em uma noite escura, talvez em novembro, vou vir até aqui. Talvez use um colete com os escritos "Cidade de Estocolmo" ou algo do gênero. Aí vou alugar uma escavadeira, não precisa ser grande. E vou desenterrar o traidor Olof Palme, cuspir nele e vandalizar o seu cadáver. Traidor!

Lída não conseguia entender como alguém poderia ter uma ideia dessas, muito menos com que objetivo. Se Jakob houvesse atirado em Palme, deveria se dar por satisfeito. Bastaria ter tirado a vida de seu maior inimigo, sem precisar vandalizar seu cadáver também. Será que isso era um sinal de que Jakob não havia atirado em Olof Palme?

— É um plano incrível, Jakob!

Ela o abraçou e beijou. Pela primeira vez, sentiu que ele correspondia à sua aproximação. Então o mais seguro a fazer seria interromper o que quer que fosse naquele instante.

— Já está tarde e amanhã vamos para Hedestad, não é mesmo? — perguntou Lída. — Vamos juntos até a estação de metrô e nos encontramos bem cedo, antes da partida do trem.

— Está bem — disse Jakob.

A garota de macacão e o homem de saia escocesa saíram lentamente do cemitério da Igreja Adolf Fredrik em direção à Rua Vasagatan e terminaram a noite se despedindo com mais um abraço.

Lída e eu nos encontramos no Belgobar, perto da Vasagatan. Eu havia conseguido encontrá-los e os havia seguido a cada vez que ela me enviava uma mensagem. Só no instante em que os dois começaram a correr na Igreja de St. Johannes, eu os perdera de vista. Meia hora mais tarde, eu os reencontrara, quando desciam as escadas para a Tunnelgatan e a Sveavägen. Essa meia hora fora desesperadora, tanto para mim como para Lída, que estava sozinha com Jakob.

Logo ela passaria mais um dia na casa dele, em Hedestad.

De volta ao local do crime

**ESTOCOLMO E HEDESTAD,
AGOSTO DE 2017**

Eles se encontraram no mesmo lugar, na frente da Estação Central, às onze da manhã. Hoje Jakob não vestia *kilt*, o que era um grande alívio para Lída. O trem estava atrasado e cada um tomou uma Guinness no O´Learys. Jakob se esquecia de controlar a hora e Lída era obrigada a lembrá-lo. Eles se demoraram até chegarem à plataforma de onde o trem partiria, mas conseguiram chegar a tempo.

Ao sair da estação e atravessar a Ponte Central, Jakob tomou a liberdade de abraçar Lída. Ela sabia que o maior risco não era que ele se aproximasse demais dela, mas que começasse a desconfiar de alguma coisa. Ele era uma pessoa fácil de ser manipulada, mas, quando mencionara que falara sobre ela com Bertil Wedin e com mais uma pessoa, ela ficara preocupada. Provavelmente eles deviam ser mais espertos e poderiam ajudá-lo a descobrir o blefe. Em algumas ocasiões, ela havia percebido que ele mentia ou escondia algo dela sobre coisas de que ela já tinha conhecimento. Isso significava que ele estava desconfiado.

— Você vai cumprir o que me prometeu? — perguntou Lída.
— O que eu prometi? — disse Jakob.
Bastou ela olhar para ele e Jakob entendeu sobre o que ela estava falando.
— Sim. Hoje à noite, quando não tiver ninguém por perto, quero te contar algo que nunca contei para ninguém.

— Você me faz sentir segura — disse Lída.

Ela se aconchegou junto a ele, apoiando a cabeça em seu ombro. Quatro longas horas mais tarde, sem falarem sobre nada importante, chegaram a Hedestad.

Ao saírem da estação, a caminho do apartamento de Jakob, Lída olhou em volta discretamente para ver se o Volvo vinho estava nas imediações. No trem, ela se sentira segura na presença de outras pessoas, mas, agora que ficaria sozinha com ele no apartamento, queria ter alguém por perto.

Assim que chegaram em frente ao prédio de Jakob, Lída avistou o Volvo vinho passando na rua. *Na hora certa*, ela pensou.

Jakob pegou os ingredientes para a salada na geladeira e um pacote de filé de peixe congelado no freezer. Ele havia planejado com antecedência o que jantariam. Além disso, havia colocado três garrafas de vinho branco na geladeira e abriu uma delas assim que chegaram. Ele passara a beber mais desde que haviam se conhecido e comprava vinho por iniciativa própria.

— Um brinde à morte do traidor! — disse Lída.

— Saúde — respondeu Jakob.

Lída percebeu que havia algo diferente com ele. Estava nervoso e até queimou o peixe. Quando tudo já estava pronto, ele se deu conta de que havia se esquecido de cozinhar as batatas. Lída deixou que ele cuidasse da cozinha enquanto punha a mesa na sala.

— Você lembra que eu mencionei dois jornalistas inimigos? — perguntou Jakob.

— *Sort of.* Você poderia refrescar a minha memória?

— Um deles se chama Nicholas Schmidle e trabalha para a *New Yorker*. Ele me telefonou faz um tempo e eu me recusei a dar uma entrevista.

— Mas por quê? Seria muito emocionante!

— Ele começou a fazer muitas perguntas e eu menti para ele.

— Você mentiu? Sobre o quê?

— Ah, algo sobre Palestina e Israel. Mas encerrei a conversa em seguida.

Lída se lembrava muito bem da conversa entre Jakob e Nicholas. A única coisa sobre a qual Jakob mentira tinha a ver com o e-mail sobre mísseis em um bunker que não voltavam mais. A Palestina nem havia sido mencionada, e agora Jakob também estava mentindo para ela.

— Mas você falou de dois jornalistas — disse Lída. — Quem é o outro?

— Ele se chama Jan Stocklassa, aqui está a minha pasta sobre ele. Provavelmente pertence à KGB, pelo *modus operandi*.

— Posso ver? Uau! Você tem pastas com material sobre seus inimigos.

A água com as batatas ferveu e começou a derramar pelo fogão. Jakob correu para a cozinha. Quando voltou para a sala, ainda estava preocupado. Nem quando se sentaram no sofá, cada um com seu cálice de vinho, ele se acalmou.

— Quero te contar uma coisa — ele começou, calando-se em seguida.

Lída se esforçava para não o interromper. Ele tinha dificuldade de ser objetivo e ela estava impaciente, mas com muito esforço conseguiu ficar quieta. O tom de voz de Jakob se alterou.

— Quando você disse que a morte do seu pai tinha sido sua culpa, pensei que fosse uma coincidência inexplicável.

Lída aguardava.

— Eu me envolvi em algo que causou a morte da minha mãe — ele continuou. — O meu amigo judeu dos Estados Unidos, que sabia o que eu tinha feito, me disse que era possível que essa fosse a causa de ela ter morrido tão cedo. Como eu tinha pecado, não recebi a minha herança. Meu pai herdou tudo. Quando ele vendeu a casa, ganhou setecentas e cinquenta mil coroas suecas, mas, quando ele faleceu, eu herdei apenas cinquenta mil. O rei Salomão me disse que Deus iria intervir. Compreendi que o meu envolvimento era a causa de tudo, mas acho que ele foi duro demais.

Agora faltava pouco. Jakob estivera envolvido em algo errado e isso fizera com que ele ficasse sem herança. Agora ele estava pronto para contar! Lída não entendera o que a referência histórica tinha a ver com a coisa toda, mas queria que ele continuasse a falar.

— E em que você esteve envolvido, Jakob?

— Foi durante a segunda queda do templo, há dois mil anos. Tive a chance de ficar na história, mas aquele anjo... O anjo me disse que era tarde demais para descer. Eu pensei: Será que o tempo aqui é diferente? Mas eu iria fazer algo que demoraria, então fiquei aborrecido e me recusei a descer. Isso fez com que muita coisa saísse errada.

— E o que houve?

— Eu tentei consertar. O profeta Paulo disse que ele era Jeshua, mas não era verdade. Então eu desci para tentar matá-lo, pois sabia como ele era perigoso. A coisa foi longe demais.

— O que aconteceu?

— Fui ao arquivo e vi que não existia nenhum Paulo, mas fiz uma pesquisa e concluí que se tratava de um espião romano. Tentei matá-lo, mas não consegui.

Era difícil para Lída entender o que Jakob estava dizendo. Ele poderia estar se referindo a Olof Palme em sua conversa de que havia tentado matar um traidor. A pesquisa a que ele se referia poderia ser aquela feita na época do assassinato de Palme, mas tudo se passava na época do nascimento de Jesus, e Paulo era um traidor do judaísmo, pois ele espalhara o cristianismo. Podia ser uma maneira de Jakob contar para Lída, ao mesmo tempo em que mantinha a promessa feita a alguém de nunca contar a história. Se o que Jakob contava agora tinha a ver com o assassinato de Palme, então ele com certeza estava envolvido. Recebera ordens de atirar, mas não conseguiu acertar. Nesse caso, não fora ele quem atirara em Olof Palme. Ela precisava saber mais sobre a noite do crime.

— Fiquei pensando em uma coisa — disse Lída. — Ontem você disse que estava na Sveavägen no dia do crime, mas mais tarde você negou. Isso ficou muito confuso para mim.

A resposta dele foi surpreendentemente rápida.

— Ah, você está pensando nisso. O que eu disse foi que atravessei a Sveavägen naquele dia. Eu não estava no local do crime quando ele aconteceu.

— Sim, mas você tem que entender que fica confuso para mim.

— Eu compreendo, você devia ter me perguntado antes.

— Mas você fala uma coisa e depois muda toda a história. Fico achando que você está mentindo para mim. É importante que você me diga a verdade!

— Eu não estava lá quando ocorreu o crime. Atravessei a Sveavägen umas cinco da tarde. Talvez tenha ido até o Grand Cinema, não me lembro mais.

— Mas por que você disse que não esteve lá no dia?

— Tem uma expressão em inglês para isso: *I misspoke*. Mas eu digo o seguinte: Se eu fiz isso... Se eu tivesse feito isso, não contaria nada para ninguém. Mesmo que não fosse indiciado, pois já tinham indiciado Christer Pettersson e o condenado em primeira instância. Seria difícil processar outra pessoa, mas se eu fiz... se tivesse feito... provavelmente eu... Bom, não sei, talvez... Provavelmente eu te contaria e verificaria se não tinha nenhum telefone e nenhuma testemunha. Porque um testemunho, mesmo que você sem querer contasse para alguém, não teria problema. Se eu tivesse feito... Eu não poderia fazer, porque o meu rosto seria reconhecido. Eu ajudava o dr. Enerström e seria uma loucura se tentasse fazer algo do gênero. Eu seria reconhecido.

Lída tinha certeza de que escutariam a gravação dessa conversa muitas vezes mais tarde. Ele tinha se enrolado em um raciocínio hipotético no qual negava algo que parecia ter feito. Seu melhor argumento era que seria reconhecido se fosse o culpado, mas tudo se passara na mesma época em que ele usava peruca e se identificava como Rickard. Ninguém sabia quem ele era, e ele estava bem consciente disso.

— Eu tenho que poder acreditar em você — disse Lída.

Jakob continuava tentando convencê-la de que lhe contaria se o tivesse feito, mas agora uma sensação diferente pairava no ar. Algo entre eles havia mudado desde o dia anterior, e Lída tinha a impressão de que Jakob fora influenciado após falar com alguém sobre ela. Na outra vez acontecera algo semelhante, quando Bertil Wedin cortara relações com ele repentinamente depois da conversa entre Jakob e Lída pelo Facebook. Ele mencionara o fato de ter falado com Wedin e com outra pessoa, e isso poderia explicar a mudança de comportamento de Jakob. Ele estivera tão próximo de lhe revelar algo, mas tinha se fechado. Ou talvez tivesse percebido que já havia lhe contado através daquele estranho episódio sobre Paulo e, com isso, ficara preocupado.

— Eu tenho um sonho — disse Jakob. — Queria que alguém descobrisse como viajar no tempo. Tenho uma ideia. Vou viajar no tempo e matar Palme, mas tem que ser seguro! Podemos fazer isso juntos. Você pode esperar por mim no carro lá em cima, e, como já conhecemos bem a situação toda, não vai ter perigo.

Lída reconheceu o sonho dele do dia anterior em Estocolmo. Riram juntos.

— Vamos comer agora? — perguntou Lída.

— Vamos, agora as batatas devem estar prontas.

Depois do jantar, Lída foi cuidadosa o suficiente para não deixar que ele se aproximasse, pois queria evitar que a situação ficasse íntima demais. Jakob levou a louça para a cozinha, e, quando voltou para a sala, ela bocejou com vontade.

— Acho que está na hora de ir para o meu hotel — disse ela.

— Se é isso o que você quer — respondeu Jakob.

Ele parecia decepcionado, mas será que não havia algum traço de alívio também? Se ele tivesse começado a desconfiar dos propósitos dela, isso explicaria a expressão no rosto dele no momento. Jakob a acompanhou até a entrada do hotel. Trocaram um beijo rápido. Na manhã seguinte ela iria embora bem cedo, mas eles planejaram mais um encontro. Talvez em Hedestad. Talvez em Praga.

Lost

ESTOCOLMO,
SETEMBRO DE 2017

Nenhuma mensagem por SMS. Nenhuma resposta pelo Messenger. Nada por e-mail. Nenhum acesso ao Facebook desde uns dias depois da visita em Hedestad. Celular desligado. Telefone fixo desconectado.

Acabei indo procurar o telefone do vizinho dele, Håkan, e Lída lhe telefonou para pedir que desse uma olhada em Jakob. Uns dias mais tarde, Håkan ligou de volta dizendo que encontrara Jakob e que este passaria um mês caminhando pelas montanhas. É claro que era mentira, o que só confirmou aquilo de que já desconfiávamos. De alguma maneira, Jakob tinha percebido que Lída não era quem dizia ser. Ele tinha tanta certeza de sua desconfiança que decidira cortar todo e qualquer contato com ela e sumir do mapa. Jakob havia desaparecido.

Eu tinha feito tudo como Stieg. Os métodos que ele usara, eu também havia usado, incluindo hacking e operação *undercover*. Jakob havia desaparecido e o disfarce de Lída havia sido descoberto. Havíamos chegado longe, mas, da mesma forma que Stieg deixara seu material de lado, eu sabia que estava na hora de desistir. Precisava avisar Lída também.

Enviei um e-mail para ela, que me telefonou em seguida pelo Viber. Não era hora de mascarar a verdade, em primeiro lugar porque eu já tinha tomado a minha decisão e, em segundo, porque eu sabia que Lída odiava que eu ficasse fazendo rodeios.

— Vamos acabar agora com o projeto — eu disse. — Fizemos o máximo que podíamos em relação a Jakob e conseguimos chegar longe.

— Mas logo vamos ficar sabendo para onde ele foi. Quando ele viaja, deixa mais impressões digitais que quando está em casa.

— Não, Lída. Está na hora de desistirmos.

Ela tinha um tom desesperado na voz, algo que eu nunca havia ouvido.

— Mas assim sinto que fracassei e esse projeto foi muito importante. As minhas fraquezas se transformaram em meu ponto forte, e eu consegui trazer a verdade à tona. Acho que errei quanto a pressioná-lo naquela noite, mas farei melhor na próxima vez. Eu prometo!

— Não foi isso — eu disse. — Eu escutei as gravações e você não cometeu erro algum. Ninguém faria melhor que você. Você foi perfeita!

Lída ficou em silêncio, e a pausa foi tão longa que achei que a ligação tivesse caído.

— Então você vai *desistir*? — ela me perguntou. — Se eu soubesse disso, nunca teria começado a trabalhar com você.

— Escute, eu venho trabalhando nisso há sete anos e você talvez tenha dedicado apenas alguns meses ao projeto. É claro que eu posso decidir parar quando já não aguento mais.

— Você tem um motivo maior para não cair fora — disse Lída. — Você fez de tudo, encontrou com todos e, agora que achou alguém envolvido, vai desisitir?

Eu queria realmente encerrar aquela ligação e deixei isso bem claro.

— Se você acha que é assim tão fácil, então pode tentar descobrir onde Jakob está.

Percebi tarde demais que era por esse desafio que Lída estava esperando.

Aliá

ESTOCOLMO,
OUTUBRO DE 2017

Já haviam se passado quase duas semanas desde o meu último contato com Lída e comecei a achar que tudo terminaria por ali mesmo. Às cinco da manhã, meu celular tocou. Estiquei o braço para apanhá-lo e, com os olhos entreabertos, vi que Lída tinha me ligado pelo Viber. Ela esperava que eu retornasse a ligação dentro de poucos minutos, e eu me sentei na cama, meio acordado, limpando a garganta para conseguir falar.

— Ele vai pedir *aliá*.

Eu não tinha a menor ideia do que ela estava falando.

— O meu contato, o mesmo que já me ajudou com o material anteriormente, esteve em uma "pescaria" e trouxe novas informações — ela continuou. — Recebi o novo e-mail dele e outras coisas. Ele está em Israel.

Lída não aguardou minha reação.

— Algumas semanas depois que eu e o Jakob nos despedimos, ele foi para Gotemburgo. Naquela mesma semana, conseguiu descobrir a minha função e mandou um e-mail para Bertil Wedin dizendo que queria ir para Chipre. Wedin lhe deu ordens para não ir, apesar de tê-lo convidado anteriormente.

Eu tinha começado a despertar, mas a deixei continuar falando.

— O meu contato encontrou uma grande quantidade de mensagens mais ou menos relevantes. As que pareciam interessantes eu traduzi do sueco pelo Google. Lá ele fala para Wedin sobre seus inimigos, entre outras coisas. Você está lá, eu também, assim como outros jornalistas que ele acha que trabalham para a KGB.

Eu me sentei na ponta da cama, onde o lençol estava enrolado como uma corda depois de uma noite de sono agitada. Subitamente me senti alerta.

— Está bem — eu disse. — Você me manda tudo o que recebeu do seu contato?

— É claro — ela respondeu. — Fique de olho no seu e-mail e depois venha para Praga, o mais rápido possível.

Desliguei, fui até a minha escrivaninha e empurrei uma montanha de papéis para o lado, para poder me sentar junto ao computador. Primeiro procurei o significado de "aliá" no Google e li que era um direito dos judeus de se mudarem para Israel e com isso receberem a cidadania e uma ajuda de custo. A ida de Jakob para Israel não era somente uma viagem de férias nem uma tentativa de se manter afastado por um tempo; ele pensava em viver lá.

Dei uma olhada no meu e-mail. Lída tinha me enviado um arquivo zip com o sugestivo nome de "takeout", que eu abri. Lá havia um arquivo pst, uma grande quantidade de jpgs e um arquivo txt. Exportei o arquivo pst para o programa de e-mails e comecei a minha busca.

Entre os e-mails, muitos eram interessantes, inclusive aqueles que Lída havia mencionado, nos quais Wedin ordenava que Jakob não fosse para Chipre. Em um deles, Jakob escrevia que iria para Israel e encaminharia seu pedido de *aliá*. A única vez que eu tinha visto semelhante dureza por parte de Wedin para com Jakob fora na época em que ele cortara relações com este último, por suas conversas com Lída pelo Facebook. Agora, Wedin mostrava pela segunda vez que estava preparado para sacrificar a amizade dos dois quando Jakob arriscava revelar algo sobre o assassinato de Palme.

Muitas mensagens pelo Facebook eram dirigidas a uma tal de Sara, que parecia estar ajudando Jakob com os arranjos práticos, servindo também de apoio moral na mudança dele para Israel. Muitas vezes Jakob escrevera sobre suas dificuldades econômicas. Além do aluguel, havia a conta de luz, no valor de seiscentas coroas suecas por mês, e a conta telefônica, de trezentas e cinquenta coroas. No fim do ano, o valor de mil e quinhentas coroas suecas seria retirado automaticamente de sua conta, para pagar o cofre que ele mantinha no banco.

Em uma das últimas mensagens privadas pelo Facebook, datada de dois dias antes, um americano chamado Adrian escrevera que colocara a roupa lavada de Jakob sobre a cama dele no quarto. Quando olhei o perfil de Adrian, vi que ele havia feito seu último check-in no Aliyah Return Center, que ficava perto do mar da Galileia, lugar onde os recém-chegados a Israel poderiam morar em seus primeiros tempos no país. Se a roupa recém-lavada de Jakob estava lá, isso significava que ele estava morando no lugar. Agora sabíamos onde ele estava!

Os arquivos jpg eram prints que mostravam onde Jakob tinha feito o login na sua conta do Gmail e a última vez fora em Hedestad, no início do mês de setembro. Depois disso, ele havia feito login duas vezes de Gotemburgo e, o mais importante de tudo, ele tentara entrar na conta de e-mail em Tel Aviv, mas não conseguira, e isso era a prova de que ele estava mesmo em Israel.

O último documento anexo era o arquivo txt e, quando eu o abri, encontrei apenas um texto corrido que preenchia quatro páginas de tamanho A4. Não havia título nem nada que revelasse de que tipo de documento se tratava, mas, quando olhei com mais atenção em busca de palavras como "Jakob", "Wedin", "Gmail" e "Facebook", cheguei à conclusão de que era um arquivo que mostrava todas as teclas pressionadas, inclusive os erros e as palavras deletadas. No texto, encontrei uma mensagem para Lída, mas que não estava na caixa de e-mails. Nessa mensagem, ele tentava desmentir o que contara para ela naquela última noite, sobre sua culpa na morte da mãe por ter feito algo errado. Ele não dava nenhuma explicação plausível e essa mensagem nunca foi enviada para Lída, o que comprovava que aquilo que ele contara era relevante e agora ele tinha, inclusive, fugido do país.

Quando Wedin não autorizara a ida de Jakob para Chipre, ele ficara sem saber o que fazer. Em princípio, ele havia se escondido na Suécia durante duas semanas e depois se mudara de vez para Israel.

Eu não sabia o que deveríamos fazer para chegar até Jakob, mas Lída pedira para que eu fosse me encontrar com ela. Então fiz a mala e comprei uma passagem para Praga.

"M"

PRAGA, OUTUBRO DE 2017

No avião, pedi uma daquelas garrafinhas de vinho e fiquei pensando em como iria confrontar Jakob. A melhor maneira seria ir para Israel, procurá-lo e pedir para lhe fazer algumas perguntas sobre fatos de que eu já tinha conhecimento. Era improvável que ele quisesse me responder ou que me dissesse a verdade, então acabei descartando essa hipótese.

A única outra possibilidade que me passava pela cabeça era realizar uma nova operação *undercover* que fizesse Jakob nos contar mais sobre tudo, o que podia acarretar um número incalculável de problemas e incertezas, porém essa era a única chance de provavelmente fazer Jakob falar.

Depois de uma taça de vinho, pensei em tudo o que seria necessário para a operação. Precisava programar todos os detalhes, planejar a logística, comprar material, verificar a legislação e encontrar um parceiro local. Toda a operação seria executada em Israel e, mesmo eu já tendo visitado o país diversas vezes, não tinha a menor ideia de como poria o plano em prática. Concluí que o melhor seria primeiro encontrar um parceiro local, alguém que me ajudasse com todos os outros passos da operação. Só tinha um problema: eu não conhecia ninguém em Israel.

*

Fiz o check-in no Hotel Pyramida, em Praga, que ficava a poucos quilômetros de distância do castelo. O meu quarto era simples, amplo e decorado com madeira de faia. Deixei minha mala lá e saí. O bonde número 22 ia até o centro e desci na Národní Trída. Lída e eu havíamos combinado de nos encontrar no Café Louvre, que ficava no andar de cima de um dos maiores cafés da cidade, o que nos dava a sensação de anonimato que desejávamos. Nós nos acomodamos no fundo e pedimos cada um o seu *vinný střik*, um drinque feito de soda e vinho branco.

— Precisamos de um parceiro local — disse Lída, como se tivesse adivinhado meus pensamentos. — Tem muita coisa para organizar por lá e precisamos encontrar um israelense para entrar em contato com o Jakob para tudo parecer natural.

— Exatamente — respondi. — Alguém com coragem, confiável e acostumado a esse tipo de confrontação. Enquanto estava no avião, fiquei pensando, mas não achei nenhuma solução. Eu poderia perguntar para outros jornalistas suecos se eles têm algum contato, mas isso vai tomar tempo e não é seguro.

— Mas eu tenho alguém que pode nos ajudar. O Schmuel, que eu conheci na França há muitos anos, está em Israel agora. Já falei com ele, e ele vai nos ajudar no que for preciso. Ele está esperando o seu telefonema daqui a..

Lída deu uma olhada no relógio:

— ... três minutos.

Ela parecia estar muito satisfeita e eu estava impressionado, mas também nervoso por ter de ligar repentinamente para um jornalista desconhecido, sem ter tido tempo de pesquisar sobre ele ou de preparar as perguntas necessárias. Anotei depressa algumas palavras para não esquecer, antes que Lída ligasse para Schmuel pelo Viber e me passasse o seu celular.

— Sou amigo da Lída e preciso da sua ajuda em um projeto — eu disse.

— Sim, ela me contou.

— Então talvez já saiba do que se trata.

— Vocês querem fazer alguém falar.

— Sim, é verdade. Queremos que ele responda a algumas perguntas — eu disse.

— Está bem. Acho que podemos ajudar vocês — respondeu Schmuel.
— Estou aqui com uma pessoa que faz freelance para "M", se é que você me entende. Ele é especialista em fazer as pessoas falarem.

— Hum — respondi enquanto acessava o Google rapidamente e encontrava uma lista de jornais israelenses. Com a letra "M" descobri um pequeno jornal diário chamado *Maariv*.

— Parece uma boa ideia. É mais fácil com freelancer, para não ter concorrência pela história — acrescentei.

— Ele costuma trabalhar com projetos na África.

— É mesmo? Esse é em Israel, mas é bom que ele tenha experiências internacionais.

— Onde está o alvo?

— O alvo? — perguntei, achando a expressão um tanto incomum para um jornalista. — Ele está em um centro de acolhimento para novos imigrantes, perto do mar da Galileia.

— Ótimo! Podemos tê-lo aqui dentro de vinte e quatro horas.

— Espetacular! — eu disse.

— E teremos a confissão em menos de quarenta e oito horas.

— Que bom — respondi.

— Sendo ele culpado ou não.

— Incrív...

Eu me interrompi no meio da palavra, pois não parecia mais que estávamos falando do mesmo assunto. Eu me referia a uma operação jornalística *undercover*. O homem do outro lado da linha estava mais interessado em uma espécie de interrogatório, um interrogatório com resultado predeterminado. Ele parecia falar de alguma função do serviço de segurança, de alguém que trabalhava como freelancer para esse serviço com a letra "M". Eu disse que iria pensar um pouco e encerrei a ligação o mais rápido possível.

Lída havia me colocado em contato com alguém que afirmava trabalhar para o Mossad. Alguém que queria ganhar um dinheiro extra, fazendo uma pessoa confessar por meio de um interrogatório. Ou teria outras intenções, quem sabe? Percebi imediatamente que não havia sido claro o suficiente quando falara com Lída, e decidimos executar uma operação *undercover*. Eu tinha pensado em fazer algo parecido com o que fizéramos em Hedestad. Ela tinha pensado em algo mais pesado dessa vez.

O sinal era tão forte que eu não podia deixar de levá-lo a sério. Até agora eu tinha usado os mesmos métodos jornalísticos de Stieg: hacking e infiltração. Em algumas ocasiões, fui obrigado a decidir se era possível continuar com o projeto de forma ética. Quando nos infiltramos na vida de Jakob usando Lída, chegamos ao limite, mas eu havia tomado uma decisão e tínhamos conseguido confirmar a maior parte do que suspeitávamos.

Só que empregar métodos que obrigavam uma pessoa a confessar era algo longe do aceitável. Eu tinha me deixado levar pelo entusiasmo de estar próximo de solucionar o Caso Palme e tinha até pensado em ir para o Oriente Médio, para pôr a operação *undercover* em prática. O que eu estava fazendo?

Desliguei o computador e o afastei. Em seguida, pedi duas taças de vinho sem soda, para mim e para Lída. Com um olhar sério, disse a ela que precisávamos pôr um ponto-final nessa história. Ela ficou chateada, mas compreendeu a minha decisão. Tínhamos chegado ao fim da linha. *Eu* tinha chegado ao fim da linha.

Revólver

PRAGA,
NOVEMBRO DE 2017

Eu não tinha pressa em retornar para a Suécia e resolvi ficar em Praga até que sentisse vontade de voltar para casa. Até então, estava acostumado a ter um projeto que ocupasse a minha mente e todo o meu tempo. Em Estocolmo, a minha vida particular havia melhorado, mas nada me obrigava a voltar para lá. Eu tinha me acostumado com o divórcio, e a necessidade de fugir da realidade diminuíra de intensidade. A minha vida agora ia muito bem, por isso não fazia mal que o projeto tivesse sido interrompido.

Eu fiz o que tinha me determinado a fazer, indo adiante nas pesquisas de Stieg Larsson sobre o Caso Palme, mas agora chegara ao fim da linha. Estava na hora de deixar o assassinato de lado e seguir com a minha vida.

Continuava sendo um mistério para mim que Lída tivesse contatos que pudessem ter hackeado a conta de e-mail de Jakob e estivessem dispostos a interrogá-lo em Israel, mas eu me sentia bem em sua companhia e nos encontrávamos quando queríamos ou tínhamos tempo. Naquele dia Lída conseguira dois ingressos para um recital de música clássica e havia me convidado para acompanhá-la. Raramente eu frequentava eventos culturais, então acabei aceitando o convite. Fiquei até empolgado para ir.

O concerto era na sala de recitais da Academia de Música, que fazia parte do Palácio de Lichtenstein, na Malostranské Námĕsti. A música fora composta por Geraldine Mucha, nora do artista *art-nouveau* Alfons Mucha, e era uma homenagem aos cem anos do seu nascimento. Apesar de ser escocesa, ela havia passado grande parte da vida em Praga com o marido, Jirí Mucha, antes de falecer alguns anos atrás.

Os nossos lugares eram no meio da fileira, bem na frente do palco, e entramos pedindo licença alguns minutos antes de o espetáculo começar. O apresentador, John Mucha, era filho da compositora e falava um inglês tão perfeito quanto o checo. Por um momento, ele nos contou sobre a vida e a obra de sua mãe.

O maestro entrou no palco e saudou o público enquanto apresentava a orquestra que vinha da cidade de Pardubice. Eu tentava me encolher na cadeira para não atrapalhar os espectadores atrás de mim. O programa teve início com uma peça intensa chamada *The Tempest Ouverture*. Era perfeita para mergulhar em uma espécie de nevoeiro contemplativo, o que me fez perceber que naquelas próximas duas horas os meus pensamentos poderiam voar livremente. Mas eles não demoraram em voltar àquilo que fora o projeto principal da minha vida nos últimos sete anos.

Na história de Stieg Larsson sobre o assassinato de Olof Palme, o maior antagonista não tinha sido o assassino. Stieg lutou contra algo muito mais abstrato: a incompetência da polícia sueca. Ele havia dado várias pistas e, por meio de incontáveis erros e decisões desastrosas, esses indícios nunca tinham sido investigados como deveriam. Eu fiz o máximo para levar adiante as teorias de Stieg e também tinha fornecido indícios concretos para a polícia, mas já se haviam passado mais de três décadas desde o assassinato e nem mesmo uma confissão bastaria para dar o caso como encerrado.

Fui revisando, parte por parte, tudo o que eu sabia sobre o Caso Palme, com base no material de Stieg e nas minhas investigações. As lacunas iam sendo preenchidas com fatos de outros materiais publicados, e, naqueles espaços onde nada era concreto, eu adicionava suposições que achava estarem mais próximas da realidade, resultando em uma possibilidade de como o crime ocorrera, se as teorias de Stieg estivessem realmente corretas.

A música me fazia voltar à realidade, mas também me ajudava a pensar. Comecei com aquilo que Stieg havia escrito para Gerry Gable vinte dias depois do assassinato, sobre os negociantes de armas que faziam transações com o regime do apartheid e aquilo que Craig Williamson tinha insinuado para mim em seus e-mails e dicas de leitura.

Em 1985, os Estados Unidos, a África do Sul e o Irã fizeram grandes negociações em segredo, mas, depois que a alfândega sueca e a inspeção de material de guerra interromperam a entrega de armamentos e munição para o Irã, os três países ficaram em uma situação bastante delicada.

Os negócios faziam parte de um contexto maior, aquele que ficaria conhecido como Caso Irã-Contras. A própria informação sobre as transações foi uma dinamite que, se Olof Palme ou alguém de seu círculo levasse a público, poderia ameaçar aqueles que estavam por trás da operação. O arquiteto, no caso, era o chefe da CIA, William Casey, que era muito próximo do presidente Ronald Reagan. Se Reagan fosse obrigado a abdicar, os últimos anos da Guerra Fria poderiam ameaçar a vitória dos Estados Unidos.

O papel da África do Sul no Caso Irã-Contras era o de comprador de armas e petróleo, mas também de organizador das negociações entre vários países em transição. As ilhas Seychelles eram um dos países utilizados, onde o parceiro de negócios de Craig Williamson, Mario Ricci, era domiciliado, e juntos os dois fizeram negócios, principalmente com petróleo, entre o Irã e a África do Sul, sendo esta apenas uma das engrenagens da máquina de transações ao redor do mundo.

Depois que os social-democratas venceram as eleições no parlamento sueco em 1985, com Olof Palme no cargo de primeiro-ministro, ficou claro que as autoridades suecas continuariam sendo um empecilho para negócios importantes. A decisão definitiva de mandar assassinar Palme foi tomada após o verão de 1985, segundo informações fornecidas por diversas fontes e documentos da África do Sul.

Na aliança profana entre os Estados Unidos, a África do Sul e o Irã, havia poucas pessoas capazes de assassinar um primeiro-ministro e, se fosse possível fazer a ligação do crime com os Estados Unidos, isso causaria um dano imenso. Por essa razão, a CIA não poderia executar o crime e, nesse caso, o leal regime do apartheid da África do Sul assumiria a função, eximindo os Estados Unidos e assegurando seu apoio contínuo ao apartheid. Além disso, alguns ministros sul-africanos e negociantes de armas queriam continuar garantindo as próprias vantagens econômicas.

Ao mesmo tempo em que eu formulava por que o regime do apartheid se engajaria em algo tão arriscado como o assassinato de um primeiro-ministro sueco, ouvia os últimos acordes do recital, "Carmina Orcadiana". O que tinham tocado anteriormente eu não havia escutado.

A orquestra começou a tocar o primeiro quarteto de cordas de Geraldine Mucha, e eu comecei a pensar em como o assassinato fora planejado.

Eu não havia encontrado nenhum documento detalhado escrito por Stieg sobre como o assassinato fora planejado, mas os artigos nos jornais *Svenska Dagbladet*, *Arbetet* e *GT* de 1987, guardados em seus arquivos, tinham sido baseados parcialmente em suas informações, dando uma boa ideia de como o crime havia sido executado. Alguns detalhes importantes vinham das conversas da jornalista Mari Sandström em 1987 com uma fonte anônima que havia sido *sanction-buster* na África do Sul. Outras informações, adicionadas no artigo do *GT*, continham ilustrações mostrando as diferentes partes da organização do crime. O desenho do *GT* corresponde às informações que eu descobri, mas sou capaz de descrever melhor os detalhes de todo o plano.

Em 1986, Craig Williamson era, sem sombra de dúvida, o agente sul-africano mais qualificado para executar uma operação internacional dessa natureza, a de assassinar Olof Palme. Williamson havia provado isso por meio de sua bem-sucedida explosão dos escritórios do CNA em Londres, em 1982. Depois de seus anos como infiltrado na organização IUEF em Genebra, Williamson conhecia bem a mentalidade sueca, assim como a cidade de Estocolmo, tendo, inclusive, se encontrado com os funcionários mais próximos de Olof Palme.

Craig Williamson havia negado quando lhe perguntei se fora ele quem organizara o assassinato de Olof Palme, mas afirmara que os agentes de inteligência sul-africanos faziam o serviço sujo para os governos do mundo ocidental. O assassinato de Olof Palme poderia ser um desses "serviços sujos".

Várias testemunhas afirmaram ter visto Williamson em Estocolmo nos dias próximos ao crime, porém há uma grande possibilidade de que algum outro agente sul-africano, com os mesmos conhecimentos de Williamson, possa ter organizado o assassinato.

Da mesma forma que com a bomba nos escritórios do CNA em Londres, o assassinato de Olof Palme foi executado como uma colaboração entre várias células, cada uma com uma função específica e apenas com a informação estritamente necessária. Havia alguns colaboradores leais do regime do apartheid em Estocolmo, como Heine Hüman, que contatara a polícia sueca contando que seis dias antes do crime haviam lhe pedido para arranjar um lugar para dormir para um cidadão sul-africano, mas, à diferença do que aconteceu em Londres, eles precisavam de mais ajuda local na Suécia. O alvo estava em constante movimento e o idioma dificultava que os sul-africanos passassem despercebidos em Estocolmo, o que não havia sido problema em Londres. Portanto era essencial que encontrassem suecos dispostos a executar algumas funções.

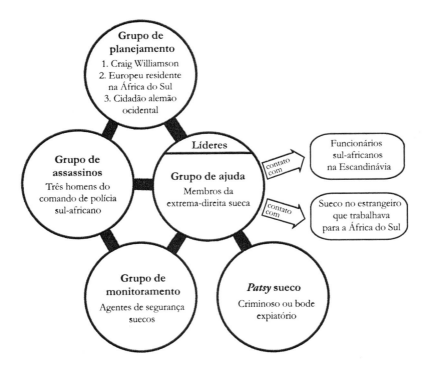

A organização do assassinato, segundo artigo do *GT* de 28 de maio de 1987, completada com novas informações sobre um grupo de monitoramento e um *patsy* sueco.

Uma das células, a de monitoramento, era composta por policiais suecos e funcionários da segurança. Segundo o antigo colega de Craig Williamson, Riaan Stander, a célula sueca era de "people from a Swedish intelligence organization", que tinha como função proteger Olof Palme. O policial Carl-Gustaf Östling e vários colegas seus com contatos na África do Sul podem ser incluídos aqui. O motivo dos suecos era diferente daquele dos sul-africanos. Para eles, Olof Palme era um traidor da pátria, que estava a caminho de vender a Suécia para a União Soviética. A maioria deles provavelmente não sabia para quem estava trabalhando ou o que iria acontecer com Olof Palme. Eles recebiam apenas a informação estritamente necessária.

Uma outra célula, a de apoio, era composta por suecos e liderada pelo extremista de direita Anders Larsson. Eles estão informados do que está para acontecer, mas pensam que foram contatados pela CIA. A função da célula de apoio é encontrar um bode expiatório local, um *patsy*, que vai matar Olof Palme ou deverá se encontrar nas proximidades do lugar do crime, assumindo a culpa do assassinato. É a parte chamada de *lost* no manual de assassinato da CIA e faz parte dos arquivos de Stieg.

O agente de Craig Williamson, Bertil Wedin, é, segundo o relatório de Stieg, um "intermediário" no crime e ajuda a encontrar os suecos (o *patsy* e o grupo de apoio). O primeiro a ser cogitado para executar o crime fora o antigo soldado legionário Ivan von Birchan, um conhecido de Bertil Wedin da Aliança Democrática nos anos 70. Von Birchan se encontrara com um piloto de helicóptero que se chamava Charles Morgan ou Peter Brown, que conhecera na Rodésia. Eles haviam se visto algumas vezes no Hotel Sheraton em Estocolmo, no fim de 1985. O colega de Bertil Wedin, o agente Peter Casselton, havia sido piloto de helicóptero na Rodésia, e ele ou algum outro colega seu daqueles tempos fora quem fizera a pergunta.

Von Birchan havia se negado a executar a tarefa, tendo avisado diversas vezes tanto a cidade de Estocolmo quanto a Säpo sobre o assassinato.

A próxima pessoa a ser envolvida nos preparativos foi o conhecido de Bertil Wedin, Anders Larsson, que se encaixava perfeitamente no papel de bode expiatório, pois era inimigo mortal dos amigos de Wedin na revista *Contra*. Bertil Wedin e Anders Larsson tiveram contato antes do crime, segundo os artigos de 1987, mas, quando perguntei a Wedin, ele negou toda a história.

Há diversas versões de como Anders Larsson ficara sabendo que Palme seria assassinado e como decidiu dar o alerta sobre o crime, já que mudou sua história várias vezes antes de falecer, em 1991. Antes do assassinato, Larsson andava com um pequeno grupo de extremistas de direita, do qual o primeiro suspeito, Victor Gunnarsson, fazia parte. Essa célula está registrada no artigo do *GT*, tendo Larsson como líder.

Anders Larsson percebe que não é capaz de executar o crime, mas pergunta a Alf Enerström, que havia publicado recentemente um livro em que se lê que há apenas um castigo para um traidor da pátria como Olof Palme: a pena de morte. Quanto à pergunta de Anders Larsson, Alf Enerström responde que conhece uma pessoa, Rickard, que seria perfeito para participar do assassinato de Olof Palme. Somente Enerström conhece a sua verdadeira identidade: Jakob Thedelin. Para mim, Enerström havia dito que se encontrara com Anders Larsson em seu apartamento na Norr Mälastrand. Enerström mencionara também que vieram outras pessoas que queriam ver Palme morto, mas não há testemunhas de que fora justamente Larsson quem fizera a pergunta sobre assassinar Palme ou que Enerström houvesse sugerido Rickard.

Durante os preparativos, Anders Larsson começa a perceber os riscos de participar da organização do crime, ficando com medo de ser incriminado. Para garantir sua inocência, ele faz uma denúncia oito dias antes do assassinato, algo que poderá ser usado a seu favor se ele for considerado suspeito nas investigações.

Segundo a fonte da jornalista Mari Sandström e o artigo do *GT*, um grupo de assassinos da África do Sul com três agentes é mandado para a Suécia em novembro de 1985. No caminho, eles apanham carros em Munique com o criminoso negociante de automóveis Franz Esser. Seguem de carro até Estocolmo, onde fazem uma pausa para se divertir, com mulheres e muita bebida. A patrulha de assassinato é advertida pelo quartel-general da África do Sul, que os manda agir imediatamente.

Segundo Riaan Stander, colega de Williamson, o monitoramento da residência do casal Palme teve início duas semanas antes do crime.

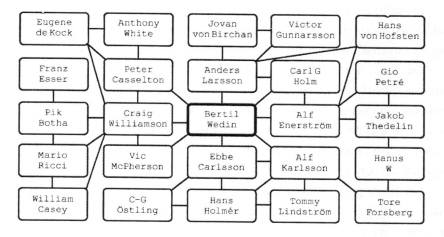

Rede de contatos em torno de Bertil Wedin. (Ilustração do autor)

O monitoramento ocorre em turnos, com várias pessoas de toda a organização, para impossibilitar que sejam descobertos. Uma das testemunhas é o guarda do parlamento Henry N., que diz ter observado o monitoramento e que as pessoas falavam um idioma parecido com o alemão, que poderia ser o africâner. Em uma foto no jornal, mais tarde ele identifica Craig Williamson como uma dessas pessoas.

Em 21 de fevereiro de 1986, perdeu-se a oportunidade de assassinar Olof Palme, quando este fazia um discurso com Oliver Tambo, do CNA, contra o apartheid no Centro de Conferências Folkets Hus, na Sveavägen.

Em 24 de fevereiro, Palme visitou a região de Jämtland, mas não planejara mais viagens para o resto da semana. Na quarta-feira, dois dias antes do crime, Alf Enerström interrompe suas férias de inverno com a família e viaja de Värmland para Estocolmo com Gio Petré. Mais tarde, ele diria que teria sido para escrever um panfleto. Alf era proprietário, segundo o registro de automóveis, de um Mercedes branco e um Passat, dois tipos de carro vistos pelas testemunhas na ocasião do assassinato.

Uma semana antes do crime, a residência do Casal Palme é vigiada intensivamente. Lisbeth Palme vê dois homens observando com atenção sua casa, mas não avisa a Säpo. Os mesmos indivíduos que ela, logo depois do assassinato, acredita ter visto no local do crime, segundo o comissário de polícia Åke Rimborn, que falou com Lisbeth duas vezes na noite do atentado.

O segundo quarteto de cordas já havia começado quando eu cheguei até a noite do crime. Dei uma olhada em Lída, que dormia, como dissera que costumava fazer na maioria dos recitais que frequentava.

Estava na hora de pensar em Jakob Thedelin e no assassinato. Mesmo que as suposições aumentassem à medida que eu me aproximava do curso dos acontecimentos, ainda havia muita coisa a considerar. O relatório da Comissão de Investigações, os testemunhos publicados, os arquivos de Stieg, a minha própria análise, todo o material anterior ao crime e tudo o que Jakob contara para Lída e Bertil Wedin.

No interrogatório da polícia, em 1987, Jakob dissera saber onde morava o casal Palme, mas não recordava se sabia disso antes do crime. Para mim, era provável que ele fizesse parte do monitoramento do atentado.

Na tarde do dia do crime, a organização do assassinato ficara sabendo que o casal planejara uma ida ao cinema, escutando uma ligação telefônica entre Lisbeth Palme e a namorada de seu filho Mårten, Ingrid Klering, em torno das cinco horas da tarde, ou talvez apenas observando a saída deles para o cinema. Juntamente com o filho Mårten e a namorada, o casal Palme planejara assistir ao filme *Os irmãos Mozart* no Grand Cinema às 21h15. As outras células foram informadas assim que o casal Palme saiu de casa. A célula de planejamento, com policiais suecos e agentes de segurança, a célula de apoio, com extremistas de direita, assim como Alf Enerström, que tem contato direto com o escolhido para matar Olof Palme. O anônimo Rickard, de peruca, ou Jakob Thedelin, seu nome verdadeiro.

Logo depois das oito e meia da noite, o casal deixa sua residência em Gamla Stan e vai apanhar o metrô até a estação de Rådmansgatan. Eles são vigiados por pessoas munidas de walkie-talkies, o que foi relatado por diversas testemunhas.

O casal Palme entra no cinema um pouco antes das nove, e agora a organização sabe que sairão de lá ao final de duas horas, o que dá tempo ao grupo de planejamento de instruir as outras células, além de chamar mais pessoas ao local. Alguns compreendem que o melhor é manter distância dali. Anders Larsson está em sua casa falando ao telefone durante as horas críticas. Outros tratam de arranjar álibis, indo a um bar ou saindo de

Estocolmo. Alguns não conseguem resistir à tentação de ficar nas proximidades. Victor Gunnarsson vai ao restaurante Mon Chéri, que fica a uns duzentos metros do local do crime, e fala abertamente de Olof Palme com diversas pessoas. O chamado Homem do Skandia dá um jeito de fazer hora extra na obra em frente ao local do crime.

Na mesma tarde, Jakob tinha vindo de Täby até o centro de Estocolmo, onde alugara um quarto. À noite, Enerström diz a Gio Petré que vai até o parquímetro colocar mais moedas na máquina e se encontra com Jakob. Enerström possui uma grande quantidade de armas e cada um deles escolhe a sua. Uma das armas é um revólver Smith & Wesson, propriedade de Enerström há muito tempo, segundo Gio Petré.

A missão dada a Jakob de vigiar a entrada do Grand durante a exibição do filme é simples, mas ele é desajeitado e outras pessoas percebem sua presença. Segundo várias testemunhas, havia um homem de óculos e olhar angustiado parado na entrada do cinema. Uma pessoa o descreveu como um nerd com roupas de esquiar dos anos 50, uma descrição que corresponde com a aparência de Jakob.

Nas proximidades do cinema, há também vários agentes e algumas pessoas do grupo de monitoramento. Eles fazem relatórios continuamente por walkie-talkie para o grupo de planejamento, que também está nas imediações.

Para o casal Palme, o melhor caminho de volta para Gamla Stan é subir a Sveavägen, em direção ao metrô da estação de Rådmansgatan. Quando o filme termina, o casal fica conversando com o filho Mårten e sua namorada por alguns minutos, do lado de fora do cinema. Em seguida, descem a Sveavägen na direção contrária à esperada. O grupo de planejamento põe em prática um plano alternativo, o que exige mais improvisação que o plano original. Dois homens desconhecidos vão andando na frente do casal Palme pela calçada, e mais um indivíduo, "muito grande", segundo uma testemunha, os segue.

Todos esses acontecimentos que se referem ao assassinato são repletos de testemunhos e informações contraditórias. Trinta anos de teorias e contrateorias, suposições e mentiras causaram um grande estrago, impossível de ser reparado. Quando imagino como tudo aconteceu, levo em consideração o que Jakob contou a Lída pelo Facebook e em seus encontros.

Uma pessoa da organização recebe ordens de ir imediatamente para a esquina do edifício Skandia. Jakob Thedelin contara para Lída que ele "recebera a missão de matar um espião". No último encontro, ele dissera: "Eu fui e tentei matá-lo, porque sabia que ele era perigoso".

A situação começou a ficar caótica quando várias pessoas da organização tiveram que ir para a direção contrária àquela planejada.. Nas proximidades do local, se encontravam dois agentes sul-africanos e alguns vigias suecos. Jakob Thedelin e Alf Enerström, um homem muito alto, estavam na Sveavägen. Todos portavam walkie-talkies e alguns carregavam armas.

Enquanto isso, o casal Palme atravessa a Sveavägen e continua descendo a avenida até o edifício Skandia. Junto à fachada, perto da esquina da Rua Tunnelgatan, segundo testemunhas, há um homem parado e à espera. Vários membros da organização observam como o casal se aproxima do homem na esquina. Um outro homem atravessa a rua e se posiciona a pouca distância. É chegada a hora e eles não podem fracassar.

Quando o casal Palme passa pelo homem na esquina, o outro indivíduo da organização também está muito próximo. É difícil saber quem apertou o gatilho no meio daquela confusão. Eu me lembro mais uma vez das palavras de Jakob para Lída: "Eu tentei matá-lo, mas não consegui". Jakob era quem estava na esquina, mas não foi ele quem atirou.

Aquele que apertou o gatilho estava preparado e acertou Olof Palme no meio das costas. No segundo tiro, ele usou a função de *double action*, pressionando com muito mais força, o que fez o tiro ir para o lado direito. A bala raspou as costas de Lisbeth Palme, apesar de ele ter mirado em Olof. No tumulto, Lisbeth caiu de joelhos ao lado do marido.

Creio que deve ter levado alguns segundos após os tiros até que Lisbeth olhasse para o marido. Talvez ela tenha olhado para Olof e para os homens alternadamente, mas suas impressões são bastante fragmentadas. Agora outras testemunhas passaram a registrar o que estava acontecendo no local. As pessoas veem Lisbeth ajoelhada ao lado de Olof e um nomem logo atrás deles. Lisbeth Palme olha para cima e reconhece os dois homens, que agora estão um pouco afastados um do outro, como aqueles que havia visto na semana anterior, do lado de fora de sua residência. Ela os menciona ao comissário Åke Rimborn, como o homem mais escuro e de estatura média, que se encontra mais próximo, e o mais claro, bem mais alto e que estava mais distante. O homem mais claro sai depressa do local, indo para o sul. Uma testemunha menciona uma figura trajando roupas claras, movendo-se apressadamente em direção à Kungsgatan.

O homem mais escuro de estatura média se recompõe e sai correndo em direção às escadarias da Tunnelgatan, descendo-as apressado. Na parte alta de Brunkebergsåsen, diversas pessoas veem um homem em diferentes lugares, o que me faz crer que ele não sabia para onde ir. Eu me lembro das gravações das conversas com Lída, em que Jakob disse desejar ter uma máquina do tempo: "Então eu atiraria em Palme, você poderia me esperar lá em cima no carro e eu saberia para onde ir".

Entre quinze e vinte minutos após o assassinato, um homem que estava no beco Smala Gränd quase se choca com Sara, uma das testemunhas, cuja descrição do sujeito viraria um retrato falado, o qual é muito parecido com Jakob Thedelin. Na Snickarbacken, o homem finalmente chega até um dos carros do grupo, um Passat. Ele troca de casaco antes de se acomodar no carro e desaparece do local.

Logo depois do crime, Alf Enerström passa a temer por sua vida e se muda para a mansão em Värmland com toda a família, exigindo que os filhos fiquem em casa estudando e sem frequentar a escola. Em diversas ocasiões, Enerström ordena a Jakob Thedelin que utilize seu pseudônimo, Rickard, e use a peruca para procurar as pessoas que possam saber algo sobre as investigações. Jakob entra em contato com Ivan von Birchan, que avisara a Säpo sobre o crime, e com o policial que fora o primeiro a chegar ao local do atentado, Gösta Söderström, o que mais tarde ele conta para Bertil Wedin em seus e-mails.

Victor Gunnarsson é logo preso pela polícia, tornando-se o primeiro suspeito.

Os sul-africanos retornam para a África do Sul sem complicações.

O intermediário Bertil Wedin implanta, através de seus contatos, a suspeita sobre o PKK junto à Säpo e no jornal turco *Hürriyet*, o que faz com que Hans Holmér considere o grupo o suspeito principal.

Os membros da célula de apoio, composta pelos extremistas de direita suecos, percebem que foram usados como bodes expiatórios e tentam encobrir os indícios de sua participação. O amigo de Anders Larsson, o estenógrafo do parlamento, Bengt Henningsson, telefona preocupado para o Comitê Báltico, pedindo-lhes para esconder o material sobre o EAP que Anders Larsson e Victor Gunnarsson haviam copiado lá, de acordo com uma fonte central nos artigos dos arquivos de Stieg de 1987.

Os extremistas de direita haviam se preocupado em vão. Victor Gunnarsson é considerado suspeito no início das investigações, mas logo o interesse é desviado para a organização curda PKK. Mais de um ano depois do assassinato, Anders Larsson é levado para ser interrogado pela polícia, mas tanto o aviso dele quanto o de Von Birchan sobre o crime são considerados simples invenções. A célula de apoio com os extremistas de direita é desfeita, deixando Anders Larsson sozinho e confuso. É provável que Anders Larsson, sob nome falso, tenha começado a escrever para a polícia, descrevendo como o crime ocorreu. Em 1991, ele vem a falecer em virtude do rompimento de uma úlcera, aos cinquenta e três anos.

Seu conhecido, Victor Gunnarsson, se muda para os Estados Unidos e é assassinado na Carolina do Norte em dezembro de 1993. Três anos e meio mais tarde, o policial Lamont C. Underwood é condenado à prisão perpétua, apesar de negar ter cometido o crime.

Jakob Thedelin continua a trabalhar para Enerström. Usando peruca e sob o pseudônimo Rickard, entra em contato com Hanus W., que trabalhava externamente para a CIA e a Säpo, e começa a lhe contar sobre o Caso Palme. Hanus W. relata sobre Jakob para Tore Forsberg, da Säpo, e, por meio de um monitoramento de mais de meio ano, consegue descobrir a verdadeira identidade de Jakob Thedelin. Ele é levado a interrogatório em maio e julho de 1987. Quando Hans Ölvebro assume o cargo de chefe das investigações, no início de 1988, Jakob Thedelin é colocado de lado, assim como a maioria dos indícios. É um mistério por que Jakob Thedelin, através de Hanus W., entregou informações para Tore Forsberg, da Säpo, e, segundo ele mesmo afirmou, para a CIA também.

Em 1996, quando agentes sul-africanos apontaram Craig Williamson e Bertil Wedin por envolvimento no Caso Palme, Alf Enerström compreende a função de intermediário de Wedin e entra em contato com ele. Dois anos mais tarde, Enerström é preso por um crime em Värmland. Jakob fora instruído por Enerström a telefonar para algumas pessoas se algo lhe acontecesse. Bertil Wedin é uma dessas pessoas, e esse é o primeiro contato entre Jakob e Wedin. Em algum momento durante aquela época, penso que Jakob também recebeu instruções sobre o que fazer com o revólver Smith & Wesson, se Enerström não tivesse possibilidade de cuidar disso.

Bem mais tarde, quando Enerström estava internado na clínica psiquiátrica, Jakob deu um jeito no revólver. Jakob e Wedin se comunicavam com frequência. No dia 5 de janeiro de 2009, Bertil envia seu primeiro e-mail para Jakob, perguntando-lhe sobre "a vida musical em Västra Frölunda", uma pergunta codificada, que ambos sabiam que se tratava do revólver usado no assassinato de Olof Palme. Jakob responde com a descrição brincalhona de que "mísseis em um bunker não retornam mais", uma comparação um tanto próxima da realidade. Wedin informa a Jakob por carta que ele deve ser mais cuidadoso, mas o dano já fora causado. O e-mail permaneceu na nuvem digital, e eu o encontrei após alguns anos.

Percebi que tinha criado uma imagem dos eventos, que correspondia aos testemunhos da época antes do crime, assim como aos depoimentos das testemunhas do dia do assassinato e depois dele. Eu havia preenchido as lacunas, escolhido informações no meio de tantas contradições e selecionado testemunhos que considerava relevantes. Em alguns pontos, onde faltava informação, eu me permitira especular, mas cheguei à conclusão de que os acontecimentos correspondiam aos fatos existentes, explicando uma grande quantidade de circunstâncias estranhas e testemunhos contraditórios em torno do crime.

Quase todas as pessoas citadas que faziam parte da minha teoria também estavam presentes nas pesquisas de Stieg e no seu mapeamento da extrema-direita na Suécia, com uma exceção importante: Jakob Thedelin. Jakob conhecia ou havia tido contato com diversas pessoas que Stieg investigara, como Alf Enerström, Hans von Hofsten, Filip Lundberg, Ivan von Birchan e Bertil Wedin.

Ou ainda: Jakob Thedelin era o elo perdido na teoria de Stieg. Um *outsider* sem posição e sem amigos, fácil de ser sacrificado, portanto um perfeito *patsy*.

Quando a última peça do concerto, "En los pinares de júcar", inspirada na dança das meninas espanholas, chegava aos últimos acordes, eu já havia elaborado a imagem do crime em minha mente e percebera algo muito importante: as minhas dúvidas se transformaram em certezas e eu estava próximo de solucionar o Caso Palme. A cada passo que eu dera, encontrara novos fatos e indícios. Meu abatimento em relação à mudança de Jakob para Israel e à operação *undercover* interrompida havia passado. Eu agora enxergava novas peças do quebra-cabeça que haviam surgido quando passei a me interessar por Alf Enerström e pelo Caso Palme, como aquelas estranhas circunstâncias que outras teorias haviam negligenciado, mas que agora recebiam as devidas explicações. Era ali que estava a verdade, eu estava mais do que convencido disso e não desistiria.

O jornalista da *New Yorker*, Nicholas Schmidle, aguardava por mais material, e o que ele receberia agora era suficiente para ser publicado e certamente causaria muita inquietação.

A polícia sueca receberia as novas informações que eu tinha comigo. Além disso, havia a possibilidade de desenvolvê-las um pouco mais.

O chefe da CIA, William Casey, adoecera repentinamente e falecera em 1987, quando seria interrogado no Congresso sobre o Caso Irã-Contras, mas devia haver informação nos documentos da CIA, que são regularmente colocados à disposição por meio da Lei da Liberdade de Informação.

O ministro das Relações Exteriores da África do Sul, Pik Botha, e o negociante de armas francês Jean-Yves Ollivier ainda estavam vivos e tinham muito para contar sobre os seus negócios com o Irã e as reuniões com chefes de Estado do Ocidente, inclusive os Estados Unidos, a Grã-Bretanha e a França. Alguns agentes do regime do apartheid mencionados no Caso Palme ainda estavam vivos e poderiam falar.

Em Chipre, tínhamos Bertil Wedin, que poderia contar sobre seus contatos com a África do Sul e com a extrema-direita sueca antes do crime.

Na Suécia, ainda viviam diversos membros da extrema-direita e conhecidos de Anders Larsson e Carl-Gustaf Östling dos anos 80.

Entre os funcionários da Säpo, alguns colegas de Tore Forsberg, incluindo Hanus W., poderiam falar.

Mesmo que eu fizesse tudo isso, ainda ficaria faltando uma importante peça desse quebra-cabeça. Sem uma prova concreta, cada teoria, mesmo que bem elaborada, seria rejeitada. Havia uma única possibilidade que seria considerada prova técnica, e para isso eu precisava encontrar o revólver.

Com a infiltração de Lída, eu havia chegado muito próximo de receber mais informações sobre o que Jakob Thedelin sabia, mas, quando ele estava prestes a falar de fatos relevantes, desconfiou dela e foi embora para Israel. Ela não conseguira descobrir o que ele queria dizer com "mísseis que não retornam mais". Ou se aquele "bunker" de que ele falava realmente existia.

Talvez essa fosse a descrição do revólver que matara Olof Palme e de onde ele o guardara, pois, se não fosse isso, não seria preciso que Jakob mentisse sobre o e-mail em duas ocasiões nem que Bertil Wedin terminasse a amizade com Jakob ou escrevesse que ele arriscara sua posição com aquele e-mail. Durante anos, fiquei pensando se o e-mail era a resposta de onde Jakob havia guardado o revólver, mas não conseguia entender o que era o "bunker" ao qual ele se referia.

A música havia me levado para outros caminhos e me fez analisar melhor as últimas mensagens de Jakob, que ele enviara de Israel. As mensagens tratavam mais de aspectos práticos do cotidiano, tais como rega de flores, pagamento de contas, e isso tudo era bastante desinteressante, mas Jakob havia escrito que uma conta era mais importante que as outras. Ele a havia mencionado duas vezes, salientando que deveria haver saldo suficiente na hora de ela ser paga, em dezembro.

E então, *bingo!*

Minha exclamação não foi tão alta, mas fez o violinista sacudir a cabeça, demonstrando desagrado. Alguns membros da orquestra levantaram os olhos da partitura, curiosos para saber quem manifestara tanto entusiasmo. Os espectadores na fileira da frente olharam para mim, assim como Lída. Fiquei um pouco sem graça, mas meus outros sentimentos eram mais intensos. Eu tinha conseguido. Pouco depois, o recital chegou ao fim. Lída e eu saímos rapidamente da sala, durante os aplausos, evitando os olhares curiosos.

Agora eu sabia que Jakob Thedelin tinha um cofre no banco, um espaço de armazenamento dentro de uma agência bancária, ao qual somente ele tinha acesso e ninguém mais. Um cofre bancário que se parece com um bunker, um espaço de tamanho suficiente para armazenar o revólver usado no assassinato de Olof Palme. Um lugar onde ele poderia ver e tocar o troféu que mudara a história da Suécia. O revólver só poderia ser os "mísseis que não retornam mais", guardado em um bunker.

Naquela noite fria de novembro em Praga, Lída e eu caminhamos pelos paralelepípedos gastos até o ponto do bonde. Eu lhe contei como havia relacionado todos os fatos e ela me ouviu sem interrupções. Percebemos que o nosso trabalho estava longe de concluído. Logo eu teria que acalmá-la quanto aos seus planos mirabolantes, mas dessa vez estava ansioso para entrar em ação.

Subitamente me veio outro pensamento. Imaginei se Stieg estivesse ali conosco naquela noite. Tenho certeza de que ele apreciaria o recital, mas ficaria ainda mais satisfeito com a possibilidade de ter encontrado a arma, solucionando o crime graças ao seu trabalho, muitos anos após sua morte. Daria até um romance, um romance de Stieg Larsson.

Epílogo

ESTOCOLMO,
2018

Já se passaram alguns meses desde o concerto em Praga. As minhas informações foram entregues aos encarregados do Caso Palme. Eles já têm conhecimento de que o revólver pode estar em um cofre de banco em nome de Jakob Thedelin. A polícia também sabe que tem livre acesso a todos os arquivos de Stieg e às minhas pesquisas. Com atuação correta, trabalho duro e recursos necessários, o novo promotor de Justiça responsável e líder das investigações, Krister Petersson, tem o direito de dizer que o Caso Palme será solucionado.

Enquanto isso, eu continuo desatando os nós do emaranhado que é o Caso Palme. Se tudo der certo, dentro de um ano ou dois, vamos poder declarar o que foi impossível até hoje: o Caso Palme finalmente está solucionado.

Posfácio

Este livro é o resultado de mais de oito anos de pesquisas. Antes de iniciá-lo, eu tinha as mesmas informações sobre o Caso Palme que as pessoas de modo geral, confiava na polícia e nas declarações que os políticos davam, dizendo que "o caso estava esclarecido" e que o suspeito se chamava Christer Pettersson. Agora estou convencido de sua inocência e sei muito mais sobre a maior, e ainda ativa, investigação de homicídio do mundo, tendo pesquisado somente uma pequena parte do material que há disponível.

Havia-se calculado que levaria nove anos para que alguém com conhecimentos jurídicos lesse todo o material das investigações policiais, disposto em pastas que ocupam duzentos e cinquenta metros lineares. As investigações estão em atividade há três décadas. Um total de dez mil, duzentas e vinte e cinco pessoas foram interrogadas pelo menos uma vez. Mais de cento e trinta confessaram serem culpadas do crime. Além disso, há uma quantidade inesgotável de material de fora da investigação, tais como reportagens, artigos, livros, discussões na internet, blogs, vlogs, podcasts.

O meu livro não pretende dar uma visão completa nem do assassinato nem das investigações. Em primeiro lugar, ele está limitado aos indícios e teorias encontrados nos arquivos de Stieg Larsson e nas minhas próprias pesquisas, mas são as pistas que me parecem mais relevantes. Dentro do contexto, é importante salientar que eu não apresento provas finais no livro de que alguém é o culpado de atirar em Palme ou de estar envolvido no crime.

O meu objetivo era escrever algo fácil de ser lido sobre um assunto complicado, baseando-me em fatos conhecidos ou que foram anteriormente citados como prováveis soluções. Se um número maior de pessoas compreender que o Caso Palme ainda não foi solucionado, que Stieg poderia estar seguindo as pistas certas e que uma solução ainda é possível, então consegui atingir o meu objetivo. Para chegar até aqui, tentei administrar o material com responsabilidade.

Pude contar com o apoio do jornalista e escritor Gunnar Wall, que foi responsável pela revisão dos fatos no texto, principalmente naquilo que dizia respeito ao Caso Palme e à investigação policial. Eu mesmo tomei as decisões finais sobre o texto, sendo o responsável pelas análises, conclusões e sobre a minha própria pesquisa. Para tornar a leitura mais agradável, eu e meu editor, Erik Johansson, da editora Bokfabriken, resolvemos não incluir notas de rodapé no texto e não adicionar a lista completa das fontes bibliográficas.

A primeira parte do livro descreve a pesquisa de Stieg e as diferentes fases das investigações policiais, que ocorriam paralelamente. De propósito, escolhi dramatizar os acontecimentos como acho que Stieg os experimentou, dando mais vida ao texto. A intenção era chegar o mais próximo possível da realidade, sem ficar apenas citando documentos e entrevistas. O material de base foi uma grande quantidade de entrevistas, os textos de Stieg, outros documentos e as gravações mantidas com ele.

Os textos que Stieg escreveu aparecem grafados em fontes diferentes. As cartas para o editor-chefe da *Searchlight*, Gerry Gable, às quais eu tive acesso através do próprio Gerry, são importantes para entender como Stieg pensava durante os meses após o crime. As cartas foram traduzidas e revisadas cuidadosamente, e foram reduzidas para evitar repetições. A mensagem principal não foi modificada e eu tampouco corrigi erros quanto às declarações de tempo ou alguns depoimentos, pois queria ser fiel aos textos de Stieg e julguei que os poucos erros não afetariam em nada as conclusões a que eu e Stieg chegáramos.

Outros documentos importantes são o relatório sobre o "intermediário" Bertil Wedin e as pistas sobre Victor Gunnarsson/EAP, além do artigo de Stieg na *Searchlight* em 1996. Mais informações e explicações, eu recebi através de uma quantidade de conversas e entrevistas com algumas pessoas próximas a Stieg que acompanharam o trabalho dele, como Eva Gabrielsson e Gerry Gable.

O relatório da CIA sobre assassinatos, "A Study of Assassination", foi traduzido do inglês, resumido e adaptado para que o conteúdo fosse lido de maneira efetiva pelo leitor.

Para retratar a história na primeira parte do livro, tornei os diálogos mais dramáticos, partindo do material e das entrevistas que eu tinha à disposição, e minha ambição era que os fatos permanecessem corretos.

Não me foi possível verificar se Stieg realmente se encontrou com o inspetor Alf Andersson, mas é bem provável que isso tenha acontecido. Ambos investigavam as mesmas pessoas e organizações durante o mesmo período. Stieg esteve diversas vezes em contato com a polícia, e Alf Andersson era quem estava interessado em seguir a pista dos extremistas de direita suecos, praticamente sozinho e sem apoio das lideranças da polícia, segundo uma entrevista feita por Lars Borgnäs.

A lista de pessoas, organizações e endereços no capítulo "Missão Olof Palme" foi compilada por mim, partindo de documentos relevantes nos arquivos de Stieg Larsson. Foi escolha minha para facilitar a orientação do leitor dentro da imensidão de material, além de servir de trampolim para o restante da história. Stieg dedicou inúmeras horas ao seu trabalho de pesquisa sobre pessoas, organizações e endereços. O mapa de contatos no mesmo capítulo é uma cópia de uma fotografia que Stieg pedira para Sven Ove Hansson e Anna-Lena Lodenius em uma carta datada de 29 de setembro de 1987.

Todos os nomes são reais, com algumas exceções importantes: a testemunha Sara, a menina Sally, ferida no acidente de carro, Schmuel, que me ofereceu um interrogatório, Bo, o amigo de Alf Enerström, Lída Komárková e Jakob Thedelin. O motivo de modificar esses nomes foi proteger suas verdadeiras identidades. Em alguns casos, eles corriam o risco de sofrer represálias. O nome "Hedestad" é falso para proteger a identidade de Jakob Thedelin e foi emprestado dos romances de Stieg Larsson. Os nomes das outras pessoas são verdadeiros, pois já são conhecidos há muitos anos.

A descrição feita por Lisbeth Palme dos dois suspeitos no local do crime, e que ela também vira do lado de fora de sua residência algumas semanas antes, foi baseada nas informações dadas pelo comissário Åke Rimborn. Ele conversara com Lisbeth Palme em duas ocasiões no Hospital Sabbatsberg durante a noite do crime e fizera anotações baseadas nos fatos. As informações foram controladas inclusive pelo vice-diretor da polícia federal, Gösta Welander, e constavam no relatório feito na noite do crime. Mais adiante, Lisbeth Palme não faria a ligação entre os dois homens presentes no local do crime e aqueles que vigiavam sua residência, mas eu resolvi acreditar na descrição de Rimborn do testemunho dela dado logo após o assassinato.

A segunda parte do livro descreve principalmente as minhas investigações, nas quais tive mais sucesso que a polícia. Por exemplo, ninguém do grupo de investigação do Caso Palme conseguiu se encontrar com Bertil Wedin durante trinta e dois anos, mas eu tive resultado positivo na primeira tentativa. Outra pessoa com a qual a polícia tinha tido dificuldades era o negociante de carros Franz Esser. A Säpo não conseguira nem comprovar a existência dele, segundo o relatório da Comissão de Investigação. Ele foi citado em diversos artigos de jornais suecos, alemães e sul-africanos. Eu localizei e conversei com a filha dele que sobreviveu ao acidente de carro, no qual todos os outros integrantes da família Esser faleceram.

Os diálogos citados na segunda parte do livro foram anotados a partir das gravações de conversas, mas eu os encurtei e editei para que as histórias ficassem mais claras, porém não fiz mudanças no conteúdo do que foi dito.

Os meus encontros com Bertil Wedin e os encontros de Lída Komárková com Jakob Thedelin foram gravados completamente e possuem imagens filmadas. Uma exceção são as falas de Craig Williamson, que não foram gravadas, mas seus depoimentos foram anotados e trocamos e-mails, pois ele exigiu que não se gravasse nada nos encontros.

Na segunda parte do livro, eu modifiquei algumas datas dos acontecimentos, tanto para simplificar e esclarecer a história quanto para proteger as fontes. Aqui me refiro ao meu primeiro encontro com Lída Komárková, à entrega do meu relatório sobre Jakob Thedelin para a polícia, para proteger uma fonte, e ao número de encontros entre Jakob e Lída, que foram seis ao todo e não quatro, como aparece no livro. Da mesma maneira, eu reduzi o número de encontros com Alf Enerström e Gio Petré e não mencionei que Ola Billger, do jornal *Svenska Dagbladet*, esteve presente em alguns desses encontros. Todas as modificações feitas não afetam o peso dos acontecimentos.

O relatório do jornalista Boris Ersson sobre as investigações do Caso Palme é um documento relevante na segunda parte do livro, e várias informações ali reunidas constam no relatório da Comissão de Investigação, como a identidade da fonte "A", mas aqui eu escolhi fazer referência a algumas partes não publicadas.

As fotografias mencionadas no capítulo "O retrato falado" foram editadas. O retrato falado ganhou um círculo destacando o sinal de nascença que há acima do lábio, no lado esquerdo, visto de frente. A outra fotografia é composta por duas imagens: parte é do retrato falado, parte é de uma foto de Jakob Thedelin aos quarenta e oito anos. A fotografia de Jakob Thedelin foi editada, apagando seus óculos, corrigindo e sendo feita em preto e branco, além de ter mudado de tamanho para que ficasse de acordo com o retrato falado. No final do processo, as fotografias foram sobrepostas.

Há muito mais a dizer a respeito da elaboração deste livro e do material que lhe serviu de base. Minha vontade é dizer muito mais. Sigam-me na página www.palmemurder.com.

A última palavra ainda não foi dita.

OBRIGADO!

Este livro não teria sido posssível sem o apoio e o envolvimento de tantas pessoas. Algumas delas estiveram comigo em uma parte do caminho, enquanto outras me acompanharam do início até a publicação.

Erik Johansson, da Bokfabriken, e Jacob Sondergaard, da Rosinante, foram os meus primeiros editores. Eles confiaram em mim e acreditaram que eu poderia escrever o livro em dez meses, prazo que se estendeu para onze. Se eles não tivessem me apoiado, o livro permaneceria sendo um sonho não realizado. A minha agente, Judith Toth, conseguiu fazer sua mágica e vender o livro, ainda não escrito, para editoras de cinquenta países e em vinte e cinco idiomas, o que não poderia acontecer nem mesmo na minha imaginação. A editora Bokfabriken, a agência Nordin e as editoras estrangeiras se encarregaram de tudo. Susanne Krutrök me ajudou com a parte da publicidade.

Henrik Karlsson fez a revisão, comentando pelo menos mil páginas de nomes e organizações inúmeras vezes, além de fazer com que a minha história se tornasse compreensível. Como Stephen King disse: "Escrever é humano, corrigir é divino!" Sob a supervisão intensa de Gunnar Wall, precisei controlar a minha vontade de apresentar informações não confirmadas e aprendi que basta mostrar os fatos. No caminho, também tomei conhecimento de muitas coisas novas sobre o Caso Palme.

Nunca conheci Stieg Larsson pessoalmente, mas, através de pessoas que lhe eram próximas, fiz o melhor que pude para me inteirar sobre ele. Eva Gabrielsson foi muito importante para me fazer entender Stieg como pessoa e como era a sua motivação no trabalho. Gerry Gable me contou sobre o humor de Stieg e sobre o trabalho deles juntos contra o extremismo de direita, além das pesquisas sobre o homem em Chipre. Por intermédio de Daniel Poohl, fiquei sabendo mais sobre a época que antecedeu a morte de Stieg e tive acesso a seus importantes arquivos. Outras pessoas que conheceram Stieg contribuíram com seu tempo, me contando anedotas e fornecendo material. Quero agradecer especialmente a Anna-Lena Lodenius, Sven Ove Hansson, Håkan Hermansson e Graeme Atkinson. Lamentavelmente, Lesley Wooler veio a falecer durante o processo de escrita deste livro, mas me forneceu informações importantes sobre o seu trabalho *undercover* em Chipre do Norte, que foi a base do relatório de Stieg para a polícia.

Algumas pessoas arriscaram a vida por aquilo que, no começo, era apenas um projeto meu e acabou se transformando em nosso. Agradeço sobretudo a Lída Komárková, Fredrik Haraldson e Staffan Boije af Gennäs. Lída é a pessoa mais corajosa que já conheci. Fredrik fez o papel de meu *consigliere* em muitos momentos difíceis. Staffan auxiliou na revisão do manuscrito com seus olhos de águia.

A África do Sul é um mundo completamente diferente da tranquila e segura Suécia, e lá eu tive ajuda de algumas pessoas. Boris Ersson me contou sobre as situações altamente perigosas que vivenciou ao encontrar agentes sul-africanos em 1994, dando-me dicas a respeito da minha ida para lá. Encontrei-me com Mari Sandström diversas vezes e falamos sobre como ela tinha conhecido a sua fonte em 1987 e o que poderia significar o que esta lhe contara. Simon Stanford foi comigo para a África do Sul, fazendo com que eu me sentisse mais seguro, entre outras coisas. Hennie van Vuuren e Andrew Feinstein me colocaram a par do papel da África do Sul nas transações internacionais de armamentos. Rolf Ekéus e Paul van Zyl me ajudaram com ideias e contatos. Craig Williamson me deu dicas de leitura que me fizeram ir adiante. Evelyn Groenink respondeu às minhas perguntas sobre os negócios e assassinatos realizados por homens poderosos (a propósito, leiam o novo livro dela: *Incorruptible*). Birgitta Karlström Dorph me contou sobre seu importante trabalho na África do Sul durante o apartheid.

Os extremistas de direita suecos são um capítulo à parte. Meus encontros com Joel Haukka me deram uma ideia de como era na década de 80, com agentes secretos e a extrema-direita. Lars Borgnäs e Anders Leopold contribuíram com respostas sobre algumas pessoas que aparecem no livro. Daniel Lagerkvist me forneceu muitos documentos importantes.

Nicholas Schmidle acompanhou o projeto durante mais de quatro anos, viajando para a Suécia duas vezes e uma para a África do Sul. Uma vez estivemos na nossa própria Fargo, chamada de Hedestad no livro. Sem Robert Aschberg, talvez eu nunca houvesse recebido a chave para o arquivo. Sem Jonas Elgh, Ola Billger e Björn Hygstedt, nunca teria escrito artigos para o *Svenska Dagbladet*.

Finalmente, gostaria de dizer que nunca teria chegado aonde cheguei sem o apoio da família e dos amigos. Arne Valen, Björn Albrektson, Fredrik Söder, Maria Sandell, Calle Stocklassa, Fredrik Wolffelt e Hasse Pihl. Rut & Lucia. Zuzka & Zuzka. Todos da Genera, que me deixaram faltar ao trabalho. Outros amigos e familiares que me aguentaram todas as vezes que eu tive a oportunidade de falar no Caso Palme. Agradeço também àqueles que me esqueci de mencionar ao longo deste projeto de oito anos. Obrigado!

GALERIA DE PERSONAGENS

Amigos de Stieg

Gerry Gable
Ídolo e mentor de Stieg na luta contra o extremismo de direita; participou do trabalho de pesquisa sobre Bertil Wedin.

Eva Gabrielsson
Companheira de Stieg; esteve ao lado dele durante todos os projetos.

Håkan Hermansson
Jornalista do *Arbetet*, trabalhou com Stieg em 1987, fazendo o mapeamento do Caso Palme juntamente com Lars Wenander.

Anna-Lena Lodenius
Escritora e jornalista. Escreveu o livro *A extrema-direita* (1994) em parceria com Stieg.

Lars Wenander
Jornalista do *Arbetet*, que, juntamente com Håkan Hermansson, trabalhou com Stieg em 1987, fazendo o mapeamento do Caso Palme.

Pessoas ativas nas investigações

Alf Andersson
Inspetor de polícia que investigou os extremistas de direita no Caso Palme, apesar do desinteresse do grupo de investigações.

Ebbe Carlsson
Assistente político, continuou a investigar o crime depois que seu amigo próximo Hans Holmér foi afastado do cargo de chefe das investigações.

Hans Holmér
Chefe das investigações durante o primeiro ano e o primeiro a fazer a polícia seguir na direção errada.

Tommy Lindström
Chefe da polícia federal e conselheiro não oficial no Caso Palme, prestando diferentes papéis.

Kerstin Skarp
Promotora no Caso Palme entre 1997 e 2016.

Hans Ölvebro
Chefe da equipe que dirigiu a investigação de Christer Pettersson e responsável pelo Caso Palme durante dezenove anos.

Suspeitos e interrogados nas investigações

Alf Enerström
Apelidado de "maior hater de Palme na Suécia", coletou dinheiro de empresas para utilizar em campanhas contra Palme.

Victor Gunnarsson
Extremista de direita, também conhecido por "o homem de trinta e três anos". Foi o primeiro a ser preso como suspeito pelo assassinato.

Hans von Hofsten
Comandante que liderou a "revolta dos oficiais" na marinha contra Olof Palme.

Anders Larsson
O faz-tudo dentro da extrema-direita sueca; alertou sobre o assassinato de Olof Palme oito dias antes do crime.

Gio Petré
Atriz e companheira de Enerström. Participou das campanhas contra Olof Palme.

Christer Pettersson
Notório viciado. O único a ser condenado e libertado pelo assassinato de Olof Palme.

Sul-africanos ou pessoas com conexões com a África do Sul

Pik Botha
Ministro sul-africano das Relações Exteriores durante a última década do apartheid.

Bernt Carlsson
Colaborador próximo a Olof Palme e comissário das Nações Unidas para a Namíbia; faleceu no atentado de Lockerbie.

William Casey
Chefe da CIA, responsável pelos acontecimentos que levaram ao Caso Irã-Contras; tinha contatos nas altas esferas da África do Sul.

Peter Casselton
Agente sul-africano que denunciou Craig Williamson e Bertil Wedin por seus envolvimentos no Caso Palme.

Franz Esser
Negociante alemão de automóveis, com contatos nas altas esferas da África do Sul. Forneceu veículos para a organização do crime.

Eugene de Kock
Capitão da polícia sul-africana apelidado de "Prime Evil"; denunciou Craig Williamson como organizador do crime.

Vic McPherson
Capitão da polícia sul-africana, trabalhou junto a Craig Williamson até meados de 1985.

Riaan Stander
Colega de Craig Williamson, a quem acusou de ter organizado o assassinato de Palme.

Bertil Wedin
Colaborador externo do serviço de inteligência sul-africano; segundo o relatório de Stieg para a polícia, atuou como intermediário no assassinato de Olof Palme.

Craig Williamson
Agente do serviço secreto sul-africano, espião-mestre, denunciado por seus colegas como organizador do assassinato de Olof Palme.

Impresso no Brasil pelo Sistema Cameron da Divisão Gráfica da
DISTRIBUIDORA RECORD DE SERVIÇOS DE IMPRENSA S.A.